中国产业研究报告·物流与采购

·中国物流与采购联合会系列报告·

物流行业管理现代化创新案例报告

2015—2016

中国物流与采购联合会
China Federation of Logistics & Purchasing
中国物流学会
China Society of Logistics

China Logistics Management Innovation
Case Report (2015-2016)

中国财富出版社

图书在版编目（CIP）数据

物流行业管理现代化创新案例报告．2015－2016／中国物流与采购联合会，中国物流学会编．—北京：中国财富出版社，2016.5

ISBN 978－7－5047－6129－3

Ⅰ．①物…　Ⅱ．①中…②中…　Ⅲ．①物资企业—企业管理—现代化管理—研究报告—中国—2015～2016　Ⅳ．①F259.23

中国版本图书馆CIP数据核字（2016）第090346号

策划编辑　葛晓雯　　**责任编辑**　葛晓雯

责任印制　何崇杭　　**责任校对**　梁　凡　　**责任发行**　斯　琴

出版发行　中国财富出版社

社　　址　北京市丰台区南四环西路188号5区20楼　　**邮政编码**　100070

电　　话　010－52227568（发行部）　　010－52227588转307（总编室）

010－68589540（读者服务部）　　010－52227588转305（质检部）

网　　址　http://www.cfpress.com.cn

经　　销　新华书店

印　　刷　北京京都六环印刷厂

书　　号　ISBN 978－7－5047－6129－3/F·2586

开　　本　787mm×1092mm　1/16　　**版　　次**　2016年5月第1版

印　　张　21.5　　**印　　次**　2016年5月第1次印刷

字　　数　458千字　　**定　　价**　120.00元

《物流行业管理现代化创新案例报告（2015—2016）》编委会

《物流行业管理现代化创新案例报告（2015—2016）》编辑人员

主　　编：贺登才　中国物流与采购联合会副会长

　　　　　　　　　中国物流学会副会长（执行）

副 主 编：刘伟华　天津大学管理与经济学部教授　博士生导师

　　　　　周志成　中国物流与采购联合会研究室主任

编辑人员：王　迪　天津大学管理与经济学部博士生

　　　　　王树青　天津大学管理与经济学部硕士生

　　　　　武润泽　天津大学管理与经济学部硕士生

　　　　　赵　璇　天津大学管理与经济学部硕士生

　　　　　朱冬蕾　天津大学管理与经济学部硕士生

承办部门：中国物流与采购联合会研究室

联 系 人：周志成

电　　话：010－58566588 转 135

传　　真：010－58566580

电子邮箱：yanjiushibj@ vip. 163. com

共谱“互联网 + 物流”时代新篇章

（代序）

创新是引领发展的第一动力。在改革创新的春风再次吹拂祖国大地的时候，《物流行业管理现代化创新案例报告（2015—2016）》犹如一朵报春花如约绽放。本书由2015年物流行业创新成果精编而成。书中所选篇章尽管形式各具特色，内容异彩纷呈，但都贯穿了一条“创新”的主线，体现了“互联网 + 物流”的时代特征。

“互联网 + 物流”催生大变革。随着“一带一路”“长江经济带”“京津冀协同发展”等国家重大战略相继实施和“互联网 +”新模式的提出，我国物流业发展格局发生深刻变化。以互联网技术为基石的变革力量不仅推动着物流业技术创新和制度创新，也促进了发展动能的转换。海运央企合并重组，打造世界级远洋航运“巨舰”；“铁老大”持续发力，国内电商专列和中欧班列直通欧亚大陆；国际自贸协定陆续达成，自贸区运作模式逐渐清晰；国内电商向下、向外、向西延伸，提供更便捷的物流服务……无数事实都在说明，“互联网 + 物流”的大趋势，孕育和催生着物流业新的生态圈。

“互联网 + 物流”呼唤智能化。从前我们是在物流的基础上发展信息化，侧重于运作的改变，表层的转型；随着“互联网 +”的横空出世，未来是在信息化的基础上发展物流，这是理念的转变，也是模式的重建。以云计算、大数据、物联网等为代表的智能技术，已成为物流企业创新发展必不可少的元素。信息技术的融入，必将改变以经验做决策的传统经营管理方式，取而代之的是以数据全程可视化为核心的运作模式。大到对整个供应链网络的宏观监控，小到对每一票货物状态的实时把握。货主和司机，物流园区和车辆，不同领域的物流企业，海陆空多种运输方式，以至于制造业、农业、流通业、金融业等处于不同节点上的产业链，无不通过互联网连接起来。最终用数据信息无处不在的燎原火光把物流成本的“黑暗大陆”彻底照亮。

“互联网 + 物流”引爆创新点。如果要评选物流业的年度创新热词，那么“O2O”必然名列其中。在“大众创业，万众创新”的热潮中，新生的物流企业以O2O为主要创业模式，既有的物流企业利用O2O模式转型。从中演化出的精准车货匹配模式、平台轻资产模式、资源整合模式等，无不诠释着物流创新所带来的服务能力的巨大提升和资源的集约使用。除此之外，医药物流、冷链物流，也都以新的服务方式创造出愈加完善的客户体验。当创新成为一种文化，各个创新点交互共生，终将使整个物流行业浴火重生。

为方便业内人士更好地把握和分享“互联网 + 物流”时代变革创新的发展脉络，本书在理论支撑的基础上，重点推荐了30篇创新成果案例。这些案例全部来源于中国物流与采购联合会组织的“2015年度物流行业企业管理现代化创新成果奖”的参评成果。这些成果从100多个案例中精选而来，涉及范围比较广泛，代表性强。从成果创造单位的所有制性质看，既有国有及国有控股企业，也有民营企业和外资企业；从业务方向看，既有汽车、铁路等大型企业的物流公司，也有整合上下游环节的平台型企业。这些企业的成果来源于实践，是产学研结合的硕果，也是物流业界智慧的结晶。

为帮助读者有针对性地精准阅读，编者根据创新成果的内容做了归类，分为物流战略篇、物流设计篇、物流运作篇和物流技术篇。针对每一篇具体案例，按照企业的基本情况、成果名称、产生背景、主要内容、创新点、应用效果和推广价值等方面进行了统一梳理、归纳和提炼。本书注重实践性和创新性相统一，条理性和可读性相协调，试图为物流企业提供具有参考价值的典型做法与经验，也可作为物流、采购与供应链管理相关专业学生的学习辅助资料。

本书能够如期完成，首先要感谢愿意分享创新成果的参评企业和提供前沿观点文章的专家学者以及业界人士；还要感谢各地行业协会和相关单位的协助与支持，感谢各位评审专家的精心评选。特别要感谢天津大学刘伟华教授及其团队连续数年参与此项工作，不辞劳苦，辛勤编排，使本书能够连续多年按时出版，内容和质量不断提升。

书中的观点和案例，都是一家之言。我们对此持开放、包容的态度，欢迎读者朋友提出不同见解。同时也真诚地希望大家对本书的编辑出版以及创新成果的征集、选编工作提出宝贵意见。连年结集出版，意在记录我国物流行业创新发展的“编年史”，不断总结经验，启迪后人，为我国物流事业持续发展贡献一份力量。

贺登才

二〇一六年三月十三日

作者：贺登才，中国物流与采购联合会副会长、中国物流学会副会长（执行）

目　录 *CONTENTS*

物流战略篇

物流设计篇

物流运作篇

物流技术篇

附　录

物流战略篇

易流科技基于全供应链的物流透明管理系统[①]

黄滨，现任深圳市易流科技有限公司董事副总裁。

【摘要】《基于全供应链的物流透明管理系统》是深圳市易流科技有限公司（以下简称“易流”）专门为物流行业提供的透明化管理解决方案。该系统以“物流过程透明管理”理念为核心，以现代信息技术为手段，实现物流过程管理的信息化、网络化和透明化。旨在为生产企业、商贸企业、物流企业等提供物流透明化管理服务，打造中国最大的公路货运产业链互联网平台。该系统实现物流活动中人、车、货信息的透明；物流单据流转过程信息透明；物流供应链组织过程的信息透明。通过以上三个层次的信息透明，旨在彻底打通物流操作环节之间、物流节点之间、供应链成员之间的信息壁垒，实现物流操作全流程的高效协调，提升整个供应链的组织效率和运行效率。

【关键词】透明化管理；产业互联网平台；物流管理

【适用领域】物流信息化管理；物流运输过程管理

一、企业基本情况

深圳市易流科技有限公司成立于2009年5月，注册资本为2000万元，位于深圳市

① 本成果由深圳市易流科技有限公司提供，成果主要创造人：黄滨、全瑞林，参与创造人：王富利、王军峰、胡景邦、孙敬、刘涛、杨满仓、徐玉霞、刘军飞、石忠佳，获2015年度物流行业企业管理现代化创新成果奖一等奖。

南山区高新区高新南四道 R1 – A 栋现代大厦六层。公司以运输全链条信息透明为切入点，以互联网、移动通信、地理信息系统、全球卫星定位、车联网、云计算等先进信息技术为支撑，为生产企业、商贸企业、物流企业等提供包括终端硬件、软件、管理系统及系统功能定制开发等在内的物流透明管理服务，致力于打造中国最大的公路运输产业链互联网平台。

截至 2015 年 8 月，公司在职员工 400 余人，研发及技术服务人员占总公司人数的 50% 以上；公司秉承研发为基础，市场为导向的方针，打造业内人数最多、专业最全、实力最强的研发队伍，公司所有产品都是自主开发，拥有自主知识产权和 8 项国家软件著作权证书。

截至 2015 年 8 月，易流已经向包括京东商城、伊利集团、顺丰速运、中国外运、富士康、新奥集团、中国平安财险、太原钢运等公司提供物流信息化服务，各产品线累计服务的企业达到 15000 家，累计服务的物流车辆 50 万辆。在巨大的业务量支撑下，近 3 年主营业务收入、上缴税金和实现利润如下表所示。

2012—2014 年主营业务收入、上缴税金和实现利润　　（单位：万元）

年份	主营业务收入	上缴税金	净利润
2014	4525.5	219.5	428.0
2013	3262.1	181.3	137.7
2012	631.5	17.8	-93.3

二、创新成果的名称

深圳市易流科技有限公司的创新成果名称是：基于全供应链的物流透明管理系统。该成果伴随着易流的成长不断发展和完善，并且经受住了来自市场的实践考验。截至 2015 年 8 月，该理论成果累计被 15000 家物流企业所采用，服务货运车辆 50 万台，服务范围涉及城市配送、冷链运输、危化品物流、快递物流、煤炭运输、钢铁物流等多个细分领域，深受市场好评。该成果依托的北斗定位技术，是北斗技术民用领域的典型代表，对促进我国北斗技术应用普及和发展升级有重要实际意义。

三、创新成果的产生背景

（一）行业背景

深圳通城达供应链有限公司是一家综合类物流供应链企业，提供包括物流、货运、运输、托运等多式联运，货物仓储包装、流通加工、配送、信息管理、第三方物流方案设计及物流资源整合等综合性物流服务。近年来，随着公司业务板块的快速扩大，其物流网络规模越来越大，组织程度也越来越复杂，传统供应链管理模式明显难以维持，公司管理面临前所未有的挑战。

1. 货物安全问题

一种是换货问题。这主要发生在物流环节。例如，一些司机与不法分子相互勾结，用市面上的假冒和高仿产品掉包合格产品，以次充好，从中赚取差价，谋取私利；另一种是偷货问题。一些不法分子驾车尾随拉有货物的车辆，进入到车厢内大肆盗窃，变卖得利。但是这种行为依靠传统管理办法难以发现也难以搜集证据，结果无法处理，最终只能不了了之。这些行为均严重损害了企业的信誉和利益。

2. 供应链效率问题

随着该企业市场扩大，分布在各地的供应商、营业网点数量越来越多，越来越分散，造成企业物流网络变得越来越大、越来越复杂。这时，要实现各个供应商、网点之间的有效衔接和高效协同，传统的管理办法显得力不从心。供应链效率问题成为制约该企业发展升级的最大桎梏。

（二）需求分析

从该企业的实际情况看，该企业不但需要提升自身产品的物流安全管理能力，更重要的是提高自身对整个供应链网络的控制和协同能力。实际上，这两类问题是此类企业在当前产业变革条件下遇到的普遍问题。

剖析以上问题的根源，发现其根本原因是信息的不对称、不透明。因为信息不对称、不透明，造成物流操作过程违规和违法行为得不到有效约束，安全问题无法得到有效遏制；造成企业对整个物流网络的管理无法做到实时、高效；造成整个供应链成员之间信息流通不畅，执行效率低下。所以，解决问题的根本还在于实现物流信息的透明。

四、创新成果的主要内容

（一）理论基础

为解决以上问题，该企业自 2009 年开始与深圳市易流科技有限公司合作，接受其“物流透明管理”服务。希望通过实现物流信息透明化管理，为企业产品物流安全和供应链效率问题的解决提供一些可行的思路和方法。

深圳市易流科技有限公司作为一家专门为物流企业提供透明化管理方案的科技型

企业，经过近10年的积累，发展出一套专门针对物流企业透明化管理的理论体系和操作办法——物流透明管理。该体系以现代信息技术为支撑，旨在为生产企业、商贸企业、物流企业等提供物流透明化管理服务，打造中国最大的公路货运产业链互联网平台。

该体系以信息“透明”为核心。实现物流活动中人、车、货信息的透明，即物流活动中收发货人、司机、装卸人员信息、车辆时空信息、运行状态信息、货物标的及状态信息、货物所属订单及理化信息等透明，称之为透明1.0；物流单据流转过程信息透明，即货物经过各个网点、分拨、仓库时发生的出库、入库、装车、卸货、分拨、配送等活动信息透明，包括从运单的生成到交付（或结算），每一次交接过程信息透明，称之为透明2.0；物流供应链组织过程的信息透明，即指从原材料采购开始直至最终产品，供需信息动态透明，称之为透明3.0。

通过以上三个层次的信息透明，旨在彻底打通物流操作环节之间、物流节点之间、供应链成员之间的信息壁垒，实现物流操作全流程的高效协调，提升整个供应链之间的组织效率和运行效率。

该“透明”体系，从1.0逐步走向3.0，是透明体系的不断发展和成熟，是易流在总结10年行业从业经验，并结合现代物流管理经验和物流发展实际进行的物流管理理论创新；是物流互联网时代，互联网思维在物流管理领域的实践与拓展。易流期望通过该“透明”体系的不断发展和完善，影响更多的物流人，使其意识到“透明管理”在物流管理领域的创新性和实用性，帮助更多的物流人发现和发觉“透明管理”的价值，把“透明管理”思想传递给更多的物流人，共同推动物流产业发展革新，提升我国物流产业的总体运行水平。

（二）成果设计

在“物流过程透明管理”的理论基础支撑下，易流打造出“基于全供应链的物流透明管理系统”平台，旨在为物流行业企业提供专业化的透明管理服务。

1. 系统架构设计

“基于全供应链的物流透明管理系统”采用三层架构设计，包括数据接入层、业务逻辑层和场景应用层，如图1所示。数据接入层负责数据采集与接入，采集设备如GPS/BEIDOU、电子锁、手机APP，同时，该系统可实现与客户系统如SAP（Systems Applications and Products in Data Processing）、CRM（客户关系管理）对接，实现数据同步与共享。接入的数据被分为运单业务数据、监控数据、报表分析数据和地理位置数据。

业务逻辑层，是物流业务的技术逻辑实现，本系统中涉及的流程包括运单管理、在途监控、调度排程、提货管理和送达管理，以及在该流程基础上的数据分析，主要是对安全层面的分析，包括订单、车辆、司机安全分析等。

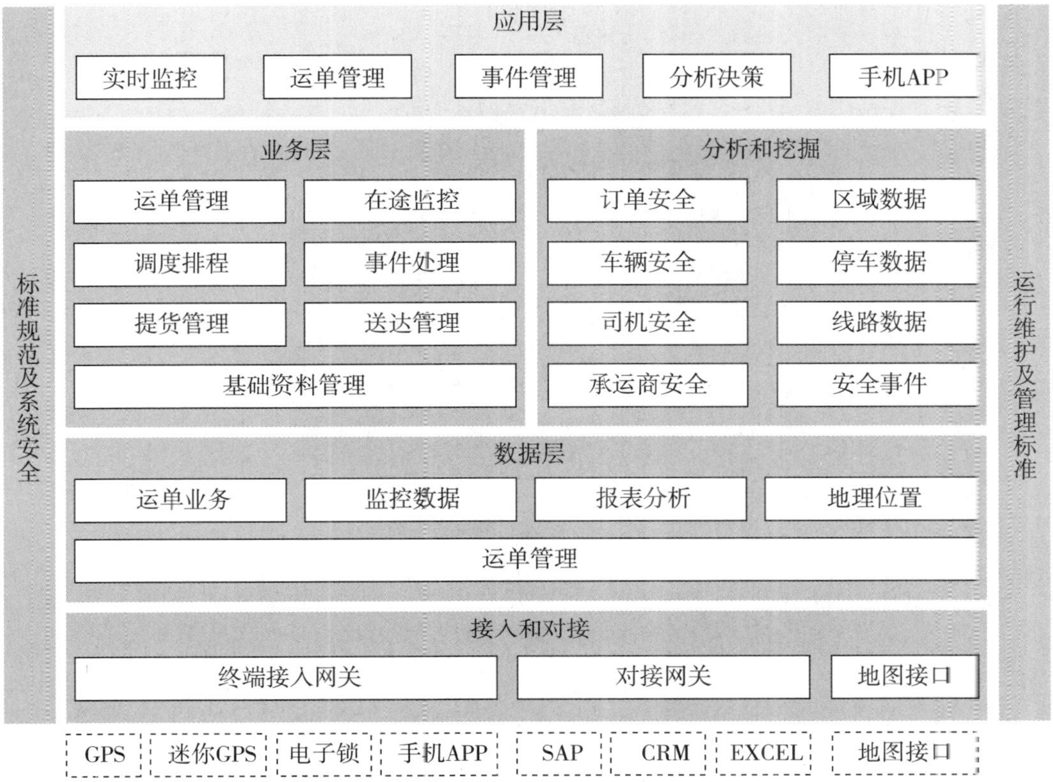

图1　系统架构设计

场景应用层包括对运输过程的实时监控，对运单流程的在线管理，对在途事件的及时响应，对物流数据的挖掘分析以及手机 APP 业务。

2. 系统功能设计

“基于全供应链的物流透明管理系统”功能如图 2 所示，分为七大部分，T1 ~ T7，从物流基础数据管理到物流数据挖掘与应用，同时包括车辆调度管理、投单提货管理、在途监控、交付回单管理、安全分析管理。其中在途监控、投单提货、交付回单是本系统的主要功能也是核心功能，是影响物流时效和安全管理的最主要因素。

3. 系统管理思路

“基于全供应链的物流透明管理系统”为保障运输安全，建立了一整套完善的安全管理模型，分别从订单安全、车辆安全、司机安全、运输商安全四个层面进行管理，并全程追踪如车体钢丝封条码、货物位置、电子锁开启位置、运输线路、停车位置等关键数据，以此制定相应的考核标准，定时推出数据化的安全报告，如图 3 所示。

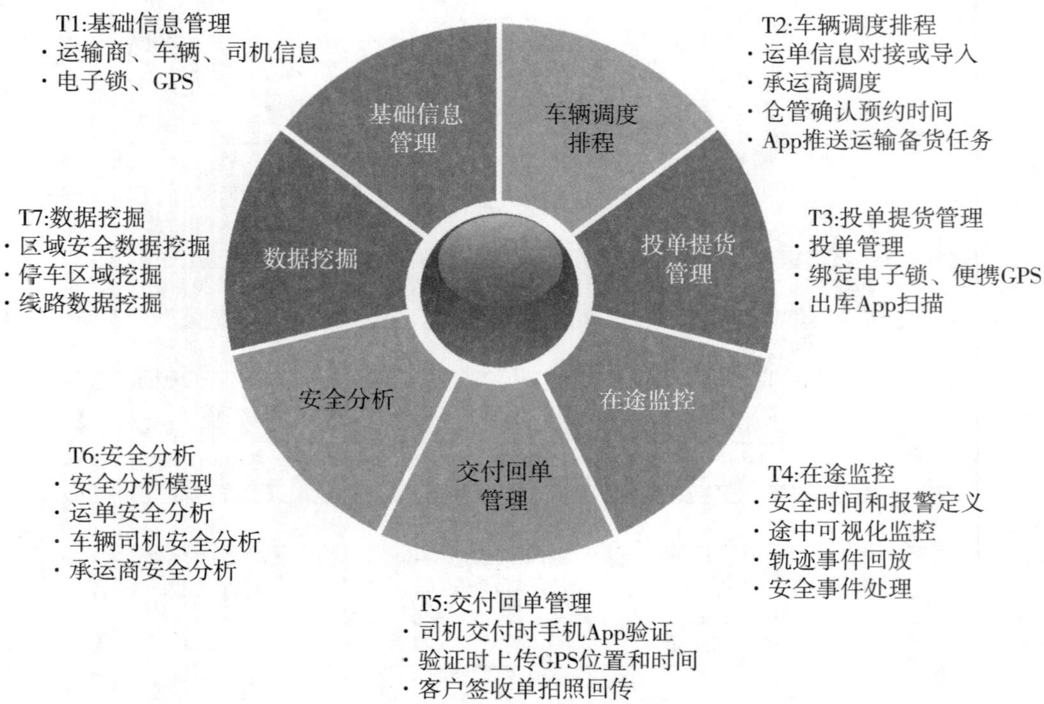

图 2　基于全供应链的物流透明管理系统功能

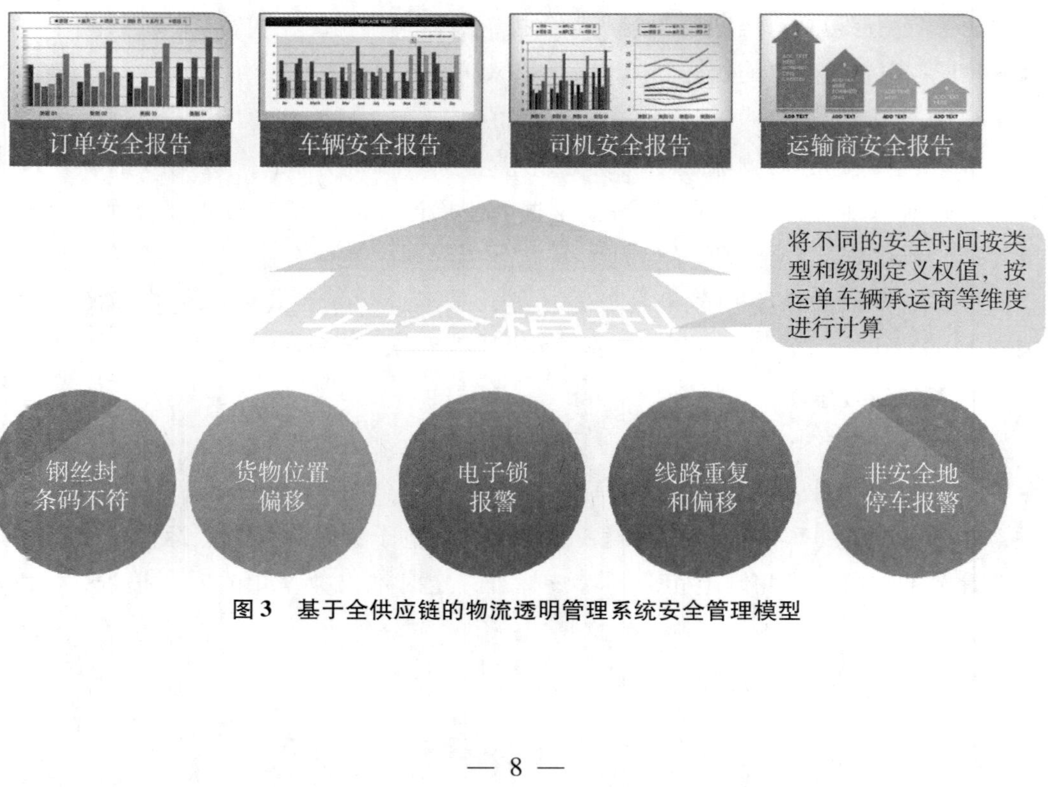

图 3　基于全供应链的物流透明管理系统安全管理模型

（三）场景及实现

针对该企业物流管理过程中存在的问题，易流应用“物流透明管理”理念给出了针对性的解决思路，并在该理念思路的基础上，为该企业研发出专业化的“物流透明管理信息系统”平台，为其提供专业化的透明管理服务。

1. 物流过程实时监控，保障货品安全

该企业发生的偷货行为，多是不法分子驾车尾随，进入货仓进行的偷盗，这类偷盗发生的根源，多是因为货车车体本身较大，存在视觉盲区，司机无法实时知晓货仓实际状态，给不法分子以可乘之机。防止该类偷盗最简单的办法就是减少遇到不法分子的概率，如让车辆走在尽量安全的道路上，在驾驶室安装车后端视频设备，及时发现偷盗苗头，及时反应和处置，把事故发生概率降到最低。

该企业发生的换货行为，多是部分司机为一己私利，与不法分子勾结，把企业的合格产品与不法分子的假冒伪劣产品进行掉包，赚取差价。该问题发生的根源是企业无法对司机的违规行为进行有效监督，给了司机铤而走险的机会。解决之道是限制司机的操作行为，把车辆货仓开关门的每一次状态信息都公开透明化，并实现对每一批货物的透明追踪，让司机没有违规的机会和可能。

（1）打造专业物流地图，对开门位置做限定。对于该企业来说，要做好货物安全工作，实际上就是要管好货仓“门”。易流利用电子围栏技术，把企业常用的位置（装卸区域，即货仓门开关位置）区域信息标注在电子地图上，打造出企业专属的物流地图系统，如图4所示。这样企业只需要限定车辆在以上区域内方可开关车门，把开门行为限定在固定区域内，对非以上区域内的开门行为视为非法，进行报警提醒，防止偷货换货现象发生，以此降低货物安全事故发生概率。

另外，该物流地图应用中，关于电子围栏技术更多的应用在车辆进出以及固定区域时间和区域名称的获取上，还用于对司机执行时效的判定和考核上。因为该信息截取全部采用技术手段完成，没有人为干扰，不仅效率大大提升，在数据的公正性和公平性上，也更易获得双方认可和承认。图4是对企业关注区域的地图标注。

（2）全程实现货仓尾部视频监控，降低货物被偷盗的概率。对于尾随偷盗现象，易流为其提供了驾驶员全程可视化系统，如图5所示。驾驶员可以根据安装在驾驶室的车载显示屏和货仓后端的视频摄像头清晰地看到靠货仓后端的驾驶环境，对于尾随现象做到早发现，早处置，降低货物被偷盗的风险；并可以上发“打劫报警”信息，提示企业管理部门注意，做到异常行为有记录、有数据，以备后续责任追溯，降低后续事故处理难度。

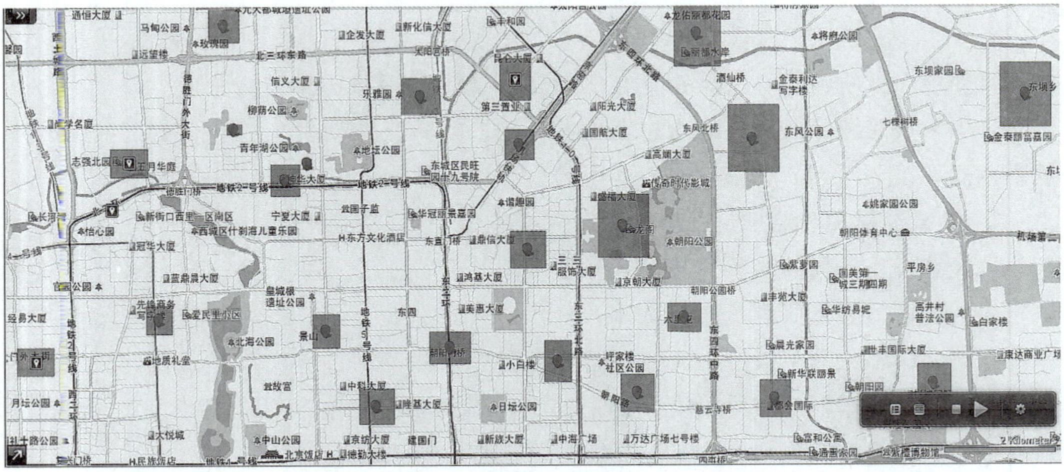

图 4　物流地图系统

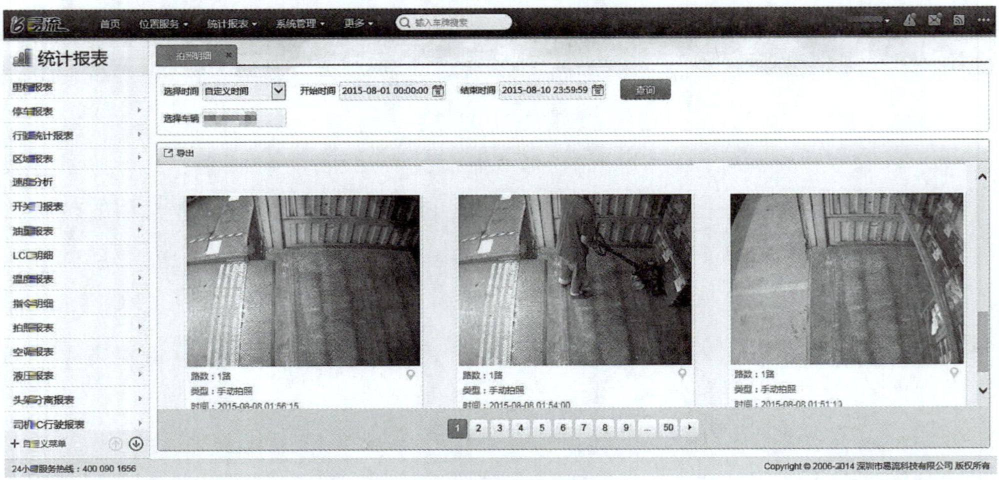

图 5　驾驶员全程可视化系统

（3）对货舱门实施电子上锁，全程追踪电子锁状态，对异常报警。易流针对该企业物流需求，为其专门设计出定制化产品——电子锁。电子锁是易流应用电子技术手段，把普通门锁与电子技术结合，实现用无线电控制锁的开关。易流发现，该企业货物装卸地点相对固定，开关门位置也相应固定。所以，为保障货物安全，防止非固定位置开关门，车辆在装货完毕后即启用电子锁装置，要求只有到达指定卸货位置，电子锁方可由专人用电子密码开启，其他人无法开启，这就限定了开关门位置，保障了安全。另外，对于中途的非指定人员指令操作，电子锁自动发送指令到企业监管部门，作为非法操作的证据。

当电子锁被非法打开，电子锁自动发送报警指令到监控平台，企业监管部门可以第一时间看到该报警信息，及时做出反应，降低损失。

（4）追货宝全程追踪货物运行路径，异常报警，防止换货行为。针对换货现象，易流除如（3）中所述为每一辆车安装电子锁车设备——追货宝，用以防止车门被异常打开（非约定位置、指定人），降低货物安全异常概率外，还开发了专门追踪货物本身路径的产品——追货宝。追货宝依靠移动通信技术手段，实现基站定位，用于追踪货物运行路径，若发现该路径与车辆固定行驶路径偏离，即报警提醒企业监管部门，防止货物装卸过程中的换货、错货现象。

目前，该“追货宝”产品已经成为高货值产品物流安全保障的得力产品，其以低廉的价格、便捷的使用、明显的效果，受到越来越多货主企业的青睐，成为越来越多高货值企业保障货物安全的首选产品。

2. 全供应链物流节点信息透明，物流效率显著提升

随着业务的扩展，该企业需要不断扩充自己的物流运输队伍，把原材料和半成品运往各个生产中心和研发中心，再把最终产品运送到各级渠道商、分销商、代理商，直至末端商超和消费者。那么，如何保障各个承运商都能满足自己的时效要求和生产节奏，如何做到对各个承运商的有效管理和考核，是保障该企业供应链稳定和时效安全的前提和基础。

易流通过深入调研该企业实际需求，制定出针对承运商时效管理精细化的解决方案，从承运车辆、线路节点、订单用时三个层面进行时效管控，以下是对该三个层面的时效数据图表展示。

（1）物流管理数据化、时效结果图表化。由于该企业具有强大的物流网络，且信息化程度极高，各类物流数据无论从规模上还是结构上来说都可以称得上是海量，在这种情况下，如何在如此海量的数据海洋中寻找到自己想要的数据，如何帮助企业决策管理部门快速抓取到关于时效管理的关键数据指标，是系统设计者必须解决的问题。

易流作为该系统的实施者，深知系统操作便捷，数据直观对管理者工作效率的影响。为此，易流把关于时效考核的要素通过数据看板直观表达，让企业管理部门在首页上就能看到自己关注的关键指标，提升决策效率。图6就是对时效数据的看板表达，如“目标达成结果”中对订单时效的统计曲线，“最新任务状态”中对承运车辆的流程判定和时效预判。另外，图中对“车辆状态”“订单运作时间”“车辆周转率”等一级数据入口，都促进了企业对时效数据的获取和掌握，便于企业时效管理。

（2）车辆、订单节点时效分类统计看板，时效结果在线显示。对车辆、订单的时效管理是企业时效管理的重要内容。对车辆时效的管理，即对车辆进出场站、仓库等站点的时效管理和控制；对订单的时效管理，即对订单流转过程的时效管理，一般是

图 6　时效数据的看板

随经司机或车辆一同流转。因此，图 7 中，把车辆的时效和订单时效对比统一起来，这就要求司机在装卸结束后，立即进行订单单据的交接和交割，防止出现单据晚点的情况。

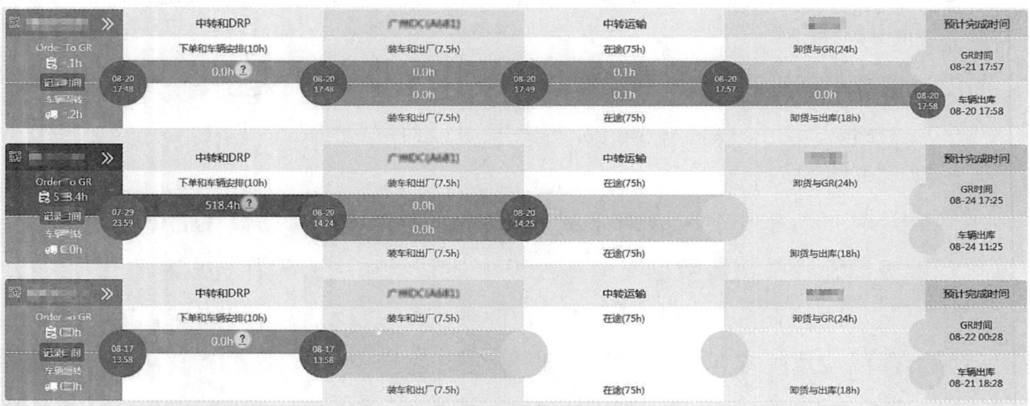

图 7　时效分类统计看板

为实现以上时效体验，易流为该企业专门打造物流地图系统，并把该企业所关注的物流节点位置全部标注在电子地图上，当车辆途经这些区域时，系统自动采集进出时间，作为时效考核的数据依据，形成上图中的车辆时效看板。从图中，企业可以一眼看出哪些环节、节点晚点和延误，成为企业掌握车辆运输时效的“晴雨表”。

（3）订单全流程时效统计报表，异常情况一目了然。该企业作为超大型生产制造企业，拥有完善的订单管理系统，用订单驱动生产已经成为基本生产方式。为保障整个订单周期里的生产节奏，必须进行包括下单、出厂、在途、离场在内的全订单流程的时效控制。图 8 就是对每个订单进行的时效追溯和考核，对于超出设定的时效进行标红警示。

以订单驱动时效管理，对于此类生产制造企业来说，可以更加快速地进行追溯和定位时效异常位置以及相关责任人，便于企业快速发现订单流程中的时效风险，促使企业及时、准确地跟踪和发现企业时效管理中存在的问题。

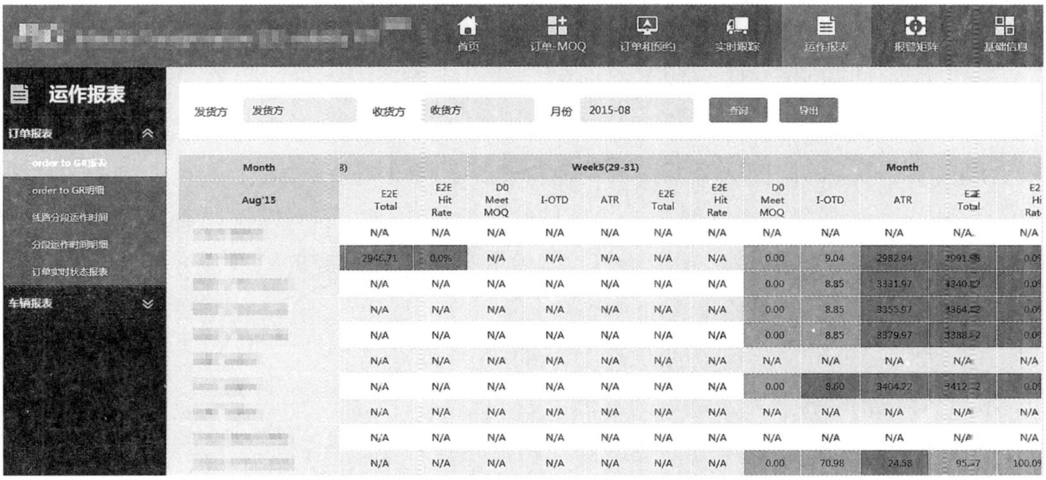

图 8　订单全流程时效统计报表

（4）流程节点订单时效合格率情况统计。对于运输时效的考核，除了对车辆或者司机运输时效的考核外，必然会涉及对运输线路和途经节点的考核。该企业不但对订单全流程时效进行考核，更需深入到组成订单流程的节点层面进行考核，如对每一次的“下单和车辆安排、装车和出厂、在途、卸货和结单”关键流程节点的时效进行考核，最后，把各考核结果汇总，进行订单时效合格率的横向对比，即图 9 中所示的“达成率”。通过订单“达成率”的横向比较，利于企业快速筛选出订单时效合格的订单，以此作为企业时效考核和优化的参考，不断提升企业整体时效管理水平。

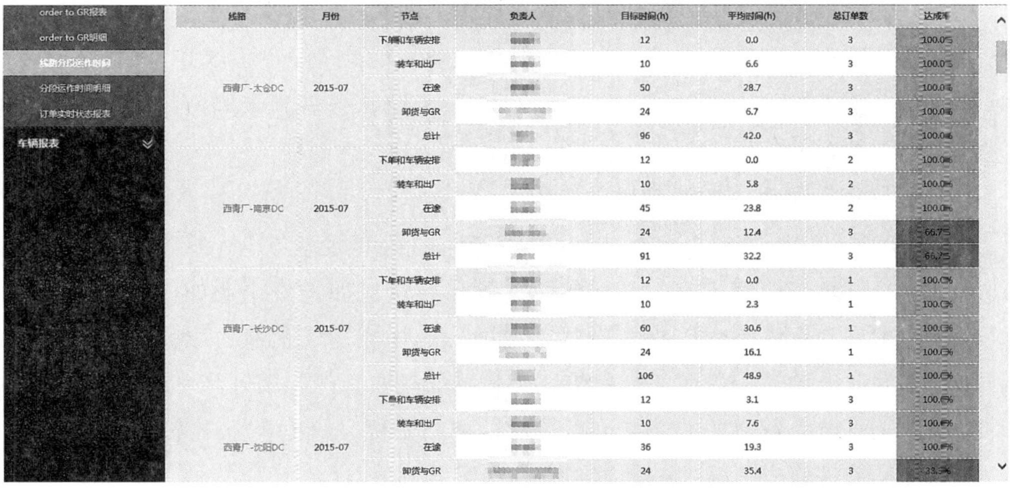

图 9　订单“达成率”

五、创新成果的主要创新点

1. “互联网 +” 战略在物流领域的深入应用

该成果是依托包括互联网技术在内的信息技术发展起来的，没有以上信息技术的支撑，就无法采集到实现透明的数据，自然就没有实现信息透明的基础。但是，该成果与互联网的连接不仅仅是为了实现物流操作的互联网化和网络化，即“物流 + 互联网”。该成果更加强调的是在物流产业领域的互联网应用，即互联网与物流产业的深度融合，即“互联网 + 物流”。该成果通过把互联网、移动互联网与物流产业融合，打造出物流产业信息化平台，以平台化思维组织物流资源，改变了物流传统组织模式和发展模式，大大提升了物流资源的组织效率和利用效率。

2. 北斗技术在传统物流领域的具体实践

该成果实施的基础是物流信息，包括物流位置信息。在该成果中，位置信息的采集都要用到北斗技术，可以说，该成果是北斗技术在传统物流产业领域的实践与应用，是北斗技术民用领域的典型代表。特别是在国家全面推进北斗产业应用的大背景下，北斗技术在物流产业领域的应用必然会迎来政策方面的关注和支持，这为该成果的顺利推广和大力普及提供了充分的政策支持，是对该成果产业化的重大利好。

3. 非对传统物流管理理论的修补和完善，而是从顶层的创新

该理论体系的建立，是在汲取传统物流管理思想精华，汇聚国内外先进管理经验，结合物流操作实际的基础上提炼出来的管理办法，并不是对传统管理思想的简单修补和扩充，而是在此基础上结合物流管理实践，进行的管理理论创新，并且该创新是从物流管理的顶层出发，而非对传统管理底层工具和管理流程的优化和升级。

此外，该成果是一个发展的成果，既有如 1.0 和 2.0，即对物流管理现状具有重要指导意义的基础理论和方法，又有能指引物流产业发展的理论前沿 3.0，从 1.0 到 3.0，形成了一套完整的管理理论体系，是对整个物流产业从微观到全局的统筹管理，更能体现物流资源整合的价值。

4. “大数据” 战略在物流领域的应用

“透明 3.0” 管理理论的确立，是从物流产业的角度通盘考虑，从物流产业供需角度进行的理论创新。说到供需，必然会牵扯到供应链，如物流企业如何掌握上游企业的货源组织动态和物流需求计划，借以获取准确的物流需求信息，以便物流企业合理安排生产节奏，合理编排资源。这些信息和数据的获取必然要用到“大数据技术”，通过对供应链上下游企业之间的交易信息进行挖掘和分析，给出企业未来物流操作建议，将之前的经验管理转变为现在的数据管理和科学管理。

另外，大数据还可以应用到如运输线路优化推荐、物流场站选址建议、司机驾驶

行为规范等多个方面。“大数据技术”在物流领域的深入应用和普及，必将深刻地影响传统物流产业，为物流产业的发展升级和革新带来新的动力。

六、创新成果的应用效果

1. 经济效益

该企业自实施易流为其提供的“物流透明管理信息系统”以来，物流供应链效率明显提高，运输周期明显缩短，就以场站之间的“中转运输”为例，运输周期相比使用前压缩25%，总体供应链周期缩短近10%，一年内为企业节省开支近千万元，深受企业好评。

另外，“电子锁”和“追货宝”等产品的广泛应用在保障物流运输过程的货物运输安全方面效果明显。相比使用之前，货物安全事故发生率下降80%，并且这一数字还在上升，以上产品已经成为该企业保障货物运输安全的利器，预计每年为企业减少直接经济损失数千万元。

2. 社会效益

通过该平台在企业内的深入应用，货物运输安全事故发生率大大降低，这不仅为企业直接降低了经济损失，更重要的是维护了企业信誉，也促进了行业之间的公平竞争和良性发展，具有良好的社会效益。

另外，通过该平台的应用，企业物流资源得到进一步优化整合，物流供应链效率、车辆利用率明显提高，减少了车辆的无效运输，缓解了公路交通压力，为城市缓堵保畅做出了贡献。

3. 环境效益

环境方面，该企业应用“物流透明管理信息系统”以来，预计物流供应链周期相比之前压缩10%，车辆利用率提高15%，每年减少无效运输里程约千万千米，减少汽车尾气排放数万吨，减少燃油消耗百万吨，促进了企业的节能减排。

七、创新成果的推广价值

基于全供应链的物流透明管理系统是易流为该企业打造的专门实现物流透明化管理的信息服务平台。该平台应用现代信息技术手段，把货主方、物流企业、承运商、司机、车主、收货方等物流参与主体联系起来，实现物流操作过程的透明化、物流流程节点的信息化和物流产业供需信息的透明化。通过信息透明化，压缩物流供应链操作周期，提升操作效率；通过透明化，提升物流信息的共享程度，减少低效和无效运输，提高物流资源利用效率；通过透明化，加速相关产业融合，促进产业间的协调发展。

对于大型物流企业，因自身物流信息化程度较高，供应链基本较为完善，大体上已实现“透明 1.0”，一些先进企业甚至已经实现或者部分实现了“透明 2.0”。所以，对于这类企业，需在全面实现“透明 2.0”的基础上，让自己的信息化走出去，与供应链企业成员一道，通过打通供应链企业之间的数据通道，实现整个供应链企业之间的信息共享和动态交互，建立基于全供应链的物流产业供需信息透明管理系统平台。

对于中小型物流企业来说，因其实力有限，多不具备信息化系统的实施能力，所以建议借助外力，寻找能够提供透明信息管理服务的平台运营商，通过购买的方式，享受物流信息云服务。这样，不仅会大大降低企业的管理升级成本，也使得企业物流化水平明显提升。这就给了我国众多小微型物流企业管理升级和服务升级的机会，促进了整个物流产业的发展升级和技术进步。

远成集团综合物流业务模式创新与实践[①]

程小昱，现任远成集团战略规划部副总经理，毕业于北京交通大学管理工程专业（物流管理方向），拥有十年以上供应链管理、物流规划工作经验，三年外贸供应链服务平台业务体系规划经验。擅长供应链策略设计、物流体系规划、业务模式规划，可对供应链各环节要素资源（商流、物流、资金流）进行有效的整合优化。熟悉物流、供应链金融、国际贸易、电子商务；精通汽车、电子数码、快销品行业供应链管理模式及物流运营体系。

【摘要】 中国物流在互联网经济的驱动下，电子商务高速发展，传统物流在电商物流和移动互联的双核驱动下，进入转型升级的快车道。此外，制造业的变迁对服务于制造业的物流带来了较大冲击。面对外部形势的挑战，远成物流开创了具有远成特色的综合物流服务体系，打造远成物流供应链服务平台，进行资源整合，创新供应链管理；通过管理创新，集结优势力量全新打造互联网时代全新五大业务板块：远成物流、远成快运、远成置业、远成冷链、远成供应链。该创新成果以“供应链一体化服务”作为指导思想而形成的“远成特色的综合物流服务体系”，是行业内的良好典范，具有较好的推广与借鉴价值。

【关键词】 综合物流业务模式；物流供应链服务平台；供应链一体化服务

【适用领域】 物流企业多元化战略设计；物流企业服务创新

① 本成果由远成物流股份有限公司提供，成果主要创造人：程小昱，参与创造人：尚璟、唐佳龙，获 2015 年度物流行业企业管理现代化创新成果奖一等奖。

一、企业基本情况

远成集团创建于1988年，注册资本3.05亿，经过近30年的发展，业务遍及全国各区域，现已拥有覆盖全国地面所有一级、二级城市的庞大物流公铁运输网络，并将业务继续扩展至县城及乡镇一级。目前，全资直属一级分公司34家、二级直属分公司600多家，营业网点3000多个，自有车辆3000多台，可控制车辆8000多台，员工近两万人。并先后在华北、东北、西北、西南、华中、华南等七大区域斥巨资建中央仓储基地，在全国主要地级市均有大型配送分理中心，仓储面积超80万平方米。

集团自成立以来，始终围绕时代发展的主题，不断进行自我变革、自我创新，具体发展历程可以归结如下：

（1）1988—1998年：建立无轨车站，创建珠三角配送物流，属于资本原始积累阶段，也是远成集团创立阶段的主要业务模式。

（2）1999—2002年：取得铁路资源，打破传统企业运输干线瓶颈，属于远成集团的一次重大战略转型，铁路资源的配置也为公司的迅猛发展提供了最重要的基本条件。

（3）2003—2008年：顺势而上，完善运输资源结构。远成集团在依托铁路资源的基础上，从客户的需求入手，购置大批的公路运输车辆，通过多式联运、公铁联运等运输手段，为客户解决“最前一公里”和“最后一公里”的问题。

（4）2009—2012年：强强联合，助推全国网络布局。为了顺应时代的发展，远成集团引入了大批的重量级战略合作伙伴，如光大控股等，积极地进行资本运作，引入跨行业的资源，打造综合物流体系。

（5）2013年至今：综合物流升级，供应链一体化服务。为了更好地升级综合物流服务体系，打造成国内领先的综合物流运营商，远成集团进行了一系列的战略转型，把业务模式和管理模式重新进行了梳理，形成了远成快运、远成物流、远成供应链、远成置业、远成冷链五大业务体系，在此基础上，进行总部职能的升级转型，成为国内一流的供应链一体化服务提供商。

远成集团是中国首批5A级“综合服务型物流企业”。近年来，集团连续荣获“中国物流百强企业”“中国物流杰出企业”“诚信创建企业”“中国物流创新奖”“中国物流示范基地”“中国物流学会产学研基地”“最佳服务质量物流企业奖”“中国物流年度影响力企业”“低碳物流企业”“中国物流改革开放30年旗帜企业”“中国物流十大成长力企业奖”等荣誉。公司一直秉承着“以心传递，畅达天下”的物流星级服务理念。

二、创新成果的名称

该成果名称为：远成集团发展战略及综合物流业务模式创新。该模式创新主要包括两个方面：远成特色的城乡物流配送经营模式创新；互联网 + 下的仓配一体化物流服务模式创新。该创新成果发挥了远成的物流服务专业优势，通过对集团综合物流业务模式进行创新，显著提高了运作效率和效果，具有较好的适用性和推广价值。

三、创新成果的产生背景

1. 互联网经济的驱动

2014 年中国物流在互联网经济的驱动下，电子商务高速发展，传统物流在电商物流和移动互联的双核驱动下，进入转型升级的快车道。电子商务的发展冲击了传统零售业，传统卖场 2B 的市场逐步被 2C 的电商替代，消费者购物行为的变革对零售带来了重大变革，传统的物流服务模式正在被一些新的商业模式颠覆，顺丰、四通一达等快递公司的业务持续蓬勃发展。

2. 制造业物流受到冲击

全球制造基地每 20 年完成一次搬家，因此全球供应链 20 年进行一次重组，2013 年的中国制造面临尴尬的格局，美国制造正在逃离中国（去往东南亚、美国等地区），中美之间劳动力成本优势越来越小，人民币升值逐步压缩利润空间，产业供应链协同能力缺乏，山寨帝国缺乏对知识产权保护。最终导致制造业的变迁对服务于制造业的物流带来了较大的冲击。

3. 中小物流企业生存越来越艰难，行业进入整合期

2013 年 8 月营改增全面推进过后，各大物流企业面临进项增值税抵扣问题，导致物流企业税负整体不降反升，当然主要原因是物流业作为服务性产业缺乏进项抵扣，最终导致中小物流企业的生存环境日益严峻，靠信息转包生存的物流企业将走向末路。另据央视的调查数据，我国现有物流企业 700 多万家，拥有车辆 1600 多万台，平均每家 2 台车；货车空驶率达 50%，每票货转手五六次才到司机手上。因此，中小企业将进入整合期。

4. 物流企业靠增值服务盈利成必然趋势

2014 年以来，靠传统的价格差价盈利的物流企业越来越少，物流企业靠增值服务盈利成必然趋势。特别是区域供应链领域的信息服务、数据服务、供应链金融服务等，这将是新的生存模式。其实，商业本质上有共通性，肯德基不是靠卖鸡腿赚钱的，靠的是它的庞大的商业地产，物流业也不例外。从 2013 年美国仓储企业 20 强的业务内容来看，单独的仓储 + 运输服务获取的利润空间将越来越薄，这些排名靠前的企业，靠的都是更多的增值服务获得利润空间。2014 年的中国物流企业必然向这个方向发展，未来的物流企业本质上都是提供综合的供应链服务。

5. 跨境电商带来新机遇

跨境电商，农村电商的兴起带来了跨国物流和农村物流的发展，2014 年海外电商将迎来新的爆发机会。不管是阿里巴巴还是京东，都会重视海外市场，因此基于海外电商的综合物流服务将成为热点。农村电商是一个超级大市场，14 亿人口，4 亿已经成为网购人群，最大的 10 亿人群在农村，这 10 亿中至少具备 7 亿人口的市场开发价值。同时农村互联网化在城镇化发展的推动下，商机已经非常明显，谁能解决物流 + 本地化服务，谁将占领市场。所以，未来农村电商物流是一个大市场。

四、创新成果的主要内容

为了更好地描述远成特色综合物流服务体系的内容，我们从远成已有的几大业务板块（远成物流、远成快运、远成供应链、远成物流园）着手分析。

远成合同物流是通过整合集团内外部物流资源，为客户提供基于供应链全环节的定制化物流服务，满足大型企业客户个性化的综合物流服务需求，现有的服务产品主要有仓配一体化、总集成总包物流服务模式、物联网物流服务模式等，远成合同物流的主要特点，如图 1 所示。

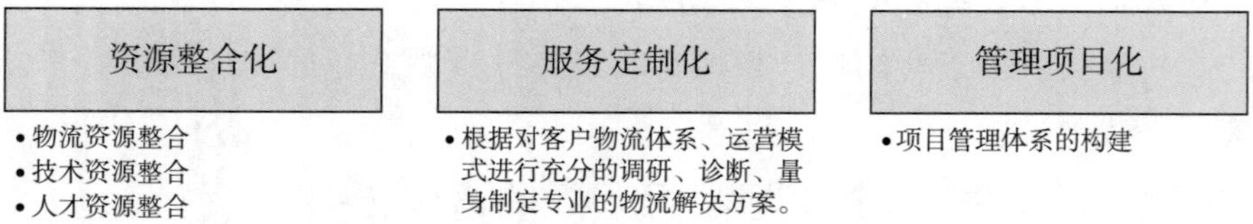

图 1　远成合同物流的主要特点

远成快运，为客户提供具有专业化、高端化、智能化特点的物流体验，并满足区域配送、同城配送及商超、宅配等配送需求，同时远成也将开发自己的快递产品业务，如图 2 所示。正是从 2014 年开始，远成开始将业务范围由一二线城市，逐步扩张到县级、乡镇一级，为客户和消费者践行“最后一公里”的承诺，以心传递，畅达天下，也标志着远成集团正式加入电商时代互联网 + 快递行业抢滩大战。

远成快运以覆盖全国各区域的分支机构为依托，自建全国一体的高效零担物流网络运作平台，结合遍布各地的标准化的门店和加盟、代收网点，以远成干支线班车为主运输载体，打造了畅达全国的经济型零担物流网络。

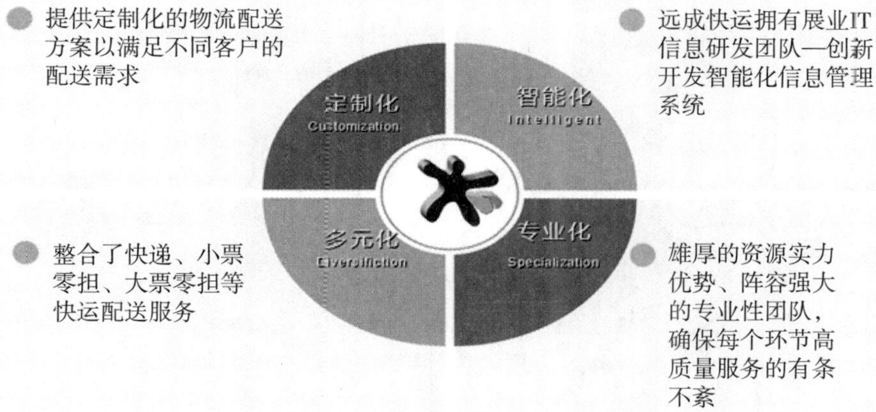

图2　远成快运的主要特点

作为一家现代综合物流服务提供商，不论是铁路专列运输、公路新干线还是冷链物流、合同物流、零担物流以及其他板块业务，远成集团一直都秉承品牌至上、诚信经营的理念，以国际一流综合物流提供商的标准严格要求自己，力求为国内外客户和消费者提供最优质物流和供应链服务，准时准点将货物送达客户手中。在向客户提供专业高效的远成独家物流星级服务的同时，还斥巨资积极引进和开发先进的物流供应链管理系统，包括电子商务系统、订单管理系统（OMS）、运输管理系统（TMS）、仓储管理系统（WMS）、业务协同工作管理系统、车辆全球定位系统（GPS/GIS）、电子财务系统等。远成物流供应链管理系统的应用，有效地满足了客户的查询、监控、跟踪、结算、配送等需求，实现了远成物流的信息化管理。

供应链管理（SCM）中的供应链金融服务于实体经济，而远成作为现代供应链综合服务平台提供商，其信用价值决定了商流、物流、资金流和信息流能否在供应链中成功流转。得益于三十年来的诚信经营，远成拥有良好的信用记录，是多家国家商业银行的长期战略合作伙伴，授信额度达百亿元。远成供应链系统如图3所示。

远成物流园紧紧围绕国家的“一带一路”战略，依托远成集团在物流服务领域近三十年的深耕经营和各业态庞大的客户群，打造供应链综合服务平台生态系统，通过开放共享远成集团的全国物流网络、分销服务网络以及金融资源，建设物流园平台、商贸平台、城市商业综合体、公共物流信息平台、电子商务交易平台，实现物流、商流、资金流、资本和人才的集聚，形成远成特色的“互联网+物流+商流+金融”的产业服务生态系统。

远成集团通过线上、线下综合服务体系全面对接客户业务体系、信息系统，打造集综合物流平台服务（物流规划、仓运配一体化、设备租赁、保险、税务筹划）、电商交易平台服务（信息服务、采购执行、分销执行）、供应链金融平台服务（供应链金融、融资租赁、保理、支付结算）于一体的创新运营模式，为国内外客户在中国市场

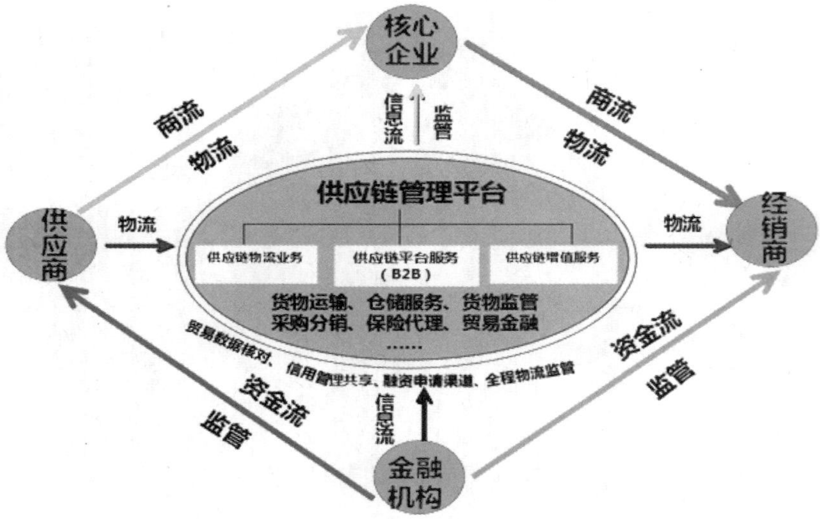

图3 远成供应链系统

的业务拓展提供快速、高效的供应链一体化服务支持。

另外，大力发展电子商务产业的重要载体，创建“电子商务基地”的核心园区，为大中型电子商务企业提供运营基地服务，以及为中小型电子商务企业提供孵化培育服务。同时远成拥有大宗商品交易平台，为客户提供集大宗商品交易、线上结算、信息、物流和融资于一体的服务，形成集中交易、交割、物流配送的交易机制。

现已形成遂宁—乐山—淄博—昆明—温江—西宁—沈阳—广元多地联动，投资建设物流园、商贸园、物流主题公园、城市综合体等一系列城市产业配套服务设施，实现多业态综合服务模式，如图4所示。

图4 远成物流园

远成集团分别与四川省遂宁、乐山、广元、德阳市政府，山东省淄博、聊城市政府，重庆市政府，云南昆明市政府等各政府机构就物流园投资建设达成战略合作协议，投资数百亿，打造物流园、城市综合体、物流主题园、国际商贸城等一系列城市产业配套服务产品。

五、创新成果的主要创新点

（一）远成特色的城乡物流配送经营模式

远成物流从中国的基本国情和发展现状出发，借鉴同行业的发展经验，总结归纳出一套自己的全国城乡物流网点经营模式，即直营为主，加盟为辅，上层直营，下层加盟，直营模式将吸收加盟模式的优点，加盟模式将借鉴直营模式的长处，相互融合，科学发展的模式。

1. 直营为主

远成物流从2014年成立至今，已经在全国成立7个大区，网点分布在全国一、二、三线城市的市区及主要城镇，不论是转运中心还是营业网点，均采取直营模式，并且对网点门店的装修以及人员的管理均采取统一化的要求管理。这种上层直营的模式，一方面，能有效显示公司的实力，提供形象规范，特别是门店统一装修直接面向客户，具有说服力，同时更能有效地提高企业品牌知名度和美誉度；另一方面，企业直接面对消费者，了解消费者的需求特点，有助于企业获取最有效的市场信息，为公司决策提供第一手资料；而且，公司拥有直接控制权，便于操作管理，能及时准确地执行公司的营销理念、方针政策。

2. 加盟为辅

远成物流从2014年成立至今，已经在全国有多家加盟网点，采取下层加盟模式的主要原因：第一，节约时间，加盟商一般已经具备一定的能力，能够快速展开业务；第二，降低成本，直营网点的布置费用远大于加盟模式的运营费用；第三，增加覆盖率，提高企业知名度。同时只要利用加盟模式的特点对加盟点进行良好的管理，加盟网点也能给企业带来丰厚的利润。加盟网点在某种程度上比直营网点在管理上更加便捷，采用与直营店统一的考核、淘汰制度，对违规人员根据严重程度给予警告、罚款、除名惩罚。因为加盟网点从某种意义上来看是为自己打工挣钱的，关系到自身的利益问题，他们会更加遵守公司制度，谨防被淘汰。

基于“自营为主、加盟为辅”的发展模式，远成物流自2014年成立至今，已经在华东大区成立了17家转运中心，分布在上海、杭州、南京、苏州、金华、宁波、合肥；同时开设了500家直营网点，80家加盟网点，其中直营网点基本分布在一、二、三线城市及繁华区县，加盟网点主要分布在四、五线城市及乡镇，远成物流华东大区整体覆盖率达到95%以上。

（二）互联网+下的仓配一体化物流服务模式

随着仓储外包成为各方一致的基本的物流理念，仓配一体化已经成为电商物流和第三方服务公司的新方向。仓配一体化是仓和配的结合，既要有仓储的网络，还要有配送的网络，远成综合物流体系的仓配一体化的服务能力主要有：

1. 配送能力

（1）配送范围覆盖广、质量高、服务好。

（2）由远成库房直接出货，缩短供应链中间环节。

2. 仓储服务能力

通过仓库RD作业，条码管理，各种专业货架，专业库位设计，还有WMS系统，能做到发货准确、发货及时、库存准确。

服务内容方面：

（1）收货管理（卸货、货物验收、破损处理、入库扫描）。

（2）出货管理（订单拣货、货物再包装、复核称重、出库扫描、装货发车、退换货管理）。

（3）库存管理（库存预警、补货管理、库存盘点、库位管理）。

（4）增值服务（条码打印、贴标服务、发票打印、包装服务、质检服务）。

（5）信息服务（报表服务、系统对接、账号管理、订单管理、查询沟通与投诉受理）。

3. 系统能力

（1）与商家系统无缝对接。无论是用企业的WMS系统、ERP等平台，都可直接与物流公司的标准接口无缝对接。

（2）配送信息流。从订单生成到签收的整条信息流。

（3）WMS及RF技术，支持多达上万种SKU的分拣服务，客户库存准确及发货准确。

（三）人力资源及企业文化建设

作为一家拥有近20000雇员、全资直属一级分公司遍及全国34个省市、自治区、直辖市，二级分公司遍及全国几乎所有660多个二级城市的庞大体系的物流集团，远成的社会责任中最重要的一环是对旗下公司员工的责任。远成的薪酬体系非常人性化，体现出极具远成特色的人文情怀。尤其值得一提的是，远成集团最为人津津乐道的亲情回馈特色福利制度。员工正式转正后，其月收入的5%，公司补贴5%，共计月工资的10%会以三个月（季度）为单位，按时发放到直系亲属/家属账户。这是远成最富有人情味的社会责任，是远成对辛勤工作的员工及其身后默默支持的整个家庭的回馈和承诺。

"远成为家"的文化还体现在半军事化的管理，定期的系统培训，提升员工修养与自身价值、为员工提供几乎免费的食宿、人性化的晋升体制、年休假制度、婚假产假制度、每个月按时发薪、不拖欠员工工资，力求每一个员工有尊严的工作；这是远成对旗下所有员工的人文关怀。远成每年为所有员工组织一次免费体检，不仅保证员工的人身安全，同时也保障员工的健康安全。

远成文化是远成人的价值观。它是在远成近三十年的发展历程中产生并逐渐统一形成的远成特色文化体系。远成文化分为三部分：核心文化、制度行为文化、物质文化。远成人的价值观的核心是超越——超越自我，超越对手。在超越的氛围里不断创新，在创新的驱动下持续地超越。这使远成始终保持旺盛生命力，也是远成永远向前的动力所在。以超越为根基，远成企业文化这棵大树现已枝繁叶茂，不仅能为远成挡风遮雨，而且源源不绝地散发出充足的"氧气"供员工呼吸。超越现有模式，源源不断的创新，永远是远成文化的主旋律。

六、创新成果的应用实践与效果分析

以蒙牛为案例，蒙牛传统的物流模式是各工厂采取和当地小型物流商的合作模式，物流呈现出"小、散、乱"的状态，整体运行效率不高，远成和蒙牛的合作从 2012 年开始，双方采取总集成总包的服务模式，由双方签署战略合作协议，蒙牛将工厂的物流业务整体外包给远成，远成提供综合物流服务，双方还签署了课题及文化共建等合作研究机制，双方每年就物联网技术、托盘一体化、企业文化建设与共享等课题进行合作研究，共同推动蒙牛物流体系的进步。经过 3 年的合作，目前远成和蒙牛有八家工厂进行合作（马鞍山、衡水、宿迁、眉山、泰安、宝鸡、成都、北京），其业务模式的改进方式如图 5 所示。后期远成会慢慢介入蒙牛全国范围内的其他工厂，实现全面的第三方物流管理。具体的改进方式如下：

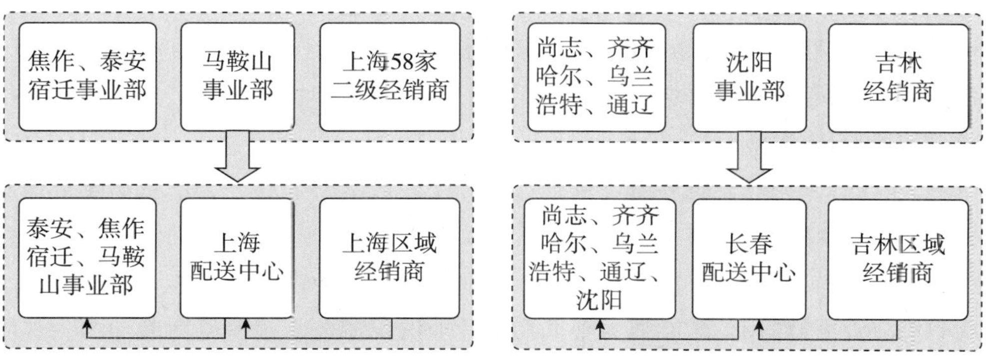

图 5　蒙牛物流业务模式的改进

（1）流程优化：优化运作流程，减少不必要环节，增强运作效率，缩短时间，把握关键点。

（2）提高车辆配载：根据车辆的车型、线路，对货品进行合理配载，对商品采取合适的防护，保障运输质量，提高车辆的利用率，降低成本。

（3）线路和运输班车的统筹优化：利用远成的TMS系统，合理统筹线路和车辆，提高效率，降低空载率，缩短订单时间。

（4）运输在途跟踪：利用远成的GPS监控系统，可以做到货物的在途跟踪，全程监控。实现车辆作业信息的准确传递。大幅度节约货物进场和配送时间。

（5）资源整合：整合各方资源并做到供应商分级管理，实现成本最优，效率最高。

七、创新成果的推广价值

1. 推广价值

建设创新型企业是时代的需求，更是市场的召唤，企业的社会责任之一也在于根据市场的变化对自己的业务作出相应调整，满足客户最新最细节的要求。远成集团近三年积极寻求转型突破口，重组旗下各大业务板块，成立五大子集团，更新一站式供应链综合服务理念，促进大供应链内资源优化配置，提升客户利润空间的同时，减少牛鞭效应对供应链造成的负面影响，减少不必要的资源浪费。最大限度地利用线上和线下资源优势，三位一体，促进供应链内五流（物流、商流、资金流、信息流、人才流）互通，最大程度为客户创造价值。

以“供应链一体化服务”作为指导思想而形成的“远成特色的综合物流服务体系”，作为一个创新的物流服务和物流管理模式得到了广大客户的认可，从服务的集成性来说，综合物流服务通过整合资源，利用同一个运作主体的优势，缩减了中间运作环节，提升了运作效率，降低了客户的综合物流成本，这对于其他物流企业有着非常大的借鉴意义。同时，在互联网+的时代机遇下，综合物流服务体系集聚了很多的客户资源、车辆资源、服务商资源等，在共享经济、众包经济的大背景下，这种服务模式为企业探索互联网+物流的服务模式提供了一个新的参考方向。目前远成集团已经启动互联网运力平台建设，希望通过互联网的运作方式，提高车辆的运作效率，打造一个公共的运力资源池。

作为企业，综合物流服务模式只是远成集团发展战略的开始，远成集团希望通过综合物流体系的搭建，不断进行供应链管理的创新，致力于企业之间跨界融合、联动发展，不断进行渠道深耕，提升物流运行效率，降低社会物流总成本。远成特色的综合物流体系的榜样作用，既能够为现代物流行业的发展注入诸多鲜活的动力，也能够成为一种可以在行业内外进行推广的模式，这种借鉴作用可以为社会物流的发展提供更多的借鉴意义，为我国的“一带一路”战略提供强大的社会物流体系的支撑。

2. 推广的适应对象及其注意点

本创新成果首先适合综合型物流企业在业务多元化发展的过程中，在构建细分业务板块的过程中，借鉴远成集团先进的多元化发展模式。其次，也适合各类细分的物流服务市场，如第三方物流板块、快运板块、供应链板块、物流园建设板块借鉴远成集团的运营经验。最后，适合企业在依据自身的资源和能力，通过整合、提升和改进的方式，优化服务类别，创新服务模式，改进服务运营，实现企业业务板块效益的最大化。本创新成果提出的远成特色的城乡物流配送经营模式、互联网+下的仓配一体化物流服务模式等均值得广大第三方物流企业借鉴。

“互联网＋”背景下佳怡物流运营管理模式创新①

于东峰，男，中共党员，毕业于山东交通学院汽车运用工程系，2002 年进入佳怡物流后，14 年来积累了多个工作岗位的工作经验。有着 7 年的物流板块工作经验，从基层物流操作员、分拨中心经理到运营总监；之后又从事了 7 年的物流园区规划与运营工作，对物流行业有了更深刻的理解与认识。2015 年重新从事集团物流板块，时刻关注行业的变化与发展，提出了“互联网＋”背景下佳怡物流运营管理模式创新理念。

［摘要］ 佳怡物流从客户角度出发，依托信息资源，采用线上和线下相整合的方式，建立以提升客户体验为出发点的 O2O 模式，形成较大规模的道路货运信息平台。通过信息平台系统可以对订单信息、车辆运行轨迹、发车准时性、货物安全性等货运流程实施全程监控。并且能够连接整个平台进行协同运作，为客户提供一体化的货运服务。为配合 O2O 联动模式的顺利实施，佳怡物流不断发展内部运营体系，以物流服务为核心，以信息流服务为支撑，以商流和资金流为辅助，大胆创新服务产品，深入研究产品设计与推广、产品交付与实现、售后服务等模块，对货物受理、运输、集散分拣、签收和售后等生产流程充分细化，对产品时效、成本、质量和资源等进行管控，建立以 O2O 为基础的内部运营模式、以 CA－CED 模式为基础的混合轴辐式网络以及以互联网技术为基础的甩挂运输模式。整个体系以互联网为基础，以 WMS＋TMS＋

① 本成果由山东佳怡物流有限公司提供，成果主要创造人：于东峰、赵金娥，参与创造人：贺晓轩、缪建国、言采娟、宦海涛，获 2015 年度物流行业企业管理现代化创新成果奖二等奖。

GPS＋PDA＋移动终端为核心，实现产品运输全过程中“运行轨迹可视、节点影像可视”，再辅助于400客户呼叫系统，实现了整个运输过程的可视、可听、可通话，提高了客户体验。

【关键词】 O2O模式；混合轴辐式网络；互联网技术；甩挂运输

【适用领域】 网络型物流企业；公路运输物流企业

一、企业基本情况

山东佳怡物流有限公司于1999年成立于山东济南，公司从1.08万元原始资金开始，以公路运输为切入口进入物流业，经过16年的发展，公司现在的业务范围由最初的公路运输拓展到围绕供应链四流开展业务的综合性物流企业。

公司主营业务涵盖公路零担运输、公路整车运输、仓储、城市配送、宅配等物流服务，以及物流园区建设与运营、物流技术与信息化服务等相关物流产业。在全国设立超过1300家分支机构，拥有可支配车辆3500多辆，员工5000人，分拨中心10个，运输线路1500余条，仓储面积50万平方米。在北方已拥有覆盖山东、京津冀、山西、河南、陕西、东三省七省两市网络至三级城市的自有终端服务网点。拥有中国北方最具竞争力的物流服务能力。近三年来，公司营业收入、年利润和税金不断增加，2015年营业收入达到10.8亿元，年利润5100万元。

佳怡物流大胆创新运营管理模式，面对“互联网＋”带来机遇的同时，始终以客户为中心，按照物流内在的运作规律运营变革，同时夯实佳怡物流线下的运作能力，充分借助“互联网＋”的东风，创新企业商业模式，加快线上与线下的信息化融合，整个体系以互联网技术为基础，以“WMS（仓库管理系统）＋TMS（运输管理系统）＋GPS（全球定位系统）＋PDA（条码扫描器）＋移动终端”为核心，实现产品运输全过程中“运行轨迹可视、节点影像可视”，再辅助于400客户呼叫系统，实现了整个运输过程的可视、可听、可通话，提高了客户体验。

佳怡物流以“创新中国物流与供应链管理模式，共建理想家园”为使命，以“致力于成为社会认可的企业公民、致力于成为客户认可的物流与供应链服务提供商、成为百年企业”作为企业发展的愿景。逐步实现全国无盲点门到门隔日抵达的物流服务网络，为工商企业提供供应链一体化综合物流服务，成为国际、国内知名品牌。

佳怡从创立以来一直坚持诚实守信的经营态度，使得企业的品牌形象、知名度和名誉大幅提升，也获得了客户及社会各界的一致好评，先后被评为“AAAA级物流企业”“中国物流百强企业”“中国民营物流企业十强”“最佳创新能力物流企业”“山东省物流企业优秀单位”“山东省优秀物流企业”等近200项荣誉称号。

二、创新成果的名称

本成果名称为“互联网＋”背景下佳怡物流运营管理模式创新。本成果反映了山东佳怡物流有限公司企业管理创新实践与管理科学理论、方法的有机结合，是企业管理创新实践的理论总结。

三、创新成果的产生背景

佳怡物流运营管理模式的创新发展是多方面因素共同作用的结果，具体主要包括满足客户需求、物流行业竞争新局势、政府政策推动、企业生存与发展几方面。

（一）满足客户需求

当前，物流企业面对的客户业务出现多品种、小批量、多批次、长周期的物流服务需求，需要物流企业能不断提供更灵活、更高效、更实时的服务体验。物流市场上的需求构成比较复杂，包括各类部门、企事业单位和个人。需求者在物流需求的质量、数量等方面存在较大差异，客观上形成了不同层次、不同类型的物流需求。因此，客户的现实需求和更高的服务要求，让物流企业必须以客户为中心、最大限度地覆盖客户营业网点，需要物流企业必须拥有和掌握更多的分拨中心、干线资源、落地配资源等线下的物流资源。

我国物流企业的信息化还处于起步（或称为转型阶段）阶段，整体水平不高，在管理水平、技术力量及服务范围上还没有质的提高，但是客户对信息化的需求非常迫切，需要解决物流企业信息化程度低的痼疾，满足客户不断变化的线上需求。

佳怡物流为提升客户体验，满足客户线上线下的个性化需求，线上不断研发各种信息系统，线下不断扩充实体网络，调整网络构建方式，通过深耕自建的优势网络与整合优势资源相结合的方式，扩大企业的网络覆盖规模，实现线上线下联动发展。

（二）物流行业竞争新局势

长期以来，我国第三方物流发展主要存在总体规模偏小、需求不平衡性较强、行业集中度低等问题。“十一五”期间，第三方物流行业得到迅速发展，在服务内涵、经营模式、功能建设等方面发生了深远的变革，呈现出良好的发展趋势，主要包括以下几点：

（1）服务链逐渐延伸，专业化不断加强。第三方物流服务深化的直接结果是专业的细分。第三方物流企业越来越专注于特定的目标市场，以充分发挥其专业的优势。

（2）服务范围不断扩大。第三方物流服务范围逐渐向金融领域扩展，物流、资金流、信息流是供应链的三大组成部分，从供应链资金流收入方面看，第三方物流服务内涵得到进一步延伸和扩展。

（3）行业整合趋势明显。自第三方物流概念引入国内起，以兼并收购为特征的全球物流整合深刻改变了物流市场格局。一大批知名的第三方物流企业消失，不少物流大集团在整合过程中迅速发展壮大，市场集中度明显提升。

同时，我国公路运输业发展迅速，从运量和周转量来看，公路运输已经远超其他运输方式，在社会发展中起到越来越重要的作用。公路运输行业一直存在经营观念陈旧，运输效率低下，货运站场基础设施落后、功能单一，缺乏主导公路运输市场的大型运输企业，难以组织规模化和网络化的运输等主要问题。为解决公路运输存在的问题，各物流企业不断创新发展，运输行业正处于快速发展的成长期，该阶段主要呈现出以下发展趋势：

（1）加大力度调整道路货运企业结构。部分骨干货运企业应实施资产重组、加快企业结构调整步伐，走规模化和集约化发展道路。以区域经济发展为先导，以公路基础设施建设、高速公路成网为基础，本着“集中优势兵力与资源最优配置”原则，组建区域性运输集团。

（2）依托于区域物流系统的发展，向第三方物流转变。道路货运企业应满足社会专业化分工的需要，学习物流管理、扩充物流技术、大力发展适用型车辆，迅速进入生产企业和销售企业的物流系统，与供应商、制造商建立“战略伙伴”关系，迅速转化为以运输为基础，同时提供包装、仓储等多种服务的第三方物流公司。

（3）智能运输系统是未来公路运输的发展方向。智能运输系统可提高公路交通安全水平，减少交通堵塞，提高公路网的通行能力，降低汽车运输对环境的污染，提高汽车运输生产率和经济效益。

（三）政府政策推动

2015 年以来，继《政府工作报告》中提出“互联网 +”行动计划后，各行业皆围绕“互联网 +”提出了未来发展的新思路。对物流业来说，“互联网 + 物流”要做什么，会给传统物流行业带来哪些影响，如何把握好“互联网 +”发展趋势，需要我们进一步思考。

“互联网 +”代表着一种新的经济状态，即充分发挥互联网在生产要素配置中的优化和继承作用，将互联网的创新成果融合于物流行业中。“互联网 +”模式不仅在于传统物流企业利用互联网技术改造生产流程，更在于产生更多与传统物流业相融合、相促进的运营模式。

政府提出“互联网 +”高效物流的政策，加快建设物流信息服务平台，提高物流供需信息对接和使用效率。鼓励建设智能仓储体系，优化物流运作流程，提升物流仓储的自动化、智能化水平和运转效率，降低物流成本。

（1）构建物流信息共享互通体系。发挥互联网信息集聚优势，聚合各类物流信息资源，鼓励骨干物流企业和第三方机构搭建面向社会的物流信息服务平台，整合仓储、运输和配送信息，构建互通省际、下达市县、兼顾乡村的物流信息互联网络，建立各类可开放数据的对接机制，加快完善物流信息交换开放标准体系，在更广范围内促进物流信息充分共享与互联互通。

（2）建设深度感知智能仓储系统。积极推广物联网感知技术和大数据技术，实现仓储设施与货物的实时跟踪、网络化管理以及库存信息的高度共享，提高货物调度效率。鼓励应用智能化物流装备提升仓储、运输、分拣、包装等作业效率，提高各类复杂订单的出货处理能力，缓解货物囤积停滞瓶颈制约，提升仓储运管水平和效率。

（3）完善智能物流配送调配体系。加快推进货运车联网与物流园区、仓储设施、配送网点等信息互联，促进人员、货源、车源等信息高效匹配，有效降低货车空驶率，提高配送效率。

政府提出“互联网+”便捷交通的政策，加快互联网与交通运输领域的深度融合，通过基础设施、运输工具、运行信息等互联网化，推进基于互联网平台的便捷化交通运输服务发展，显著提高交通运输资源利用效率和管理精细化水平，全面提升交通运输行业服务品质和科学治理能力。

（1）提升交通运输服务品质。促进线上线下更加紧密结合，资源配置不断优化，服务更加高效、优质、便捷。

（2）推进交通运输资源在线集成。利用物联网、移动互联网等技术，进一步加强对公路、铁路、民航、港口等交通运输网络关键设施运行状态与通行信息的采集。推动跨地域、跨类型交通运输信息互联互通，推广船联网、车联网等智能化技术应用，形成更加完善的交通运输感知体系，提高基础设施、运输工具、运行信息等要素资源的在线化水平，全面支撑故障预警、运行维护以及调度智能化。

（3）增强交通运输科学治理能力。强化交通运输信息共享，为优化交通运输设施规划与建设、安全运行控制、交通运输管理决策提供支撑。

（四）企业生存与发展

日益成熟的互联网技术为中国的物流业插上了蜕变的翅膀。佳怡物流处于迅速发展的互联网时代，面临生存与发展的巨大转折。相关统计数据显示，当前物流行业总共推出了200多个电商平台，总投资近100亿。物流平台表面看是实体整合，实际上是商业模式的融合，同时也是战略思路的协同。物流平台经济需要商业模式的裂变，依托平台积累的资金流、信息流等，通过提供其他商业服务获取利润，通过信息通路和资源整合获得更多的价值空间。

货运 APP 在 2014 年是发展最迅猛的一年，市场上的货运 APP 已有近 200 个，规模越来越大。目前，市场上的货运 APP 主要分为三种类型，一是互联网科技公司，它是货运 APP 的最大构建主体；二是货运或者物流网站，对行业、用户的需求认识比较深入，在研发科技方面也有一定的优势；三是物流公司，为了方便管理自己的车队，提高运输效率，也开发了货运 APP。

随着“互联网 +”的概念持续升温，关于“互联网 +”的行动计划此消彼长。从象征着跨入互联网时代的手机 APP 终端的出现，到各种物流信息平台的发布，“互联网 + 物流”的新兴运行思路正疯狂崛起。面对巨大的竞争压力，佳怡物流必须改善内部运营机制，才能赢得生存机会。

2002 年，开通山东省 17 地市及 110 个县级网络，实现了 24 小时内省会城市到达山东所有地县市，成为全国首家最早实现区域无盲点的公路零担运输服务商；2006 年佳怡物流引进标准化管理理念，推出公路零担运输产品的运营手册和财务手册，为客户提供标准化零担运输产品并通过了 ISO 9001:2000 质量管理体系认证。2010 年佳怡物流入驻阿里巴巴电商平台，为线上客户提供货物运输及配送服务，公司进入高速发展的互联网时代。2011 年佳怡物流成立物流与供应链事业部，至此，佳怡物流进入公路货物运输产品与物流与供应链产品双核心产品互促发展阶段。2012 年佳怡物流自主研发的 TMS、WMS 成功上线，佳怡物流进入新的信息技术发展阶段。2014 年佳怡的经营管理权从创业者移交到职业经理人团队，决策权与执行权分离，提高了企业的决策质量，为公司治理结构奠定基础。2015 年佳怡物流通过移动互联网技术，实现移动办公、移动开单、微信下单，并且在信息技术方面得到了突飞猛进的发展，企业发展进入“互联网 +”时代。

四、创新成果的主要内容

过去几年，对于传统的物流实践者来说，是机遇也是挑战，在“互联网 +”的影响下，物流行业正在发生巨大变化。在不断增长的客户需求、物流行业竞争新局势、政府政策推动以及企业自身发展等因素的影响下，企业开展管理创新具有很大的必要性。本文重点阐述了佳怡物流内部运营模式以及如何实现物流实体运作与互联网技术相融合的管理创新，希望可以给物流从业者带来启发。

（一）建立以提升客户体验为出发点的 O2O 模式

佳怡物流从客户角度出发，依托信息资源，采用线上和线下相整合的方式，形成较大规模的道路货运信息平台。通过信息平台系统可以对订单信息、车辆运行轨迹、发车准时性、货物安全性等货运流程实施全程监控。并且能够连接整个平台进行协同运作，为客户提供一体化的货运服务。

基于移动互联网的 O2O 模式，能够让物流公司的车辆定位不再依赖于车载终端，灵活实现货物跟踪监控管理。能够让物流公司快速与合作物流资源企业建立沟通和互动，高效率整合物流资源，共同协作完成物流业务操作。O2O 运营模式，能够提前让线下的服务走到线上，提前协调各方资源，为业务操作做准备，避免各个交接环节的时间浪费，明显提高了协调性和工作效率。

为构建与线上信息平台相匹配的线下基础设施网络，佳怡物流已拥有覆盖山东、京津冀、山西、河南、东三省七省两市网络至三级城市的自有终端服务网点，可为客户提供集仓储、分拣、打包、运输、配送等于一体的综合物流服务。并开设了区域、地、县、镇四级门店，预计到 2019 年，物流网络将达到 2500 个，覆盖中国的所有省、市、自治区及东盟部分地区，为国内工商企业提供一体化的物流服务。

佳怡物流 O2O 联动模式如图 1 所示。

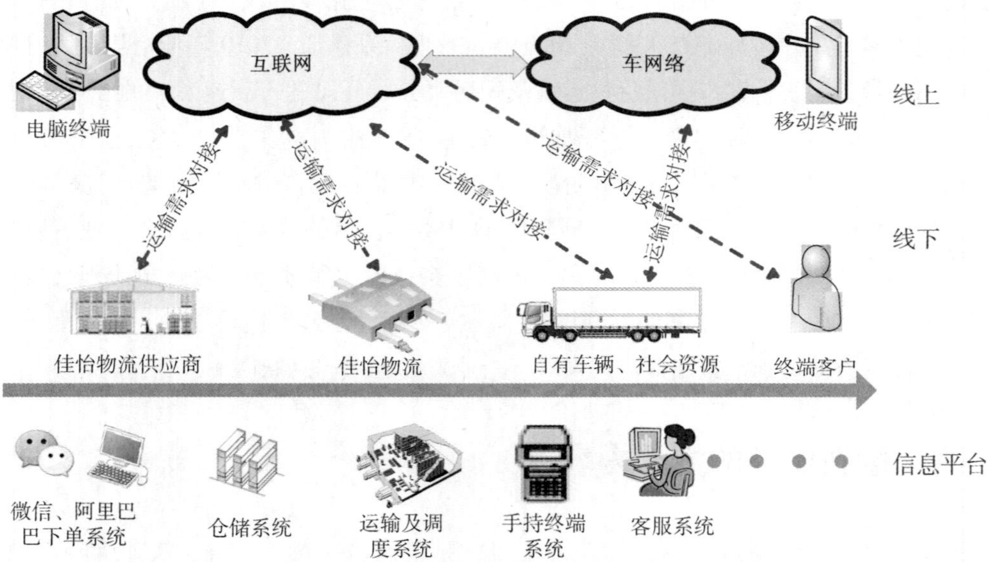

图 1　佳怡物流 O2O 联动模式

（二）建立以 O2O 为基础的内部运营模式

为配合 O2O 联动模式的顺利实施，佳怡物流不断发展内部运营体系，以物流服务为核心、信息流服务为支撑、商流和资金流为辅助，大胆创新服务产品，深入研究产品设计与推广、产品交付与实现、售后服务等模块，对货物受理、运输、集散分拣、签收和售后等生产流程充分细化，对产品时效、成本、质量和资源等进行管控，建立了一体化的运作流程。

佳怡物流运作流程包括路由建立、线路选择、运输形式选择、资源匹配、资源采购、资源运营、资源更新及不合格品管控等方面。为配合流程的运行，佳怡物流开发了客户订单系统、仓储系统、运输系统、车辆调度系统、自动分拣系统、移动终端操作系统和客服系统等，以信息化技术集成为支撑，全面形成了一体化运营网络。

佳怡物流内部运营模型如图 2 所示。

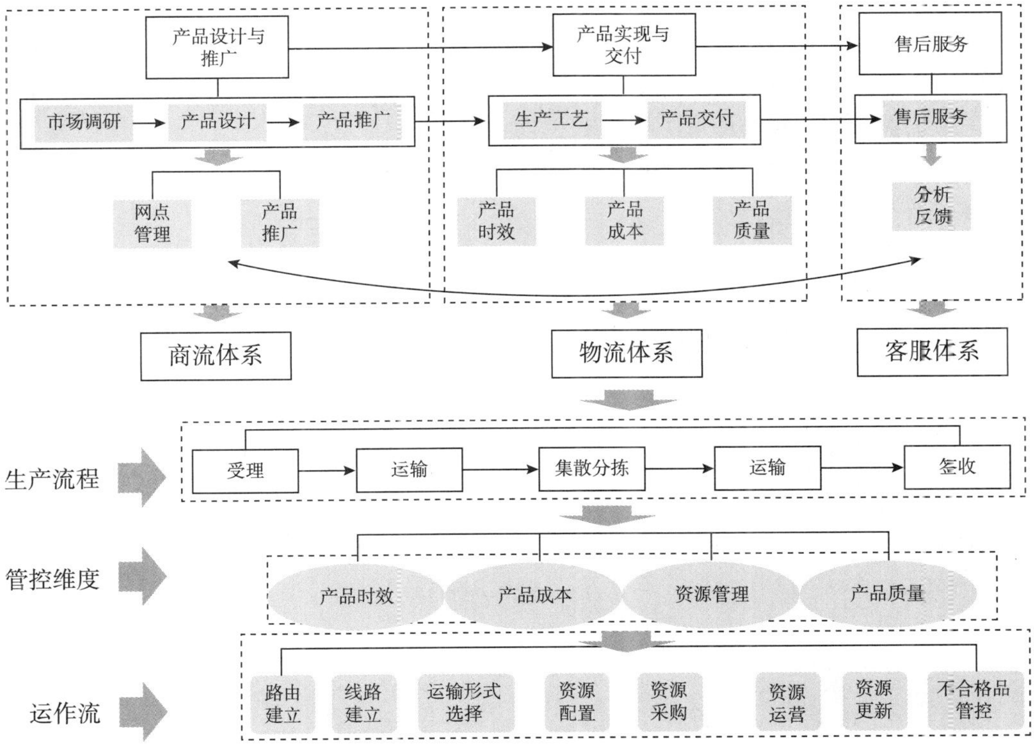

图 2　佳怡物流内部运营模型

（三）建立以 CA－CED 模式为基础的混合轴辐式网络

1. 佳怡物流“CA－CED”模式

为配合运营体系中产品交付与实现模块的顺利进行，佳怡物流采用了“集散中心＋分拨中心”（Collection＋Allocation）模式。这种模式是一种具有普遍意义的集成模式，其核心内容集中体现为收集、交换、发送，简称 CED，由于它的前提是 CA，所以这种模式称为“CA－CED”模式。

（1）收集，即将分散的业务对象集中起来，可以采用积少成多，批量操作的方式，也可以采用建立业务平台的个别处理机制。

（2）交换，即将收集起来的业务对象在集散中心进行分类，将业务请求目的地相同的业务通过干线运输送至目的地的“分拨中心”，然后再由该“集散中心”将相同请求目的地的业务对象送至离目的地最近的或者分工负责那个地区的“分拨中心”。

（3）发送，即将由“集散中心”发来的业务对象进行集中，并统一送到目的地。

“CA－CED”模式，将分散、零星的业务聚集，提供一个进行业务交换的平台，是一种增值性的物流业务运作模式。但在采用该模式时，集散中心、分拨中心的合理配置是实现有效运作的关键。为此，首先必须要建立以集散中心为枢纽，以分拨中心为辐射点的完善的物流网络体系；其次，必须能协调好枢纽与辐射点之间的分工和衔接；最后，能充分发挥辐射点作为枢纽集散货源的功效。因此，该模式非常适用于在物流中心要求少品种、大批量、大辐射范围的物流服务，而在分拨中心则要求多品种、小批量、小辐射范围的物流服务。

图3是“CA－CED”模式的一般结构图，从图中可以看到它属于“枢纽—辐射式网络结构”。

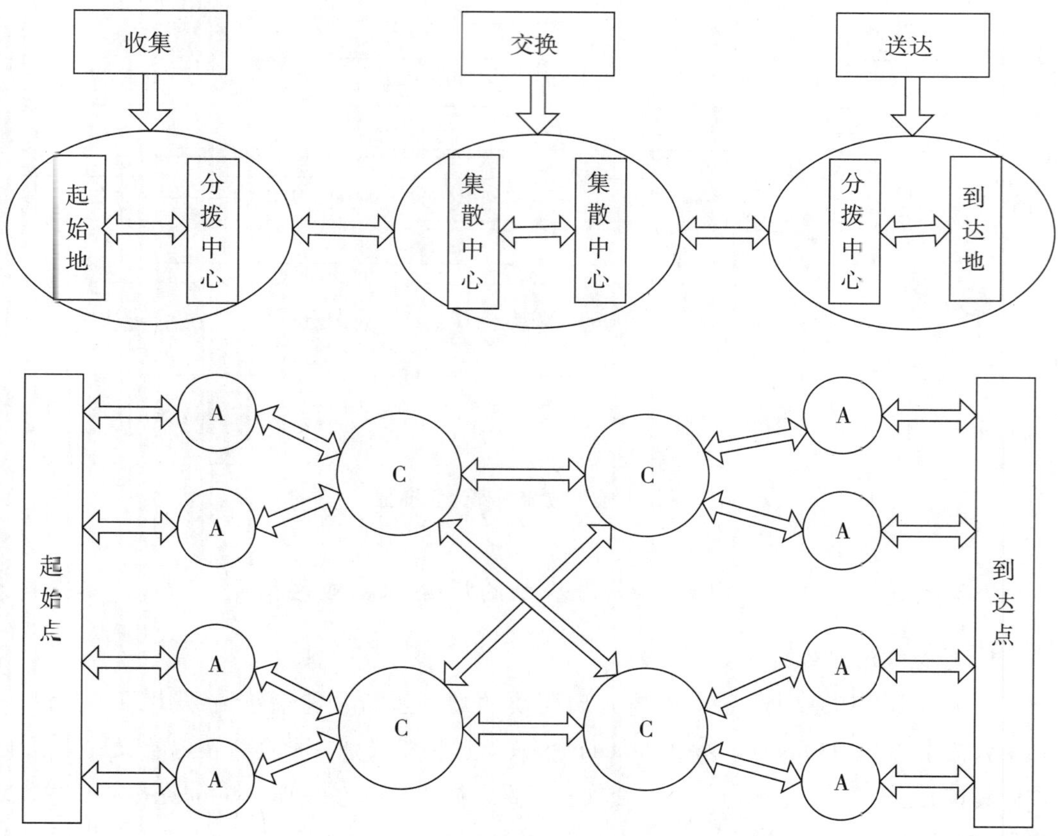

图3　“CA－CED”模式结构

佳怡物流以“集散中心＋分拨中心”模式为基础，全面扩展轴辐式网络模型，从最初的单一轴辐式网络模型，逐渐发展到混合轴辐式网络模型。

2. 佳怡物流轴辐式网络模型

（1）单一轴辐式网络模型。物流轴辐式系统是一个节点—路径系统，货物从不同的出发地到不同的目的地，或者从相同的出发地，到达不同的目的地，货物在轴辐系统中都必须先到达一个中间地点，在这里进行转载，然后享有优惠直达运输服务，目的就是为了集中交通流量，实现规模经济效益。

单一轴辐式网络中，每一个节点只能与一个枢纽连接，即每个节点的全部要素必须配置到一个枢纽，然后由枢纽转运到各个目的地。也就是说，一个节点的货流量不能被分割，必须经过且只能经过一个集散中心。

单一轴辐式网络模型如图 4 所示。

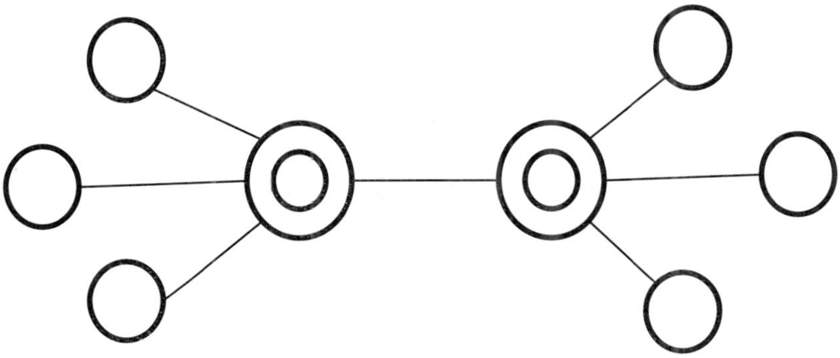

图 4　单一轴辐式网络模型

随着社会的发展，运量需求也越来越大，起初的纯轴辐式网络的任意两个非枢纽节点都要通过枢纽站中转才能到达，如果这两个非枢纽节点距离很近，客户难免会产生不满，而且各地区之间发展不平衡，有些起始点之间的需求量快速增加到足够开通直达运输的量，若坚持轴辐式运输，就产生了过多的不必要成本。这促使了纯轴辐式网络的改造，为那些不必要绕道而行的货物流开通直达通道，增强行业的竞争力，这便产生了混合轴辐式网络。

佳怡物流面对物流行业的竞争，参考企业的货量及客户需求，为一些非枢纽节点开通直达运输，形成了混合轴辐式网络模型，并不断进行完善，形成一定规模。

（2）混合轴辐式网络模型。混合轴辐式网络是全连通网络和轴辐式网络的结合体。全连通运输网络是点对点的，运输距离最短，但是货物比较分散，难以形成规模效应。纯轴辐式网络的非枢纽节点之间是不可以直接连接的，必须通过枢纽节点的中转，把货物汇集到一起，形成规模效应之后再运输。将两者的优势都结合起来，就形成了混合轴辐式网络。

简单而言，混合轴辐式网络是在纯轴辐式网络的基础上，使非枢纽节点之间可以直通，在保证纯轴辐式网络规模效应的同时，为部分非枢纽节点增加“绿色通道”，以达到避免绕道运输的目的。

混合轴辐式网络中，每个节点不仅可以与另一节点直接连接，还可以与一个以上的枢纽连接，每个节点的全部要素可以被拆分到不同的目的地。混合轴辐式网络模型如图 5 所示。

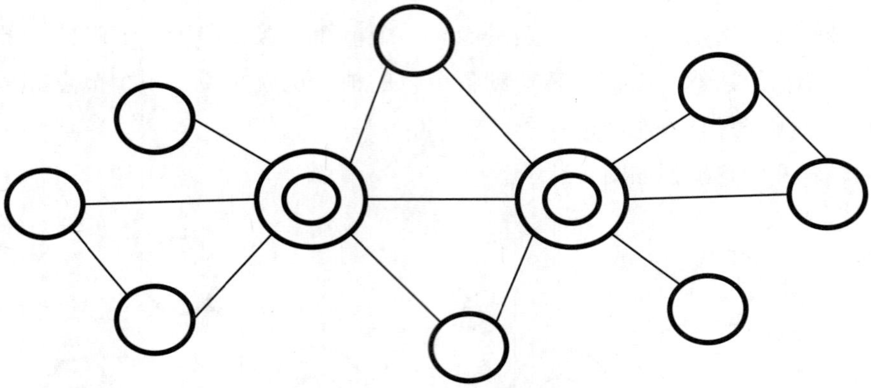

图 5　混合轴辐式网络模型

目前，佳怡物流已在全国设立 1200 多家分支机构，拥有车辆 3500 多辆，为全国 30 多个省、市、自治区的 10 万固定客户和 120 多万零散客户提供现代物流服务。

（四）建立以互联网技术为基础的甩挂运输模式

佳怡物流近年来一直注重培养物流信息技术的自主研发能力，目前已经拥有仓储管理系统、运输管理系统、办公平台系统、车辆管理等多套自主研发的生产系统。通过为上游客户提供匹配的信息管理系统，提高了客户黏性，保证了重点客户的稳定性，并通过信息化和物流设备技术的结合应用，建立了货物的质量追踪体系。佳怡物流信息技术融合模式如图 6 所示。

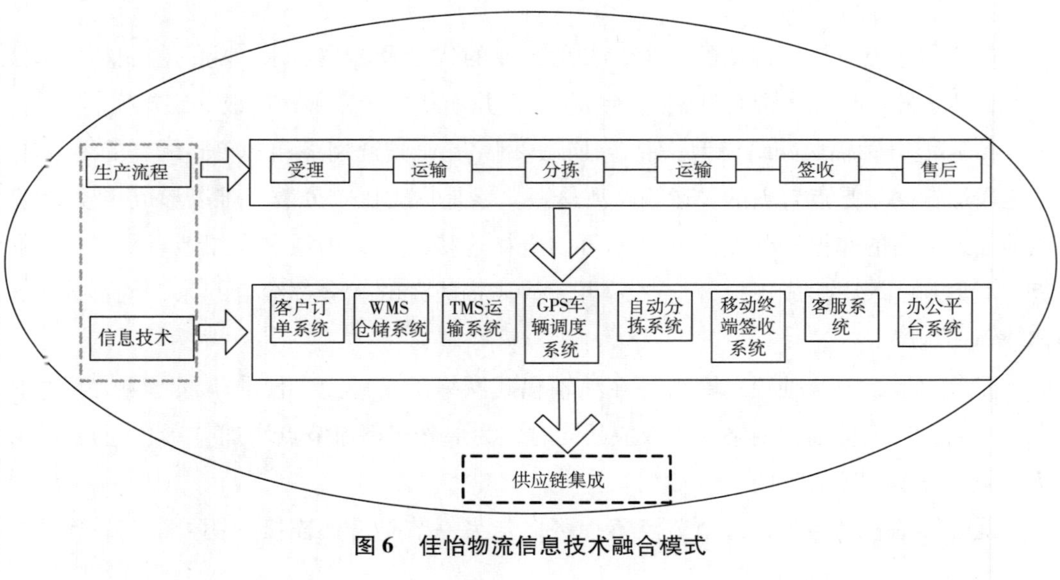

图 6　佳怡物流信息技术融合模式

1. 客户订单系统

为方便客户随时随地快速下单，轻松便捷地追踪快件状态，在线管理订单等，佳怡物流研发了客户订单系统，实现了货物状态信息的可查询。客户订单系统包括微信及阿里巴巴下单、订单查询、网点查询等功能。

微信下单步骤：进入佳怡微信公众号，点击下单界面，填写发货人姓名、联系方式及发货地址，点击提交。稍等片刻，店员会与发货人取得联系，为客户提供优质的服务。

阿里巴巴下单步骤：登录阿里巴巴物流平台网，进入佳怡物流下单界面，选择线路，点击立即下单，填写运单信息即可。

网点查询步骤：进入服务号，在主界面中间点击服务查询，然后点击网点查询。输入想查询的省市即可查询需要的连锁店地址及联系方式。

运单查询步骤：进入服务号界面后点击键盘按钮，直接输入查询运单号，点击发送，即可查询运单最新状态。

2. WMS 仓储系统

为实现对仓储系统的有效管理，佳怡物流开发了仓储管理系统，主要采用基于VWG先进界面开发技术进行系统界面的开发，通过.Net（万奈特）先进技术组织后台逻辑，在系统规划与设计过程中力争系统结构明确、后台逻辑清晰。

WMS系统数据来源基于托普FTP开放的接口，实现自动数据的交互功能。此系统包括仓储管理、仓储客户管理、货品管理、库存管理等功能模块，分别对客户、货物、出入库流程、库存查询和盘点等进行信息化管理。

此系统提高了数据的可查询性，可根据类型（发货，入库，出入库）和时间段对相关业务进行查询操作；实现掌握某一时间段最新出入库情况，提供增加、查看、修改、作废等功能；实现多个操作员之间业务的共享功能；通过相关功能模块刷新按钮查看最新数据的出入；提供数据的操作历史记录，状态显示，实现单据跟踪功能。

3. 甩挂运输 TMS 系统

甩挂运输作为一种现代化的运输组织方式，能够有效缩短运输时间，降低货运成本，提高里程实载率和运输生产率，促使物流企业实现从原生态向规模化、集约化和标准化的顺利转型，也是物流行业适应互联网+经济时代、实现行业转型升级的重要途径之一。

佳怡物流为提高运输效率，采用甩挂运输模式，减少了车辆在终端网点的等待时间，降低了终端网点的仓储设施租赁费用的投入，并且减少了车辆空驶和无效运输，从整体上降低能耗和减少废气排放。

为对甩挂运输模式实现有效管理，佳怡物流开发了甩挂运输TMS管理系统。此系统包括运输类管理和资金类管理两个模块，其中运输类管理包括资源管理、运输管理、单据管理、回单管理、运单调整、业务查询等功能模块，资金类管理包括财务管理、代收款管理、财务业务查询等功能模块，可以满足甩挂运输全过程的管理需求。

4. 车辆调度 GPS 系统

为对车辆运行全过程的轨迹进行管理，佳怡物流开发了车辆调度 GPS 系统。对车辆进行定位，对公司所有的运营车辆进行实时位置查询，了解车辆的空间位置，及时统计车辆数据，实时将车辆运行数据传输给运作体系，如连续行驶时间、平均行驶速度、最大行驶速度、车况数据等，使后台能够及时掌握在途车辆情况，必要时纠正司机的错误操作，为安全行车提供保障。

车辆调度 GPS 系统包括货运人、智能管车、班线和用户中心模块。其中，货运人包括车库、竞价、消息报表等功能模块；智能管车包括车辆监控、信息管理、车辆报表等功能模块；班线包括发车计划监控、班线设定和发车计划等功能模块。实现了甩挂运输过程的可视化管理。

通过 GPS 系统，可以实现对车辆资源的管理，随时对车辆信息的变动进行更新和维护；可以对站点进行创建和维护，新增车辆运行线路，对线路进行调整；可以根据不同的分类标准，导出规定时间内的报表信息，便于对数据进行分析，进一步优化 GPS 系统。

5. PDA 签收系统

为实现签收环节的自动化，佳怡物流研发了 PDA 签收系统。PDA 是移动通信、PC 电脑与互联网三者融合的最新信息化成果。PDA 通过移动通信网络或者本地 WIFI 无线网与服务器之间进行数据传输，并且利用移动终端开展各种商业经营活动。PDA 活动参与主体可以在任何时间、任何地点实时传送与获取企业最新信息。由于移动通讯的实时性，使用 PDA 的用户可以通过移动通讯在第一时间准确地与对象进行沟通，与信息数据中心进行交互。

PDA 签收系统在货物运行的各个节点进行扫描，及时将货物最新信息上传到佳怡物流网上平台，客户可以通过网上订单系统，了解货物的最新动态。

另外，佳怡物流开发了 PDA 装货和卸货系统，实现了货物的无缝对接，率先使用手持 PDA，将人工分拣升级为半自动分拣，极大提升了甩挂运输的周转效率，降低了货物中转的差错率。

6. 客服系统

为满足客户的售后服务需求，佳怡物流开发了客服系统，客服系统为客户的可听化管理提供了支持。佳怡物流实施客服系统后，货物质量不断提升，在货物受理、运输、仓储、签收等方面取得了巨大进步，通过内部人员的标准化培训、沟通技巧培训提高员工服务水平，实现了货物零灭失，达到了行业内最低灭失率标准。

在客户理赔方面，优化理赔流程、简化理赔手续、开通 400 电话理赔。并建立了多种400客户服务渠道，通过在线客服、网上留言、在线留言、官网自助查询等多种途径受理客户的业务咨询、投诉建议和货物查询。

信息化的融合给客户提供了可视、可听、可见的透明化公路运输服务，提升了客户体验，降低了物流成本，实现了供应链集成。

五、创新成果的主要创新点

1. 基于O2O建立内部运营模式

为配合O2O联动模式的顺利实施，佳怡物流不断优化内部运营体系，以物流服务为核心，以信息流服务为支撑，以商流和资金流为辅助，大胆创新服务产品，深入研究产品设计与推广、产品交付与实现、售后服务等模块，对货物受理、运输、集散分拣、签收和售后等生产流程充分细化，对产品时效、成本、质量和资源等进行管控，建立了一体化的运作流程。

2. 基于CA－CED建立混合轴辐式网络

为配合运营体系中产品交付与实现模块的顺利进行，佳怡物流采用了“集散中心＋分拨中心”模式。这种模式是一种具有普遍意义的集成模式，其核心内容集中体现为收集、交换、发送，简称CED，由于它的前提是CA，所以这种模式又称为CA－CED模式。

3. 基于互联网技术建立运输全过程透明化的甩挂运输模式

整个体系以互联网为基础，以WMS＋TMS＋GPS＋PDA＋移动终端为核心，实现产品运输全过程中“运行轨迹可视、节点影像可视”，再辅助于400客户呼叫系统，实现了整个运输过程的可视、可听、可通话，提高了客户体验。

六、创新成果的应用效果

1. 通过创新内部运作模式，降低了物流运作成本

佳怡物流采用的“集散中心＋分拨中心”运作模式，同时运用甩挂技术，充分运用规模效益最大化的理念，在保证客户利益的前提下，节省了大量的运输成本，企业运输成本降低2%左右。

通过分层级建立集散中心、分拨中心，仓库利用率提高10%以上。以佳怡物流济阳集散中心为例，调整后集散中心面积由2.4万平方米缩至1.5万平方米，人均劳效由每天1200件提高至1800件。

2. 借助互联网＋信息技术，提高了物流运作品质

佳怡物流运用信息技术的融合，优化产品生产和运作的设施设备，减少人为操作，

提升产品质量。通过运单打印、标签打印、车辆 GPS 和防盗锁、PDA 装卸货和扫描签收及视频监控等，货物质量明显提升。货物件数灭失率达到了 0.003%，票数灭失率达到了 0.016%，实现了货物零灭失，处于行业领先水平。

3. 内部效益和社会效益共同发展

通过运用甩挂运输，半年内累计燃油节约总量为 100 多万升，折合标准煤 1000 多吨，减少二氧化碳排放约 3000 多吨；单车相同周转量条件下，每百吨公里油耗下降 18% 左右，减少了油量的消耗，降低了尾气排放量。

七、创新成果的推广价值

佳怡物流采用 O2O 联动模式，建立了内部运营模型，并以“集散中心 + 分拨中心”模型为基础，建立了混合轴辐式模型，依据混合轴辐式模型规划网络结构，以信息技术的融合为支撑，建立了适合自己发展的运营模式，具有行业代表性和实践性，模式方法具有标杆性，对同类的网络型物流企业尤其是快递型企业的发展具有重要意义。

对于第三方物流企业而言，物流实体网络铺设完毕后，如何用最经济的成本、最适合的时间，送到终端客户是企业内部经营管控的命门，通过符合物流运作规律的路径设计，可以降低企业经营成本。在实现的过程中，始终要围绕客户需求，借助互联网、信息技术提高客户体验，提高企业产品竞争力。佳怡物流经过多年的实践探索，其 C2O 联动模式具有可操作性和推广价值，对第三方物流企业的公路运输模式创新具有借鉴意义。

中铁物流仓网平台业务与运营模式创新实践①

王志达，中铁物流集团副总裁兼仓储园区事业群总经理，毕业于上海财经大学MBA学院、中国政法大学研究生院，曾在政府新闻部门工作10年。是国内最早一批从事电商物流的从业者，担任国内多家管理咨询公司顾问、专家。现兼任中国仓储协会副会长、中国电子商务物流企业联盟副会长、中国物流与采购联合会常务理事兼医药物流分会副会长。国内最大的仓储连锁平台、中国仓储商务电子平台（中仓网）的创始合伙人。

【摘要】 仓网平台是中国仓储电子商务平台——“中仓网”服务产品落地的主要承载平台之一，是承载云仓供应链地接的网络，依托集团快运网络、快线网络、电子商务、仓储管理等自身提供的综合性产品，以自主运营体系带动园区业务的多样性发展，集聚配套形成了综合物流基地、内外贸结合的国际物流园区等物流基础设施。通过线上中仓网获取更多渠道的客户来源，打通信息交流，线上获取订单数据，通过订单系统（OMS）及仓储管理系统（WMS）传输到线下仓网平台。中铁仓网平台通过运输管理系统（TMS）和信息管理系统（ERP）传送到各快运、快递部门，经由各快运、快递配送运输到各客户手中。仓网平台通过品牌输出、管理输出、技术输出方式，采用特许经营许可，整合国内独立不成网的仓储园区，有力推动信息共享、资源科学配置统一、公平有序的现代仓储市场体系的建设。

【关键词】 仓网平台；电子商务；仓储管理

---

① 本成果由中铁物流集团仓储管理有限公司提供，成果主要创造人：王志达，参与创造人：许平、刘少杰、李卫春，获2015年度物流行业企业管理现代化创新成果奖二等奖。

【适用领域】第三方物流企业；物流园区企业；信息平台建设

一、企业基本情况

中铁物流集团（CRLG）成立于1993年3月，总注册资金12.3亿元，是中国知名的现代综合物流运营商。业务涵盖电商服务、仓储、整车、零担、配送、快运、铁路、金融、冷链、代理报关报检、贸易、国际快件等；拥有快运事业群、仓储事业群、供应链事业群、电商事业群四大板块。截至2014年年底，在全球共设有75家子公司，营业网点4000个、3000余台干支线运输车辆、3.1万名员工、仓储园区面积超过700万平方米，为全球客户提供方便、快捷、安全的物流综合服务。2014年度营收达到26.9亿元，行业第二。

作为国家AAAAA级物流企业，中铁物流集团拥有国家一类、二类航空代理资质、是国内第一家获商务部批准特许连锁经营的物流企业、是中国仓储协会副会长单位、中国电子商务协会物流企业联盟副会长单位、被评为北京市货物托运业经营资信一级企业、北京市货运一级企业。2008年被评为“北京市道路运输百强诚信企业”“奥运十佳企业”、被指定为“奥运道路运输绿色车队”；2009年通过ISO 9001质量管理体系认证，被中国保护消费者基金会评为“保护消费者权益3.15信用单位”“2009年度最具影响力的优秀物流与供应链综合服务商”“2009年度中国物流百强企业”；2010年通过国家AAAAA级物流企业认证；2013年被评为“中国物流行业十大领军企业”“诚信经营单位”。

二、创新成果的名称

本成果名称为“仓储网络化的先行者——仓网平台”。仓网平台依托成熟的全国快运网络、全国干线运输体系，通过整合国内仓库资源，将仓储与快运网络有机融合，形成“三网一线一平台”（快运网络、仓储网络、配送网络、干线运输及电商平台）组合 最大限度地延伸了仓储物流园区的服务内容（仓储管理、电商代运营、整合营销、运输配送、金融服务），互为依托，互为支撑，共同发展，构成一个真正意义的“仓—运—配”一体的物流生态圈。

三、创新成果的产生背景

在我国经济逐渐步入“新常态”下，以及现代物流业、供应链行业蓬勃发展的大背景下，仓储业的发展态势也发生了相应的变化。仓储业是国民经济中具有重要战略意义的基础性产业，是现代物流业发展不可或缺的环节。为适应仓储业快速的发展，中铁物流集团仓储管理有限公司打造了国内唯一的仓储网络化平台——仓网平台。

仓网平台是中铁物流集团子公司中铁物流集团仓储管理有限公司于 2014 年 7 月开始组建的中国最大的仓库连锁平台，是中铁物流集团倾力打造的现代综合物流体系的核心板块。中铁物流集团旗下拥有四大板块，即飞豹快运总公司、仓储园区事业部、供应链事业部、电商事业部。飞豹快运总公司负责搭建覆盖全国的运输、转运、终端取派网络，终端网点实施特许加盟经营，总部对全国直营网络及加盟商实行统一管理，为社会提供时效型门到门快运服务。

四、创新成果的主要内容

中铁物流集团仓储管理有限公司仓网平台的业务模式与运营模式的主要内容如下

1. 业务模式

仓网平台通过品牌输出、管理输出、技术输出方式，采用特许经营许可，整合国内独立不成网的仓储园区，已在华北、华东、华南、华中、东北、西南、西北等 40 余个大中城市建立覆盖了 700 万平方米的仓储加盟网络，在建、在筹综合园区 7990 亩，规模行业第二。

其业务模式多样化：拥有高、中、低建筑标准的仓库；经营模式多样性：包含物业经营模式、运输配送、仓储金融、仓储代运营等。仓储代运营能够帮助企业对仓储进行定制化管理，包括制定作业标准及流程，提供库内加工操作、操作管理系统、人力资源等。信息多样化：为园区提供先进的园区物业管理系统（PMS）、仓储管理系统（WMS）和快运业务系统（TMS）等功能完善的信息系统。盈利模式多重化：能够从物业规费、代运营收入、运配收入、金融收入等多重手段增加园区收益。具体的业务模式如下图所示。

2. 运营模式

仓网平台是中国仓储电子商务平台——“中仓网”服务产品落地的主要承载平台之一，是承载云仓供应链地接的网络，依托集团快运网络、快线网络、电子商务、仓储管理等自身提供的综合性产品，以自主运营体系带动园区业务的多样性发展，集聚配套形成了综合物流基地、内外贸结合的国际物流园区等物流基础设施。

线上中仓网通过更多渠道获取客户资源，打通信息交流，线上获取订单数据，通过订单系统（OMS）及仓储管理系统（WMS）传输到线下仓网平台。中铁仓网平台通过运输管理系统（TMS）和信息管理系统（ERP）传送到各快运、快递部门，经由各快运、快递配送运输到各客户手中。

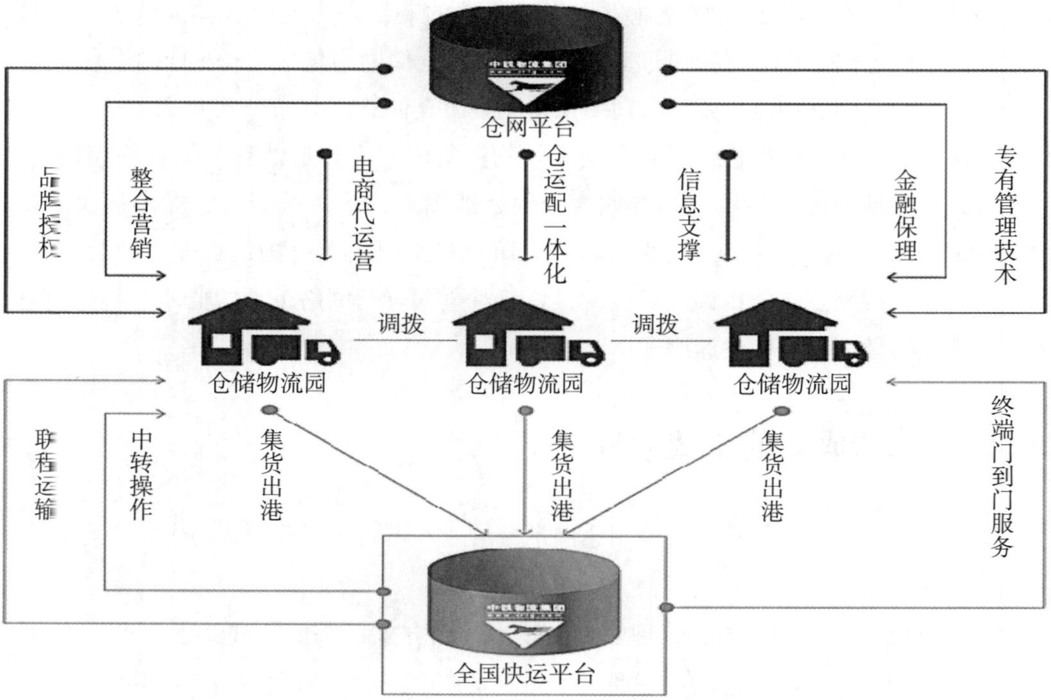

业务模式

五、创新成果的主要创新点

（1）仓网平台能够提供强大的品牌支持，授权园区使用中铁物流集团品牌，包括LOGO等企业VI标识系列，扩大园区的行业知名度和美誉度；提供覆盖全国的高品质快运服务，加盟中铁物流集团后享有可通达全国2000多个城市的运输、配送、自提、入仓、查询、签单返回、代收货款等服务，同时共享集团国际运输服务网，助推企业发展。

（2）移动互联技术推动中国物流商业模式变革，中国物流面向平台化整合是必然趋势，仓储园区网络化加盟概念，解决了众多仓储企业点状分布、点状运营、信息孤岛的发展态势，各地生产及流通企业对异地仓储的需求可在仓网平台快速实现，各地园区进驻的大量企业则有利于推动当地经济及物流的发展。

（3）提供多维度仓储服务、存储管理、仓内加工、质检包装、存货监管，以及为园区及园区企业提供短期资金拆借等金融保理服务，增加园区营收渠道、加快投资回收，形成闭环物流生态圈。

（4）提供功能完善的信息管理系统，实现多电商平台、多信息系统对接功能及定制化开发，提高园区信息化管理水平；提供先进的管理理念和技术及电商代运营服务，推动园区转型升级。

（5）形成以中铁物流集团品牌为核心的“电商＋公路港＋现代仓储＋金融＝综合园区”的行业领先经营模式。

六、创新成果的应用效果

在我国社会物流成本中，运输成本与保管成本之和约占总成本的近90%。仓网平台作为一个信息即时共享、仓运配一体化的服务平台，将持续推动仓储业未来发展，即“仓储运营网络化、仓运配一体化、仓储加工标准化”的新型发展模式。在互联网时代，现代物流化的发展对仓储的要求更高，为满足不同需求，提高操作标准、提升服务质量，仓网平台将带领传统仓储步入转型阶段，具体表现在：

（1）传统单点仓库转型为适合制造业、贸易业客户及电商各类目商家的全国平行总仓、总分仓。

（2）单一的仓储存储转型为加工运配一体化，提供团购、分销的仓内加工代运营、配送一体化服务。

（3）单纯的属地客户转型为全国客户，大大增加了客户的渠道、资源。

（4）简单的物业模式转换为多功能供应链模式。

（5）传统的营销手段转变为互联网＋仓储的营销模式，营销渠道增多，资源更广。

（6）从初级的普通交易模式转化为证券化运作，增多资产变换手法。

七、创新成果的推广价值

仓网平台作为国内唯一一个仓运配一体化的仓储网络平台，符合物流业平台化整合的必然趋势，仓运配一体化、信息数据服务、供应链金融等多元化经营将是仓储物流业新的生存方式；“仓储运营网络化”概念，解决了众多仓储企业点状分布、点状运营、信息孤岛的发展现状，各地生产及流通企业对异地仓储的需求可在仓网平台快速实现，各地园区进驻的大量企业则有利于推动当地经济及物流的发展；输出物流标准化、信息化、多维度仓产品等核心软实力，提升加盟园区服务能力和企业价值，拉动大量KA（关键）客户入驻，形成客、货集聚平台；以中铁物流集团品牌为核心的“电商＋公路港＋现代仓储＋金融＝综合园区”的行业领先经营模式。这种运营模式对于国内物流园区的业务发展，提升物流服务的增值能力和创新能力，具有很大的借鉴价值。

仓网平台的出现，将为现代仓储业提供转型升级的良好契机，引入多元化经营思维、云仓供应链产品，盘活了大量仓储不动产。有力推动信息共享、资源科学配置统一、公平有序的现代仓储市场体系的建设。进一步加快了仓储标准化建设及操作标准化体系建设。同时有力促进了仓储信息平台建设，提高了仓储业信息化管理水平，培养了仓储专业化人才团队。这种服务模式对于国内网络型物流企业整合各类物流园区节点，推动物流网络建设具有积极的意义。

华绿公司水稻产业集约化生产物流服务模式[①]

杨卫红，湘潭县锦石乡人，本科学历，工程师，中共党员。现任湖南省肥料协会副会长，湘潭华绿生物科技有限公司董事长兼总经理。2005 年创办湘潭华绿生物科技有限公司，与湖南农大知名教授合作开发氨基酸系列液态肥料，公司确立了立足湖南市场，在长、株、潭范围复合肥业公司占有量达到 60%，已经发展成为长、株、潭范围复合肥业的领头军。

【摘要】 通过农乡镇建立若干综合性农业服务中心，华绿公司对水稻生产的产前、产中、产后提供全程社会化服务。为水稻种植合作社，水稻种植大户提供“十代”服务。即代购种、代育秧、代耕整、代插秧、代施肥、代防治、代机收、代烘干、代仓储、代收购的全程社会化服务。种植户按面积向华绿公司支付一定的相应服务费用。在这种套餐模式之下，目前又根据服务对象的意愿和参与程度，衍生出了“管家模式”“点菜模式”和“帮扶模式”。华绿模式通过全方位服务为农户降低生产成本、提高生产效率、增加产出效益，提高农民收入，推动农业朝着规模化、集约化、生态化的方向发展，获得各级领导肯定，列入省级农业服务推广模式。“华绿模式”推广的成功经验可以供南方水稻产区复制借鉴。

【关键词】 华绿模式；综合性农业服务中心；水稻生产

【适用领域】 农产品生产物流服务；集约化生产

---

① 本成果由湖南华绿生物科技有限公司提供，成果主要创造人：杨卫红，参与创造人：李晗、万胜勇、陈革明、刘德全，获 2015 年度物流行业企业管理现代化创新成果奖一等奖。

一、企业基本情况

湖南华绿生物科技有限公司成立于2004年4月，注册资本3000万元，资产总额12253万元，2013年实现销售收入2.3亿元，2014年实现销售收入2.6亿元，2015年预计销售收入3亿元，是湖南省内大型复混肥料生产企业，同时经营集粮食收购及仓储、加工、农业综合服务于一体的新型农业综合物流企业，现有员工238人，其中，高级专业技术人员20人，营销人员25人，普工193人，是湘潭市农业产业化龙头企业、市级化肥淡季储备承储企业。该公司的“韶峰”牌复合肥被评为湖南名牌产品。

湖南华绿生物科技有限公司相继被认定为：“市级农业产业化龙头企业”“先进农业产业化企业”“安全生产标准化三级企业”“AAAA物流企业”“三星级通用仓库”“湖南省重合同守信用单位”“AA级银行信用企业”。通过了ISO 9001:2008质量管理体系认证。

该公司现有三个经营基地：一是测土配方肥生产基地及农资物流配送中心，占地面积80余亩，仓储面积2万平方米，建有年生产能力30万吨的复合肥生产线及20万吨规模的农资物流配送中心。二是粮食现代物流中心和农业服务中心，占地187亩，建有粮仓10000平方米，收储能力2.5万吨，已购置各类大小农机设备100台，并领办了水稻种植、病虫害防治、农机三个专业合作社。已发展种植规模50亩以上大户100户加入合作社，服务面积近3万亩，打造了一个2000亩的优质稻种植示范基地，在6个村承担县政府组织的2015年早稻粮食产业全程社会化服务项目试点任务，取得了良好的经济效益和社会效果。三是营销配送物流中心。建立了一整套完整的ERP信息系统，及时便捷的服务市场，为公司对外联系和形象展示搭建了一个高层次的平台。

二、创新成果的名称

本成果的名称定为“南方丘陵地区水稻产业集约化生产物流服务模式”，又称为“华绿模式”。该成果的特点是通过在乡镇建立综合性农业服务中心，为水稻种植合作社、种植大户提供“十代”服务：代购种、代育秧、代耕整、代插秧、代施肥、代防治、代机收、代烘干、代仓储、代收购的全过程专业化服务。合作社种植大户向华绿公司按稻田面积支付一定的相关服务费用的一种套餐式服务模式。

三、创新成果的产生背景

湖南华绿生物科技有限公司是一家集化肥生产、农资销售、仓储、配送和粮食收购、储运、加工于一体的农村物流综合服务企业。该公司创新“华绿模式”是基于以下三个方面的背景。

1. 顺应了农村改革的大趋势，助推农村土地经营权有序流转，实现农业适度规模经营

该公司所在的湘潭县，是全国著名的农业大县，主产粮食和牲畜，地处丘陵地带。既存在“人多地少”的矛盾，即人均耕地不足一亩，又存在良田抛荒和“双改单”等危及粮食安全的社会问题。近年来由于农资化肥和人力成本增高，每种一亩水稻，纯利润不会超过1000元，一个农村劳动力在家种一年地，不如进城务工两个月的工资收入。因此，农民说：国家是“口号农业”，地方政府是“口头农业”，我们就只好搞点“口粮农业”，即只要能满足自家口粮需求就可以了，不愿加大农业投入，能种双季稻的改种单季稻，甚至出现良田抛荒的现象。因此，改变传统的分散经营模式，向现代化农业转轨，就成了必然趋势。因此，中共中央办公厅和国务院办公厅下发了《关于引导农村土地经营权有序流转，发展农业适度规模经营的意见》（中办发〔2014〕61号）。华绿模式就是在此背景下创建、尝试和不断完善的。

2. 以《农民合作社法》为准绳，以农业机械化和农业技术集成应用为切入点，是华绿模式的核心竞争力

《中华人民共和国农民专业合作社法》自2007年7月1日起施行已满8年，农民专业合作社是在农村家庭承包经营的基础上，同类农产品的生产经营者或同类农业生产经营服务的提供者、利用者，自愿联合、民主管理的互助性经济组织。该公司所在湘潭县已建成各类农民专业合作社54家，其中服务面积达5000亩以上的3家，1000亩以上的15家，湖南省政府出台了《关于实施两个“百千万”工程加快现代农业建设的意见》，湘潭县政府整合财政资金，出台了支持农业生产全程社会化服务补助试点、基层农机推广补助、农机购置补贴和水稻集中育秧补贴等项目的资金支持，使华绿模式的推广获得了政策和财政的支持。

3. 农村改革的深化，为农业服务业发展提供了广阔的拓展空间

习近平总书记强调，要把发展农业、造福农村、富裕农民、稳定地解决13亿人口的吃饭问题作为治国安邦重中之重的大事。以湘潭县为例，2014年大农业增加值（包括传统农业、农产品加工业以及农业服务业）占全市GDP的比重为19.5%，农产品加工产值150亿元，纳入了二产业的统计口径，占17.2%，农业服务业所产生的营业收入与增加值纳入了三产业统计，占10.5%。农业为二、三产业提供了资源和直接市场，也为作为农业服务业主力军的现代物流业提供了广阔的发展空间。华绿模式就是在这种背景下应运而生的。

四、创新成果的主要内容

华绿模式的主要内容是通过农乡镇建立若干综合性农业服务中心，对水稻生产的产前、产中、产后提供全程社会化服务，为水稻种植合作社、水稻种植大户提供“十代”服务。即代购种、代育秧、代耕整、代插秧、代施肥、代防治、代机收、代烘干、代仓储、代收购的全程社会化服务。种植户按面积向华绿公司支付一定的相应服务费用。在这种套餐模式之下，目前又根据服务对象的意愿和参与程度，衍生出了“管家模式”“点菜模式”和“帮扶模式”，包括但不限于下列八项内容：

（1）优质稻种子、集中育秧及栽培技术服务。在农业种植中，选种与育秧是第一步也是至关重要的一步。稻种的品质好坏、育秧的成功与否直接影响到收成的多少。采用集中、温室大棚育秧技术提高了秧苗的存活率，释放了大量的田地，解放了劳动力，提高了效率，为提高产量提供了保证。

（2）测土配方施肥服务。测土配方施肥技术的核心是调节和解决作物需肥与土壤之间的矛盾，达到提高肥料利用率和减少用量，提高作物产量，改善农产品品质和土壤环境，节省劳动力的目的。该公司根据在各地采集的土壤数据，按照“缺什么、补什么”的原则，生产当地作物所需的配方肥料。提高肥料利用率 8% ~10%、提高粮食产量、改善土壤。

（3）有害生物专业化防治服务。一是推行“统防统治、防治结合”，利用大型喷洒设备替代常规喷雾器，并尝试使用无人机进行大规模成片作业，提高了作业效率，节约了人工成本。二是采用高效、低毒、低残留的环保药剂。减少农药用量、降低防治成本，同时保障安全生产，提升生态文明，保护环境。与知名农药厂家合作，由厂家派技术人员驻点提供技术服务，由公司组织渠道与配送；组织专业防治队伍与配置大型植保机器进行病虫害统防统治。

（4）各种机械化服务（机耕、机插、机收）。机耕与机收割推行已有一段时间，普遍为农户所认可与接受，普及程度比较高。但随着技术日益成熟的插秧机器设备与集中育秧技术的示范与推广，机插秧的优势也日益明显。机插秧整齐通风好、抗倒性强、不易生病引虫、产量高。通过公司领办的农机合作社为农户提供机插服务，为农户降低成本，提高效率。

（5）稻谷烘干服务。据统计，每年因气候原因，谷物来不及晒干或未达到安全水分而造成霉变、发芽等损失的粮食高达 5%，若按年产 5 亿吨粮食计算，相当于每年损失 2500 万吨粮食。为帮农户解决燃眉之急，该公司兴建了日烘干能力达 420 吨的大型烘干中心。2014 年早、中稻二季就为农户烘干了近一万吨湿谷，在收割季节久雨不晴的条件下起到了至关重要的作用。随着服务面积扩大，该公司在湘潭县境内设立多个稻谷烘干点，日烘干能力达到 2000 吨以上。

（6）粮食代购服务。农产品流通困难也是一直困扰农业发展的一个难题。为了让农户增产又增收，该公司已建成 2.5 万吨粮库，并投资兴建 5 万吨仓容的粮食收储中心，为农户解决卖粮难、效益低的难题。

（7）粮食加工。重金属含量大米的出现，无疑制约着湘米的销售，粮食安全已出现危机。为了争夺失去的市场并提供安全优质的大米及产品，树立华绿自己的品牌，该公司已建设一条3.5万吨稻谷加工生产线。

（8）以农业订单的方式，给种植户提供优质的稻种，并提供粮食产业全程服务，将再回收产出的稻谷加工成符合国标的优质大米，特别是降低大米的重金属含量，重树湘米形象与品牌。打造一条从优质稻种到全程生产服务，再到大米加工的可循环持续发展的产业链与“华绿模式”的服务品牌。华绿模式流程如图1、图2所示。

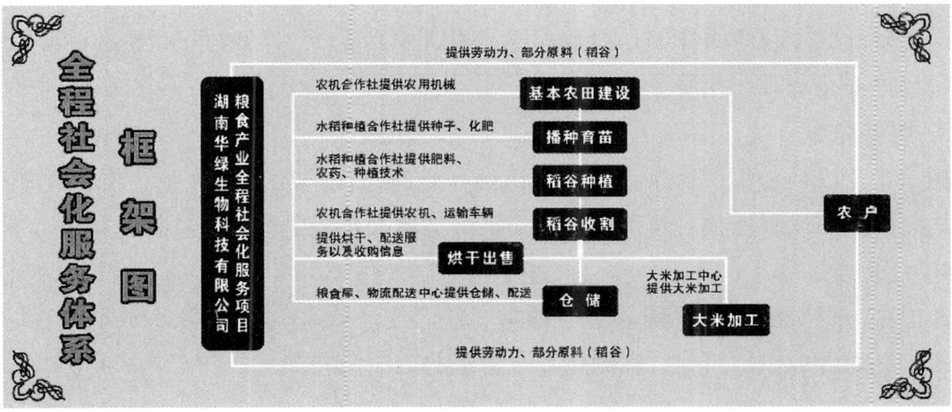

图1　华绿模式流程

图2　华绿模式流程

五、创新成果的主要创新点

“华绿模式”创新主要体现在以下四个方面。

1. 核心思想

“以现代农业服务改变传统种植模式，以现代农业科学技术促进农业生产力的发展”。

2. 组织形式

运用现代农业科学技术，以合作社为组织形式，以订单农业为重要推手，为农户提供粮食产业全程社会化服务。

3. 服务内容

推出了从供种—集中育秧—机耕—机插—施测土配方肥—有害生物专业化统防统治—机收—稻谷烘干—粮食收购—粮食加工—订单农业的全程服务。

4. 社会效益

通过全方位服务为农户降低生产成本、提高生产效率、增加产出效益，提高农民收入，推动农业朝着规模化、集约化、生态化的方向发展。

六、创新成果的应用效果

1. 华绿模式获各级领导肯定，列入省级农业服务推广模式

湘潭市委市政府召开“华绿模式”推介会。为全面贯彻落实中央、省委、市委1号文件精神，加快提升湘潭市现代农业水平，快速推进水稻生产全程社会化服务，湘潭市委、市政府于2014年12月底召开农业生产服务“华绿模式”推介会，湘潭市人民政府副市长戴德清、湖南省水稻研究所常务副所长张玉竹、市委副秘书长陈少平、市政府副秘书长谭毓平、市委农村工作部部长、市政府农办主任章礼华、市农经处处长周知任、华绿公司董事长杨卫红出席推介会。会上，水稻种植合作社和种粮大户有300多家，以及相关的农业服务业上下游企业20家，与华绿公司建立了“战略合作伙伴关系”，共同参与“华绿模式”的发展，该模式取得了省、市、县各级领导的肯定，并列入了省级农业服务推广模式。

2. 华绿模式经济效益突出，广大农民受益

2014年共为大户烘干稻谷15000吨，为大户解决了“看天吃饭、晒谷难”的问题，收储粮食2.5万吨，为农户提供了粮食销售的便利。截至2015年6月30日，发展50亩以上的种植大户193户，发展合作社23家，服务面积达8万多亩。布局建设服务网络五个，即湘潭县荆州服务中心、烟山服务中心、七里铺服务中心、韶山永义服务中心及花石涓江服务中心，并已在服务区辐射范围开展了多项社会化服务。为实现“华绿模式”一条龙服务，投资兴建了年产3.5万吨的大米加工线一条，2015年5月底建成投产。培育了一批绿色种植基地，以订单农业的模式，提供高产优质的稻种。稻谷全部由公司回收加工，为市场提供优质、安全、绿色的大米，为振兴湘米闯出一条新路子。但其主要职能，是依托其下属两个中心来实现的。

云湖桥农资配送中心通过现代化的物流管理，每年可为企业节省10%的物流成本，相应降低了农资产品的销售价格，为农民节省了农业生产投入；湘南地区作为农业大省，更大规模的本地化农资仓储容量使企业在农资销售和交通运输淡季购买储备更多的农资，保障在春耕等农业生产旺季农资产品有充足供应；通过实施物流信息化建设使所有农产品纳入公司的ERP系统进行信息化管理，每一件经公司出库的商品都有记录可以查询，保证了产品流向的可追溯性，切实保障农民利益；通过统一标识、统一产品配送、统一价格、统一服务的连锁网络建设，为农民购买质优价廉的农资产品提供了保证。目前，农资物流配送中心规模已达到20万吨。通过配送中心向长、株、潭三地农民提供优质优价的农资产品，可直接为农民减少成本500万元以上，增收1000万元以上，真正落实党的惠农政策，服务三农。

杨嘉桥粮食现代物流中心增加粮食有效仓容量5万吨，实现粮食年中转能力30万吨，实现湘潭县粮食散储、散运、散装、散卸（即“四散化”）的变革，提高湘潭县粮食流通自动化、系统化和设施现代化水平，有效提高粮食流通效率，降低粮食流通成本，保障国家粮食安全，满足湘潭县农户送粮、企业储粮容量发展及市场价格的稳定。

七、创新成果的推广价值

本创新成果具有以下三个方面的重要推广价值。首先，华绿公司的现代农业物流组织模式，改变了传统的种植模式，将优质的物流服务提供给农民大户，改变了传统的落后物流组织模式，提高了物流服务效率，也确保了农产品优质优产。这种服务模式可以供广大从事农产品物流服务的第三方物流企业借鉴。其次，本创新成果也可以为许多南方水稻种植产区的农业主管部门在推动农业生产全程社会化服务，推动农业物流服务组织化和现代化，提高农产品物流服务质量方面提供积极借鉴。该成果将培育绿色种植基地，甄选合适的优质稻种，通过机械化服务、施用有机肥、绿色防控、生物防治等措施，确保大米生产过程无公害，为市场提供无公害、无污染、无农药残留、重金属含量达标的绿色大米，真正打造绿色有机大米。最后，本创新成果可以在南方丘陵水稻地区进行大规模推广复制，促进生产社会化分工，提高水稻种植的效率，提高生产效益。通过总结“华绿模式”推广成功经验，向湖南乃至南方地区的市、区、县复制，让“华绿模式”走得更远、走得更稳，让更多种植户受益，提高种植效益。

宁德申通城乡物流配送体系构建模式创新①

曾耀，男，汉族，福建古田县人，大学本科，毕业于国防信息学院信息系统管理专业，2015 年 2 月取得高级物流师职称，现为宁德市申通快递有限公司总经理、宁德市蕉城区青年创业协会会长、宁德市快递协会副会长。2002 年 11 月至 2004 年 4 月就职于中外运宁德分公司，2004 年 5 月起组建宁德市申通快递有限公司并担任总经理、公司团支部书记。

【摘要】当前，互联网电子商务的广泛应用，以及传统物流企业与城镇化的发展不相适应，城镇化发展有倒逼物流配送体系建设的趋势，传统模式的物流配送体系在运输效率、时间成本上无法满足需求。作为市级区域快递龙头企业，福建宁德市申通快递有限公司基于信息通道建设与创新管理，构建了城乡物流配送体系构建模式，把互联网信息技术应用到物流网点或网站建设中去，实现信息互通互享，以使物流企业配送更及时、更准确、更科学。在城乡一体化快速发展的背景下，注重信息通道建设与管理模式创新，无疑能推进快速企业在城与乡之间更好地、快速地、安全地、有序地开展作业。该创新模式有助于提高物流企业信息化能力和提升管理人才的应用水准，能够给企业带来生产效率和效益的提升。

【关键词】城乡物流配送体系；信息通道；创新管理

【适用领域】城乡物流企业；电商企业；城乡物流配送体系

① 本成果由宁德市申通快递有限公司提供，成果主要创造人：曾耀、林峰，参与创造人：陈巧霞、雷建弟、陈挺生、雷兴潘，获 2015 年度物流行业企业管理现代化创新成果奖二等奖。

一、企业基本情况

作为市级区域快递龙头企业，福建宁德市申通快递有限公司牢牢立足主营快递业务，在提供传统快递服务的同时，建立了庞大的信息采集、市场开发、物流配送、快件收派等业务网点，特别是近些年在区域城乡物流配送体系建设中，依托申通总部在全国的网络，不断完善自我终端网络、中转运输网络和信息网络三网一体的立体运行体系，全面进入电子商务物流领域，以专业的服务和严格的质量管理来推动区域物流和快递行业的发展。

自2004年5月公司建立开始，13年来秉承着用心服务，奉献客户的精神，由小做大，从一名普普通通的快递网点发展至今，从原有公司1个网点，发展到现在28个分公司营业网点，拥有36辆自有快递车辆，200多名员工，从2004年公司业务收入7万元发展到2014年公司业务收入2120万元，10年间增长300多倍。公司也由此获得了荣誉，成为宁德市首家通过ISO 9001国际质量管理体系认证的快递企业、蕉城区首家国家AAA级物流企业，是宁德市中小企业服务平台入驻企业，同时也是福建物流协会理事单位、福建省快递协会会员单位、宁德师范学院教学实践基地、关爱母亲就业示范企业。荣获了申通快递“2009年度全国先进网点”、宁德市“文明单位”“守合同重信用企业”等近十多项荣誉称号，成为当地较有影响力的民营快递企业之一。

二、创新成果的名称

本创新成果的名称是“基于信息通道建设与创新管理的城乡物流配送体系构建模式”，其主要的创新内容包括：①建设公共物流信息平台：平台确保六大功能即保证货物运送的准时性、货物与车辆跟踪、提高交货的可靠性、提高对用户需求的响应性、提高政府行业管理部门工作的协同性和提高资源配置的合理化；②加速物流信息通道水平，整合大港口、大通道、大枢纽、大路网、大物流系统，完善全方位的信息化通道体系；③创新营业厅管理模式，实施“4+N”管理模式，即每个营业厅均由1名主管、1名前台客服、1名驾驶员、1辆面包车和4~6名快递业务员组成；④塑造诚信新标杆，始终把“人为本，信为体”作为企业宗旨，“用心成就你我”作为企业的经营理念。

三、创新成果的产生背景

在当今城镇化下，提出信息通道与创新管理模式，是基于当前的互联网电子商务的广泛应用，以及传统物流企业与之不相适应的现状。仅从物流系统的效率高低来说，它是互联网电子商务成功与否的关键环节。城镇化发展倒逼了物流配送体系的建设。但很明显，传统模式的物流配送体系存在诸多问题：其一，传统仓储物流多是以“点到点”运输为主，而现在生产经营活动更加多元化，使得传统物流配送在运输效率、时间成本上无法满足需求。把物流业和互联网结合，就可以通过网络平台来协调货物和运力间的配送关系，形成“互联网+物流”的方式，实现物流业的变革转型。其二，在我国，物流设施落后，配送体系尚不完善，要发展电子商务首先应改造物流设施，建立与电子商务衔接的配送体系。否则，物流将会成为电子商务发展壮大的最大瓶颈。由此，特别是在城镇化新形态下，信息通道建设与管理模式的创新是机遇，也是面临的新挑战。

1. 工业化与乡镇经济发展不平衡影响物流配送

以福建省宁德市经济贸易为例，在对外贸易方面，2012 年度进出口总额 24.48 亿美元，比上年增长 48.7%。其中，出口 21.90 亿美元，增长 52.4%；进口 2.58 亿美元，增长 23.2%；进出口差额（出口减进口）19.31 亿美元，比上年增加 7.04 亿美元；对东盟、欧盟、美国等主要贸易伙伴的贸易额保持较快增长。在国内贸易方面，2012 年社会消费品零售总额 320.85 亿元，比上年增长 17.1%。按经营地统计，城镇消费品零售额 280.8 亿元，增长 17.8%；乡村消费品零售额 40.05 亿元，增长 12.3%。按消费形态统计，商品零售额 284.20 亿元，增长 17.3%；餐饮收入额 36.65 亿元，增长 15.9%。在限额以上企业商品零售额中，服装鞋帽针纺织品类增长 85.3%，日用品类零售额增长 56.7%，食品饮料烟酒类增长 40.1%，汽车类增长 35.7%，家用电器和音像器材类增长 16.6%，石油及制品类增长 7.3%。其中，宁德农业指标方面，尽管当地政府大力打造“宁德大黄鱼”“福鼎白茶”“柘荣太子参”“古田银耳”等，但是农产品生产与旅游业发展、村级生态农业发展、美丽乡村旅游业发展、农村一村一品建设及如何发展农产品电子商务等诸多问题，仍然是沿海城市宁德市亟待解决的问题。因此，作为一个地级城市——宁德城市工业化与乡镇农村经济的发展存在极大的不平衡。这种状态势必影响物流配送的规划、设备与技术、人员的投入比例，以及后台管理的级别问题。

2. 设备智能化与科学管理的“互补”问题急需解决

物流配送体系建设中，最基础的是设备，最核心问题是科学管理。主要表现在以下几个方面：

一是物流配送体系中，多数物流设备较为陈旧和老化。其中大多又为简单的机械设备，随着长时间的超负荷运转，磨损较为严重。并且，分类、检测等功能缺乏，与现代化的物流设备相比，自动化智能化非常落后，根本不能满足现代物流的需要。

二是管理人员的科学化水平有待提高。引进智能化硬件设备较为容易，但提高管理人员的科学化水平却非常困难。一方面，物流管理人员的专业素质仍处在低级层次，靠“苦力”的意识仍为主导；另一方面，人工作业中学习智能化的意识仍然偏低。

三是设备与管理层之间的融合问题更为突出。要改变“装备一流，管理二流”的局面，根本问题在于核心管理层自身的管理水平、管理理念、管理模式等都要跟得上当今现代城乡物流配送的需要。

3. 大交通格局带来的“新挑战”

当前，众多城市正在建设陆路与海路的大交通格局。大交通带来机遇的同时，也带来了新的挑战。

其一，城市的停靠问题。城市物流配送是物流企业在一个区域中最为激烈的竞争。但是，城市物流交通新政策却严重滞后，表现在“停车难、通行难、限制多”等矛盾上。

其二，大物流格局问题。城市与农村的大交通格局是新时期中国正在改革的重点，经过了多年的改造，城乡之间的交通瓶颈正在发生翻天覆地的变化。但是，大交通却难以等待大物流的同步进行。城乡各行业对物流配送，产生了许多不合拍的“节奏”。例如，供货商与收货客户的效率，严重影响配送通道的速度。

其三，城乡的物流规划问题。对一个地级市来说，物流规划面临着严重滞后现象，往往是城乡教育、生活、小区规划中，忽略了物流的规划，使得物流企业在城乡规划中，处于尴尬状态。例如，在一个人流密集的大学城，却没有物流配送的规划用地。

四、创新成果的主要内容

在工业面临第三次浪潮之后，互联网技术进入工业领域，改变工业生产和设计的方式，也随之改变全球市场工业链的物流配送方式。信息化与工业化的深度融合，是工业化新形态的唯一道路。显然，促使城乡物流配送体系逐步向高效率、科技化上一层次，其活力在于市场。当今的市场繁荣促使了物流配送需要一个全新的体系。对此，福建宁德市申通快递有限公司通过当地市场的调研，收集较为全面的数据，感悟到创新一个新的配送体系有两个方向需要去突破：一是信息通道的建设，二是管理模式的创新。这两点好比物流公司的两只“腿”，缺一不可。

1. 信息通道建设

据2013年中国经济网报道，巨大现金流让互联网金融开启了网购新速度。当前，在全球范围内，互联网金融已经出现了三个重要的发展趋势：一是移动支付逐步替代传统支付业务。随着移动通信设备的渗透率超过正规金融机构的网点或自助设备，2011年全球移动支付交易总金额为1059亿美元，预计2016年将达到6169亿美元。二是人人贷逐步替代传统存贷款业务。由于正规金融机构一直未能有效解决中小企业融资难问题，而现代信息技术大幅降低了信息不对称和交易成本，使人人贷在商业上成为可行。三是众筹融资逐步替代传统证券业务。集中大家的资金、能力和渠道，为小企业或个人进行某项活动等提供必要的资金援助，是最近两年国外最热的创业方向之一。

随着互联网金融的革命，促进了物流信息通道朝着互联网电子商务快速发展。电子商务是20世纪信息化、网络化的产物，由于其自身的特点已广泛引起了人们的注意，但是人们对电子商务所涵盖的范围却没有统一、规范的认识。和传统商务过程一样，电子商务中的任何一笔交易，都包含着几种基本的“流”，即信息流、商流、资金流和物流。过去，人们对电子商务过程的认识往往只局限于信息流、商流和资金流的电子化、网络化，而忽视了物流的电子化过程，物流仍然可以由传统的经销渠道完成。但随着电子商务的进一步推广与应用，物流的重要性对电子商务活动的影响日益明显。在电子商务下，消费者网上浏览后，通过轻松点击完成了网上购物，但所购货物迟迟不能到达手中，甚至出现了买电视机送茶叶的情况，其结果可想而知，消费者势必会放弃电子商务，选择更为安全可靠的传统购物方式。在电子商务中，一些电子出版物，如软件、CD等可以通过网络以电子的方式送给购买者，但绝大多数商品仍要通过物流过程完成从供应商到购买者的空间转移。由此也给予了物流企业一个巨大的思考和考验，如果网上商店购买后解决不了物流问题，电子商务的跨地域优势将失去诱惑。

对此，福建宁德市申通快递有限公司，准确地熟悉掌握宁德市，乃至福建省及其周边省会的交通基础设施建设和构建现代综合交通运输服务体系，积极融入宁德市建设大交通的格局中，在大港口、大通道、大枢纽、大路网、大物流建设，在熟识“一港四区”宁德港、“三纵四横四联”高速公路网、“一枢纽三纵三横八支线”区域铁路网、“四纵四横三联”普通国省道干线公路网格局中，分析新近建设及未来一段时间建设的宁古公路、宁武高速、京台高速公路、沈海复线宁德漳湾至连江浦口高速公路宁德段，合福铁路宁德段、白马港铁路支线等，用于着力规划并建设物流企业的信息站——货物场地、转运站、营业厅等“三点一线”的网络布局。除此之外，公司还着手建设互联网信息物流配送中心，建设各自营网点等通道体系。

2. 管理模式创新

要提炼传统物流模式“贴近顾客”的优点，对接当今经济新形态进行创新。在自营方面，企业要充分借助自身拥有的设备、车辆等物质条件，设置合理的经营模式。在物流外包方面，要有共同承担风险与效率的机制，获得更多的信息，在减少自身企业投入的资本金之外，加速资本周转。

当然，物流配送的两个方向，需要一个物质基础的支撑。要配备良好的软硬件设施，要建设建立统一的呼叫服务系统和信息化服务平台，要配置统一的运输车辆，要采取统一标识等。

五、创新成果的主要创新点

1. “互联网＋平台”，建设公共物流信息平台

互联网物流已经涉及各行各业，并将各行各业信息汇集在一起。公共物流信息平台以其跨行业、跨地域、多学科交叉、技术密集、多方参与、系统扩展性强、开放性好的特点对现代物流的发展构成了有力支撑。公共物流信息平台包含六大功能：保证货物运送的准时性；货物与车辆跟踪，提高交货的可靠性；提高对用户需求的响应性；提高政府行业管理部门工作的协同性；提高资源配置的合理化。企业直接使用公共物流信息平台，可以利用其庞大的资料库以及开放性的商务功能实现企业自身的信息交流、发布、业务交易、决策支持等信息化管理，可以说使用公共物流信息平台是物流企业信息化的捷径。

2. “1000万＋细化”，加速物流信息通道水平

当前形势下，电商物流企业特别是传统快递企业，仅仅依靠低水平扩张将难以支撑，必须建设“互联网＋物流”的信息通道。在福建申通物流有限公司逐步发展的今天，陆续投入1000多万元进行服务场地改造、软硬件设备及服务实施购置等提升服务能力的建设，不断完善物流仓储能力。特别是在宁德（漳湾）高速口廉坑段成立了宁德首家快递转运中心，购置国内先进的流水线设备，快件日吞吐量可达5万件。主要承担宁德、福鼎、福安、霞浦、古田、屏南、周宁、寿宁、柘荣、罗源共计10个县（市）网点的快件中转，改变了以往快件在福州中转的状况，中转距离缩短了100多千米，达到了成本进一步降低、时效进一步提高的效果。这是福建申通实施向外、向下“双向”战略，打造规模最优、实力最优、服务最优“三优”快递企业的又一丰硕成果，也是物流企业在推进基础设施建设、增强服务能力、降低运营成本方面取得的又一大突破。

同时，企业投入资金改善公司总部操作场地，科学区分进港件操作区和出港件操作区；将拥有的1500平方米的办公大楼改造成员工宿舍及食堂达300平方米，实现了操作、办公、食宿一体化。在信息通道建设上始终坚持高效率、低成本原则，坚持发挥优势、整合资源的系统性原则，细化了公司内部各个部门职责。设置了人力资源部、客服管理部、市场营销部、计划财务部、操作管理部、运营管理部、监察审计部、物料管理部、网络管理部、信息技术部、质控管理部11个部门，更加科学地管理企业。

3. “4＋N”，创新营业厅管理模式

当前电商与物流的高速发展需要优质的物流模式来耦合。为此，福建宁德市申通快递有限公司从传统的快递公司管理中发现问题，思考问题，创新出营业厅管理模式。福建宁德市申通快递有限公司成功在宁德市区设立9个营业厅，每个营业厅均由1名

主管、1名前台客服、1名驾驶员、1辆面包车和4~6名快递业务员组成。该种“4+N”管理模式不仅有利于提高员工管理，更有利于客户服务。这种管理模式运行之后，企业与企业全体员工始终秉承“用心成就你我”的经营理念，凡事都脚踏实地去做，不驰于空想，不骛于虚声，以求真务实的态度，依法经营、开拓进取，脚踏实地向前发展，从原有公司1个网点发展到现在28个分公司营业网点，自有快递车辆36辆，拥有员工186人，从2004年公司业务收入7万元发展到2014年公司业务收入2120万元，10年间增长300多倍，刻下宁德申通企业10年印记。

4. 人文+品牌，塑造诚信新标杆

从基层一步步发展起来的福建宁德市申通快递有限公司，始终把“人为本，信为体”作为企业宗旨，“用心成就你我”作为企业的经营理念。至今，宁德申通无一起重大安全生产事故。正因为这样，宁德申通多次被市县评为“诚信示范企业”。作为具备战略远见的负责任的物流企业，重视品牌维护与客户维护，注重人文品牌的建设。目前，宁德申通在全市的用户满意率为85%，在地级市同业企业中遥遥领先。为了培养员工，留住员工，福建宁德市申通快递有限公司成立了计划生育协会、团支部、工会委员会。为员工创造良好的工作氛围，也通过活动大大提升了申通快递的品牌效应。同时完善绩效奖励、薪酬激励等机制，建立企业孝金，为优秀员工组织免费旅游等。

六、创新成果的应用效果

信息化通道的建设与创新管理模式，在宁德申通企业内部大力推广和应用，给企业带来了生产效率和效益的提升。应用效果指标对比如下。

主营业务收入对比情况：2013年度986.53万元；2014年度2120.98万元。实现利润增长情况：2013年度150.67万元；2014年度326.32万元。物流成本节约水平：2013年度节约1.2%；2014年度节约3.8%。订单完成水平；2013年度完成92.5%；2014年度完成96.7%。运输效率提升：2014年度较2013年度运输效率提升18%。仓库利用水平：2013年度利用率80.2%；2014年度利用率90.3%。库存周转水平：2013年度库存周转率75.09%；2014年度库存周转率82.47%。物流信息化水平：2013年度99.5%；2014年度利用率99.8%。

客户满意度：2013年度满意率81%；2014年度满意率85%。人力资源节约：2013年度236人；2014年度208人。环境保护等：无污染。

综上数据对比，信息化通道建设和创新管理模式，使宁德申通更有效地适应互联网快速发展的新兴市场，给物流主体双方带来了更为便捷的效果，也为企业自身经济带来了收益。

七、创新成果的推广价值

城乡一体化快速发展的背景下，注重信息通道建设与管理模式创新，能推进快递企业在城与乡之间更好地、快速地、安全地、有序地开展作业。宁德申通在创新成果的开展中，不仅注重对信息通道等物理系统建设，也注重对内在的企业管理制度和管理方式进行创新，其全方位的创新实践模式，有助于系统地解决创新中的问题点和困难点，推动创新目标的实现，这种系统创新方式值得广大第三方物流企业在物流服务创新中予以借鉴。

宁德申通在开展创新的过程中，准确地熟悉掌握宁德市，乃至福建省及其周边省会的交通基础设施建设和构建现代综合交通运输服务体系，积极融入宁德市建设大交通的格局中，因地制宜地开展城乡快递的运作实践，并在实践中总结出一套符合快递细分行业的创新做法，因此也值得相关的快递企业借鉴。

厦门邮政 EMS 跨境电商邮件通关便民服务平台[①]

陈彧任，男，汉族，1982 年 5 月出生，福建厦门人。2004 年至今一直在厦门邮政 EMS 工作，对邮政 EMS 内部生产流程非常熟悉，同时也是邮政 EMS 内部信息系统的应用专家。

【摘要】“跨境电子商务邮件通关便民服务平台”，用于综合办理跨境邮件的通关手续及申报纳税手续，是中国邮政速递物流股份有限公司厦门市分公司（下简称厦门邮政 EMS）为助力跨境电子商务发展，解决跨境邮件“最后一公里”问题所研发的网络服务平台。该服务平台是一个通过局域网络构建的适用于邮政企业办理专门承载跨境电子商务的出境大宗小包、E 邮宝、进境个人小包快件等邮件的通关手续和进境应税个人邮递物品收件人或者其代理人（提倡收件人委托邮政企业代理办理）办理申报纳税手续的网络服务平台。该平台是厦门邮政 EMS 践行互联网 + 的概念，通过与海关深度合作，共同推出的便民服务，拓建了邮政 EMS 业务发展新渠道，实现了“民商、政府、邮政三方共赢”的模式。利用该系统的客户端，厦门关区内的进境邮件收件人可随时随地进行上传申报材料、缴纳税款，实现“足不出户”办结海关手续。

【关键词】跨境电商；通关辅助；移动一站式申报

【适用领域】跨境电商企业；邮件通关便民服务

① 本成果由中国邮政速递物流股份有限公司厦门市分公司提供，成果主要创造人：陈彧任，参与创造人：宋春树、李铭喜、徐旭、赵旭真、洪波、黄剑峰，获 2015 年度物流行业企业管理现代化创新成果奖二等奖。

一、企业基本情况

中国邮政速递物流股份有限公司是中国邮政集团的三大业务板块之一，为中国邮政集团公司的全资子公司。注册资本80亿元，主要经营国际、国内EMS特快专递和一体化物流业务，是中国速递服务的最早供应商，也是目前中国速递行业的最大运营商。厦门邮政EMS于2010年7月成立，目前在厦门拥有50个营运网点，员工1500余人，是厦门地区服务能力最强的快递服务商。公司近三年总营业收入为7.5亿元，2014年总营业收入2.68亿元，其中物流营业收入2.49亿，占92.9%，产生利润438万；2014年纳税495万元，五年累计3524万元；2014年厦门关行邮税征税总额7.4亿元，四年累计26亿元。

厦门邮政EMS始终秉承“全心、全速、全球”的核心服务理念，为客户提供快捷、可靠的“门到门、门到桌”的专业配送服务。从窗口到快递，EMS全程助力厦门提供便民服务，不仅为客户送达港澳签注、台湾通行证、护照、驾照等证件，还有果蔬、生鲜同城配送等。另外，为更方便服务客户，提供驻点全程支持、嵌入服务流程、注重减少窗口压力、持续扩大范围等，厦门邮政EMS致力于成为持续引领市场、综合服务能力最强，且具有全球竞争力和国际化发展空间的大型现代快递物流企业。厦门邮政EMS的服务产品包括了国内的经济件、标准件，且经济件、标准件可叠加代收货款、收件人付费、返单等增值业务，以及国际间的E邮宝（经济）、E特快（标准）、其他非邮渠道，特别提出对台的两岸速递（次日送达）、海运快件（成本优势），形成最完整的产品体系。

二、创新成果的名称

为适应跨境电商发展要求，提高厦门口岸邮件通关速度和便民服务水平，厦门邮政EMS与厦门海关经过一年的合作研发，在全国率先推出“进跨境电子商务邮件通关便民服务平台”以及其相应的电脑端和微信端，使厦门关区进出境邮件通关步入了信息化高效率的“微”时代。因此，本创新成果的名称是“跨境电子商务邮件通关便民服务平台”。

该服务平台是一个通过局域网络构建的适用于邮政企业办理专门承载跨境电子商务的出境大宗小包、E邮宝、进境个人小包快件等邮件的通关手续和进境应税个人邮递物品收件人或者其代理人（提倡收件人委托邮政企业代理办理）办理申报纳税手续的网络服务平台。

三、创新成果的产生背景

厦门邮政 EMS 跨境电商邮件通关便民服务平台产生于以下两个方面背景：

1. 跨境电商的快速兴起，通关手续烦琐复杂

近几年，海淘在国内急剧升温，越来越多的中国人开始加入海淘大军，成为海淘一族。他们大批量地从境外购买奶粉、化妆品、奢侈品，导致入境邮寄业务呈现井喷式增长的态势。但由于进出邮件通关需要由收件人亲临监管中心办理申报、审核、缴税等一系列复杂烦琐的手续，除了需要窗口排队，在拥堵的城市交通背景下，往返一趟往往耗时半天，费时又费力。因此，为推动进出境邮件监管信息化建设，适应跨境电子商务邮件的快速通关需求，厦门邮政 EMS 与厦门海关合作研发出“跨境电子商务邮件通关便民服务平台”（含电脑端和微信端）。

2. 厦门邮政 EMS 践行创新理念，适应客户业务发展需要

近年来，厦门邮政 EMS 积极践行创新理念，适应客户业务发展需要，在实践中坚持“服务客户，用户第一”的发展原则。“跨境电子商务邮件通关便民服务平台”于 2014 年 8 月正式上线运行，在运行过程中不断完善和改进，于 2015 年 1 月正式推出邮件申报平台，该平台为全国首创，通过互联网的方式实现了进境邮件申报一站式处理，为公众提供了足不出户即可办理填报、查询及在线缴税等服务。该平台于 2015 年 8 月正式推出基于微信公众平台的移动一站式解决方案，并对外举办了推介会，对“跨境电子商务邮件通关便民服务平台”进行了详细介绍，还邀请社会公众现场进行实际操作体验。有厦门电视台以及厦门日报等四家主流媒体报社全程跟踪报道，速卖通、赛维网络等商家全程参与，以及厦门商务局、邮管局以及跨境电商协会等相关单位悉数到场观摩。该系统的在线一站式完成申报、通关状态查询、网银微信缴税等所有报关手续，为公众提供了更方便快捷的服务，反响良好。

四、创新成果的主要内容

1. 创新成果的适用范围

“跨境电子商务邮件通关便民服务平台”是一个通过局域网络构建的适用于邮政企业办理专门承载跨境电子商务的出境大宗小包、E 邮宝、进境个人小包快件等邮件的通关手续和进境应税个人邮递物品收件人或者其代理人（提倡收件人委托邮政企业代理办理）办理申报纳税手续的网络服务平台（以下简称邮件申报平台），主要包含出境小包邮件申报模块、进境个人小包快件申报模块、进境应税个人邮递物品申报模块、监管仓库数据管理模块和收件人名单管理模块五大功能模块。

2. 创新成果的实施

厦门关区内的进境邮件收件人通过邮件申报平台，如微信端“厦门邮政 EMS 公众号”在线注册并填写报关单据，该邮件申报平台就会向“跨境电子商务邮件通关便民服务平台”发送收件人的申报数据，随后，携带移动设备的海关工作人员就可以借助移动终端登录该系统，在查验现场，用该设备现场接收该票货物的详细资料和查验指令，并实时将现场拍摄的货物照片和查验结果传输给“后方”审核。海关工作人员在查验时无须其他纸质单证，直接通过设备便直接查看查验要求、申报单信息等相关资料。

与此同时，海关工作人员还可使用该设备直接录入查验记录、拍摄查验图像并直接上传到系统，经审批无误，货物可以即刻装箱，为收件人节省了大量的通关时间。在完成对邮件的实物拍照、实时审查和在线查询物品价格等操作后，系统会自动计算税费。收件人在收到“需进行海关申报”的提示信息后，收件人可通过该平台上传身份证、购物发票等申报材料，并通过微信支付等网上支付方式完成税款缴纳。海关工作人员在核对完成后，便可指示对这件物品通关放行，由邮政 EMS 完成跨境邮件的“最后一公里”，送到收件人手中，线上整个过程的操作时间不足 3 分钟。

另外，在获取收件人身份证号、手机号等实名注册信息后，邮件申报平台会在邮件运抵海关监管场所后的每一个时间节点，如海关审核、查验、缴税等，即时自动发送短信或者微信推送通知收件人，以此指导其办理海关手续，真正实现海关手续“一站式”移动办理。同时，该平台也会给收件人提供专业的通关指导服务，帮助收件人解答邮件申报相关问题，提高申报的成功率及准确性。

3. 创新成果的优点

该系统的启用，改变了传统邮件通关申报的方式，减少了社会公众到监管现场办理邮件通关手续的交通及时间成本，解决了海淘商品“门到门”服务的“最后一公里”问题，实现了“足不出户”办结海关手续。另外，对于海关，则通过该系统实现了清单式简易申报、审核布控、实施查验、风险分析、税费核注、统计查询、内部控制和无纸化、移动式通关作业。

五、创新成果的主要创新点

“跨境电子商务邮件通关便民服务平台”践行互联网 + 的概念，以其便捷的移动一站式申报、对于进出境邮件数据分析及预警，助力适应跨境电商发展，实现真正的高效便民。

1. 移动一站式申报

基于“跨境电子商务邮件通关便民服务平台”，厦门关区内的进境邮件收件人对通关邮件的申报、查询、审核、缴税、咨询等操作均可在该平台上一站式完成；而厦门海关则可实现对关区进出境邮件全天候移动式信息化的监管，邮件审核进入“读秒”时代，平均通关时长缩短一天。海关借助移动便携式终端登录系统，可对进出境邮件进行实物拍照、实时审核和在线查询物品价格等，全部过程实现无纸化和移动式作业。

2. 自动分析申报数据

“跨境电子商务邮件通关便民服务平台”可自动对申报数据开展预警分析，对重点邮件进行重点监控，减轻海关与邮政 EMS 的审查负荷。

3. 践行互联网 + 的概念

践行互联网 + 的概念，与海关等第三方深度合作公推便民服务，通过构筑“民商、政府、邮政三方共赢”的模式，来拓建邮政 EMS 业务发展新渠道。目前快递市场同质化竞争明显、价格战愈演愈烈，厦门邮政 EMS 努力通过提升增值服务来吸引客户，而互联网 + 便是其中之一。厦门邮政 EMS 顺应时代发展潮流，借互联网发展大势，积极挖掘信息流资源，谋求新时期快递发展的新出路。该邮件申报平台入口由邮政 EMS 掌控，进出系统潜藏的快递业务归邮政 EMS 所有，该系统可以为厦门邮政 EMS 带来可观的快递收入。

六、创新成果的应用效果

该创新成果实施后，取得了良好的应用效果，不仅业务量迅速增长，而且通关效率大幅提高，邮件处理效率也得以迅速提高。

1. 业务量迅速增长

2015 年 1—7 月，厦门海关共监管进境应税个人物品邮件 29763 票，同比增长 87. 8%，其中 99% 以上的收件人选择委托厦门邮政 EMS 代理办理通关手续。微信端上线以来，已有 3578 人通过微信申报进境应税个人邮递物品 3622 票，占同期总票数的 56. 8%。目前已有上千家企业在该系统注册备案，系统启用以来，厦门海关共监管进出境邮件 2066. 83 万件，同比增长 107. 64%，业务量位居全国第七位。

2. 通关效率

“跨境电子商务邮件通关便民服务平台”大大提高了进出境邮件的查验通关效率，具体情况如表 1 所示。

表 1　通关效率的对比情况

查验进境邮件	2014 年 1 月（件）	2015 年 1 月（件）	同期比增（%）
普邮	315073	606230	92. 41
EMS	14886	33865	127. 5

续表

查验出境邮件	2014 年 1 月（件）	2015 年 1 月（件）	同期比增（%）
普邮	1515593	2049234	35.21
EMS	129641	439661	239.14

3. 邮件处理效率

邮件申报平台自上线运行以来，处理效率有了明显的提升，如表 2 所示。

表 2　　邮件处理效率对比情况

比较条目	原个人物品申报	现个人物品申报
发信息通知	每单录入客户信息发短信通知（1 分钟/票）	批量发送（一键点击即可）
录入申报单	根据客户纸质单证数据逐票录入信息（5 分钟/票）	审核客户在邮件申报平台提交的数据，发送海关审核（30 秒/票）
打印税单	按税单的格式逐票录入数据打印税单（1 分钟/票）	直接点击打印即可（15 秒/票）
通知缴税	单票录入数据发短信通知（1 分钟/票）	单票点击系统发送（5 秒）
客户支付税款	需录入支付账号、户名等信息及备注收件人资料，因此客户常常无法支付成功	进入邮件申报平台直接在线支付即可
海关日审核量	约 40 票	约 60 票

七、创新成果的推广价值

（一）推广价值

“跨境电子商务邮件通关便民服务平台”实现了真正意义上的惠民、惠关、惠邮。

1. 惠民——“车轮和双脚办事不如弹指一挥间”

过去，为了办理通关手续，公众需要抽出时间专门去海关报关大厅跑一趟，费时又费力。而现在有了“跨境电子商务邮件通关便民服务平台”，则为“海淘”商品通关提供了极大的便利，流程的优化、操作的便捷极大地缩短了“海淘”商品的到货时间，移动一站式申报进一步提升了公众的“海淘”体验，将操作界面延伸到移动终端，打破了时间、空间的限制，为企业及时缴交海关税款，加快通关速度提供了极大便利，更将推动跨境电商跨越式增长。“车轮和双脚办事不如弹指一挥间”，线上拇指操作，线下 EMS 实物流支持，市民足不出户，免于出行之不便，也在一定程度上减少了城市拥堵。

2. 惠关——“掌上移动办公，秒审核，效率带动业务发展”

厦门邮政 EMS 大力推动通关方式改革创新，以移动设备为载体，进一步提升通关效率、降低通关成本，打造出指尖上的“智慧海关”。该系统平台除了惠民之外，对厦门海关也是一次流程优化再造。其一，基于“跨境电子商务邮件通关便民服务平台”，厦门海关可实现对关区进出境邮件全天候移动式信息化的监管，邮件审核进入“读秒”时代，平均通关时长缩短一天；其二，海关借助移动便携式终端登录系统，可对进出境邮件进行实物拍照、实时审核和在线查询物品价格等，实现全程无纸化和移动式作业，整个流程一气呵成；其三，该系统可自动对申报数据开展预警分析，对重点邮件进行重点监控，减轻了海关与邮政 EMS 的审查负荷；其四，通过该系统，跨境电商企业可实现在线简易、快速地办理跨境电商类邮件的通关手续，满足无须退税结汇但对通关时效要求较高的中小型电商企业需求。

3. 惠邮——“践行互联网 + 的概念，拓建邮政 EMS 业务发展新渠道”

关邮合作公推“互联网 +”新便民项目，对邮政 EMS 发展极其有利。

邮政 EMS 固有实物流优势明显，厦门邮政 EMS 希望尽己所能顺应时代发展潮流，借助互联网发展大势，积极挖掘信息流资源，在跨境电商、国内电商以及政务市场上谋求新时期快递发展的新视角、新模式、新出路。

与海关合作之前，厦门邮政 EMS 已经和税务局、车管所、出入境、行政中心等政府单位有过深度合作，模式如出一辙，即信息平台共建实现“窗口业务平台化”，实物传递邮政 EMS 全程支持，这也是厦门邮政 EMS 长期占据政务市场超高份额的秘诀。

（二）推广的适应对象及其注意点

本创新成果首先适合邮政快递类企业在开展跨境通关业务管理时，借鉴其先进的系统平台技术，并在业务经营中予以应用。其次，本创新成果也是关企联动的范例，适合在国内的其他海关推动跨境电商的业务监管中借鉴。最后，本创新成果也适合跨境电商企业开展服务模式创新，优化进出口物流服务流程，协调跨境电商协作关系，提高海关监管效率。

在本创新成果的推广中，需要注意以下几个方面：

1. 加强对通关一站式平台信息的监督管理工作

由于通关邮件的申报、查询、审核、缴税、咨询等操作均可在该平台上一站式完成，涉及较多私人信息，因此该平台在推广过程中应重点注意信息的安全保密工作，这就需要加强监督管理，以保证平台的安全运行。

2. 加强后台支持功能

由于一站式平台需要将许多流程在短时间内完成，因此需要加强对平台后台的技术支持，适当扩展相应功能，以保证推广过程中面对业务量猛增时能够做出良好的应对。

物流设计篇

中铁物资高速铁路物资集中采购供应工作的创新解决方案[①]

王成伟，男，蒙古族，辽宁省喀左县人，中共党员，研究生学历，高级工程师，现任中铁物资集团东北有限公司总经理、党委委员、副书记、董事，中国铁建物资集中采购中心东北分中心副主任。2000年参加工作，先后历任生产经营管理部职员、部长助理、仓储运输部副部长、部长、物资贸易部部长、中铁物资集团东北有限公司副总经理、总经理职务。曾荣获中华全国铁路总工会火车头奖章、沈阳市委中省直企业工委创先争优优秀共产党员、中铁物资集团有限公司先进工作者、首届杰出青年、十佳创效能手、中国铁道建筑总公司体协全民健身活动先进个人等荣誉。

【摘要】 中铁物资集团东北有限公司隶属于中铁物资集团有限公司，其“集中采购+供应”的“大集采”模式是对于从前公开招标采购的一次转型升级，包括钢材及制品、水泥等在内的5大类大宗通用物资将统一由总部（集采中心）集中采购供应。集采流程的顶层再造，是一场物资管理模式的深度变革，在降本增效的同时，更被赋予调结构、促转型，释放企业产业红利新的使命。此外也是建立健全制度，优化改进流程，实施权力分置，开展激励约束等措施，实现采购管理中“隐蔽的权力公开化，集中的权力分散化”和“责任明确，奖惩严明”的有效方式。在京沈高铁辽宁段的建设中，中铁物资集团东北有限公司成立了京沈客专辽宁段物资集中采购供应领导小组、管理小组和现场服务小组，通过科学化、系统化的层级划分和网络布局，大大提高物资集中采购供应工作

① 本成果由中铁物资集团东北有限公司提供，成果主要创造人：王成伟、于宁，参与创造人：李博、王阳阳、孙蕊、王大威，获2015年度物流行业企业管理现代化创新成果奖一等奖。

的效率，统一管理、分工协作，确保集采供应工作顺利实施。在采购过程中实施的全流程互联网化的模式，利用电子信息系统完成从招标到入库的全部流程，是物流、资金流、信息流透明化、快速化的流动，提升了采购效率，激发了企业活力。该创新成果为大型国有企业的物流运作模式升级和创新提供了很好的借鉴思路。

【关键词】集中采购；国有企业物流转型；技术创新；物流模式创新

【适用领域】钢铁生产领域；铁路建设领域；大型企业物流信息化整合

一、企业基本情况

中铁物资集团东北有限公司隶属于中铁物资集团有限公司，是世界500强企业——中国铁建股份有限公司的三级公司，注册资金6000万元，在岗员工297人，前身为中国人民解放军铁道兵后勤部东北办事处。

公司本部位于沈阳，占地12万平方米，拥有铁路专用线4条，龙门吊车及各类装卸设备多台，年吞吐能力突破200万吨。在鞍山、大连、哈尔滨、包头、西宁等多处设有物流供应基地。主营铁路建设所需的钢轨及配件、金属材料、水泥等相关物资及工程物流、仓储物流等业务，是铁道部授权的铁路建设项目部管物资代理单位、国家铁路建设用钢轨指定供应商、铁道部钢轨储备指定仓库和国家级战备物资储备仓库，东北公司多年来与鞍钢、包钢、攀钢、武钢、凌钢、通钢、抚钢、乌钢、西钢等资源厂商、中国铁建各局、中国中铁各局、铁道部及各铁路局等资源诸多需求单位建立了长期战略合作伙伴关系，与山桥、宝桥，济南铁路局、沈阳铁路局等签署战略合作框架协议，在产品制造商和产品需求商之间构建起物流桥梁。公司着力发展物流核心业务“3+1”，即钢轨、道岔铁路线上料物流供应链，钢材、水泥等大宗物资物流供应链，煤炭油品等能源原材料物流供应链及电子商务城市物流配送基地，向打造物资集团公司“全球最具实力的工程物流系统服务商和铁路物资集成供应商”的目标迈进。

中铁物资集团东北公司已通过ISO 9001、ISO 14001、OHSAS1 8001三合一管理体系认证，同时获得了UKAS国际证书、荣获国家级守合同重信用企业、国家AAAAA级综合服务型物流企业、辽宁省文明企业、辽宁省工商免检企业、银行信用等级AAA级、沈阳市A级纳税人、中国物流与采购联合会常务理事单位。承载着中央企业厚重的社会责任与光荣的历史使命，目前，东北公司正积极打造“全球最具实力的工程物流系统服务商和铁路物资集成供应商”，加强与社会各界精诚合作，实现互利共赢。

二、创新成果的名称

中国铁建物资集团的物流创新成果名称为：高速铁路物资集中采购供应工作的创

新解决方案。主要为以“集中采购+供应”为主的“大集采”模式。“大集采”模式摒弃了以往“公开招标采购”“企业集中采购”的方式，而是将包括钢材及制品、水泥等在内的5大类大宗通用物资将统一由总部（集采中心）集中采购供应。集采流程的顶层再造，是头顶全球最大工程承包商光环的中国铁建为了破除“产高利低”魔咒，主动发起的一场物资管理模式的深度变革，在降本增效的同时，更被赋予调结构、促转型，释放企业产业红利新的使命。

三、创新成果的产生背景

1. 铁路建设发展迅猛，快速铁路网全面铺开

2014年中国铁路总公司进一步加快铁路建设，各项铁路建设任务全面完成，新线投产8427千米，创历史最高纪录；完成建设投资8088亿元。我国铁路营业里程已达11.2万千米，其中高铁1.6万千米（如图1所示），位居世界第一，全路动车组运送超过8亿人次，超过铁路总运输量的35%。截至2014年年底，中西部铁路营业里程达到7万千米，占全国铁路营业总里程的62.3%。此外，铁路总公司认真落实国务院关于加快铁路建设的部署，加大在建项目组织实施力度，新开工的额哈铁路、怀邵衡铁路、杭黄铁路、川藏铁路成都至雅安段等66个项目已全部完成招标并开工建设，超过“十二五”历年新开工项目平均数37个。至此，2014年全国铁路建设三大目标，即全国铁路固定资产投资8000亿元、新线投产7000千米、新开工项目64项全面完成。

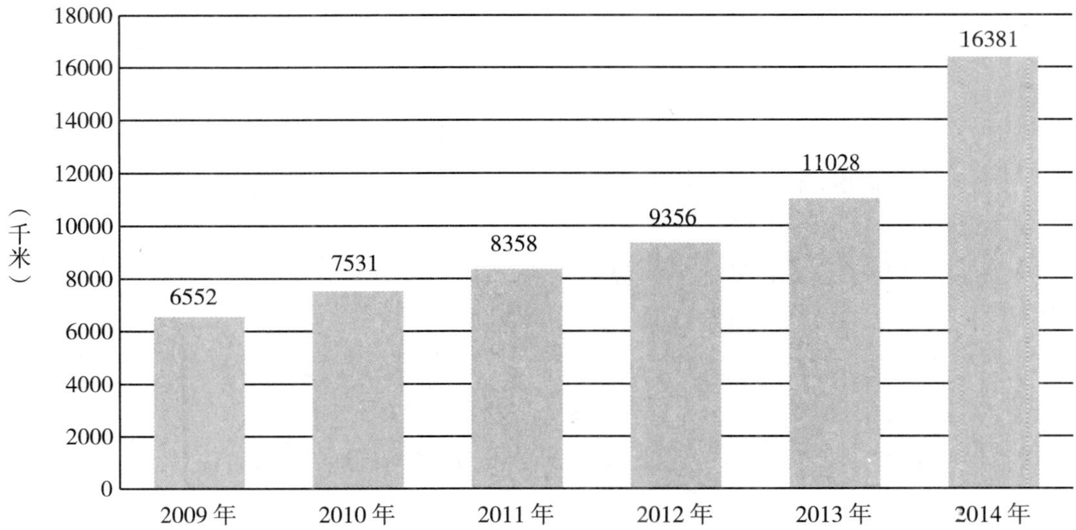

图1 2009—2014年中国高铁营运里程

截至2015年年末，全国铁路营业里程达12万千米，我国高速铁路营业里程将达

1.8万千米，以高速铁路为骨架，包括区际快速铁路、城际铁路及既有线提速线路等构成的快速铁路网基本建成，总规模达4万千米以上，基本覆盖50万人口以上城市。到2020年，建立路网完善、结构合理、服务优质、安全快捷、技术先进、竞争力强的现代化铁路，将基本实现相邻中心城市间及中心城市与周边城市间形成1～2小时交通圈，"人便其行、货畅其流"的目标将逐步变为现实。

2. 国资委推进央企集中采购，优化采购流程

国资委在2012年下半年就要求中央企业加大集中采购，通过充分利用信息化手段、向供应链管理转变、加强惩防体系建设及不断创新采购管理等方法，准确把握采购管理发展方向，尽快建立集中、高效、透明的采购管理体系。

采购管理作为供应链管理的重要环节，不仅在根本上影响着企业的经营成本，更是企业核心竞争力的重要组成部分，但也一直是国有企业管理的难点和重点，被称为企业管理领域的"黑箱"。经过十多年的改革发展，中央企业的采购管理正从粗放式逐步向集约化转变，成效十分显著，许多央企的采购管理工作都取得了明显的进步，探索出了一套具有鲜明国企特色、行之有效的管理方法。从采购管理体制上来看，绝大部分中央企业通过建立健全制度，优化改进流程，实施权力分置，开展激励约束等措施，实现了采购管理中"隐蔽的权力公开化，集中的权力分散化"和"责任明确，奖惩严明"。从采购理念上来看，在市场经济条件下，为订单而采购成了一条重要规律，得到中央企业的普遍认同。

虽然中央企业采购管理工作成效显著，但仍存在采购管理水平参差不齐、部分企业对采购管理提升的认识不够到位、信息化手段利用率不高、跨国采购管理经验不足、采购专业人员不足等问题。因此在利用集中采购方式的同时也要加大创新力度。

四、创新成果的主要内容

对京辽客专项目实施过程中的集中采购模式充分体现了中铁物资集团"大集采"思想。北京至沈阳铁路客运专线是《中长期铁路网规划》"四纵四横"客运专线主骨架京哈客运专线的重要组成部分，是铁路"十二五"规划的重大项目。京沈高铁辽宁段长406.8千米，估算投资545亿元。其中，沈阳段87.7千米，阜新段90.6千米，锦州段18.8千米，朝阳段209.7千米。设有桥梁150余座，隧道50余座，桥隧比近70%。

在确定物资集中采购供应模式后，东北分中心和东北公司在第一时间做出反应，跟踪招标、开标、中标信息，制订相关物资采购供应计划，配备充足的人力、物力、财力来保障物资集采供应工作的顺利进行，由东北分中心领导和东北公司主管组织成立了京沈客专辽宁段物资集中采购供应领导小组、管理小组和现场服务小组。领导小组由东北分中心主任和东北公司主管领导组成；管理小组由分管经营和财务的相关领导组成；现场服务小组由集中采购中心和各经营单位相关人员组成，下设组长和组员。通过科学化、系统化的层级划分和网络布局，可大大提高物资集中采购供应工作的效率，统一管理、分工协作，确保集采供应工作顺利实施。

1. 信息化项目上报流程，大幅节约时间成本

京沈客专辽宁段铁建系统内共有六家施工单位参与建设。六家施工单位首先分别通过中国铁建电子商务平台（以下简称“电子商务平台”）上报项目信息，集中采购中心进行审核。在信息审核通过后由各项目按照实际施工需要通过电子商务平台上报招标物资总需求计划，在经过项目部、工程公司、集团公司和股份公司完成计划的层层审批。然后由中铁十六局负责将各施工单位上报的物资计划进行整理、汇总，并根据相关要求制定招标文件，经各施工单位和集中采购中心确认招标文件无异议之后，由中铁十六局通过电子商务平台发布招标公告。

中国铁建电子商务平台（以下简称“电子商务平台”）采用成熟技术和先进经验，由股份公司统一规划、统一组织，借助信息化途径，建立一个门户、搭建两个平台、构建三个体系，通过商务平台来强化集中采购、提升采购效率、降低采购成本、提高管理效益，使中国铁建各级单位所需的物资、设备、软件、服务等各种采购在网上办理，已实现网上采购，提高采购透明度、降低采购成本。其电子商务平台项目审批流程和物资计划审批流程如图2和图3所示。

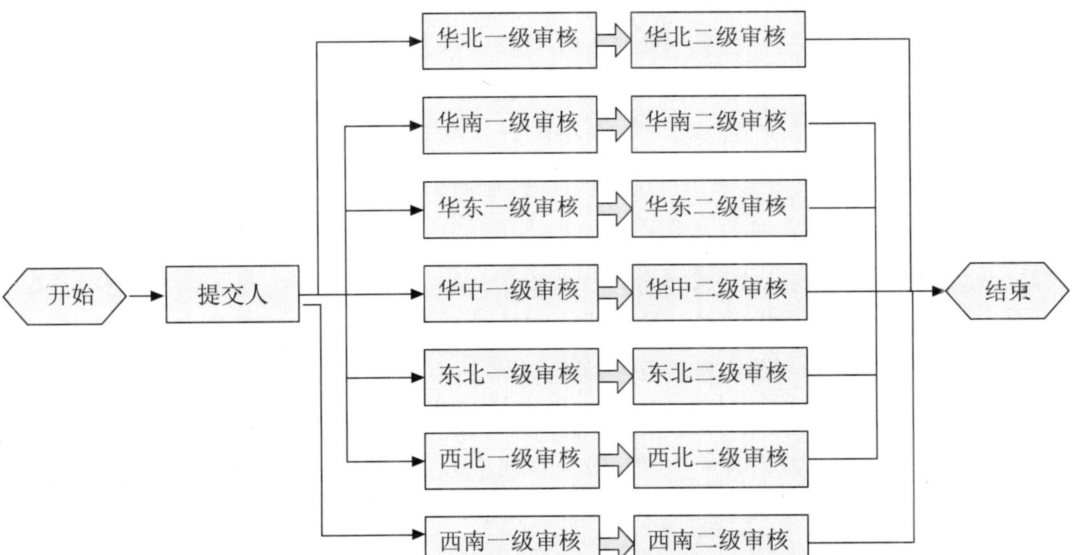

图2　电子商务平台项目审批流程

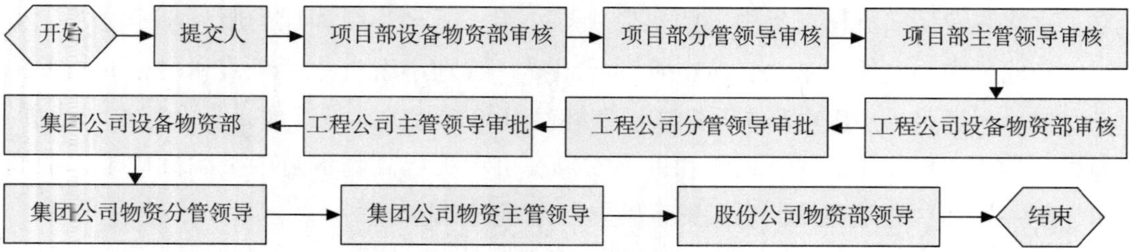

图3　物资计划审批流程

2. 信息化签单与评审流程，安全可靠

根据招标文件的要求，由东北公司与各中标单位签订采购合同，与相应的施工单位签订销售合同。在招标结果出来之后，分中心和东北公司第一时间派出骨干业务人员进行中标信息的确认，及时与中标单位和各施工单位进行沟通，洽谈集采供应合同签订的相关事宜，协调合同签订过程中出现的问题。此次合同签订采用“背靠背”的方式，即采购合同与销售合同只是合同签订的双方的名头不同，其他合同条款完全相同，并且在签订销售合同时的价格与中标价相同，在签订采购合同时注明在收到项目回款时3日内将款项支付给中标单位，这样既不增加项目部的采购成本、又能保证及时向中标单位进行款项支付，而且还能够在实际物资供应过程中起到监督、管理的作用。

在合同商谈完毕之后，根据公司规定合同签订前需要经过评审，通过集团公司的合同管理系统进行合同评审，并且要求采购和销售合同进行关联同时进行审批，审批需要经过业务部门、财务部门、法律部门、合同归口部门及相关领导审批，对合同的签订方、供货能力、经营风险、资金保障等各方面都进行全面评价，如此既确保了评审的时效性，又精确地保留了各节点评审的过程，为公司降低合同承揽风险、确保合同的高效履行和完善售后体系起到了承前启后的作用。

3　依托中国大宗物资网，打造现代化采购供应链

在电子商务飞速发展的大背景、大趋势下，中国大宗物资网应运而生。中国大宗物资网是物资集团为顺应时代潮流、行业趋势、提升物流效率，打造的大宗物资交易平台，当前已发展有800多家会员企业，交易量月均增长30%，成为大宗物资线上交易的重要平台和中国铁建内部市场的关键入口。中国大宗物资网致力于打造集销售、深加工、仓储、物流、支付、结算于一体的功能性服务平台，实现实时资源查询、网上交易、网络配送、物流服务、业务撮合和线上融资等线上交易服务，有效解决钢铁流通环节中信息不对称和配套服务不完善的问题。

此次京沈客专辽宁段钢材、水泥物资采购打破了传统的采购模式，通过互联网技术的应用，将采购流程由线下转移到线上。当东北公司销售部门收到项目部提报的物资需求计划后，第一时间将计划转发各东北公司采购部门，由采购部门根据物资的种类、供应商类型将需求计划进行分解，安排相关业务人员通过中国大宗物资网与各中标单位进行实时采购线上交易，按照资源发布、草约生成、订单洽谈、发货、收货等流程进行操作完成物资采购，使采购业务人员从原来繁重、复杂的工作中解脱处理，只要在电脑前紧跟订单的进程就能时刻掌握相关物流环节，做到及时有效、准确便捷、足不出户进行物资采购，大大降低了采购人员的时间成本、体力成本和费用成本，打造了一个高效、快捷、绿色、透明的现代化采购供应链。

目前，东北公司已通过大宗物资网与京沈客专辽宁段中标的钢材、水泥单位进行物资集中采购。2015 年 1—6 月，东北公司大宗物资网交易量累计为 118589. 269 吨，同比增长 3011. 03%，其中钢材交易量为 117656. 049 吨（如图 4 所示），水泥交易量为 933. 22 吨。成功实现网上水泥交易量零的突破。与东北公司合作的大宗物资网会员供应商已达 38 家。

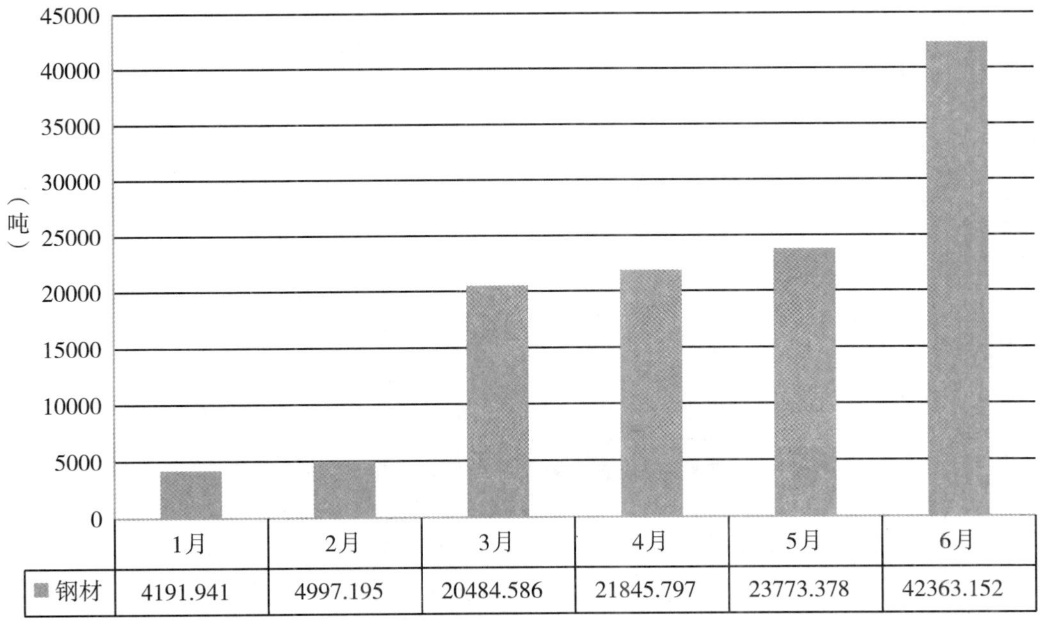

图 4　2015 年 1—6 月东北公司大宗物资网钢材月线上交易量

4. 以现代库存管理模式为抓手，协调上下游货物流动

东北公司通过中国大宗物资网完成物资采购后，由供应商根据订单的时间、地点、物资品种、数量等安排运输公司进行物资供应。东北公司采购人员实时跟踪物资流转动态，及时将相关信息传递给销售人员，销售人员根据接收到的信息迅速与项目部进行沟通，告知货物的最新动态，以便项目部可以提前安排物资的接收、检验和卸车等工作。并且东北公司安排专人常驻项目部，当项目部物资供应出现问题时可及时与项目部进行沟通，争取用最短的时间处理好问题。

东北公司已与新抚钢、西钢、鞍钢进行联合库存管理，即打破传统的各自为政的库存管理方法，建立全新的库存管理模式（如图5所示）。作为第三方物流企业的东北公司可以作为联系供应链上游钢铁生产厂家和供应线下游的终端客户的桥梁，成立联合库存协调管理中心，负责与供应商、和产品需求客户交换物流过程中的各种信息、负责收集汇总物资采购的各种信息（如图6所示）。

如项目所需物资市场较为紧缺或项目部物资需求较为紧急而供应商又无法及时进行供应，现场人员可第一时间将信息传回至东北公司，公司将合理利用联合库存管理，充分发货兜底单位的作用，以自身厂库和钢厂自有厂库为依托，安排专人负责物资的组织供应、运输、仓储、服务工作，保证及时、齐备、准确的供应物资材料，确保项目正常施工。

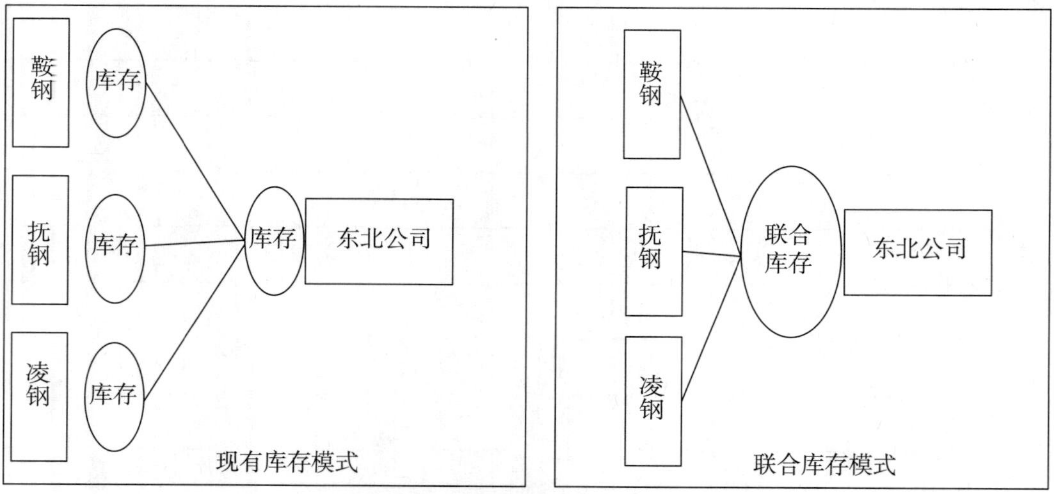

图5　现有库存模式与联合库存模式对比

5. 物资供应过程标准化，通过管理信息系统进行管控

为进一步规范集采工作流程，实现集团内部集采供应工作信息化，集采供应工作流程标准化，规范工作流程化，实现对项目信息采集跟踪、对接走访、集采报价、合同执行、问题协调的信息化动态管理，物资集团已配套研发“集中采购供应管理信息系统”。

“集中采购供应管理信息系统”的运用，一是能够解决集中采购中心、分中心、东北公司机关、东北公司现场业务人员之间的信息不对称情况，实现项目集采供应从对接到合同执行全生命周期的信息共享。二是能够及时、正确、有效地统计各单位物资集采供应的数据情况，保证数据的及时性和真实性，为领导对集采供应工作决策提供有力的支撑。三是能够及时通过系统问题协调模块来解决集

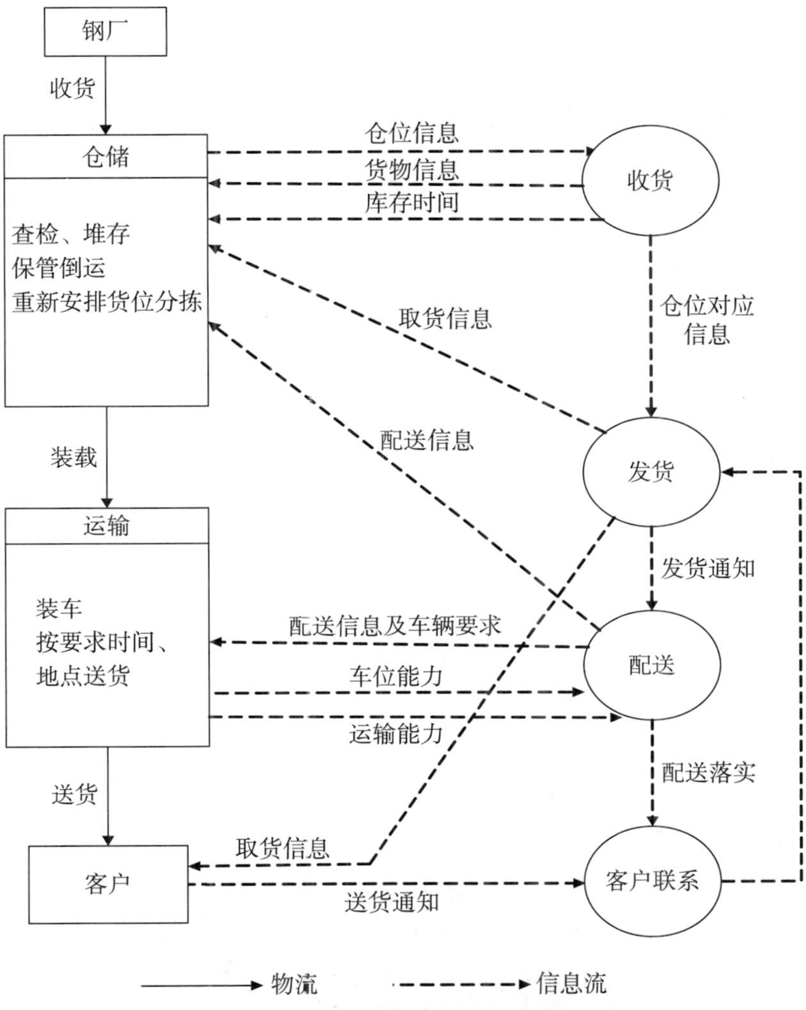

图 6　东北公司库存管理的物流与信息流

采供应工作中存在的问题，保证分层级协调机制得到认真贯彻和落实。四是对各局集团公司的集采供应工作情况进行记录留痕，为集采供应工作提供有力的原始数据资料。

6. 联通商家系统和自身 ERP 系统，优化结算支付流程

由于此次招标模式为招标兜底，在招标单位和中标单位之间增加了兜底单位，因此在月底结算对账时由东北公司业务人员、中标单位人员和项目部物资管理人员三方一同进行，并在核对无误后三方均要在对账单上签字盖章并且一式三份各自留存。对账后由中标单位将相应的发票开给东北公司，东北公司相关的采购和销售人员在 2 天内通过商家系统和 ERP 系统将发票开给项目部，待项目部将发票挂账后，再将相应的汇款支付给东北公司，东北公司在收到项目部来款 3 天内将采取相同的支付方式支付给中标单位。

商家系统和 ERP 系统是实时监控发货、运输、发票、资金的管理系统，业务人员随时可以从商家和 ERP 中查询发货情况，并及时报给用户。由于商家系统是从物流的角度进行研发的软件，而 ERP 系统是从财务的角度进行研发的软件，通过两套系统的应用实现了业务部门和财务部门全面信息化管理，真正达到物流、资金流和票据流的完美统一；可以更好的减少出错环节，及时结算进出账款；定期对账保障账目清晰，以便让用户了解货物流转和货款的使用情况。

7. 建立销售服务体系，完善销售全过程的客户体验

售前：东北公司建立售前服务体系，组织专门人员积极与中标单位衔接供需，编制运输计划和组织运输力量。

售中：在物资配送过程中，及时传递“产品质量反馈卡”，经常到工地和施工单位了解工程进度，进行调查研究，听取意见和要求，会同有关单位及时安排、调整和修订供货计划。

售后：建立客户服务系统（cpc. crmg. cn，如图 7 所示）、服务中心投诉热线 4006012700 和服务邮箱 service@ crmg. cn，并要求在物资集中采购供应合同以及相应的采购合同中注明，如此可以有效推进股份公司物资集中采购供应管理工作的细致化、常态化，完善沟通反馈机制，进一步提升物资集中采购的整体服务水平，热情主动解决供货中出现的问题，及时为用户提供相关资料，传递质量检验报告等，协调解答用户疑问，处理相关质量问题，如图 8 所示。

图 7　客户服务系统首页

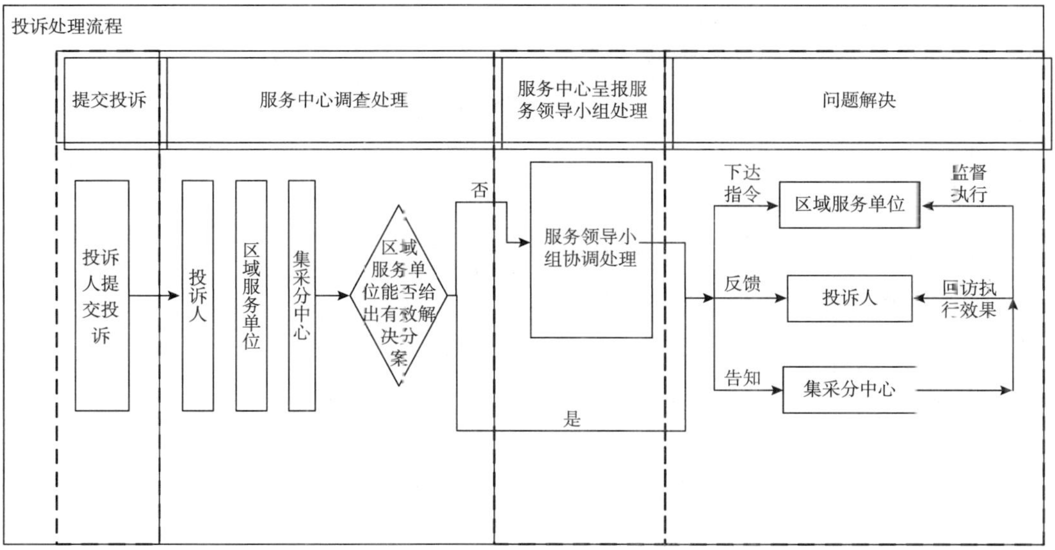

图 8　投诉流程示意

8. 建立应急措施和异议处理机制

在集中采购的过程中，由于人为或自然因素，不可避免地会出现各种不良情况，中铁物资集团也建立了相应的应急措施和异议处理机制作业保障（如图 9 所示），例如：

（1）如果出现某批物资质量异议，中铁物资集团东北有限公司立即就地封存，一方面协同中标单位及时赶往施工现场，查明原因，解决问题；另一方面积极组织合格货源，保证供应。

（2）如出现交通、气候、环境等异常情况时，造成交通不畅，无法正常通车，东北公司立即启动应急预案，改变行车路线，采用铁路、公路联合运输方式，以保证供应。

（3）如果中标单位无法供应或供应不及时或施工生产物资用量突增，导致物资供应临时告急，东北公司将积极组织货源，经建设单位及施工工地允许，在保证供应物资同等质量的条件下，实施紧急采购，以解施工生产之急，保证供应。

五、创新成果的主要创新点

1. 物资集中采购供应模式的创新

为贯彻落实股份公司物资集中采购供应工作相关管理规定，结合京沈铁路客运专线项目的实际情况和管理要求，中铁物资集团决定京沈客专辽宁段中国铁建系统内参建单位施工所需主要物资实施公开招标采购，由中铁十六局京沈客专辽宁段项目部作

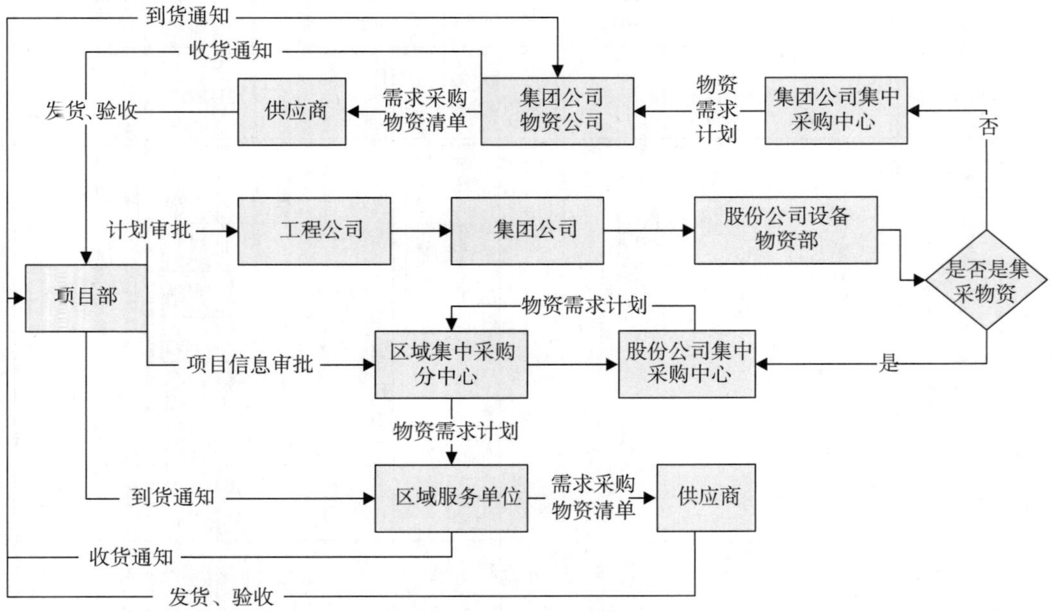

图9　物资集采供应流程示意

为牵头单位实施联合招标采购，在招标文件中明确由中铁物资集团东北有限公司按照《中国铁建股份有限公司物资集中采购供应管理办法》要求，与钢材、水泥中标供应商签订采购合同，不加价与施工单位签订供应合同，集中负责钢材、水泥的组织供应、管理、服务工作，实施“大集采”战略。

2. 供应链全流程互联网技术应用

中铁物资集团利用电子商务平台，实现了供应链全环节的信息化管理与操作。一是，通过中国铁建电子商务平台上报项目信息、物资计划并在平台上发布招标公告；二是，在合同评审过程中运用中铁物资集团合同网上评审及管理系统；三是，在物资采购过程中运用中国大宗物资网进行网上采购，在物资供应过程中灵活运用东北公司联合库存管理机制进行应急供应；四是，物资供应过程中运用集中采购供应管理系统记录相关过程中的数据和信息；五是，在结算、支付过程中运用商佳和ERP系统。通过全供应链的互联网技术的应用，使得供应商、东北公司、项目部可以实时掌握相关业务流程的进度，真正实现公开、透明、高效、共赢的目标。

3. 完善的服务管理体制和应急措施

建立完善的售前、售中、售后的服务机制，并且项目部可通过服务系统网址、服务中心投诉热线和服务邮箱等多种手段对物资集团的服务工作进行及时的沟通反馈，推进股份公司物资集中采购供应管理工作的细致化、常态化，进一步提升物资集中采购的整体服务水平。通过提前准备应急预案，全面考量在物资供应过程中可能出现的问题和情况，确保集采物资供应的及时性、充足性。

六、创新成果的应用情况

1. 京沈客专辽宁段采购与建设工作进展顺利

此次京沈客专辽宁段铁建系统内 6 家单位共计招标钢材 18 个包件，数量为 21.113566 万吨，金额为 78218.5438 万元；水泥 17 个包件，数量为 156.17062 万吨，金额为 45089.8073 万元。

截至目前，京沈客专辽宁段铁建系统内已签订钢材兜底采购合同5份（6个包件），数量为 104489.66 吨，金额为 32928.0941 万元；水泥兜底采购合同 12 份（16 个包件），数量为 148.17062 万吨，金额为 42717.8073 万元。其中，钢材、水泥已签约总量占招标总量的比率分别为 49.49%、94.88%。

2. 东北区域集采工作取得的成果

2014 年 1 月—2015 年 6 月，东北公司与各集团公司 171 个项目对接。辽宁地区 65 个，吉林地区 43 个，黑龙江地区 63 个。已签订集中采购供应合同 88 份，总金额达到 18.46 亿元。其中，钢材合同数量 42.95 万吨，合同金额 13.69 亿元，已供应数量 13.74 万吨，已供应金额 4.15 亿元；水泥合同数量 159.29 万吨，合同金额 4.77 亿元，已供应数量 17.55 万吨，已供应金额 5091.93 万元。累计为项目部节约钢材采购成本 244.3 万元，节资率 0.83%；节约水泥采购成本 82.24 万元，节资率 1.66%。

随着京沈客专、哈佳客专、沈阳地铁等国家和地区重点工程的全面开工，分中心领导和东北公司领导都给予了高度重视，由主管领导亲自带队，对区域内的资源厂家进行地毯式的走访，通过深入整合和仔细分析制定了详细的、切合实际的物资集中采购供应和保障计划，遵循着“依法合规、公开透明、先进高效、合作共赢”的原则，秉承着“质量过硬、供应及时、服务周到、保障有力”的服务宗旨，在未来将东北区域物资集中采购供应工作打造成为全系统内集采供应工作的典范。

七、创新成果的推广价值

中铁物资集团东北有限公司在中铁物资集团制定的集中化采购改革方案的推动下，采用“互联网 + 大集采”的采购模式，极大程度地降低了采供成本，同时保证了从订单到支付全过程的便捷化和安全化，并以京沈客专辽宁段证明了这种模式的有效性，具有很好的推广价值，主要体现在以下两个方面。

1. 优化企业采购网络布局，值得网络型企业集中采购借鉴

（1）通过物资集中采购供应这种新模式，有利于发现区域内有较强实力的资源厂

家，完善区域内资源网络布局，加强与各资源厂家之间的联系，不断加深合作，在资源厂家的上游环节也积极探索新的合作机会，从而将上下游的合作紧密联系起来。目前东北公司与区域内主要钢材、水泥资源厂家，如鞍钢、通化钢铁、抚顺新钢铁、凌源钢铁、西林钢铁、阿城钢铁、亚泰集团、北方水泥、天瑞水泥、山水水泥等大型资源厂家建立了合作关系，进一步加强整合优势资源，并与亚泰集团、北方水泥等大型资源厂家洽谈商定战略合作事宜，与西林钢铁续签订了战略合作协议，着力建设覆盖全域的优势资源体系。

（2）通过这种招标兜底新模式可以有效地将东北区域铁建系统内的物资需求量集中起来，使东北公司在区域内的资源厂控力度和话语权进一步加强，便于与资源厂家进一步谈判，实现“以量换价”目的，从而降低东北公司的物资采购成本，这样也可以有效降低项目部的采购成本，通过这种良性循环可以有效地降低整个股份公司的采购成本，最终实现“降本增效”的目标。目前，东北公司为了更好地节省成本，提升利润空间，我们向新抚钢提出锦州、阜新、朝阳、黑山等地区押车运补政策，每吨运补70元，同时为防控掉价风险，节约采购成本，我们与新抚钢实行30天延期结算政策，2015年1—6月累计为东北公司节省采购成本约214.85万元。另外我们将采购模式从以往大量库发到工地转为大量钢厂直发的运输模式，省掉钢厂到入库的倒短运费及入库费用，也为公司节省了大量成本。

2. 采购流程信息化助力防腐保质，值得广大企业阳光采购予以借鉴

实施物资集中采购供应，将东北区域系统内的需求整合起来，降低采购成本，能够以较低的价格供应给项目部，进而降低项目部的采购成本。并且通过统一监督把控整个采购、供应的流程，规范采购行为，通过集中采购供应将采购流程公开化、透明化，防止违规违纪、贪污受贿等行为的出现，使整个供应链形成一个良性循环，打造“绿色”供应链示范工程。

减少物资数量、质量异议的发生，确保物资供应及时、充足。东北公司长期以来一直与区域内各大资源厂商合作，秉承着“以人为本、诚信守法、把握源头、提供精品、优质服务、共同发展”的企业管理方针，严格把控产品质量，为各施工单位提供精品，杜绝小厂生产的劣质产品进入施工现场，为施工单位把好质量第一关，避免物资数量、质量异议的发生，确保了工程质量，让施工单位放心，让业主单位安心。

上海先烁社区型运输协同平台系统解决方案[①]

段琰，毕业于东北大学，获管理硕士学位，现任oTMS的联合创始人及COO，负责公司销售、市场、项目实施、客服运营等相关工作。有着十余年的物流行业从业经验，对中国运输行业现状及行业发展趋势有全面而深入的理解，并在运输解决方案设计、成本控制及实施方面拥有丰富经验。在创建oTMS之前，段琰曾供职于丹麦得斯威物流（DSV），负责公司在中国市场的商务拓展和运输发展。此前，段琰分别就职于DHL Supply Chain和新科安达（ST－Anda），负责快消、零售及工业行业的商务拓展。

【摘要】 在当前物流市场中，大部分的企业运输是通过外包给物流公司来完成的，并且存在多层外包，也就意味着运输过程中有大量的企业间协同与合作。上海先烁信息有限公司率先研发社区型的运输管理系统oTMS，侧重于企业与企业之间的连接，致力于用互联网和移动互联网技术连接物流运输全链条，以采用“SaaS平台＋移动App”的模式向用户提供服务，其产品包括oTMS云平台，手机移动端卡卡App、到哪了App，Business Intelligence智能分析工具。目前，已经有超过150家货主和物流公司每天使用oTMS系列

① 本成果由上海先烁信息科技有限公司（oTMS）提供，成果主要创造人：戴若琪（Mirek Dabrowski）、段琰，获2015年度物流行业企业管理现代化创新成果奖一等奖。

产品管理运输订单，月处理订单量超百万。oTMS 的创新之处在于率先在国内构建社区型的在线运输管理平台，可以低成本、便捷的实现跨越多层的业务连接，实现运输业务链上的企业实时在线，信息可以全链条共享，但同时也很好的保护了链条上各个企业的商业隐私，实现从货主到运输公司、司机、收货人的运输全程的最大化的透明管理。其业务产品可供第一方物流（制造和商贸企业）和物流链上的其他主体（物流公司、分包承运商、司机、收货人）使用，也值得 O2O 型物流企业借鉴。

【关键词】社区型运输协同管理平台；SaaS + APP；互联网 +

【适用领域】互联网 + 物流创新；第三方物流升级；运输管理服务

一、企业基本情况

oTMS 创始于 2011 年，发展至今已有员工 100 余人，注册资金为 1000 万美元，业务范围涉足面向货主的各个领域，包括服装、快消品、工业、医药、汽车零部件，同时向第三方物流、承运商提供全链条运输协同解决方案。

目前，oTMS 产品包括 oTMS 云平台，手机移动端卡卡 App、到哪了 App、Business Intelligence 智能分析工具。2013 年 8 月，oTMS 获得紫辉创投的天使轮投资，2014 年 7 月，获得了来自经纬、百度、紫辉创投的 A 轮融资。2015 年 6 月再度获得成为资本、经纬、百度 1000 万美元 A + 轮融资。

截至 2015 年 8 月，已经有包括 VF、Hettich、松下电器、上海医药、长久物流等超过 150 家货主和物流公司每天使用 oTMS 系列产品管理运输订单，月处理订单量超百万。

二、创新成果的名称

本创新成果名称是"基于互联网的社区型运输协同平台"。作为中国领先的物流运输管理平台服务商，oTMS 打造国内第一家成功商业化的社区型运输协同平台，致力于用互联网和移动互联网技术连接运输全链条，以采用"SaaS 平台 + 移动 App"的模式向用户提供服务，帮助企业连接运输中的合作伙伴，实现更好的协同合作以及运输全程的透明管理，带给客户全新管理体验，并创造更多商业机会。oTMS 使用云端社区型运输管理系统可以帮助大型货主建立运输管理的全网视图，将为更多企业优化终端客户体验、提升运输运营效率、降低系统实施成本，从而提供全新解决方案。这不仅是技术上的突破，更是管理理念的一次革新。

三、创新成果的产生背景

1. 传统运输模式无法满足当前物流服务需求

如图 1 所示，在当前物流市场中，大部分的企业运输是通过外包给物流公司来完成的，并且存在多层外包，也就意味着运输过程中有大量的企业间协同与合作。而在“互联网 +”时代，运输链的大部分企业协同依然通过非常手工的方式来完成，比如邮件、传真、电话。即使有的公司使用了传统的运输管理系统，依然无法实现对跨级外包承运商、司机的有效管理，以至于提高终端客户的服务变成空谈。企业间的协同与合作停留在一对一的原始阶段。此外，货主需求覆盖面是广泛的，各种业务需求在同一系统中全部呈现，但是现在的系统很难全面具备建立运输网络可视化的条件，所以即使是国内最大的物流公司，在整个运输的过程当中，也会发生监控缺失的状况，具体如图 2 所示。

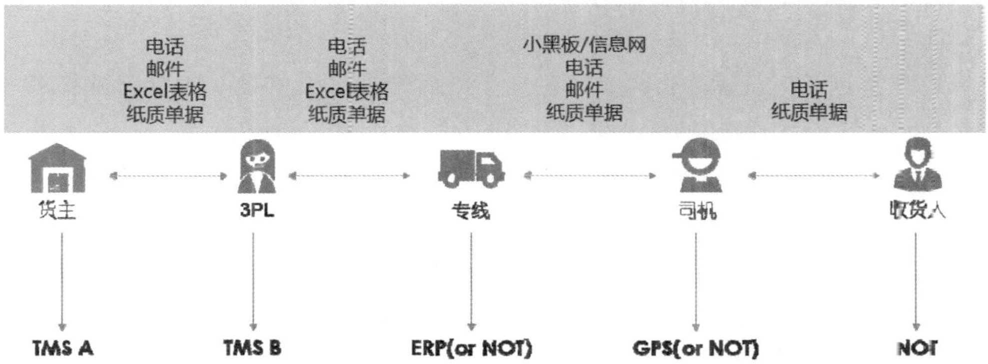

图 1　传统物流运输管理链条

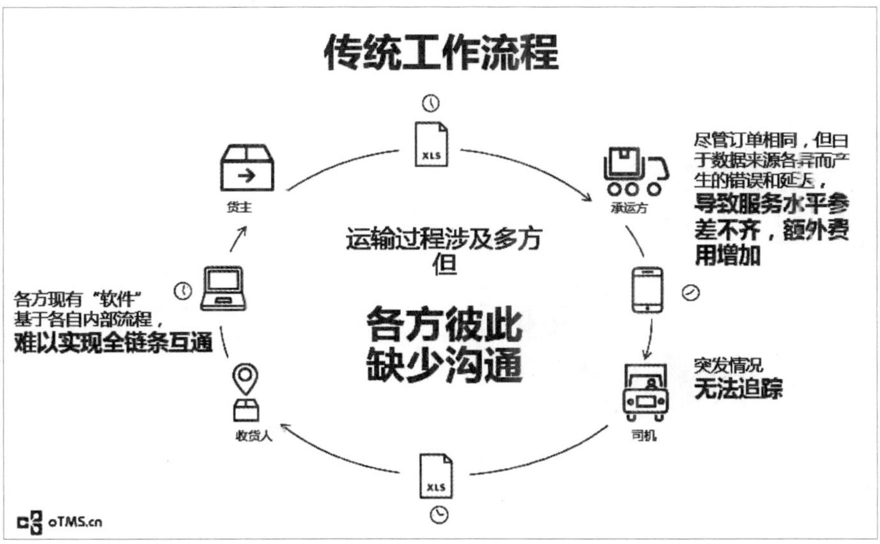

图 2　传统运输模式工作流程

2. 信息化程度低，运营效率低下

货主企业由于业务量大，门店分布全国，因此物流供应商多且散，而传统的纸质交接，存在事后找不到凭据、异常情况的严重延迟等致命弱点，供应商的 KPI 只能达到 30% ~60%，货主无法捕捉到真实的数据，从而对承运商进行有效及时的评定。

而对物流企业内部，管理方式过于传统，员工重复工作量大，难以保证 100% 正确率，通常等待运输完成后几个月，才录入早已完成的信息，处理账单结算等事宜，造成了运输过程中信息的严重不透明、不对称，从而导致了大量人力物力的低效和浪费。

四、创新成果的主要内容

oTMS 首创社区型运输协同平台理念，用后端云平台的概念连接运输流程中所有环节的参与者。oTMS 的核心理念是连接运输：无缝连接货主、第三方物流公司、承运商、司机甚至最终收货人，形成一个基于核心流程的、平衡的、多赢的在线生态系统，相当于是线下运输的一个线上镜像。这个在线生态系统将会是一个开放的、基于真实信用数据体系的社区，所有社区成员在能够更好的管理现有生意的同时，有机会找到更好的资源或更多的新生意。其整体方案产品如图 3 所示。

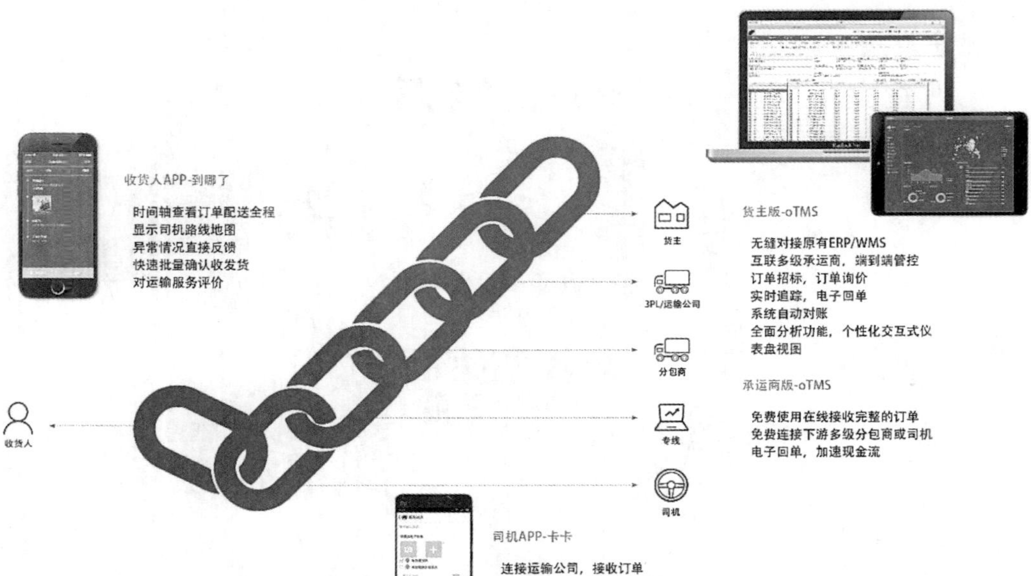

图 3　整体方案产品示意

（一）产品服务设计

1. oTMS 云平台

oTMS 云平台是社区型运输平台理论的核心，它具备以下五点优势：

（1）无缝对接企业现有的 ERP/WMS 系统，也可新建运输订单，分配并承接多级承运商及运输司机，完美解决中国运输市场层层转包的问题。

（2）设立 KPI 考核，杜绝运输过程中的人为因素，让真实数据说话，据此评价承运商的真实运输能力、服务能力及管理能力。

（3）分配订单后货主企业仍可在协同平台上追踪货物在途运输实况，了解运输中出现的异常情况，解决货物一交出就无法在途追踪的运输痛点。待货物交接之后可立即对运输账单进行审核及确认，加快运输流程运营效率。

（4）在合作承运商无法满足运力的情况下，或临时猛增的大规模运输需求时，企业还可以在云平台选择拥有真实评价的其他承运商进行合作，得到更有保障的运输体验，解决运输各种无法预测的多变情况，提高收货人的服务满意度。

（5）云平台在不改变现有运输情况下，达到端对端的运输流程管控的目标。同时，伴随运输流程产生的大量真实有效数据，形成企业内部的数据中心，为企业大数据管理与分析提供宝贵的基础。

2. 卡卡 APP

对接云平台，可随时接收承运商发送的订单，及时了解运输需求，并按需进行提送货确认。手机 APP 可直接调用摄像头及 LBS（基于位置服务）应用，报告运输位置。提供交接货物的电子回单，随时可进行异常情况汇报，让运输流程真正达到透明化、实时化。

3. 到哪了 APP

对接云平台，可随时查看订单，反馈异常，批量收货，完成收货后，可对司机服务进行真实评价，改变中国运输市场中长久以来的人情问题，让 B2C 行业中的评价体系进入 B2B 运输市场。

4. Business Intelligence 智能分析工具

线上定制企业专属 KPI，并首创地图展示，帮助企业建立运输全局观。设立分类查询，报表导出，以真实有效数据对各承运商进行 KPI 对比，支持企业管理。在“互联网 +”时代利用大数据进行承运商考核，简化手工制作图表工作，同时基于运输线路长久处于动态的情况，让更多优秀的承运商成长壮大，获得更多利益，最大程度优化货主企业的供应链。

（二）平台角色分工明确、流程清晰

平台以货主、承运商、司机、收货人四个重要供应链成员所需要的服务为出发点，通过信息化的方式着力解决各方协调沟通、实时反馈、及时结算等难题，如图 4 所示，优化整体运输方案，其方案流程如图 5 所示。

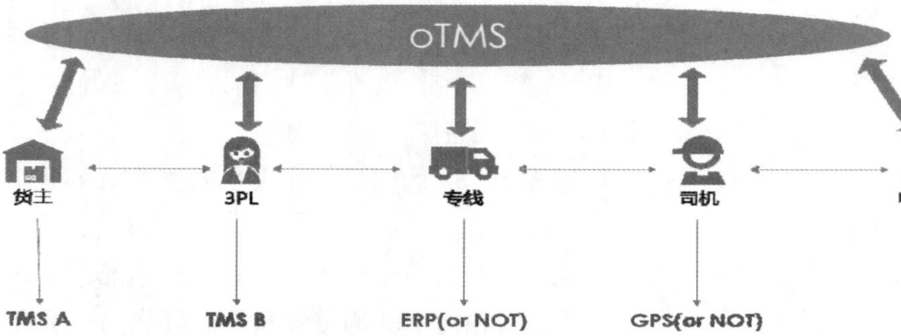

图 4　中心化的社区型运输协同平台

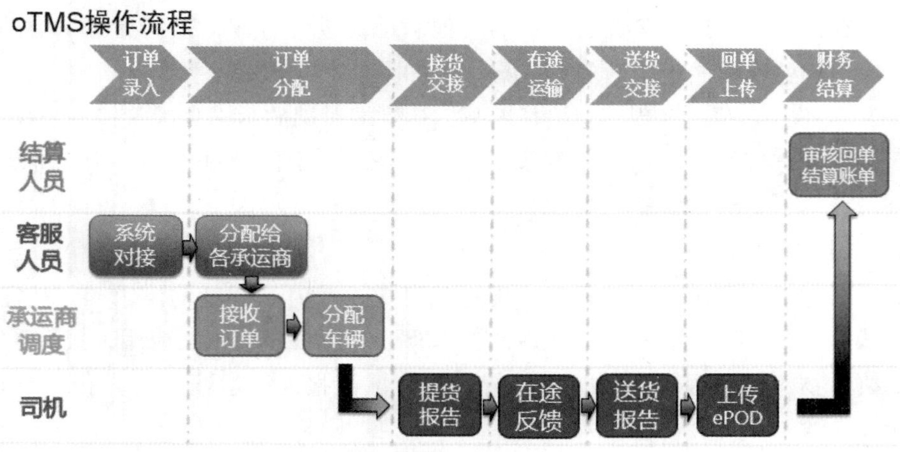

图 5　整体方案流程

1. 货主

（1）系统对接，导入订单，无须人工录入订单；

（2）可将订单一键分配到各承运商，无须大量客服人员与承运商线下沟通；

（3）可实时查看订单的在途信息，并可导出某一时间段的订单，查看具体的订单数量、执行状态等信息，免去线下电话或邮件追问货物进展；

（4）可在系统中打印运输回执单，作为结算依据，无须人工制作回单；

（5）货物送达的同时，即可实时接收到电子回单，无须等待承运商回寄纸质回单；

（6）实现自动结账和线上核对，无须人工制作账单并线下核对；

（7）记录承运商的运输情况，并提供多维度的业务报告、KPI 报告、应收应付账单、异常数据统计、移动终端使用报告等，供管理人员查看分析。

2. 承运商

（1）可在系统上查收来自货主的订单，查看订单详情，无须客服人员线下沟通；

（2）分段运输的情况下，可将订单进行拆分后将各子订单二次分配到相应承运段的承运商或司机，更好的监控运输全程；

（3）需要临时用车时，可通过系统向有合作关系的车辆发起订单询价，在线完成招标，可大量减少人工招标所需时间；

（4）对运送过程中每个节点（分配，提货，在途，送货，回单）进行全过程管理；对运送途中发生的突然状况进行及时处理，避免异常情况责任不清。在司机使用 APP 的情况下，还可发起司机的在途位置查询。

3. 司机

（1）接收承运商分配订单，确认提货详单；

（2）使用 APP 提交实时提货报告；

（3）运输过程中可主动提交位置信息，也可在收到货主、承运商、收货人的位置询问需求时，一键上传实时位置；

（4）运输过程中可在线交流，实时上报运输异常情况；

（5）提交送货报告，确认送货时间；

（6）货物交接时可使用握手交接，或拍照上传纸质回单，杜绝异常情况责任不清。

4. 收货人

（1）使用 APP 可实时掌控订单执行情况；查看订单详细信息；

（2）按照订单流转阶段对订单自动分类，便于快速查找，且可智能搜索；

（3）每个订单都以时间轴方式展示当前订单的执行状态，界面清晰友好；

（4）可在地图上查看订单的运输轨迹，与司机在线交流；

（5）查看司机上传的回单信息；对司机的服务进行评价。

五、创新成果的主要创新点

1. 率先构建社区型平台

oTMS 的创新之处在于率先在国内构建社区型的在线运输管理平台，可以低成本、便捷的实现跨越多层的业务连接，实现运输业务链上的企业实时在线，信息可以全链条共享，但同时也很好的保护了链条上各个企业的商业隐私，实现从货主到运输公司、司机、收货人的运输全程的最大化的透明管理。oTMS 不同于传统的应用系统，而是社区型的互联网服务平台，如图 6 所示。

传统 TMS——类似所有传统软件，单用户模式（single tenant），自己管理服务器或找 IDC（互联网数据中心）托管，软件仅供自己内部使用，基础数据（master data）独享/唯一。

社区型平台 TMS——多用户模式（multi tenants），使用云计算，用户除了得到 TMS 基本功能，同时也是加入一个“社区”，有成百上千个和你一样的“邻居”，大家共享基础数据。

优势领域	传统运输管理系统	社区型运输管理系统
战略采购	*	
战术采购		*
功能全面性	*	
优化功能	*	
运输审计		*
供应链可视化		*
数据传输		*
商务智能		*
价格		*
管理服务		*

图 6　传统 TMS 与社区型 TMS 优势领域区分

两类系统的根本区别在于应用视角完全不同，传统 TMS 着力为大型企业构建单一管理工具，合作方更多是提供数据支持；而社区型 TMS 是将业务链上的各种角色纳入平台中，各方都在系统中拥有自己的账户、自己的应用功能，同时各方之间可以在平台上共享数据。

2. 实现运输全链条的信息结构化

社区型平台的出现使整个链条同时在线，整个物流商业关系就能从原有的单个系统只能线状连接变成了整个网络都同时在线，大家信息标准完全一致，并基于业务驱动，最终实现整个行业的商业关系同时在线。举例来说，虽然在目前沟通中，电话已经很方便了，但是微信的出现使得大家都同时在线，而且都是一直在线。这种社区型平台的出现，也把商业关系中的点对点及时互通，实现了运输全链条的信息结构化。

3. 引入 APP 实现移动操作的互动

移动终端的使用，让运输管理由链条式转向网络结构成为可能（如图 7 所示）。oTMS 提供的是做互联的一套协同产品，为贯穿这个链条提供协同平台。使用这样一套平台，最终产生的效果可能是这样的：货主、物流公司、承运商、司机都在该平台上建立一个唯一的 ID，有自己唯一的账户，把原先每个货主自有的运输链条整合，然后就能够建立运输的商业网络，这个商业网络的协同会为整个运输产业带来变化。

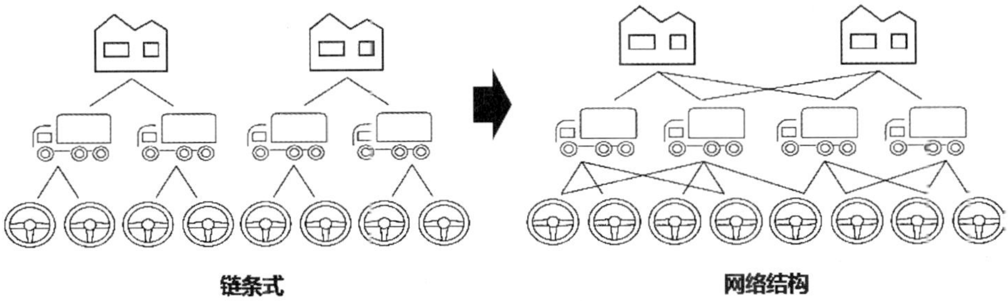

图 7 运输管理中链条式与网络结构区分

4. 独创的握手交接模式

在现有运输环节上，收货人签收完之后，司机要带着单证返回，所以单证是非常重要的一环。oTMS 独创性的“握手交接”功能可通过卡卡和到哪儿 App 扫描订单二维码的方式轻松进行收货确认的操作，解决了传统纸质回单传递周期长，丢失损坏甚至信息错误的问题，如图 8 所示。

图 8 手握交接概念

六、创新成果的应用效果

oTMS 根据中国物流管理现状以及对信息化需求的分析为开发的平台，在绫致时装、松下电器、上海医药等重大项目上成功地完成了实施，取得了显著的经济效益、管理效益和社会效益。

（一）经济效益

1. KPI 提升，销量上升

通过与 ERP 系统等的有效对接，实现了真实的市场信息的采集、分析和处理，为准确、及时、有效地提供物流服务提供了保障。各项 KPI 指标均大幅度提升、终端客户的满意度提高 25% 以上。

2. 成本降低

通过项目的成功实施，减少了和各方沟通的时间，减少了人工错误，减少了 50% 负责沟通的员工。提升了整体物流运行效率，提高了整体仓储各环节之间的衔接速度和有效性。

仅就管理成本和现金流管控上，oTMS 预计将给货主及其承运商带来至少 8.8% 的年度运输费用成本节省。如果全部实施，投资回报期在 3 ~6 个月。该成本计算还不包括直接的成本节约，如提高账单精确性、通过在线询价所降低的成本。

（二）管理效益

1. 全局视图

通过一个开放的运输管理平台来连接运输链条中的每一个合作伙伴，各方都在系统中拥有自己的账户以及对应的功能，同时各方之间可以在平台上共享数据，而平台方可以为每一个用户提供其平台上业务的全局视角：

（1）免费连接 & 容易操作：像微信添加好友一样容易。

（2）唯一可以实现多层连接的 TMS。

（3）独特设计的信息传递机制，跨级信息保密制度，该分享的分享，该保密的保密。

（4）下游承运商 & 司机：不限链接数量和层级。

2. 全程管理 + 异常管理

通过运输管理系统紧密结合业务流程，管理订单全过程，实现企业协同，提升整个运输链条的管理水平及效率：

（1）所有通过 APP 回传的第一手信息，平台用户可零时差在 PC 端查看，彻底改变对突发异常情况只能事后处理的被动处境。

（2）系统会根据 APP 内设置的定位频率，主动抓取位置信息，并显示在百度地图内，各定位的连线可组成路径回放。

3. 数据分析

系统沉淀真实业务数据，账单/KPI 报表实时可查，为运营管理提供基础：

（1）系统会根据我们的计费周期，定时生成 KPI 和账单。快捷精确，并且透明、灵活，还可以随时导出做备份用。

（2）定期主动推送至管理层邮箱的 KPI 报表和多维度分析报告也可以帮助管理者更好地了解业务状况。

（三）社会效益

1. 引领创新

“互联网+”在改变传统行业的热潮当中，获得资本方、融资方的认可；获得客户信赖，解决他们的问题；月订单量超过百万，体现了oTMS平台技术架构的领先。

2. 进化运输行业

oTMS率先引入社区型平台，将货主、物流公司、多层转包承运商、司机、收货人无缝连接起来，对国内层层外包的运输链条带来了透明化的解决方案，通过解决客户痛点，提升客户对于自身运输网络的管理能力，降低管理成本，提升运输效率，促进行业提升。

基于TMS系统功能设计的高度可配置可移植特性，oTMS进行快速配置以适应各服装企业的不同作业流程及管理要求。该方案还取得了其他相关企业的一致认可，为其他工业公司的物流管理协同平台的建设提供宝贵的经验。

七、创新成果的推广价值

oTMS以社区型平台为创新理念，模式新颖高效，具有广阔的市场前景。其创新成果的成功对于行业里的其他企业也有很好的借鉴意义。

1. 以平台的思路提供物流服务，可供制造和商贸企业直接使用

oTMS社区型管理软件的成功要素之一就是把国内运输现状的痛点作为一个理念性的基础：货运是一个链条，传统的TMS是在链条上的某一个点帮助管理，无法使整个链条全部信息及时互通，业务上及时交互；而oTMS这种社区型平台的出现使整个链条同时在线，物流就不再只是一个链条，更是一个社区型在线的、中立的运输管理网络平台，连接的是每个公司和上下游的合作伙伴，例如：货主、物流公司、分包承运商、司机、收货人，通过手机端APP和PC端软件，把运输产业链上的合作企业跨级连接，进行全链条信息的实时传递和共享，包括订单分配、订单追踪、电子回单、自动对账、承运商KPI等，这种连接很便宜、很灵活。同时，合理且适度的信息共享也很好地保护了链条上各个企业的商业隐私，因此，可以供第一方物流即制造和商贸企业直接使用，也可以供物流链条上的其他企业如物流公司、分包承运商、司机、收货人等使用。

2. 持续引领互联网+创新实践，值得O2O企业物流服务创新借鉴

在中国，互联网或者社交网络领域有BAT三大公司，阿里连接了人和商品，百度连接了人和信息，腾讯连接了人和人。oTMS的最终目的是要把运输连接起来，比以前的任何软件更加容易，让订单从不同的环节上能够顺畅的流转，这里面的连接不是一个企业内部的连接，而是不同企业之间的，每个企业都有不同利益的出发点、不同的人、不同的流程，但是大家做的都是同样的事情，就是这个订单从开始到最后如何顺畅的完成。

当前 B2C 领域的运输受电商高速发展影响，已经全面互联网化，消费者和货主都获得了更好的物流体验，而 B2B 端企业级运输市场却依然停留在过去，信息化水平滞后，不同合作的企业之间无法形成有效沟通，从而大大降低了整体效率，而这些都是传统运输软件无法解决的。社区型运输管理平台通过连接运输各方，为企业管理运输业务提供了互联网解决方案。其创新的视角在于关注了物流链上的差异化细分市场，从微小的细分市场上寻找了企业利润，这种创新视角值得 O2O 运输领域市场尤其是公路运输领域市场借鉴。未来，公路运输领域的物流圈和平台型企业必然从关注细分市场出发，通过链与链上的环节连接，提供更加多元化的物流服务，获得更加广阔的发展空间。

宝供物流基于移动互联网的物流订单信息服务[①]

顾小昱，现任宝供物流企业集团有限公司 CIO，全国物流标准化技术委员会委员，高级物流师。1997 年加入宝供物流，前期主要从事 IT 项目系统规划设计和实施管理工作，先后主持或领导了宝洁、红牛、飞利浦家电和照明、利华、三星、卡夫、ICI、中石油、李宁、福田汽车等多个重点客户系统支持项目，2004 年荣获中国物流与采购联合会科技进步一等奖。2005 年开始作为集团信息系统部负责人带领部门团队连续获得四届中国企业信息化 500 强；2007 年和 2008 年连续入选美国“信息周刊”杂志评选“中国商业科技百强”；2009 年荣获“广州市电子商务示范企业”和国家高新技术企业，广东省企业技术中心。2010 年获得 IT 价值联盟“中国最具价值 CIO 奖”，2012 年获得中国物流与采购联合会科技进步二等奖。

【摘要】 宝供物流企业集团有限公司拥有先进的物流信息系统，为全球500强中50多家大型跨国企业及国内一批大型制造企业提供物流服务，是当今国内领先的第三方物流企业之一。集团成立至今，经历数次创新变革，取得的成绩得到行业肯定。在“互联网 +”与各行业深度融合的大背景之下，去中心化与去中介化的发展趋势逐渐显现，企业的 IT 方案设计应转变为紧密围绕着流程角色展开，以流程角色为设计原点，实现人与人、人与物、物与物的全面连接，促进企业内部与客户的自由沟通，分享思想。宝供物流集团在“四轮驱动，两翼腾飞”的发展战略指导下，不断完善企业服务，

① 本成果由宝供物流企业集团有限公司提供，成果主要创造人：顾小昱、伍春江，参与创造人：苏骅、肖雄山、吴川、梁培莲、时丽丽、蔡少林、邱志斌 、洪伟静、叶延斌、周菊。获 2015 年度物流行业企业管理现代化创新成果奖一等奖。

优化升级信息化系统，创新开发了基于移动互联网的物流订单信息服务，包括在线订单信息服务平台及手机微信移动订单信息服务平台，成果推行后，得到用户的积极反馈及高度评价，显著提升了运营质量，降低了成本，对于传统物流行业互联网环境下信息化建设有良好的借鉴意义，具有推广价值。

【关键词】信息化建设；移动互联网；物流订单查询

【适用领域】物流企业信息化建设

一、企业基本情况

宝供物流企业集团有限公司创建于1994年，总部设于中国广州，1999年经国家工商总局批准，成为国内第一家以物流名称注册的企业集团。集团2014年实现营业额14亿元，目前已在全国设立四大专业物流平台公司，拥有80多个分支机构、9个子公司（广州、沈阳、大连、北京、上海、苏州、合肥、武汉、成都），形成以干线运输和区域配送及城市配送三级联动的运输配送体系，业务运作网络和信息网络覆盖全国。集团汇聚和培养了一大批熟悉中西文化、深谙现代物流和供应链管理内涵、具有丰富运作经验的员工队伍，现有员工约2300人。拥有先进的物流信息系统，为全球500强中50多家大型跨国企业及国内一批大型制造企业提供物流服务，是当今国内领先的第三方物流企业之一。

集团成立至今，经历了多次里程碑式的变革，成绩数次获得行业肯定，获得多项荣誉。宝供集团近十年获得主要荣誉如下：

（1）2001年被国家经贸委确定为35家物流发展联系企业之一。

（2）2002年12月被中国物流与采购联合会命名为“中国物流示范基地”。

（3）2002年年底被广东省政府评选为“流通龙头企业”。

（4）2003—2008年，在“国家信息化测评中心”举办的年度中国企业信息化500强评选活动中，连续六年荣膺“中国企业信息化500强”。

（5）2005年1月，“宝供物流信息化”荣获中国物流与采购联合会2004年度科技进步一等奖。

（6）2005年1月宝供被广州市人民政府授予“广州市百强民营企业”的称号。

（7）2004—2006年，连续三年被中国交通运输协会等评为“中国物流百强企业”“中国民营物流企业30强”，并连续两次被中国物流与采购联合会评为“年度最具竞争力物流企业50强”。

（8）2007年宝供第三方物流ERP系统通过国家发改委组织专家验收。

（9）宝供物流应邀参加2007年中国信息化推进大会，并被大会承办机构中国计算机报社评为“信息化影响中国2007年度贡献奖”。

（10）2007—2008 年连续两年入选美国“信息周刊”杂志评选“中国商业科技百强”。

（11）2008 年被中国信息化推进联盟评为“2008 年中国信息化应用百强企业”。

（12）2009 年被中国交通运输协会等单位联合授予“2009 年中国物流百强企业（第 20 名）”“2009 年度中国民营物流企业十强”“2009 年度最佳信息管理物流企业”称号。

（13）2009 年，宝供物流成为广东省无线射频（RFID）标准化委员会首批成员单位。

（14）2010 年 1 月，宝供物流企业集团有限公司持有的“宝供”商标被国家工商行政管理总局商标局正式认定为中国驰名商标，是第三方综合物流业唯一获得驰名商标的企业。

（15）2010 年，宝供物流被评为国家高新技术企业和广东省企业技术中心。

（16）2011—2012 年，宝供物流连续两年被中国物流与采购联合会授予科技进步二等奖。

（17）2013 年，宝供物流被中国物流与采购联合会和中国物流协会联合授予物流行业企业管理现代化创新成果三等奖。

（18）2014 年，入选商务部首批“全国商贸物流标准化重点推进企业”，参与国家《商贸物流标准化专项行动计划》。

宝供物流企业集团有限公司自 1997 年开始携手北京工商大学，每年举办一届物流研讨会，风雨无阻，截至 2014 年，已成功召开了 18 届研讨会，研讨会以实践性强等特点，成为国内最具权威、最具影响力的供应链物流技术管理发展交流平台之一。

荣誉的背后是企业持续的创新，20 多年来，宝供集团围绕市场变化与客户需求，从最早的门到门的服务，率先将 IT 系统运用至物流领域，到构建供应链一体化的服务能力，每一次发展变革均以适应变化与满足客户需求为前提，致力于中国物流行业的发展与探索。宝供物流成立之初，率先转变传统观念，建立超前的现代物流理念和物流服务管理模式；又大胆尝试将 GMP 等工业化标准运用到物流服务中，取得了显著的成效；在行业中率先建立基于 Internet/Intranet 的物流信息管理系统，并不断改进；在业界首先主办产官学研相结合的“物流技术与管理发展高级研讨会”和创办公益性的物流奖励基金；率先构建基于全球供应链双向一体化的现代大型物流基地。

宝供的发展历程如图 1 所示。

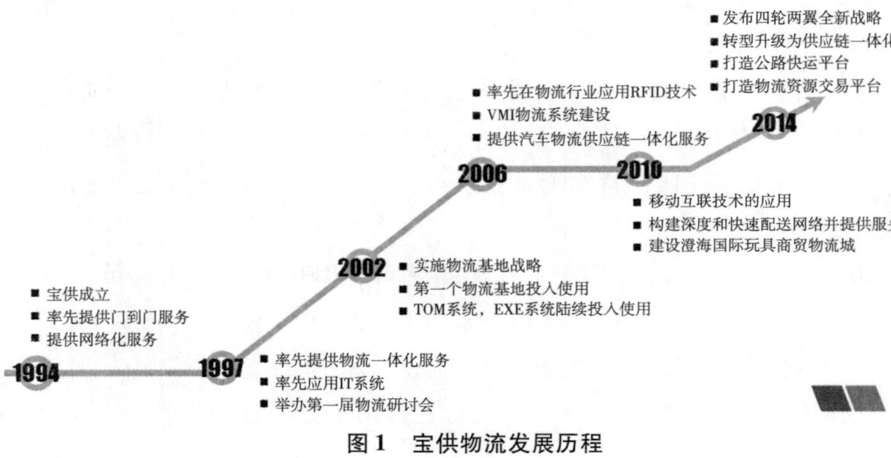

图1　宝供物流发展历程

二、创新成果的名称

伴随着“互联网+”与行业的深度融合，宝供物流企业集团在传统组织架构基础之上进行优化重组，实现又一创新成果，其名称为：基于移动互联网的物流订单信息服务。该创新成果是企业在互联网时代，为提升大客户价值服务水平，通过研发基于移动互联网的物流订单信息服务系统，创新为客户提供基于移动互联网的订单信息服务，使得客户能够在线动态查询订单状态信息。

该成果有以下几个方面的特点：①企业物流业务系统有效集成包括微信平台在内的移动互联网技术。②通过系统报表实现在线动态监控全国物流订单的全程可视化状态。③系统报表支持开放给客户在线和手机微信查询，提升客户服务体验。

三、创新成果的产生背景

当前“互联网+”或“传统企业互联网化”已经成为国内各行各业的热点，“互联网+”的商业模式之所以能成功，是因为互联网在商业领域创造了一个新的营销及供应的渠道，有了这个渠道，所有的交易都不成问题。理论上任何行业的任何商品都可以在网上实现交易，电商自诞生到现在，基本上所有大家见过的商品都被放到了网络商域上。作为传统物流企业，如何在互联网时代为客户提供更好的价值和服务体验是亟待解决的问题。总的来看，宝供集团该创新成果有以下几个方面的背景：

（一）企业战略规划的调整推动互联网板块的兴起

转变发展方式、调整产业结构、扩大内需、促进商贸物流发展将成为中国经济发展的主流模式，为了顺应新趋势、新常态，宝供集团顺势而为，从原来定位“物流一体化服务商”转型升级为“供应链一体化服务商”，实施“四轮驱动，两翼腾飞”发展战略，其中，“四轮驱动”是指：第三方物流服务（第一“轮”）、四大专业性物流服务平台——公路快运服务平台、铁路水路服务平台、仓储增值服务平台，物流资源电子交易服务平台（第二“轮”）；商贸流通平台——（大宗原材料及产成品电子商务交易平台）（第三“轮”）；物流、产业基地（第四“轮”）。“两翼腾飞”是指大数据、大金融共同推动，如图2所示。

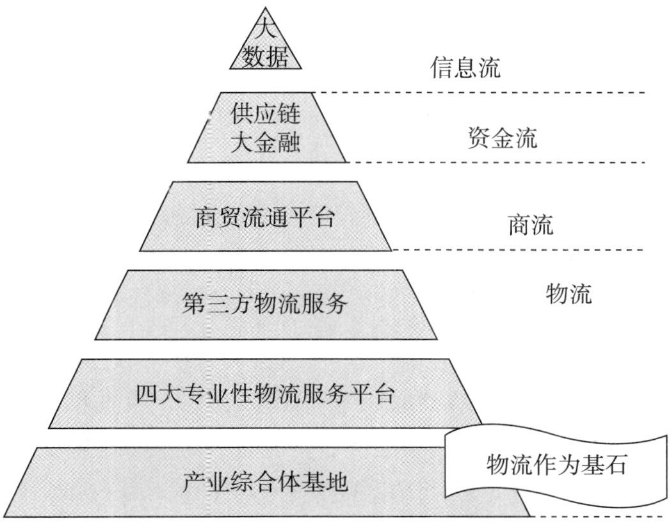

图2　“四轮驱动，两翼腾飞”发展战略示意

此外，重组了宝供的组织架构，在此基础上形成物流、商流、信息流、资金流、物流产业基地五大产业集群，如图3所示。

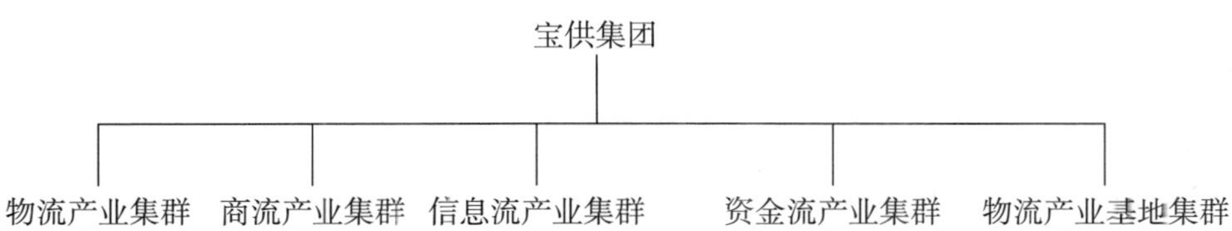

图3　重组后宝供集团组织架构

物流在供应链变革过程中将起到支撑的作用。为了更好地满足市场和广大客户的需要，为广大客户提供更专业、更高效、更卓越的物流服务，宝供也对物流板块进行重组，形成第三方物流及四大专业物流服务平台。其中，在城市共同配送方面继续大力推动模式创新和技术革新，重点打造以宝供公路快运为代表的运输运营平台。以标准化、信息化、智能化，快速响应客户的需求。致力于打造一个覆盖全国的运作网络和快速运输网络。为广大客户提供安全、准时、可靠的公路运输和深度配送服务。

重组后的宝供物流组织架构如图 4 所示。

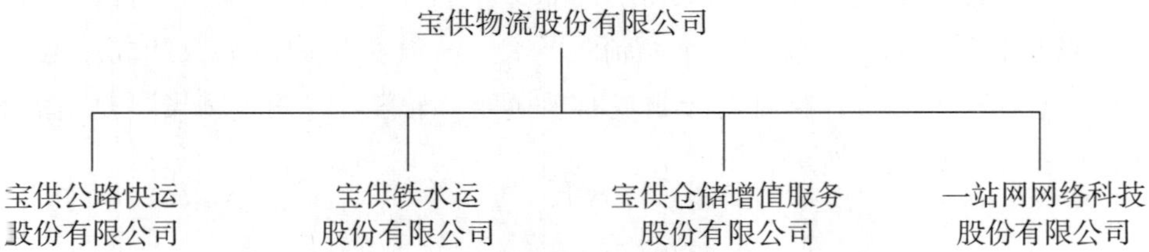

图 4　重组后宝供物流组织架构

宝供物流股份有限公司的定位就是面向大型工商企业，致力于为客户提供物流一体化解决方案，帮助广大实体经济及广大工商企业更好地发展业务，为客户提供优质高效的综合物流服务，系统、全面地为客户有效降低供应链运营成本，使实体企业的生意做得更加轻松、快捷、高效，从而推动中国经济社会的健康发展。

（二）企业服务功能的完善助推互联网业务建设

宝供集团拥有现代化物流基地，先进的物流信息平台，20 年的发展，为客户提供物流运作服务、物流信息服务、物流增值服务、供应链金融服务、物流咨询等一系列专业物流服务。其服务领域主要服务于日用消费品行业、家电家具行业、食品饮料行业、化工危险品行业、汽车零配件行业、服装等。拥有稳定的客户资源，其中宝洁、联合利华、安利、玫琳凯、三星电子、苏宁电器、索尼、中石油、中石化、吉利汽车、红牛、李宁等 50 多家客户是全球 500 强跨国企业或国内龙头企业。随着企业定位从物流走向供应链，集团围绕供应链一体化设计与提供供应链的服务产品，服务功能不断完善。

伴随着客户对成本控制需求和敏捷性服务需要的增加，未来宝供将为社会以及广大客户提供集数据分析 + 原辅材料采购 + 产成品分销 + 供应链金融以及在链条上涉及的各种物流服务，同时宝供的物流产业基地将提供强有力的实体作为支撑，形成线上线下相结合的供应链生态环境，从而帮助广大实体经济及广大工商企业更好地发展业务。宝供也将构建以市场需求为导向，以优越的服务产品为竞争力，以互联网技术为纽带，以管理操作信息技术为手段，整合社会资源，构建独特的公路快运运作和管理体系，打造卓越的公路快运运营能力，为客户创造价值并创造卓越的客户服务体验。在这样的背景下，互联网业务尤其是移动互联网业务成为宝供发展的战略需求。

（三）企业信息化系统优化升级，移动互联网提上发展日程

宝供物流企业信息化一直在业内保持先进水平，先后获得国家高新技术企业、中

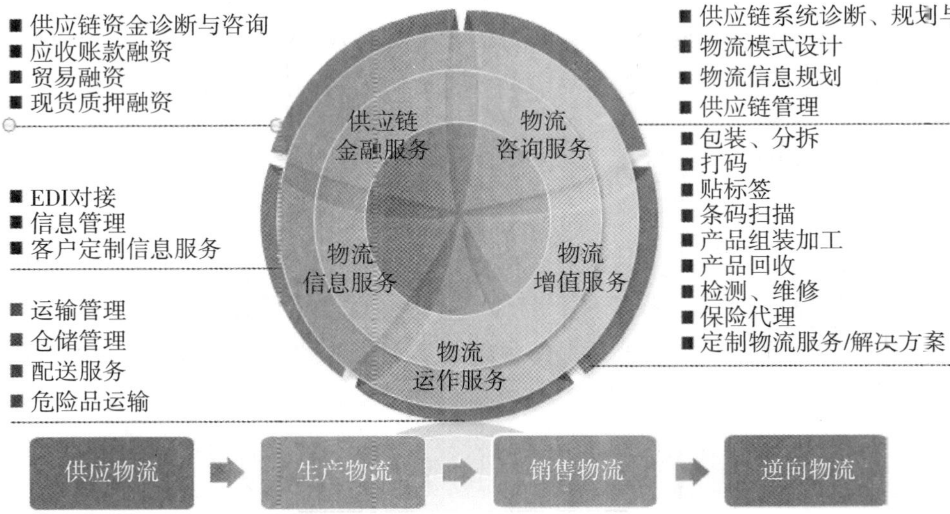

图5　宝供集团服务内容

国商业科技100强、中国企业信息化500强、广州市电子商务示范企业、省级企业技术中心、广州市工程技术研究开发中心等荣誉及资质认定，近几年积极开展电子商务、移动互联以及物联网技术在物流供应链管理中的研发应用，企业与中国移动签署了共同研发智慧物流等先进技术的战略合作协议。

宝供物流从1997年在国内物流行业率先上马基于INTERNET的物流信息系统后，就已经在业内率先开启了互联网化的进程，信息化发展进程一直目标明确，稳扎稳打：

（1）宝供信息化发展策略与企业定位、发展目标、发展战略等保持一致，三年上一台阶。

（2）业务导向，追求实效，循序渐进的过程，一年干一件事，抓出一项成果。

（3）企业信息化方式采用合作开发（外包），自己开发，外部购买三者有机结合，以自己开发为主，三者有机结合。

2011年和2012年，宝供物流连续两次获得中国物流与采购联合会授予的科技进步二等奖，获得国家高新技术企业和广东省企业技术中心等荣誉。人民日报海外版于2012年9月18日发表了题为“世纪启航——全国人大代表、中国现代物流之父刘武与宝供的物流创新之旅”的专栏报道，高度评价了宝供物流的科技创新实践。宝供物流近年来将供应链物流信息管理平台中自主研发部分总结提炼申报，获得了20项软件著作权。

伴随着企业战略规划的调整，服务功能的完善，宝供物流信息化正在新的起点向更广阔空间起飞，建成了先进的企业信息中心，在移动互联、物流电商等领域不断取得新突破，支持企业成功入选商务部“现代物流技术应用和城市共同配送专项补助资金项目”和首批“全国商贸物流标准化重点推进企业”，参与国家《商贸物流标准化专项行动计划》。宝供物流从 2013 年开始组织以集团 IT 部门为核心的研发团队，研究移动互联技术在物流运输中的应用以及创新客户服务体验模式，完成了基于移动互联网的物流订单信息服务系统，还创新实现了微信技术与企业业务运作系统的有效集成。

四、创新成果的主要内容

随着移动互联网的发展，市场逐渐显现去中心化与去中介化的发展趋势。去中心化和去中介化的本质是改变了授权体系与监管体系，改变了信息产生和传播的途径，改变了业务决策和业务执行的模式，最终目标是实现企业的运营质量提升和成本的下降。为此，企业的 IT 方案设计要转变为紧密围绕着流程角色展开，要以流程角色为设计原点，未来的时代是全连接的时代，实现人与人、人与物、物与物的全面连接，促进企业内部与客户的自由沟通，分享思想。

基于移动互联网的物流订单信息服务是企业在互联网时代，为提升大客户价值服务水平，通过研发基于移动互联网的物流订单信息服务系统，使得客户能够在线动态查询订单状态信息。具体流程是将手机微信移动平台与企业物流管理系统进行创新集成，解决系统全程动态监控订单，通过完善系统报表功能，为客户提供包括在线订单信息服务和手机微信移动订单查询等多方位快捷信息服务，显著提升客户服务体验，支持企业业务快速增长。具体主要包括以下服务平台。

（一）在线订单信息服务平台及实例

（1）客户登录在线订单信息服务平台后，可根据需要选择三个查询条件：下单时间、送货城市、订单号，如图 6 所示。

查看订单选择

下单时间：2013-08-20 00:00 至 2013-08-26 00:00　送货城市：

订单号：　温馨提示：可以输入多个订单号，以逗号隔开！　查询

序列	详情	订单号	订单类型	接单时间	起点	终点	数量	重量	体积	订单状态	最新在途地点
1		W3E2A97	转运单(移库)	2013-08-20 09:16:00	沈阳	沈阳	1.295	0.581	1.162	订单已接收	
2		W306453	转运单（出库）	2013-08-20 12:01:00	沈阳	广州萝岗区	3.479	1.079	2.158	订单已接收	
3		W303337	转运单（入库）	2013-08-20 10:16:00	广州萝岗区	西安	20.99	3.676	7.344	订单已接收	
4		W37E058	转运单（出库）	2013-08-20 12:46:00	沈阳	通化东昌区	6.03	1.111	2.222	订单已签收	
5		W303335	转运单（入库）	2013-08-20 12:01:00	广州萝岗区	西安	15.79	3.696	7.39	订单已接收	
6		W3E8252	转运单（出库）	2013-08-20 12:31:00	西安	西安	0.76	0.36	0.72	订单已接收	
7		W37Z101	转运单（出库）	2013-08-20 12:31:00	西安	渭南	0.09	0.035	0.068	订单已签收	
8		W38J100	转运单（出库）	2013-08-20 12:31:00	西安	汉中汉台区	1.65	1.065	2.126	订单已签收	
9		W38Y102	转运单（出库）	2013-08-20 12:31:00	西安	咸阳	1.43	0.922	1.848	订单已签收	
10		W3E2A98	转运单(移库)	2013-08-20 12:46:00	沈阳	沈阳	0.321	0.13	0.26	订单已接收	
11		W3E8253	转运单（出库）	2013-08-20 13:16:00	西安	西安	0.088	0.066	0.132	订单已接收	
12		W31M073	转运单（出库）	2013-08-20 13:46:00	乌鲁木齐	哈密	19	0.118	0.234	订单已签收	
13		W37H081	转运单（出库）	2013-08-20 13:46:00	乌鲁木齐	库尔勒	1.85	1.279	2.558	订单已签收	

第 1/18 页　->　>>　第　页　GO　记录：227/227

图 6　在线订单信息服务平台界面

（2）可在订单跟踪查询页面查看订单的主要信息（如单号、送货地址、数量、重量、体积等），并通过直观的图表方式展现订单运作状态，如图 7 所示。

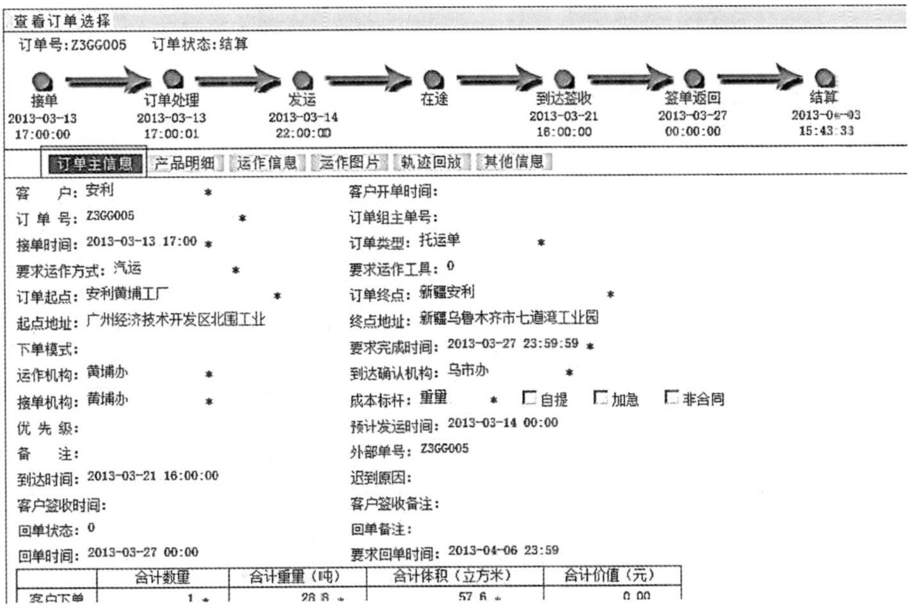

图 7　在线订单主要信息界面

（3）系统支持电子回单扫描上传及在线查询，如图 8 所示。

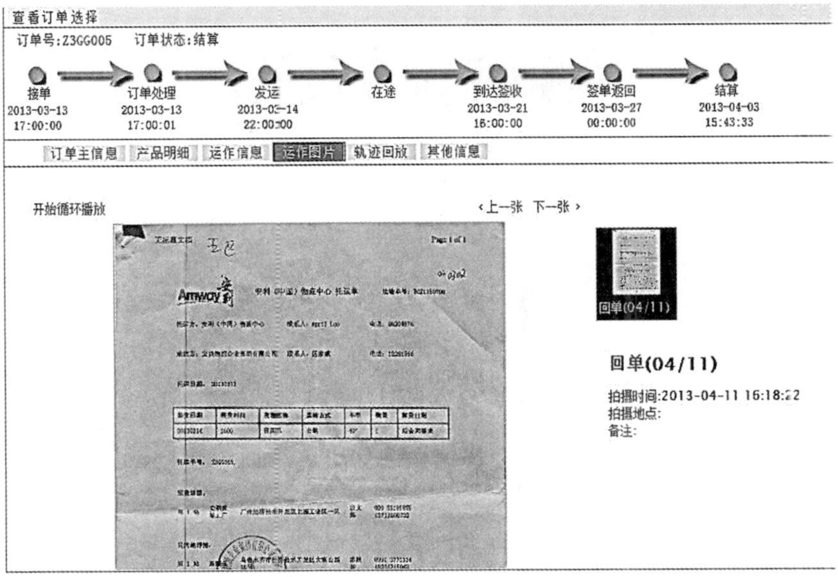

图 8　电子回单查询界面

（4）系统支持在线运输轨迹查询，如图 9 所示。

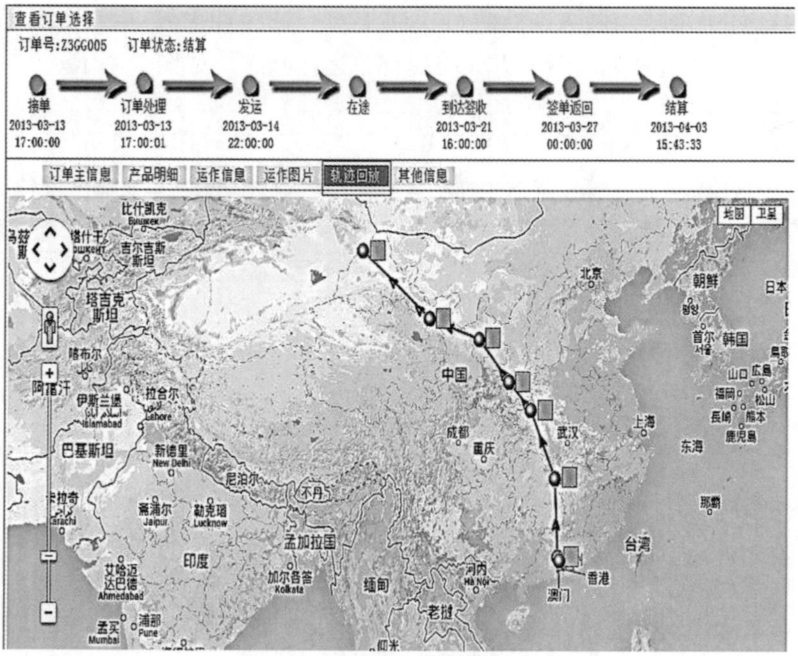

图 9　在线运输轨迹查询界面

（二）手机微信移动订单信息服务平台及实例

（1）用户只需微信关注宝供信息服务，如图 10 所示。

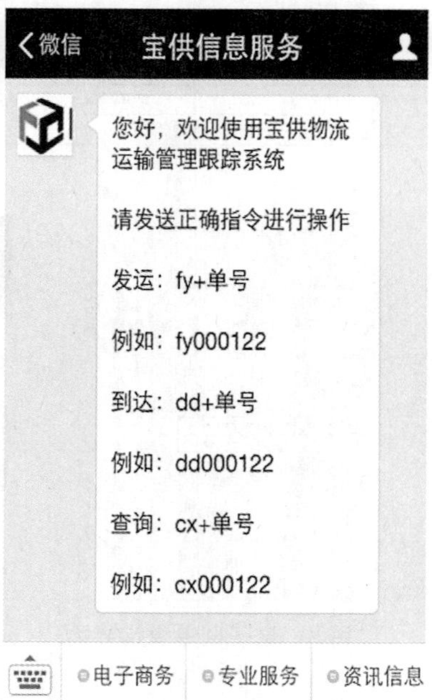

图 10　宝供信息服务微信平台界面

（2）用户在手机客户端输入要查询的单号：例如 710917743，如图 11 所示。

图 11　微信平台运单查询界面

（3）手机端提取系统后台数据，显示查询结果，如图 12 所示。

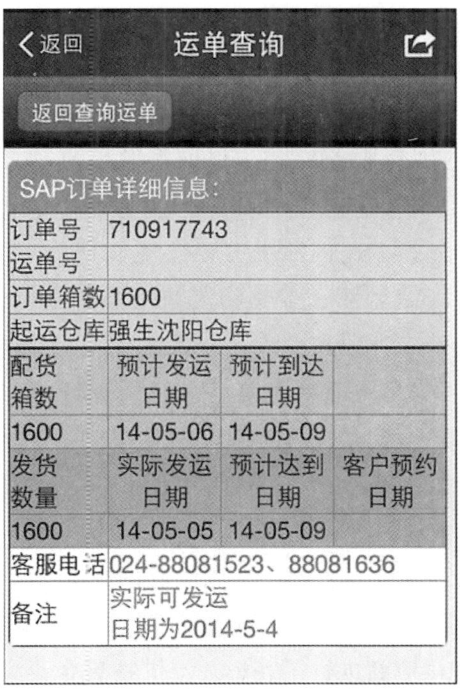

图 12　微信平台运单查询结果

客户对订单有任何疑问或需求，还可随时通过呼叫中心等方式联系集团信息中心等客户服务部门进行互动交流，为客户提供快速有效的信息服务。

五、创新成果的主要创新点

系统的研发和应用，初步打造了宝供物流前轻后重的系统作业平台：前端，以人为中心，蜂群作战；后端，以流程为中心，控制和协同。用户在手机端通过微信或APP等方式，通过这一入口把业务场景涵盖进去，用户可非常方便地使用各种工具，实现人、物和信息的全连接。

本成果主要创新点包括：

（1）企业物流业务系统有效集成包括微信平台在内的移动互联网技术。

（2）通过系统报表实现在线动态监控全国物流订单的全程可视化状态。

（3）系统报表支持开放给客户在线和手机微信查询，提升客户服务体验。

基于移动互联网的物流订单信息服务技术研发成果于2014年4月成功申请软件著作权：宝供客户订单查询软件V1.0（授权号：2014SR042205）。

六、创新成果的应用效果

宝供物流从2013年开始研究移动互联技术在物流运输中的应用以及创新客户服务体验模式，于2014年成功引进微信平台技术与企业物流系统有效集成，实现移动互联技术在物流业务中的创新服务模式。目前系统已支持开放给权限范围内的所有客户。

宝供物流还在系统平台基础上为强生客户定制研发了“强生微信查询平台”，2014年年初，在强生中国储运部、宝供物流快消品事业部、宝供物流IT团队及宝供物流沈阳RDC的全力支持和配合下，共同完成了“强生微信查询平台”的建设。“微信查询平台”目标为从订单出单后，将所有订单信息状态公开，让客户体验更加简单、快速、清晰、真实的物流节点信息查询。“微信查询平台”目前已开放给强生东北地区的销售人员及终端客户使用，并获得客户高度评价，如图13所示。

2015年4月28日，以“创新、塑造”为主题的2015年强生中国客户&物流服务供应商大会在宁波威斯汀顺利召开。会上，对2014年在强生中国消费品领域中表现良好、服务品质优秀的合作供应商进行了表彰，宝供物流企业集团有限公司在40多家供应商中脱颖而出，斩获两项大奖：“宝供物流微信项目创新奖”及“宝供物流2014年度杰出贡献奖”，充分肯定了宝供物流强生项目团队在2014年的积极创新和辛勤付出。

Johnson & Johnson

致：宝供微信项目团队

2014年年初，在强生储运部，贵司商务团队、IT团队及沈阳分公司的支持和配合下，共同完成了“强生微信查询平台”的建设。

“微信查询平台”已经提供给到强生东北地区的销售人员及终端客户使用。“微信平台”提供了便利的查询手段，实现了订单四阶段的状态实时反馈。

在此，感谢贵司”微信项目”团队在研发，实施阶段中付出的努力！

王曾民

高级客户及物流服务经理

强生（中国）投资有限公司

因爱而生

Johnson & Johnson

强生

强生(中国)有限公司
东川路3285号
中国上海市闵行区 200245
电话：86-21-64302010
传真：86-21-64304220

Johnson & Johnson China Ltd.
No. 3285 Dong Chuan Road
Min Hang, Shanghai, P.R.C. 200245
Tel：86-21-64302010
Fax 86-21-64304220

图 13　强生公司使用反馈

伴随项目推广应用，宝供物流营业额保持快速增长，2014 年营业额突破 14 亿元，比 2012 年增长 60%。近三年企业经营指标如下表所示。

宝供物流 2012—2014 年经营指标

单位：万元

年份	营业收入	利润总额	税金
2012	90653	1523	2254
2013	117026	4593	3308
2014	147504	2015	3574

七、创新成果的推广价值

本创新成果具有以下两个方面的推广价值：一方面，宝供物流公司基于移动互联网的物流订单信息服务是企业在互联网时代，为提升大客户价值服务水平，通过研发基于移动互联网的物流订单信息服务系统，创新为客户提供基于移动互联网的订单信息服务，使得客户能够在线动态快速查询订单状态信息，项目技术和应用模式对传统物流企业互联网化具有示范意义和现实推广价值。另一方面，宝供物流公司基于移动互联网的物流订单信息服务本身作为一个成熟的互联网技术产品，可以供广大第三方物流企业，尤其是面向公路快运的第三方物流企业直接借鉴和使用。

中铁电子商务物流园区建设与经营实践①

王建中，现任中铁物资集团东北有限公司副总经理。

【摘要】自2012年钢贸危机发生以来，我国钢铁市场的供求关系发生逆转，钢铁价格持续下跌，企业资金紧缺，整个市场需求严重下降。全国钢贸企业数量从20万家迅速缩减至10万家左右，市场活跃度骤然降低，钢贸行业经过多轮洗牌之后步入了"新常态"。中铁物资集团东北有限公司为了顺应由传统物流转向现代物流的趋势，受电子商务需求增长的驱动，建立了中铁电子商务物流园区，该园区创新项目依托大宗物资网和中铁·五爱购电商物流服务平台，着力发展大宗物资钢贸业务和高附加值物流业务，打造现代化电子商务物流示范基地，建立汽车零配件物流中心，并凭借其交通和区位优势，积极开展城市物流配送业务。该物流园区在建设和经营的过程中，紧密结合经济发展潮流，充分把握企业自身资源优势，积极推动制造业与物流业联动发展。该创新模式适合积极开展物流园区建设与经营模式创新的物流园区企业学习借鉴。

【关键词】物流园区；电子商务；城市配送；现代物流；自动化立体仓库

【适用领域】物流园区建设；电子商务物流信息平台建设

一、企业基本情况

中铁物资集团东北有限公司隶属于世界500强企业——中国铁建股份有限公

① 本成果由中铁物资集团东北有限公司提供，成果主要创造人：王建中、刘爱华，参与创造人：周柏军、李丹阳、刘诗禹、周亚军，获2015年度物流行业企业管理现代化创新成果奖二等奖。

司，前身为中国人民解放军铁道兵后勤部东北办事处。公司本部位于沈阳，占地12万平方米，拥有铁路专用线4条，年物资吞吐能力200万吨以上。在鞍山、哈尔滨、长春、包头、大连、西宁、南通、唐山等地设有子（分）公司和办事处。主营铁路建设所用的钢轨、道岔配件，以及钢铁、矿粉、油料、木材、煤炭、水泥等大宗物资，为铁路建设、市政工程、城市轨道交通以及装备制造提供供应链集成服务。拥有铁路钢轨储备指定仓库和国家战备物资储备仓库，目前已发展为集国内、国际贸易、仓储物流、电子商务、加工配送及设备租赁于一体的大型综合贸易型物流企业。

东北公司秉承铁道兵“逢山开路，遇水架桥”的光荣传统，参与建设的新线铁路总里程累计5万多千米，占全国新建铁路的1/2强，先后参建成昆、成渝、大秦、内昆、京九、秦沈、青藏、朔黄、郑西、温福、石太铁路，以及京沪、武广、哈大、京石、沈丹、哈佳、京沈高铁等国家重点铁路工程的物资供应任务，为国家铁路建设和战略物资储备做出了突出贡献，成功向巴西、安哥拉、朝鲜等海外国家出口重轨；近几年先后进军地铁、公路、机场、码头、港口、水利电力等领域，圆满完成了2008年奥运会、2010年世博会、2013年全运会等重点工程项目的配套物资保障工作，在国际、国内市场树立了良好的信誉。东北公司是国家AAAAA级综合服务型物流企业、辽宁省文明企业、辽宁省工商免检企业、银行信用等级AAA级、沈阳市A级纳税人、中国物流与采购联合会常务理事单位。

二、创新成果的名称

该创新成果名称为：电子商务物流园区的典型设计模式。中铁物资集团东北有限公司为了顺应由传统物流转向现代物流的趋势，受电子商务需求增长的驱动，建立了中铁电子商务物流园区，该园区创新项目依托大宗物资网和中铁·五爱购电商物流服务平台，着力发展大宗物资钢贸业务和高附加值物流业务，打造现代化电子商务物流示范基地，建立汽车零配件物流中心，并凭借其交通和区位优势，积极开展城市物流配送业务。

三、创新成果的产生背景

中铁电子商务物流园区创新项目的推进是多个方面因素共同推进的结果。总的来看，该创新成果有以下内外两个方面的背景：

1. 钢铁市场步入“新常态”，企业急需向现代物流转型

自2012年钢贸危机发生以来，我国钢铁市场的供求关系发生逆转，钢铁价格持续

下跌，企业资金紧缺，整个市场需求严重下降。全国钢贸企业数量从20万家迅速缩减至10万家左右，市场活跃度骤然降低，钢贸行业经过多轮洗牌之后步入了“新常态”。面临种种困境，钢贸行业亟须调整发展战略，转型升级已成为当务之急。中铁物资集团东北有限公司地处沈阳市二环内核心区域，拥有12万平方米的广阔场地，是以“贸易+物流”为主营业务的钢贸企业，由于自身传统物流发展的局限性以及受到大型货车限行和装卸作业噪声扰民的影响，迫使东北公司急需由传统物流向现代物流转型发展。而物流园区作为集商流、物流、资金流和信息流于一体的现代化物流服务重要基础设施，是东北公司利用自身场地优势发展城市配送、汽车零配件物流、电商物流等高附加值现代物流的最好选择。

2. 建设电商物流园区各类优势明显

中铁电子商务物流园区具备以下优势：①交通区位优势。东北公司位于辽宁省沈阳市大东区核心道路东北大马路，界于一环与二环之间，靠近辽宁货运枢纽——沈阳火车东站，地处市区中心地段，距离沈阳东高速路入口不足10千米，进出市区便捷，交通区位优势显著。②需求优势。地处沈阳市大东区“汽车城”境内，聚集了华晨金杯、华晨宝马、辽宁中顺、上海通用北盛等大型汽车制造商。沈阳大东区每年汽车产业产值近千亿，衍生出巨大的汽车零部件物流需求。此外，东北地区作为中国最重要的农副产品生产基地，担负着国内外较高份额的农副产品供应重任，蕴藏着丰富的冷链物流需求。③商圈优势。东北公司距离东北陶瓷城2千米，距离红星美凯龙4.9千米，距离龙之梦商圈5千米，距离中街商圈5.7千米，距离北行商圈10.7千米，距离五爱商圈11千米，商圈优势明显。④铁路优势。东北公司拥有铁路专用线4条，并配有龙门吊车及各类装卸设备多台，年吞吐能力200万吨以上，且毗邻沈阳东站，拥有丰富的铁路运输资源，铁路优势突出。

四、创新成果的主要内容

（一）中铁电子商务物流园区的基础设施建设

物流园区建设共分3期，总投资1.26亿，总仓储面积81641平方米。一期工程项目主体建筑为现代化立体库房。其库房总建筑14655.88平方米。包含四部分：①1#库房，建筑面积9090.90平方米，2层；②2#库房，建筑面积2046.77平方米，1层；③战备库，建筑面积2998.19平方米，1层；④地下消防用地，建筑面积520.02平方米，地下一层。

现代化立体库房采用最先进的管理理念和技术。它的组成如图1所示。

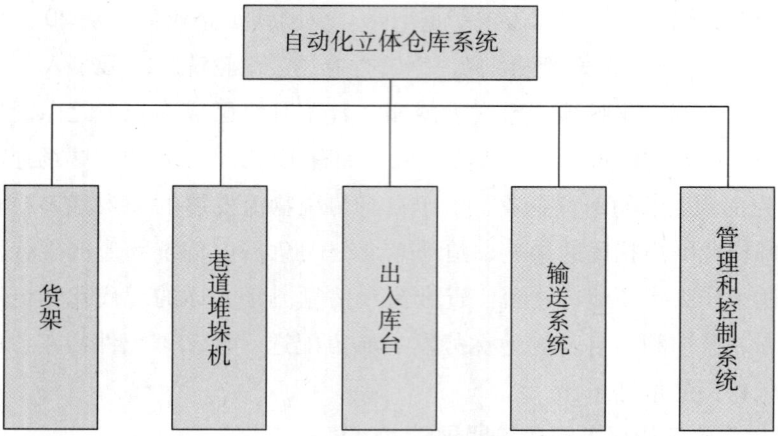

图1　自动化立体仓库的构成

其中，货架、堆垛机、出/入库台和输送系统属于自动化立体仓库系统的硬件组成部分，软件组成部分则是管理和控制系统。管理和控制系统的作业流程是：通过管理系统高效合理的管理物品的出/入库和库存信息、生成相应的出/入库命令，然后通过控制系统控制执行机构实现相应的操作，并把操作信息反馈给管理系统，而执行机构操作的对象就是堆垛机、出/入库台、输送系统等硬件组成部分。上述管理和控制系统的作业流程如图2所示。

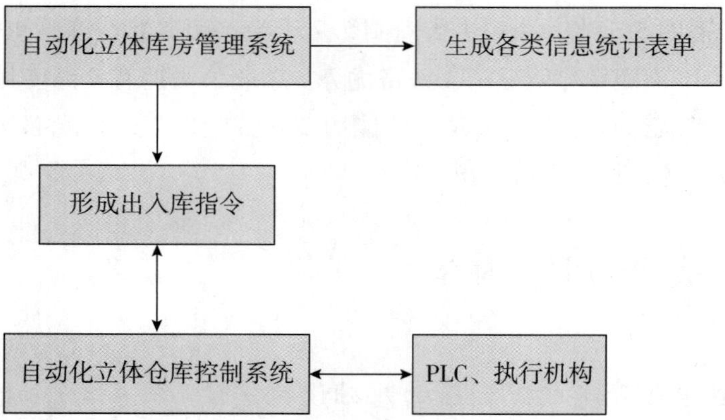

图2　管理和控制系统作业流程

自动化立体仓库空间利用率高达60%~70%，单位面积贮物量较普通仓库提高4~7倍，在高度自动化管理条件下，不但提高了保管质量，还实现了仓库作业的机械化、自动化。

（二）中铁电子商务物流园区各功能区介绍

1. 仓储配送区

仓储和配送是物流园区中两个紧密联系的功能分区，将二者整合起来形成仓储配送区，有助于实现企业组织在具体操作过程中的低库存或零库存，从而提高社会物流经济效益。该功能区承担的主要功能是存储汽车零部件、家用电器、零部件、建筑装饰材料等，并向相应的连锁超市、各类专卖店、企业提供商品配送服务。在此过程中可以进行一些诸如配送之前对商品进行简单的流通加工、分拣包装等配套作业。

2. 散堆装货物作业区

园区利用铁路专用线及配套的装卸设备优势，开辟一个散堆装货物作业区，吸引相关企业入驻园区开展经营活动。该功能区主要办理大宗散装货物的到达中转换装、存储保管、分拨配送业务，其主要配套功能为装卸搬运信息服务等。

3. 综合办公区

为了给入驻企业和客户提供完善的物流配套服务，物流园区投资运营主体设有综合办公区域，作为物流园区的经营管理、信息服务中心。

4. 批发交易区

为了规范和整顿周边的交易市场，适应城市道路扩建及城市环境景观美化的要求，中铁物流园区将相关的批发交易市场引入其中。考虑到批发交易市场的设施及服务要求与其他物流功能区的差别，设置了专门的批发交易市场区。该功能区主要面向各类建材、装饰材料、日用品、食品、工业用品、耐用消费品等商品批发交易。

5. 货运交易区

针对目前周边的货运企业、货运代理、公路配货站等规模小、空间布局分散、市场运作不规范、效率不高等情形，在园区内组建货运交易市场区，吸引各类货运代理、中介机构、运输企业入驻，整合吸纳既有社会物流资源。该功能区主要提供信息服务平台和货运交易服务，建立车辆档案，实施集中停放、规范管理，利用园区物流信息系统，实现园区内车辆的优化调度和高效率的空车配货。

6. 电子商务办公区

作为电子商务物流园区，园区内部设有专门的电子商务部办公场所。完成从系统平台维护、更新、线上交易，到后期结算服务等工作，从而将商流、物流、信息流和资金流有效整合起来。

7. 生活服务区

在园区内设有休闲健身区，提供住宿、餐饮、购物、健身、娱乐等各种服务，为入驻园区的企业及其所服务的客户企业提供完善配套的日常服务。

（三）中铁电子商务物流园区功能定位

1. 电子商务物流基地

依托大宗物资网和中铁·五爱购电商物流服务平台，中铁物流园区着力发展大宗物资钢贸业务和高附加值物流业务，打造现代化电子商务物流示范基地。

（1）开展大宗物资网钢贸业务。中国大宗物资网是中铁物资集团钢之家电子商务公司投资，立足大宗商品，基于传统现货交易和工程物流服务模式的电子商务网站，于2012年4月21日正式上线运营。

大宗物资网采用标准化操作流程和合同管理系统，引入第三方在线支付平台，并与多家银行合作开展在线供应链金融服务，实现了包括资金在线支付和交易结算等在内的交易服务，为终端用户提供线上采购、结算与线下加工、配送的O2O一体化流程，让电子商务更加安全、便捷、有效。具体交易流程如图3所示。

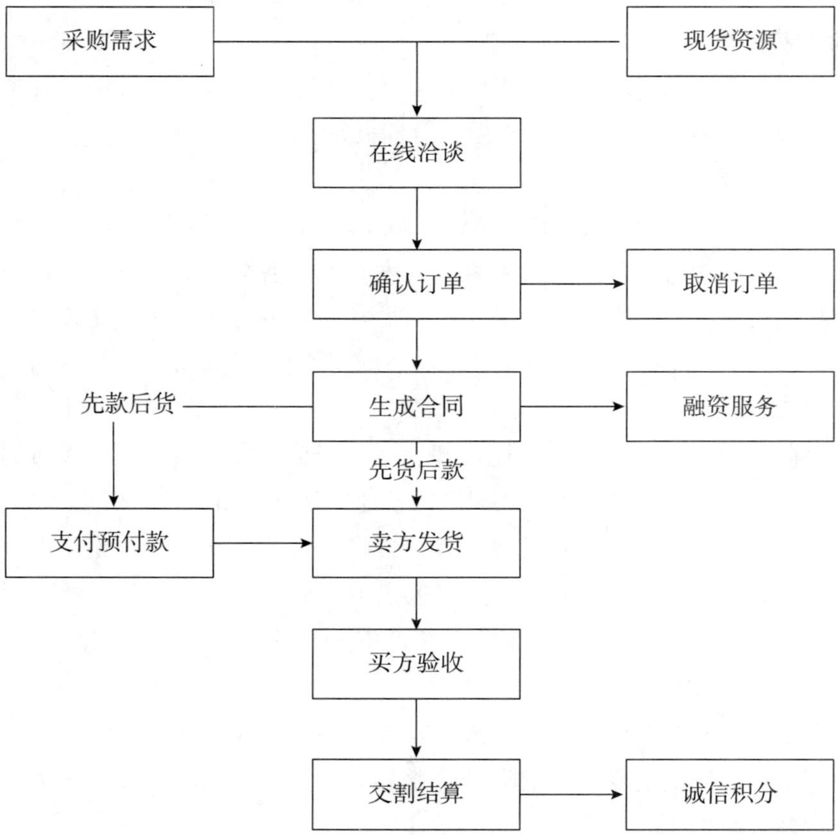

图3　大宗物资网交易流程

作为大宗物资网在东北地区的试点单位，东北公司积极开展电子商务钢贸业务，把中铁物流园区打造成大宗物资网在东北地区的示范基地。为大力发展电子商务业务，东北公司成立了电子商务部，配备电商专业人员。截至目前，东北区域发展会员共64家，其中钢材资源厂家7家，钢材供应商47家，水泥资源厂家10家。2015年上半年，东北公司线上成交订单138笔。交割完成124笔，未完成订单14笔。钢材成交量180599.524吨，金额399737600.6元；水泥成交量261609.57吨，金额73472461.82元。

中国大宗物资网充分发挥中铁物资集团和钢之家网站的优势，集物流、资金流和信息流三位于一体，着力打造信息平台、交易平台、物流平台、金融平台四大功能平台，为客户提供产业链一站式专家服务，提高商务效率、降低运营成本，提升企业品牌，致力于探索适合中国市场环境的大宗物资电子商务运营模式，以实现大宗物资产业链客户之间的合作共赢。

（2）与“五爱购”合作建立电子商务物流服务平台。2014 年 3 月，东北公司与东北地区最大商品集散中心沈阳五爱集团下属的五爱电子商务信息有限公司签署战略合作协议，正式拉开了东北公司进军电子商务和城市物流配送体系的帷幕。

中铁・五爱购电商物流服务平台采用当前最先进的商业模式：

上游厂家低成本铺货、直接面对终端零售商；零售商无成本经营、零库存投入，专心做好市场营销；基地整合平台、提供金融支付、信息流通等接口，完整的底层支撑，托举整条商业链条的有序运转。

①助力小型零售终端商户，上游厂家引入到“家门口”，低成本经营平台，零库存经营模式。

②上游厂家直接面向市场终端零售商，减少市场营销投入，极低仓储成本、迅速铺开市场。

③基地凭借央企信誉和实力，通过高效市场运营，聚拢优质厂家资源，缩短营销战线，成为各类上游企业在沈阳的分销仓、东北地区运营指挥中心。同时承担整条商业链条的整合功能，做好信息流、商业流、资金融通和物流服务的配套。

④多方主体共同面对市场分额成长，共担风险、共享利益。在完成销售后，由上游、零售、基地和其他服务商按照投入比例和责任义务对等原则约定分享。

中铁物流园区是“五爱购”项目的重要支撑。物流园区提高了五爱商圈的流通效率，降低了流通成本，通过建立物流服务平台和物流仓储基地，向五爱商圈商户提供专业化的物流仓储服务，大幅提升五爱商圈的物流周转水平和效率，有效降低五爱商圈的商品流通成本，并通过逆向物流，为五爱商圈的商品实现退换货和维修提供便利条件。

2. 汽车零配件物流中心

（1）汽车物流定义。汽车物流是集现代运输、仓储、保管、搬运、包装、产品流通及物流信息于一体的综合性管理，是沟通原料供应商、生产厂商、批发商、零件商、物流公司及最终用户的桥梁，更是实现商品从生产到消费各个环节的有机结合。

（2）汽车零配件物流中心。东北公司位于沈阳大东区“汽车城”境内，聚集了沈阳金杯、华晨宝马、上海通用北盛、辽宁中顺等大型的汽车制造商。每年汽车城的产值达千亿元，东北公司抓住其中的商机，开展汽车零部件物流业务。

中铁物流园区在零部件供应环节，采用信息系统可以与整车生产厂进行实时的信息交换，接受整车生产厂的生产计划和物流订单，并及时反馈执行情况；订单进行处理后，将信息传送到园区，由园区完成配件的分拣、配货和工位配送等物流作业。

另外，物流中心还与零配件生产厂进行信息交换，随时向零配件生产厂传递整车生产厂的生产信息和配件需求信息；这样在整车生产厂和零配件生产、供应企业之间建立起一个信息直通道，使零配件生产厂可以及时了解整车生产厂的生产需求和发展规划，避免由于信息滞后所造成的零配件产品积压和盲目生产，保障了整车生产厂生产的高效性和连续性。

3. 城市物流配送中心

中铁物流园区凭借其交通和区位优势，积极开展城市物流配送业务。园区内现已入驻西门子电器、美的电器、格兰仕、玉柴机器、伟星管业、锦湖轮胎等多个国内外知名品牌，它们都将中铁物流园区作为沈阳大东区的城市配送中心。

城市物流配送中心的设置，具有多重的社会效益：

（1）降低整个社会物资的库存水平。发展物流配送，实施集中库存，发挥规模经济优势，降低库存成本。

（2）批量进货，集中发货以及将多个小批量集中起来统一大批量发货，可以有限的节省运力，实行合理、经济运输，降低物流成本。

（3）实行高水平的定时配送，生产企业可依靠配送中的准时配送或者即时配送，降低生产储备，节省储备资金。

物流配送中心管理系统整体流程如图 4 所示。

五、创新成果的主要创新点

中铁电子商务物流园区建设与经营实践具有以下几个方面的创新点：

1. 紧密结合经济发展潮流

该创新项目依托大宗物资网和中铁·五爱购电商物流服务平台，着力发展大宗物资钢贸业务和高附加值物流业务，打造现代化电子商务物流示范基地，是顺应电子商务发展潮流的重要创新举措。

在中铁物流园区二期规划中，拟引进先进的冷库管理技术，进军沈阳的冷鲜肉及海鲜市场、农产品仓储物流市场，大力发展冷链物流。三期规划中，将园区内现有场地空间进行改造，最大限度增加仓储面积，满足当地日益增长的城市综合物流需求。未来，东北公司将利用自身的场地和设备优势，依托大宗物资网、中铁·五爱购电商物流服务平台，以现代物流发展理念为指导。因此，未来中铁电子商务流园区将成为

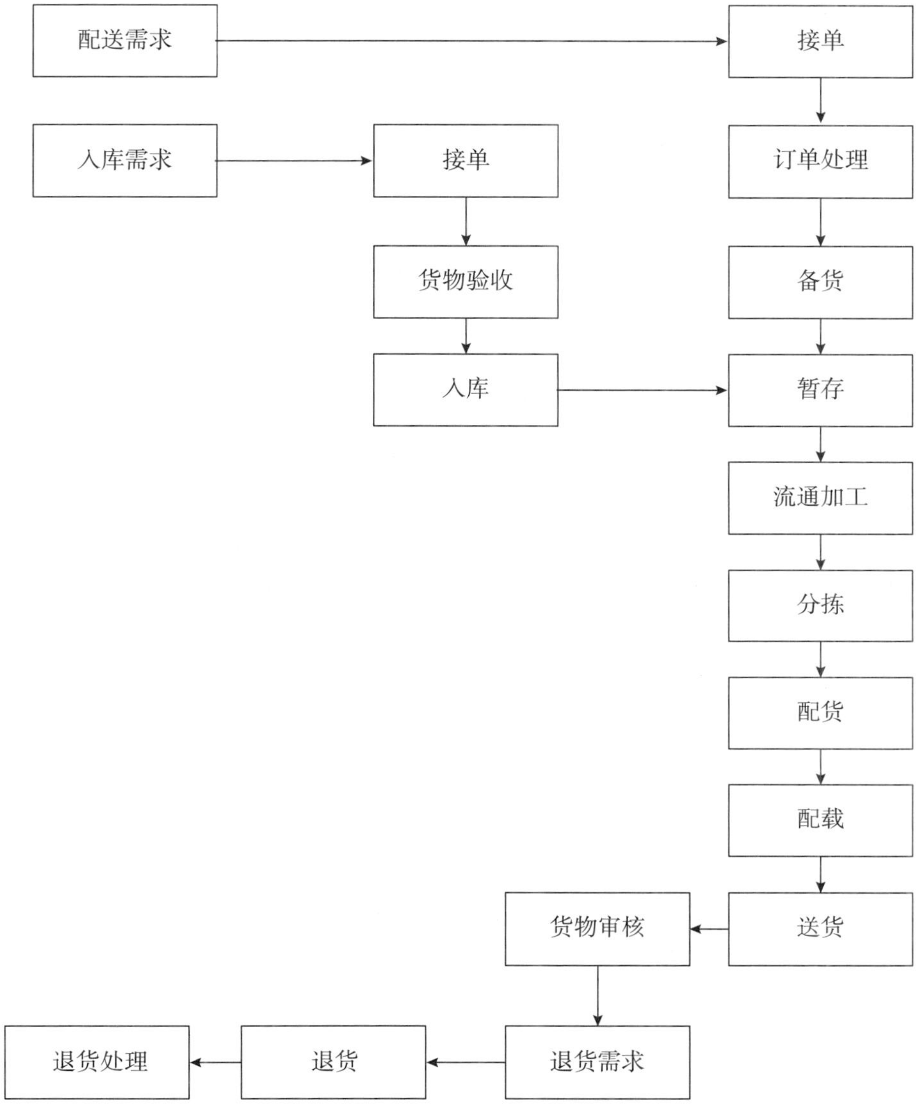

图 4　物流配送中心管理系统整体流程

沈阳地区最大的综合性电子商务物流园区，不仅能够和当地物流企业、电商企业以及制造业等形成良好的互利合作关系，而且能够促进当地经济的发展。

2. 充分把握企业自身资源和优势

该项目利用自身交通区位优势、需求优势、商圈优势以及铁路优势，通过合理规划物流园区各新型功能区，解决了当地对现代物流的迫切需求，促进了当地汽车零配件物流市场的发展壮大以及城市物流配送业务的发展。

3. 积极推动制造业与物流业联动发展

制造业物流成本在社会物流成本中占据了相当大的比例，是全社会物流优化的关键。该创新成果积极推动制造业与物流业联动发展，将物流园区作为双方联动的载体，利用城市共同配送的理念与方法，整合优化多企业物流需求，提高了物流服务水平。

六、创新成果的应用效果

1. 降低社会生产成本

中铁物流园区的建设，有利于规范物流市场，提高物流运作效率。园区建成后，发挥现代物流对经济的促进作用表现在以下几方面：

（1）物流园区具有集约物流功能的作用。集仓储、配送、流通加工作业为一体，能更高效、集中地提供物流加工及配送服务，并降低物流成本。

（2）物流园区具有整合区位和交通优势的作用。物流园区能有效地发挥其衔接功能，加快物流周转，降低运作成本。

（3）物流园区具有创造时间价值的作用。该园区可以缩短物流时间，减少物流损失、降低物流消耗、增加物资的周转、节约资金。

（4）物流园区具有规范物流作业的作用。物流园区可利用先进的信息系统，对物流资源进行统一管理、运营，组织共同存储、共同配送，将物流系统社会化，实现信息、资源的共享，提高整体物流效率。

2. 带动相关产业发展

中铁物流园区有利于对分散的物流需求集中处理，量的集约必然要求利用现代化的物流设施、先进的信息网络进行协调和管理。现代物流属于技术密集型和高附加值的高科技服务产业，物流业的发展将对第三产业的发展起到积极的促进作用。中铁物流园区的建设还将进一步带来商流、资金流、信息流、技术流的集聚，促进交通运输业、商贸业、金融业、信息业和旅游等多种产业的发展，这些产业都是第三产业发展的新的增长点。

3. 缓解交通压力

中铁物流园区能充分利用信息资源，达到信息共享，从而整合社会资源，科学配置运力，加强运输控制，通过制定合理的运输路线，采用合理的运输方式，组织共同配送、货物配载等，减少城市车辆运行数量以及车辆空驶、迂回运输等现象；同时，社会各物流公司、运输公司共享物流信息，可以有效地解决由于货车运输的无序化造成的城市交通混乱、堵塞问题，缓解城市交通压力。

4. 提供就业机会

中铁物流园区的建设，将吸引大量的劳动力，有力地解决周边地区的闲余劳动力就业问题。特别是随着第三产业的发展，将进一步安置沈阳市的农村劳动力和返乡劳动力，加快农村地区的城镇化进程。

5. 提升城市形象

中铁物流园区的建设有利于提高城市的整体竞争力，提升沈阳市的综合形象，具有潜在的社会效益。具体来说，中铁物流园区的建设有利于完善沈阳市物流基础设施，优化物流设施布局；有利于提高沈阳市物流竞争实力，打造沈阳市物流名片；有利于引进国内外先进的物流经营理念和经营业态，改进经营方式，加快与国际物流市场接轨的步伐。

七、创新成果的推广价值

本创新成果首先适合在园区业务经营中推进创新的物流园区企业予以借鉴。尤其是要充分借鉴本创新成果的“紧密结合经济发展潮流、充分把握企业自身资源和优势、积极推动制造业与物流业联动发展”三个主要创新点，主动推进园区业务发展。其次，适合物流园区企业在依据自身的资源和能力，通过整合、提升和改进的方式，优化服务类别，创新服务模式，改进服务运营，实现企业业务板块效益的最大化。最后，园区的管理不仅需要企业创新经营，也需要政府在土地资源合理配置中进行优化。本创新成果也适合政府在推进物流园区管理、优化园区资源配置和合理规划物流园区中予以借鉴。

丹阳飓风物流 O2O 平台设计与运作①

赵国荣，毕业于中南民族大学工商管理专业，获学士学位，2012 年 9 月，就读于江南大学行政管理专业；2012 年 12 月，就读于世华智业集团总裁班；2013 年 5 月，就读于厦门大学企业管理专业。2004 年 8 月至 2013 年 5 月，就职于丹阳市飓风物流有限公司，任总经理；2013 年 6 月至今，就职于丹阳飓风物流股份有限公司，任董事长兼总经理。

【摘要】丹阳飓风物流股份有限公司的定制化 O2O 平台是一款致力于解决公路货运行业中车主、货主、物流企业无法高效协调合作的创新产品。该平台以运力云平台包含的大数据和云计算技术为依托，实现了收集数据的高效利用，通过独有的算法分析客户需求，优化运力与货源配置，辅助客户做出最优决策，实现上下游信息传递和控制的标准化、精确化，在信息化进程中充分实现行业的效率最优化和利益最大化。基于客户体验的模块化设计和定制开发为物流产品的可持续性、可拓展性提供了良好的发展空间。通过飓风公司一年的实践与改善，定制化物流 OTO 平台有效地解决了传统第三方物流在深化信息化改革的过程中遇到的种种问题，例如上下游整合程度低、管理效率差和数据缺乏二次利用等问题。平台的稳步运行，不仅能够大幅降低物流应用开发的成本，包括物流数据获取成本、存储成本、处理成本以及业务部署成本等，还能够为平台运营商带来丰厚的经济收益，并且能兼顾到制造业个性化需求。系统拥有良好的扩展性、集成性和可维护性，很好地解决了个性化开发和系统升级之间的矛

① 本成果由丹阳飓风物流股份有限公司提供，成果主要创造人：赵国荣、赵惠丹，参与创造人：何杰、李渊、姚正发、孙运天、安桂敏、黄楠、俞佳慧、周轶、刘志远，获 2015 年度物流行业企业管理现代化创新成果奖二等奖。

盾，克服了传统定制化平台二次开发和系统升级难度大、费用高的弊端。在行业内具有很高的推广价值，可为相关物流企业的平台或信息化建设提供很好的借鉴。

【关键词】 定制化 O2O 模式；云计算应用；技术创新；物流模式创新

【适用领域】 车货匹配领域；O2O 物流模式创新；物流信息化

一、企业基本情况

丹阳飓风物流股份有限公司成立于 2004 年 8 月，位于长江物流带、沪宁高速物流带、京杭运河物流带的交会中心，距离港口不足 8 千米，交通便利，物流资源丰富。公司注册资金 3230 万元，是国家工商局、公路运输管理处正式批准的一家大型现代化 AAAA 级物流企业，镇江市首家上市物流企业。业务关系遍及全国，在天津、上海、南京、沈阳等地设有分部。

飓风公司定位于打造提供一站式 O2O 服务的第三方物流卓越企业。这是一款借助丰富的前端设计（Web + APP），与公路货运行业中规模不等的车主、货主、三方物流企业进行高效、积极的信息互动；并依靠模块化设计有效整合包括货主服务平台、物流企业定制化管控平台、承运人服务平台、运力云平台在内的不同服务平台，进而为客户提供可定制的多功能服务，有针对性的长期优质服务的产品。企业凭借长期以来的良好信誉、合理价格、优质服务与江苏沃得集团、大全集团、大亚集团、中储粮、中节能、国家电网、嘉吉饲料等多家上市公司及国内知名企业形成了长期的战略合作关系。

二、创新成果的名称

本创新成果名称是“定制化物流 O2O 平台”，主要有以下几个方面的特点：①打破信息壁垒，实现透明化的及时交互。改善车货、地域信息不对称的现象，实现公路货运领域的全过程透明和信息的即时交互，为消除行业交易和诚信壁垒创造条件，大幅降低了信息中介环节的成本，同时确保了车货信息的准确性。②基于客户体验的模块化设计和定制开发。该平台依赖模块化的设计和定制化开发，聚焦客户需求，提供专业定制的针对性服务，大大提高了客户服务的体验性，大幅度提高客户黏度。模块化设计和定制化开发为产品的可持续性、可拓展性提供了良好的发展空间，致力于为客户提供长期的可拓展可优化的高品质服务。③依赖云计算实现标准化和精确化控制。该平台以运力云平台包含的大数据和云计算技术为依托，实现了收集数据的高效利用，通过独有的算法分析客户需求，优化运力与货源配置，辅助客户做出最优决策，实现上下游信息传递和控制的标准化、精确化，在信息化进程中充分实现行业的效率最优化和利益最大化。

三、创新成果的产生背景

1. O2O 运作模式成为物流行业发展的重要助力点

2014 年我国物流业顺应经济发展"新常态"，总体运行保持了较强的发展韧性。但是物流整体市场环境较为严峻，企业经营仍然困难，产业间合作还有很大空间。与此同时，国家支持物流业发展的政策有待落实，物流企业审批多、收费高、行路难和税负重等问题还没有实质性改善。这些都对物流业在"新常态"下转型升级、健康发展提出了严峻挑战。

随着信息化的蓬勃发展，以互联网思维来发展与整合物流业已成为物流行业迎接"新常态"挑战的重要方式。中外运推出"海运订舱网"，进军物流电商领域；好运宝、好多车、车旺等一批车货匹配 APP 系统受到资本热捧，集中上线不下 50 家，大数据平台发力。从传统方式到移动互联网的转变，预示着物流行业开始进入移动时代，物流业 O2O 大门已悄然打开。

2. 飓风物流定位于平台化第三方物流服务商，O2O 符合其战略布局

丹阳飓风物流有限公司定位于打造服务于制造业供应链的第三方物流卓越企业，并致力于为物流行业提供 SaaS（软件即服务）平台化解决方案。定制化物流 O2O 平台的开发基于公司对传统物流行业的深度调研，从而确认物流关联方的痛点；以及作为互联网新兴产品，对用户群体的精准定位。

在以往第三方企业的供应链运营中，经常出现货源车源匹配不佳、信息不对称不及时、客户流失率高等问题，丹阳飓风物流有限公司将依托定制化物流 O2O 平台来解决这些问题，并力争充分利用互联网跨地域、无边界、海量信息、海量用户的优势，同时充分挖掘线下资源，进而促成线上货源、车源与线下运输实体服务的交易；充分打通线上线下的信息和体验环节，让客户避免因信息不对称而遭受"价格蒙蔽"，同时实现线上客户"售前体验"；充分利用线上的流量，提高转化率，提高客户黏度，增强客户信任。

四、创新成果的主要内容

（一）项目主体内容

飓风物流在总结行业内外深化信息化革命经验与教训的基础上，推出了极富创新色彩的定制化物流 O2O 平台，平台由运力云平台、货主服务平台、承运人服务平台、物流企业定制化管控平台四个子平台组成，不同的子平台代表着功能各异的服务模块（其发展历程和具体内容如表 1 所示）。安全可靠，大容量的运力云资源池是平台的基础，能够高效整合具备不同服务功能的子模块，为进一步延伸和拓展服务内容提供了足够的框架空间；货主服务平台和承运人服务平台是系统对上下游企业的服务延伸，依靠APP和Web客户端实现与客户的无缝对接，依靠高度友好的用户界面和丰富的服务功能，有针对性的满足不同客户群的需求；物流企业化定制管控平台是第三方物流企业日常事务的管理中枢，负责数据库与前端平台、前端平台之间的信息交互和管理，为企业内部的相关部门提供引导，还可以为有长期合作关系的大客户提供专业定制的符合该企业特点的优质服务。

充分发挥网络信息化高透明、高效率、高聚合性的特点，保证货源的真实性，充分整合与利用广大零散、小规模的运输企业，拓展业务深度。同时，很好地满足货主、托运人的需求，确保承运人的安全可靠，监控货物的运输状态，对于长期合作的大客户提供有针对性的优质服务，帮助客户优化运输路径，快速寻找运力，进一步提高服务质量。最后，通过企业自身云运力平台，依靠大数据充分利用长期积累的有效资源池，降低了下属各平台间信息交互的难度，高效优化掌握的资源。

表1　　成果产生过程

类别	建设时间	具体内容
运力云平台	2013.1—2013.9	作为第三方的全网的专业化纯运力整合平台，在货主和车主之间承上启下。 呈上：为货主服务，了解货主的需求，能快速的与货主进行业务数据的交换，进而提供专业化服务。 启下：满足司机的需求，为货主提供有价值的货源信息以及增值服务
承运人服务平台	2013.10—2014.3	强调物联网与云计算的融合，即云化物联网技术，并借助移动互联技术为载体，构建物流信息发布、交易、查询的物流配载系统，实现车货匹配。使车主和企业内部管理人员实现移动办公采用竞价模式
货主服务平台	2013.12—2014.5	从收发货人两方面进行功能设计，包括移动APP端和Web端，在APP端，货主可实时查询货物和资金的流动，确认货物到达并进行评价。货主服务平台的定制版可协同大中型货主企业完成物流全程的数据交互，与ERP数据对接，并对货主企业所有物流需求及物流服务供应商进行管理
物流企业定制化管控平台	2014.3—2014.6	基于货主服务平台和承运人服务平台的后台数据，通过核心流程的分段管理（商务、调度、客服、财务）完成两个平台之间交互的功能，物流企业内部的客服人员可通过客服APP实时反馈现场服务情况（含装车发货的时间和货量费用的确认）

（二）子模块主要内容

1. 运力云平台

针对目前大部分信息服务平台数据二次利用率低，精细化、标准化程度差，系统框架缺乏可拓展性，可延伸性差等问题，飓风物流自主研发的运力云平台，通过收集并整合两个前端服务平台——货主与承运人平台的信息，沉淀出大数据库，该数据库独立于定制系统，充分发挥云存储和云计算的优势，成为企业最有价值的资源池。

依据此资源池，系统能够完成一系列现有服务的优化提升，在透明度上，可以随时查看自有运力和关注运力的状态；在便捷性上，能自动记忆用户喜好，减少重复操作；在交互性上，依据用户习惯自动推荐物流供求信息，让物流生意更轻松；在真实性上，在后台建立货主和车主信用档案和星级评价体系，为车主货主树立良性信誉及口碑；在精确度和标准化上，拥有独有的车辆擅长线路、用户习惯分析技术，方便货主轻松找到擅长线路的可用运力，车主轻松获取和自己车辆擅长线路相匹配的货源信息，还能向所有用户自动推送其关注的物流信息。除此之外，运平台广阔的存储和计算空间为安装新的服务模块，增加服务内容，拓展服务深度提供了强劲的技术支持。

系统能够实现上述目标在技术上最关键的措施是采用了非关系型数据库，这是一种让所有数据都持久操作而无须开发人员手动编写 SQL 语句，直接调用方法就可以轻松实现 CRUD 操作的非关系型数据库（NoSql），其特点在于三个方面：一是文档模型自由灵活，可应对大数据量、高并发、弱事务的互联网应用；二是内置的水平扩展机制提供了从百万到十亿级别的数据量处理能力，完全可以满足 Web2.0 和移动互联网的数据存储需求；三是开箱即用的特性可大大降低本项目的运维成本。其特点非常符合云平台和后续的拓展服务在数据存储与处理上需要的技术支持。

另外，分布式缓存也在实现运力云平台的预定功能中发挥了重要的作用。分布式缓存是由一个服务端实现管理和控制，由多个客户端节点存储数据，通过在内存中缓存数据和对象来减少读取数据库的次数，从而提高动态、数据库驱动网站速度的一个高性能的分布式内存对象缓存系统，用于动态 Web 应用以减轻数据库负载。其功能主要包括能够高性能地读取数据、能够动态地扩展缓存节点、能够自动发现和切换故障节点、能够自动均衡数据分区和能够为使用者提供图形化的管理界面五个方面。

2. 货主和承运人服务平台

针对目前整个物流行业在信息交互上效率差、真实性低、客户服务端友好度和体验度差、不能有效整合下游零散的小规模车主的问题，飓风公司开发了用户界面既简洁又功能强大，满足货主和车主不同需求的前端服务平台——货主服务平台和承运人服务平台。

公司开发的货主服务平台从收发货人两方面进行了功能设计，包括移动 APP 端和 Web 端，在 APP 端，货主可进行竞价并实时查询货物和资金的流动，确认货物到达并进行评价；在 Web 端，依靠运力云平台提供的技术支持，可以自动为货主推荐常用线路上的可用运力，增强货主、车主之间的黏度。货主服务平台的定制版可协同大中型货主企业完成物流全程的数据交互，与 ERP 数据对接，并对货主企业所有物流需求及物流服务供应商进行管理。

承运人服务平台对用户的定位为单个驾驶员，在承运人APP中，设计了抢单、在途运输管理、结算管理和货物异常及时上传等功能模块，并能全程即时通信语音交互，创新性地突破了物流“嘀嘀”模式的局限性，让驾驶员主动地响应平台为每一单货保驾护航的使命。同时依靠保证货源信息的真实性，精确化的业务管理减少司机的空载率，提高利用率和装载率。

飓风公司使用领域驱动设计和分布式服务这两项关键技术，实现了货主服务平台和承运人服务平台两个系统服务前端在透明性、时效性、便捷性、友好性上的突破。领域驱动设计（Domain Driven Design）作为一种软件开发方法，可让软件系统基于对真实业务过程的建模并根据真实业务过程的调整而调整。它是敏捷方法的终极表达，用来处理不断变化的需求，本项目的APP开发采用该设计，对Android端和IOS端可进行同步迭代更新。由于核心业务为封装内核，在应对新的企业系统需求时，只需要在需求上新增一些特性功能，从而迅速实现业务连接，大大简化了服务端更新换代和拓展服务时的流程。

分布式服务是由托管代码编写，整合了原有的Windows通讯的.net Remoting，WebService，Socket的机制，并融合有HTTP和FTP相关技术的开发分布式应用程序；它以契约（Contract）来定义双方沟通的协议，合约必须要以接口的方式来体现，而实际的服务代码必须要由这些合约接口派生并实现，有效保障了数据的安全性。

3. 物流企业定制平台

针对当前不少服务平台服务目标单一，服务功能僵化，平台内部交互性差，面对不同规模、不同技术水准、不同管理水平的客户不能提供针对性服务的问题，飓风公司研发了物流企业定制化管理平台。这一子平台可以方便地在系统内部交互有价值的信息，面对有需要的客户，能针对客户特点和需求，配置具有不同功能的服务模块，定制出有针对性，符合客户信息流动最优化原则的服务平台。

物流企业定制化管控平台基于货主服务平台和承运人服务平台的后台数据，通过核心流程的分段管理（商务、调度、客服、财务）完成子平台之间交互的功能，物流企业内部的客服人员可通过客服APP实时掌握现场服务情况（含装车发货的时间和货量费用的确认），了解客户最新最迫切的服务需求，结合运力云平台提供的数据分析和标准化算法设计，向广大客户提供更直观、更有针对性的优质服务，极大提高了每个客户业务办理的效率，提高了整个行业的水平。

飓风公司能够实现上述目标有赖于在该平台中采取的网络应用程序接口（Web API），在网络通信过程中，服务器端的网络服务根据需求生成某种格式的数据供客户端的Web API调用，以更方便有效地获取信息，加工整合，从而发现信息的内在价值实现创新。本系统同时整合了Baidu Web API进入导航定位功能，给管理者和有需求的企业更加直观的展示整条供应链上的运输路径，可用车流，可用货流。

五、创新成果的主要创新点

1. 基于云计算的自动控制和资源优化模式

运力云平台对服务类型通过计量的方法来自动控制和优化资源使用（如存储、处理、带宽以及活动用户数）。资源的使用可被监测、控制并对货主和车主提供运输过程透明服务（即付即用的模式）。

2. 基于标准化供应链配置需求的物流路径与关联方自动匹配的算法设计

在车货匹配阶段，实现供应链配置服务，通过需求的标准化，由系统实现线路和供应商自动匹配算法的设计，并实现物流订单管理，各物流公司可以在信息有效传递的基础上管理制造企业用户的物流需求。

3 基于供应链物流的定制化信息采集服务体现及服务模式

从车辆选择到客户定制化订单需要解决的问题，包括如何对客户对车辆配置的定制化需求做出快速反应。

4. 基于车辆动力参数与实时状态的路线动态诱导及风险预警管理

在订单履行阶段，根据车辆性能与运力参数、车辆实时状态等，实现运输车辆路线的动态诱导管理，并能够提供车辆运行过程中里程数、道路情况、限速情况、交通流概况以及其他服务设施情况等。

六、创新成果的应用效果

（一）企业内部效益

1. 推广和应用情况

平台在企业内部稳定运行，并根据企业自身、客户需求以及市场变化进行迭代更新。

2. 效益

平台的运营不仅能够大幅降低物流应用开发的成本，包括物流数据获取成本、存储成本、处理成本，以及业务部署成本等，还能够为平台运营商带来丰厚的经济收益。然而，整体来看，降低物流应用个体的开发成本以及获得平台运营的收益只是平台运营的必然结果，该平台的最大经济价值在于通过平台的运营可以对海量物流数据进行聚合，并进一步生成具有高附加值的信息，再通过向平台上层的多种业务分享这些高附加值的数据，可以有效促进并利用物流产业的规模效应。

本平台自2014年6月建设完成之后，当年飓风物流销售额增加6.92%，新增利税880万元，预计2015为企业新增销售额3000万元，新增利税500万元。具体如表2所示。

表2 经济指标变化

经济指标（万元）	2014年度	2015年预期
主营收入	13975	20000
利润总额	1241	1800
纳税总额	1150	1600
净利润	1025	2027
总资产	13429	18000

（二）客户效益

本平台中对客户效益最明显的是物流企业定制化管控平台。物流企业定制化管控平台为企业节约了自行开发物流管控系统300万~500万元的研发费用，并且能兼顾到制造业个性化需求，系统拥有良好的扩展性、集成性和可维护性。并且能根据客户的个性化需求完成二次开发，降低系统开发的技术难度、实施时间和实施成本，提升服务质量，很好地解决了个性化开发和系统升级之间的矛盾，克服了传统定制化平台二次开发和系统升级难度大、费用高的弊端。

（三）行业引领作用

1. 管理水平

本平台的开发建成与实践，不仅重视物联网统一通信能力、共性IT能力、数据的存储、共享等关键技术、核心算法及平台的开发与建设，也重视信息服务的后向运营模式的创新与探索，通过打造物流数据商店，实现物流数据与互联网数据融合，力争为物联网在物流行业的信息化建设提供可靠的技术支持和保障手段。

从物流企业的产业链角度，通过平台可以在产业链的各个环节中汲取大数据用之不尽的动力：从产品开发、生产和销售的历史大数据中找到创新的源泉，从客户和消费者的大数据中遇见新的合作伙伴，以及从售后反馈大数据中发现额外的增值服务，因此本平台中的定制化管控平台为制造业的创新转型——无论是精益化提升还是服务化转型，提供了新的路径和支持。

2. 经济效益

定制化物流管控平台预计为制造企业增加销售1亿，通过行业内模式覆盖，预计为物流企业（飓风物流）增加销售 1.5 亿，并新增平台用户 1000 家制造企业、物流企业或者承运者。

3. 生态效益

货主和承运人服务平台在产生经济效果的同时，也会缓减物流对社会产生的外部不经济；并且由此带来的经济效果和社会效果均可进行定量分析。实施大数据分析带来的经济效果可以从减少配送车辆数量、车辆装载率、装载量等指标分析入手，由此带来的经济效果包括车辆购置费、驾驶人员工资、车辆保险费、维修费和燃油费等方面的节约，社会效果可以从减少道路占用量、减在途运行车辆数量和减少 CO_2 排放量等指标来进行测算。

七、创新成果的推广价值

（一）适用领域

通过飓风公司一年的实践与改善，定制化物流 O2O 平台有效地解决了传统第三方物流在深化信息化改革的过程中遇到的种种问题，例如上下游整合程度低、管理效率差和数据缺乏二次利用等问题，意味着适用于整个第三方物流业。同时平台也可以广泛地运用于上游制造业和下游小型运输企业之中，利用其强大的可拓展性和可开发性的框架，不同的服务模块可以为客户提供丰富优质服务，上至全国五百强的大供应商，下至只有一辆车的承运人，并依据收集到的信息和强大的后台技术为有需要的制造业提供专业定制的高品质服务。总之，无论运力云平台拥有的大数据库还是系统本身研发、推广的实践经验，都可以让政府、协会更好地感受行业脉搏，做出最适合的决策和指导。

（二）推广价值

1. 第三方物流业内的推广价值

当前，第三方物流行业正处在前所未有的转型关口，信息化正深刻地改变整个领域的环境。上游的制造企业正大力推进信息化管理与控制，下游的运输企业正广泛地运用手机等移动终端进行实时通讯，传统的第三方物流的服务模式显然已跟不上时代发展。飓风公司开发的定制化 O2O 平台绝不仅仅是将传统的业务流程转移到线上，而是致力于利用丰富的数据库和高度亲和的服务前端，实现透明化、标准化、高拓展性、高针对性等信息化时代的服务需求。

飓风公司通过邀请行业专家定期召开研讨会，并组织同行进行参观交流，将自己的成功案例公开到网络甚至在获得一定报酬的前提下帮助有需要的企业定制属于自己的 O2O 管理平台等手段，用实践经验提升整个行业的信息化水准，实现业内共赢。

2. 对上下游企业的推广价值

第三方物流企业的上下游客户也在不断推进自身信息化进程。不同企业的管理方式与技术水平不尽相同，不可避免地带来一个问题：共性和特性服务的提供，即在可接受的成本范围内，享受最迅速便捷的信息化服务的同时，也能为其提供更有针对性的服务。飓风定制化物流 O2O 平台，着眼于不同客户的需求，用简洁但功能强大的服务前端，让处于不同信息化阶段的客户都能享受到最真实、最迅速、最透明的服务；运力云平台沉淀出丰富、优质的车辆资源池并依托云计算进行高效的信息处理，为下游车主提供真实、可靠的货源，以及最优的运力调配方案；依托可拓展、并行多模块的系统架构，结合飓风物流实践经验，为相关企业量身研发最适合、最有针对性的运输服务方案。

飓风秉持客户第一原则，将平台在本行业和上下游进行推广，为更多的客户提供多元化服务。飓风物流采取线上线下推广的方式，比如投资搜索引擎的竞价排名、在苏锡常的车场配货站进行实地推广，便于更好地了解市场需求，同时免费为每个合作的客户安装、定期维护相关的客户端，实施相关的任务奖励和积分制度，进一步增加客户对服务平台的信任感和黏度。此外，飓风公司认真对待每个客户的需求，依据客户的需求优化自己的系统，为他们专业定制最适合的优良服务。

3. 政府协会的推广价值

在当前的经济形势下，政府与行业协会根据此经济新常态下行业的发展，稳步实施改革方案与计划。作为社会经济生活的重要一环，物流业需要准确可靠的数据与成功优秀的案例来帮助政府协会更好的决策与引导业内的发展。以移动互联、大数据和云计算为先进技术代表的时代，飓风公司的运力云平台沉淀出的真实、优质数据，能够为政府协会研究与掌握行业状况提供强大的支持。

飓风公司立足于行业的整体利益，将自己的实践经验撰文后上交给政府协会向公众分享。同时与政府协会的智库和研究机构展开合作，将服务平台的前端延伸到研究院、大学等机构，定期组织行业专业人员同政府机构基于物流 OTO 定制化平台的可实践性、可操作性进行研讨交流，进而解决行业难题，促进行业生态圈的建设。

广州增信公司基于“互联网+”的全程智慧物流模式[①]

柏友文，现任广州增信信息科技有限公司董事长，湖南宁远广东商会副会长，广东巨龙橡胶集团公司副总，广东拍翼教育科技有限公司副总。

【摘要】 广州增信信息科技有限公司成功打造了一个第五方智慧物流平台（“握物流”）。平台主要服务于第三方物流、物流基地、零担货运、个体司机及车队、生产企业等，并通过大数据和物流金融构建物流一体化的生态环境，以卓越的运营理念、信息技术、管理技术为客户提供安全、便捷、高效、透明、共赢的公路运输服务。通过智能匹配解决沟通成本高、返程资源浪费、货物流转率偏低等问题，最大程度发挥社会资源。平台的主要后端运营分析功能包含车辆、人员、订单管理及报表分析、数据统计等几个方面，为用户经营计划和管理调度提供极大方便，并为业务的效益分析提供参考。“握物流”平台着力打造智慧物流运作模式，解决生产企业发货、车队管理、同城配送、物流园区互通互联、人才培养等问题，建立信用体系和运价指数，提供在线支付、在线保险等金融服务，最终实现多式联运、多方协作。该创新成果为轻资产型物流企业的运作模式升级和创新提供了较好的借鉴思路，并且，这种创新技术和方法也可以为我国的物流园区和物流企业提供很好的借鉴。

【关键词】 智能配载；互联互通；资源整合；物流交易平台

---

① 本成果由广州增信信息科技有限公司提供，成果主要创造人：柏友文、王海波，参与创造人：欧阳铭、陈照林、翁锡逵、刘自建，获2015年度物流行业企业管理现代化创新成果奖二等奖。

【适用领域】信息化平台建设；物流资源整合；诚信体系建设

一、企业基本情况

广州增信信息科技有限公司创建于2012年，注册资金为500万，总部设在广州科学城（政府批准），面积1200平方米，公司成员由美国物流领军人才、国内物流与供应链实战专家和顶尖技术人才团队组成。经过3年的发展，已于2015年年初成功转型成一家第五方智慧物流平台（如图1所示）。

2015年，企业在市场取得突破性进展，在珠三角已站稳脚跟。该项目已在广东省内11个城市开拓市场（广州、佛山、中山、东莞、深圳、肇庆、阳江、江门、汕头、揭阳、潮州），开始在全国布局。合作单位包括政府部门、物流协会、银行、保险机构以及一些大型的生产企业、物流园区、物流公司、运输车队、电商平台、汽车厂商、硬件集成公司等。比如广东省交通厅、肇庆市政府、广东省物流协会、佛山广禾物流、中山天润物流园、深圳宏发集团、金龙鱼集团、“轮快快”电商平台以及众多物流公司等，短短几个月，平台现有会员近万个，并快速递增中。公司将以广东作为示范基地，向全国全面推广。目前已获得9项软件著作权，以及申报成功1项发明专利、1项实用新型专利，并已通过“中国赛宝实验室”测试。

平台客户端服务于第三方物流、物流基地、零担货运、个体司机及车队、生产企业等，并通过大数据和物流金融构建物流一体化的生态环境，以卓越的运营理念、信息技术、管理技术为客户提供安全、便捷、高效、透明、共赢的公路运输服务。通过智能匹配解决沟通成本高、返程资源浪费、货物流转率偏低等问题，最大程度发挥社会资源；后端运营分析，包含车辆、人员、订单管理及报表分析，数据统计等功能，为用户经营计划和管理调度提供极大方便，并为业务的效益分析提供参考。

二、创新成果的名称

平台全称为“全国货运智能配载交易平台”，商标注册名为“握物流”（如图2所示）。该平台由智慧物流平台、卡车司机服务平台、物流金融平台三大平台组成，是基于“互联网+”物流综合信息服务平台，具备撮合交易、金融结算、质量认证、诚信监督等标准化功能，以及宣传培训、金融保险等增值服务功能，为货、车、物流公司、物流园区提供全方位的系统服务以及人才培训。因而，该创新成果的名称为：基于“互联网+”的全程智慧物流模式。

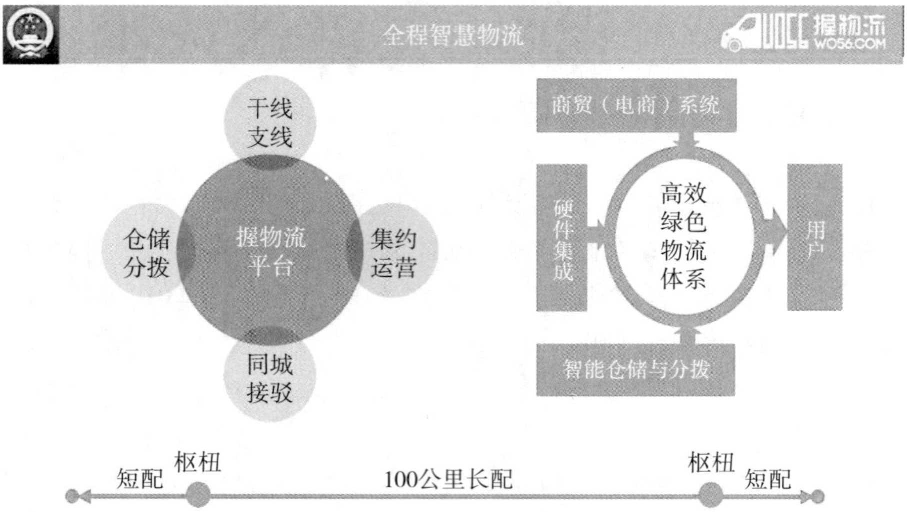

图 1　顶层设计：全程智慧物流

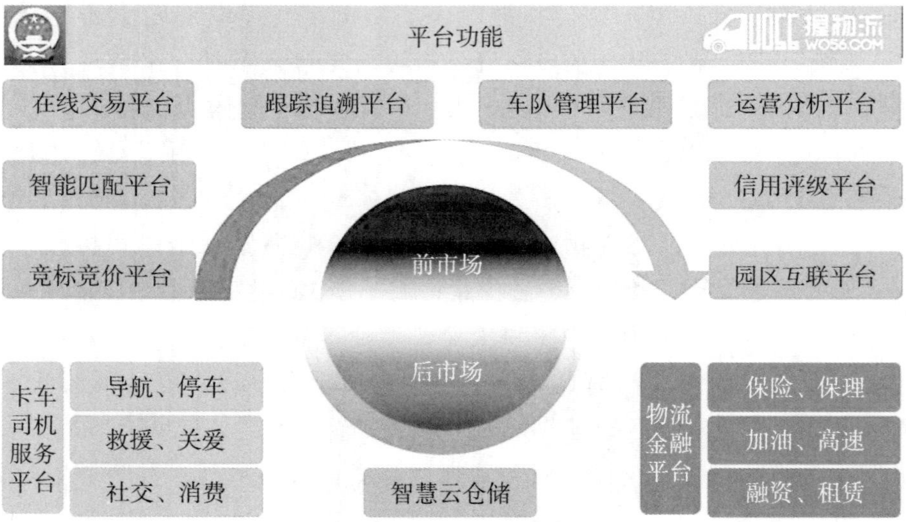

图 2　平台全部功能

三、创新成果的产生背景

1. 国家政策频频利好，现代物流发展迎来大好时机

从 2013 年中共中央提出“一带一路”，2014 年国务院提出建设全国物流公共信息平台和物流配载中心，2014 年国家七大部委提出建设物流信用体系，到 2015 年财政部、商务部将在全国 11 个城市开展物流标准化与物流平台试点工作，交通部提出的“十三五”规划的七大重点工程，以及推动全国物流园的互联互通，各项政策与规划的

颁布，充分说明物流行业要从粗放的“小散乱”状态向精细化和信息化运作的方向深度转变，现代物流发展迎来大好时机。

2. 传统物流已然落后，智慧物流呈现巨大发展前景

2014 年是智慧物流的元年，2015 是智慧物流的发展起步阶段，未来 5 年将有大量企业进军智慧物流行业，抢占市场先机。传统的物流网、货运信息网这些 UGC 平台，在当前的大环境下显得有些势单力薄，物流行业互联互通已成必然。现代物流也是一个庞大的市场蓝海，据国家发改委、统计局发布的数据，我国社会物流费用占 GDP 比重从 2004 年的 21.3% 下降到 2014 年的 16.6% （美国只有 8%），虽然比重有所下降，但是仍然高出发达国家多个百分点，其中，运输费用 5.6 万亿元，占社会物流总费用的比重为 52.9%。此外，物流行业现阶段还存在很多问题，比如我国的公路运输集约程度很低，车辆空驶率高达 39% （美国空载率约为 10%），运输效率低下等，由此产生了高昂的运行成本。

广州增信通过市场调查，敏锐地发现全国现有 3000 万卡车司机，其中 80 后、90 后已逐渐成为主流，随着智能手机的普及，60 后、70 后的货车司机也将成为移动互联网的用户，移动互联时机已然成熟。此时打造第五方智慧物流平台，不仅可以推动物流行业的信息化发展，还能在现代物流市场上抢得先机。

四、创新成果的主要内容

通过“全国货运智能配载交易平台”的应用，广州增信不断提升自身资源运作能力，并着力解决以下九大难题：

（1）解决 2000 万生产企业与贸易公司的发货问题。

（2）解决 1000 万货车的跟踪定位、车队管理、返程配货问题。

（3）建立物流信用体系。

（4）建立物流运价指数。

（5）解决 300 多个城市的同城配送问题。

（6）实现全国 300 个以上的物流园区互联互通。

（7）培训上万个智慧物流人才。

（8）实现在线支付、在线保险、在线金融。

（9）实现多式联运、多方协作。

围绕上述九大难题，广州增信科技公司开展了以下创新，其特点总结如下：

（1）多方协作，互通互联。

在全国现代化物流发展的大趋势下，在各个地方政府的正确领导下，广州增信公司将增强社会责任感、使命感，积极合作、携手共同推动智慧物流。通过与公安系统、交通部门等数据共享、互联互通，共建物流信用体系等。

通过与全国各地科研机构、学校、协会等合作，培训更多的智慧物流人才。引入美国物流领军人才、算法专家，做好顶层设计，结合全球领先的算法系统实现智能配载及其他应用功能，减少大量人力成本。

通过“线上平台+线下物流园区”两者结合，互联互通；通过远程集控系统为各物流园区建立信息交易中心大厅，远程同步传输货源与车源信息，解决物流园区“孤岛化”问题。

通过平台招募全国各地事业合伙人，优化组合现有专线与第三方物流公司。

通过平台，整合干线运输、支线运输、同城配送以及仓储与分拨业务，实现全程智慧物流、一票到底。

通过平台智能统计功能，实现运价指数的计算与发布。

通过平台与银行、银联、微信、保险机构等对接，实现在线支付、在线保险。并结合保理公司实现在线金融。

通过平台与铁路物流公司、港务局合作，实现多式联运。

通过平台与其他电商平台、类似平台等对接，实现数据交换、多方协作、互补共赢。

（2）智能匹配，信息共享。

“握物流”智慧物流平台以车货智能匹配为核心功能点，拓展出多角度信息服务模式，为各类用户提供一体化的服务，具体功能如图3所示。

智能匹配：平台的核心功能，通过精确的多个维度的匹配技术，解决海量的车源与货源匹配问题，根据各属性优化组合，可以实现100万条“货源+车源”1分钟内集约匹配完成。

运费竞价：为平台优质货物、廉价车源提供了多种交易方式，针对不紧急的货源，可以找到更便宜的返程车源。

园区互联：基于智能匹配技术，结合GIS地理位置，将附近匹配的货源推送至云端，物流园区通过部署相应功能的显示屏呈现精准信息，实现线上线下信息一体化。

信用体系：多维的信用体系，包括人员、车辆、货源的资料审核机制，以及用户行为、行车轨迹、相互评价、责任考核、风险防范等。

跟踪定位：达成交易后，用户可以对货物与司机进行跟踪定位，查看车辆的实时定位信息和行驶路径，方便监控和远程调度管理。

车队管理：提供车队的管理，可以跟踪和调度车辆，基于跟踪定位的功能之上，提供群组、批量的管理功能。

在线交易：包括洽谈、下单、保险、装货、卸货、支付等环节。实现以一种极其简单操作的方式达成交易，如一条短信形成订单。

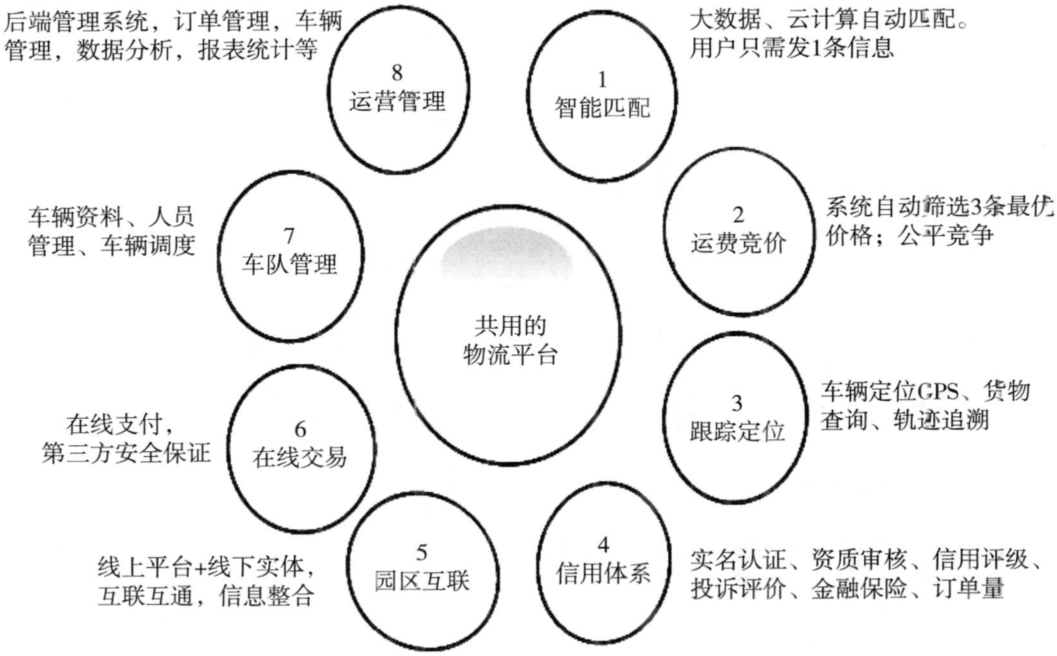

图3　“握物流”智慧物流平台业务

运营管理：LogBI 为运营管理提供了一系列统计报表，可以通过报表进行日志的运营管理、演进与分析，持续管理，持续优化。

图 4 ~ 图 6 分别展示平台的系统功能架构、系统运转流程、智能匹配流程和园区互联场景。

统一接入：包含协议转换、接入鉴权、数据校验等。

系统管理：基础参数、权限管理、授权管理、缓存管理、远程访问配置等。

车源管理：包括对车源、车源属性、属地等信息的管理。

货源管理：包括对货源、货源属性、发货企业等信息的管理。

车辆管理：包括对车辆、相关证件、车队、常跑路径等信息的管理。

专线管理：包括专线公司宣传、专线公司路线等信息的管理。

园区管理：包括园区信息、园区用户、园区车辆、园区货源的管理。

CMS 管理：包括园区信息、平台管理信息的发布。

资源管理：包括积分兑换资源、公司车辆资源等。

位置监控：通过安装 APP，监控车辆位置。

智能匹配：根据属性定义，实现自动配货。

交易管理：包括订单、洽谈、交易、支付等一系列流程的管理。

支付、保险：接入第三方支付平台、保险公司。

LED 设备管理：记录各物流园区 LED 信息属性，及时推送相关货源与车源的动态信息。

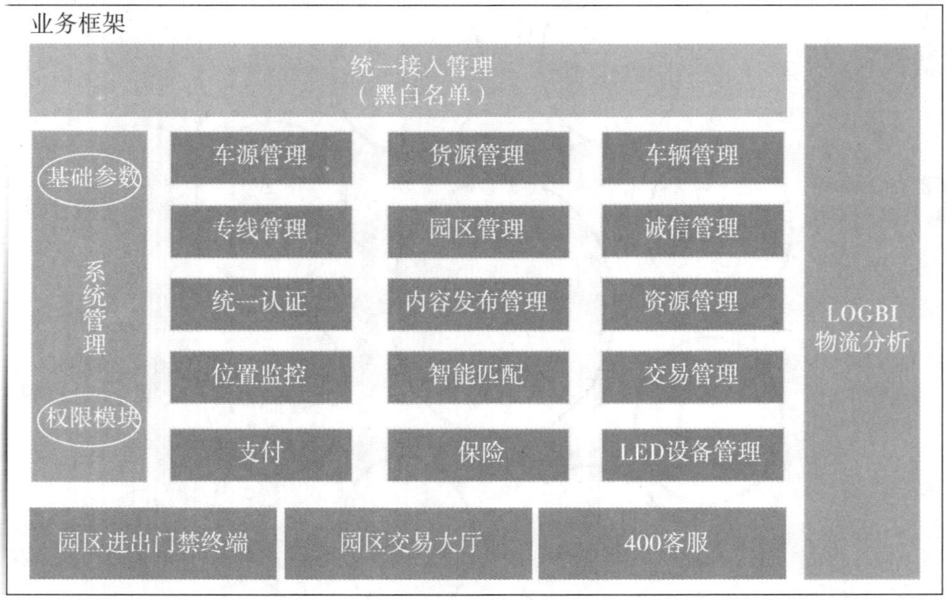

图 4　系统功能架构

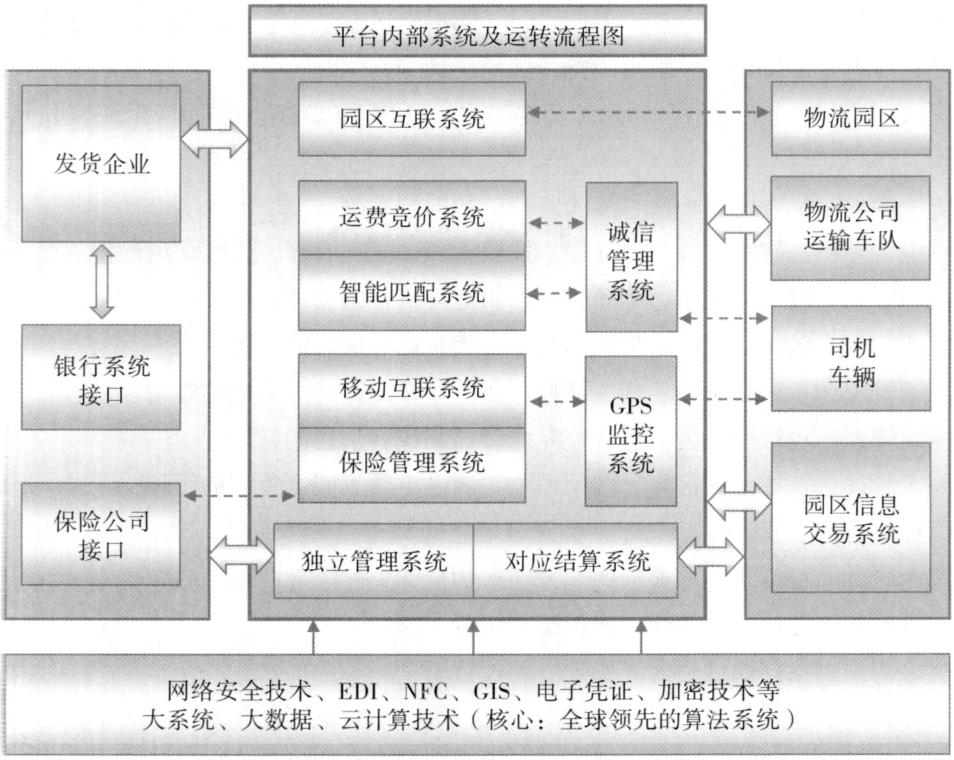

图 5　系统运转流程

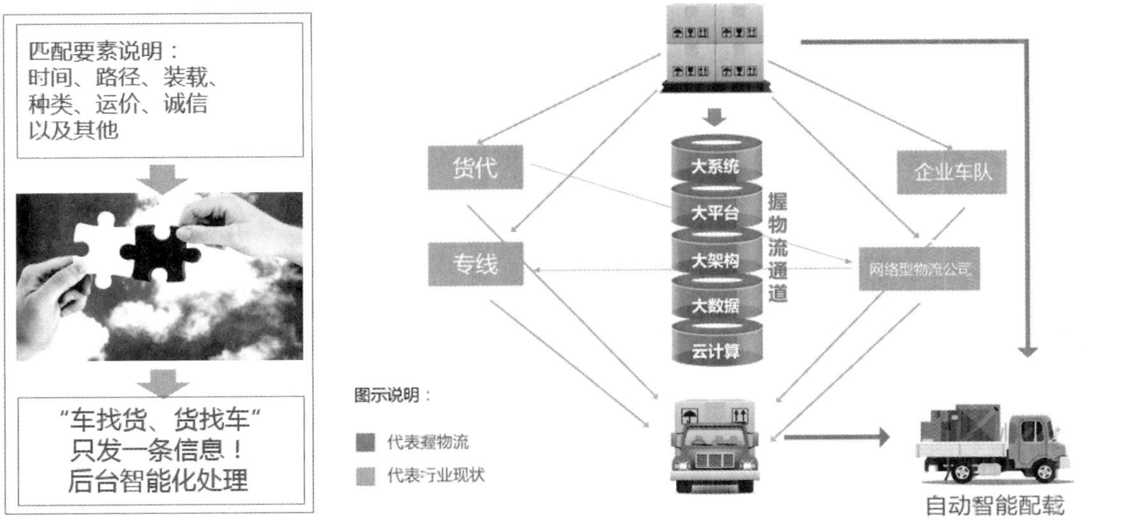

图 6　智能匹配流程

图 7　园区互联场景

五、创新成果的主要创新点

广州增信信息科技有限公司依托自身优势，整合社会优质物流资源，开展车货互联、信息共享的服务业务，为客户提供个性化供应链服务，该项目成果的主要创新点如下：

1. 利用大数据、云计算等尖端技术，体现信息服务能力

（1）通过线上大数据云货源、云车源进行优化匹配，促使两方形成订单；订单生命周期包括保险、支付等环节。

（2）使用GIS地理信息技术监控订单车源的具体位置和行驶路径，通过路径行驶方案可以分析行驶方案是否符合规划的线路方案。

（3）实现智能配载，同时结合运费竞价系统、跟踪定位技术、信用体系等系统与技术，提供全方位的服务。

（4）通过远程集成系统为园区建立内部信息交易大厅，同步传输货源信息，实现园区“线上线下”结合，互联互通。

2. 灵活的运营模式和广泛的应用端口相结合，竞争力显著

（1）增信科技公司采用联盟联营的形式，在全国设置区域中心，省级城市招联盟商，由当地本土企业去占领市场，自身不需要太多地面人员，节约人力。增信走的是政企合作路线，所到之处为当地现代物流发展建设提供全方位的系统服务及人才培训，扶持当地本土企业，培养当地物流人才，增加当地税收。

（2）客户端配置方面：“智能匹配”是平台最大的创新点，在国内尚无其他类似平台能做到。其次“握物流”平台有APP，有微信版，有强大的PC后端平台。数据支撑之庞大是其他很多平台无法做到的。

六、创新成果的应用效果

根据详细的项目可行性报告，2013年启动平台的规划和建设。截至2014年年底，“握物流”APP（订单交易系统）、LOG-BI（物流大数据分析系统）、智能仓储系统、握同城配系统，陆续走向市场，为车主、货主、园区等提供全方位的服务。

2015年，市场取得突破性进展，在珠三角已站稳脚跟。该项目在广东省内已招9大地级市金牌商（佛山、阳江、江门、肇庆、东莞、深圳、汕头、揭阳、潮州）和10多个银牌商，以及和多个物流园区合作；市场反应很好。金牌商为当地的有实力的龙头企业或有较强运营能力的公司。正在以广东作为示范基地，向全国推广，通过领先的技术平台和独创的运营模式，得到了市场的肯定和客户的认可。

目前合作联盟商通过“握物流”平台的使用，货源和车源数量都增加1倍，收入增加1倍。以佛山广禾物流园为例，建立信息大厅之后，带动新入驻三方公司增幅达到20%，车流量增加50%。信息大厅每天注册人数在50名以上，每月给园区增加收入20万。

1. 经济效益

项目未来3年生产成本、销售收入如下表所示。

项目未来3年经济效益

年　度	2015	2016	2017	2018	2019	5年合计
物流园区（家）	20	100	180	260		
车源（万辆）	5	25	75	200	500	
发货企业（万家）	5	25	100	300	1000	
产生佣金（万元）	免费	12000	60000	180000	480000	732000
公司收入（万元）	免费	6000	30000	90000	240000	356000

收入来源：配货成功，收运费的3%，并分50%给联盟商（以达到协同共赢的目的）。
例如：
每台车配40吨货收200元（5元/吨），每月配一次，按2016年年底现有的车辆来算。
2017年收入=200元×12月×25万=6亿（按每台车）
如果能达到"一手货配一手车"，就可考虑收匹配佣金，最迟2016年1月开始

2. 社会效益

"握物流"帮助物流园区建立货运信息交易大厅，实现园区线上线下互联互通。比如"握物流"为佛山广禾物流园建立信息大厅，有效整合了佛山当地线上线下货源车源信息，信息量翻番，货源运输及时率提升1倍。司机订单增多，极大提高了收益，减少了等待时间。运输效率高，订单多，形成良性循环，吸引更多物流公司入驻，园区仓库利用率高，库存周转速度快。货车行驶空载率每降一个百分点，就减少约300多亿的物流成本。

3. 环境效益

减少司机在长途干线和短途配货中不必要的弯路，按500万台车每月少跑30千米算，每年减少18亿千米的路程，节约油耗3亿多升，减少了大量的二氧化碳排放量以及车辆维护成本，减少了对环境的污染。

七、创新成果的推广价值

增信科技的创新成果对于轻资产的物流企业具有很好的借鉴意义，而对于重资产的物流园区等物流平台来说也具有信息化改造方面的启示。具体来说主要有以下两个层面。

（一）依托互联网+优势，引领交通物流行业转型升级

（1）为发货企业提供全方位的发货服务，找到最优的运力、节约运费、降低成本。生产厂家普遍会遇到货物运送率不及时、出现货损、短少、丢失、甚至出现因为司机的不诚信导致整车货物无法追回，造成严重的损失。"握物流"是全方位地为货主服

务、一站式的发货平台。

（2）为传统物流企业（包含三方物流、专线、车队等）带来更多的货源、车源，并提升内部管理水平，节约管理成本。

（3）为物流园区普及信息交易大厅系统，通过互联互通，在园区建立货运信息交易大厅，该交易大厅类似股票交易中心的格局，大厅配备 LED 大屏幕及席位小 LED 屏幕将线上线下结合，整合当地全部车货资源，加速了货物流转效率，货源增多，司机减少空载等待时间，收益增加。同时通过信用评级诚信系统和公证担保系统以及货物保险等形式，保证运输安全，保障双方权益。与广大公路货运上、下游企业，如加油站、餐饮、银行、保险保理、停车救援等建立合作，构筑集智能匹配平台、卡车司机服务平台、物流金融保险平台为一体的公路货运行业智能生态圈。

（4）为用户定制智能仓储体系，实现智能调度、仓储、分拨等一体化。

（二）充分利用现有物流资源，以联合共享求共赢

（1）与现有平台或其他物流资源合作对接。“握物流”平台属第五方智慧物流平台，是“平台中的平台”，可与公共信息平台、电子商务平台实现广泛对接。目前已与广东省交通部门与市政府部门展开战略合作对接。“握物流”在实践中积累了比较丰富的物流信息化平台研发及运营管理经验，可以为当地政府促进运输行业转型升级作出应有的贡献。

（2）利用大数据技术掌握第一手动态。“握物流”平台积累行业诚信信用体系的数据，比如驾驶员的诚信信息，可为政府部门在货物运输行业诚信体系的建设，提供大数据分析有效的数据支撑和应用工具。

（3）依托政府政策，顺势而为。可以互联网平台促进当地物流企业的转型升级，提升区域标准化水平、培养本土物流行业人才，扶持本土企业做大做强，提高当地政府税收。

（4）吸引有实力的互联网研发团队。平台的研发团队融合国内外技术，具备参与“综合运输服务信息化建设，构建大数据中心，加强大数据共享、开放与应用”的实力。

上海点觉 wTMS－协同型管理平台开发与应用[①]

卢卫平，现任上海点觉信息技术有限公司 CTO，原上港集团物流公司技术主管，精通仓储、堆场、WMS、车队调度业务，和物流信息技术，拥有 10 年物流从业经验。

【摘要】 近年来，我国物流业发展水平和效率提升一直较为缓慢，社会物流总费用较高，货运需求与运力资源没有得到有效的整合与匹配，企业供、产、销各环节衔接不科学，增加了仓储成本，同时，物流基础设施网络缺少科学规划与信息平台。在此背景下，上海点觉信息技术有限公司开发"点觉 wTMS－协同型物流管理平台"，是以"物流管家、物流交易、物流管理"为核心的 B2B 物流 O2O 平台。平台包括供应链整体解决方案、大数据管理、订单管理、订单全程可视化、跟踪管理、车辆管理、仓储管理、绩效管理、统计分析、财务管理等功能。该平台为托运企业提供精细的扁平化

① 本成果由上海点觉信息技术有限公司提供，成果主要创造人：卢卫平、龚晓华，参与创造人：邢松茂、卢卫平、肖凌，获 2015 年度物流行业企业管理现代化创新成果奖二等奖。

“一站式”物流资源对接，为物流承运商提供可视化管理，从而实现物流运输资源的集约化整合，解决物流业的信息不畅等问题。该平台在青岛红纺集团得到了良好的应用效果，对于整合三方仓储、专线物流、配送公司、司机车队的物流资源具有良好的推广示范作用。

【关键词】 wTMS 系统；SaaS 管理平台；物流资源整合

【适用领域】 生产企业；第三方仓储企业；物流专线；物流信息化

一、企业基本情况

上海点觉信息技术有限公司（以下简称“点觉”）成立于 2014 年，是一家民营的股份制责任有限公司，位于上海漕河泾国家科技园。截至 2015 年 7 月底，团队已有 60 多人，技术研发人员有 30 人，其中不乏在物流领域从事多年的软件工程师。

上海点觉信息技术有限公司是一家专注于供应链物流协同 SaaS 解决方案的互联网公司，wTMS 是一款协同型物流 SaaS 管理平台，我们致力于帮助客户实现供应链管理由“链条式”转向“网络结构”，通过全链条的有效协同，更好地控制成本与风险，企业通过 wTMS，可以快速地以统一的视觉、标准的语言，完成与供应商、司机之间订单的“提、运、配、异常反馈、签收、电子回单”等数据传递的一体化、多层次的集约与协同，体验全程信息透明与推送服务，减少日常操作和汇报组织工作的冗余。点觉 wTMS－协同型物流管理平台项目已获得天使机构一千万投资。

上海点觉信息技术有限公司旨在为企业提供更为灵活、敏捷、可靠、安全、易扩展的云应用整体解决方案，以客户为中心，帮助客户获得 IT 投入最佳投资回报率（ROI）和最合理的总体拥有成本（TCO）；我们能够帮助客户在发展、转型和创新中保持高效，帮助客户实现资源和数据的一体化，业务和管理的智能化，为客户带来更多的云计算最佳应用管理实践和“Know－How”。

二、创新成果的名称

点觉公司的创新成果名称是“wTMS－协同型物流 SaaS 管理平台”。平台是以“物流管家、物流交易、物流管理”为核心的 B2B 物流 O2O 平台，为托运企业提供精细的扁平化“一站式”物流资源对接，为物流承运商提供可视化管理，从而实现物流运输资源的集约化整合，解决物流业因信息不畅、分散化导致的高成本、低效率、体验差等问题。

三、创新成果的产生背景

1. 全球范围内物联网正处于快速发展阶段，物联网技术发展和产业应用具有广阔的前景和难得的机遇

物联网是新一代信息技术的高度集成和综合运用，具有渗透性强、带动作用大、综合效益好的特点，推进物联网的应用和发展，有利于促进生产生活和社会管理方式向智能化、精细化、网络化方向转变，对于提高国民经济和社会生活信息化水平，提升社会管理和公共服务水平，带动相关学科发展和技术创新，推动产业结构调整和发展方式转变具有重要意义。

2. 我国社会物流总费用过高，急需提高效率

近年来，我国物流业发展水平和效率提升一直较为缓慢，社会物流总费用占 GDP 的 18% 左右，是欧美发达国家的一倍多，比全球平均水平高 6.5 个百分点。主要原因有以下几个方面：

首先，货运需求与运力资源没有得到有效的整合与匹配。美国一辆货车有效行驶里程平均每天达 1000 千米，而我国货车由于找货、配货时间长，有效行驶里程平均每天只有 300 千米。

其次，企业供、产、销各环节衔接不科学，增加了仓储成本。我国生产制造企业原材料、半成品及产成品的在库周转时间平均在 3 ~ 6 个月，离日本优秀企业的'零库存”管理差距很大。

最后，物流基础设施网络缺少科学规划与信息平台。缺少真正意义上的资源物流平台，公路、铁路、水路、航空等多种运输方式之间的联动不协调，增加了中转成本。

通过提高物流运行效率，将这一比率哪怕只下降一个百分点，则每年可新增 6000 多亿元的经济效益。

3. 从企业微观层面看，居高不下的物流成本削弱了企业的竞争力

据调查，我国工业企业物流费用占产品销售额的 9.1%，比日本高 4 个百分点。2013 年，我国 35 万多家规模以上工业企业共实现主营业务收入 102.9 万亿元，实现利润总额 6.3 万亿元。按 9.1% 的物流费用率测算，全国仅规模以上工业企业就消耗了物流费用 9.4 万亿元。如果通过提升现代物流与供应链管理水平，将企业物流费用率降低 2 个百分点，则可新增企业经济效益 2 万多亿元。通过挖掘这个“第三利润源”，将大大提升企业的竞争力，推动企业自身和我国经济转型升级。

4. 物流信息化建设比较薄弱

在中国，经历 20 多年的发展，尽管我国物流业发展较快，但仍处于起步阶段，整体发展水平较低。物流信息化建设依然处于以网络与硬件等基础设施，以及平台软件和通用的办公与管理软件为建设重点的初期阶段。物流系统化、信息化程度低。现代信息技术应用程度不高，还处于初期阶段，不同地域发展不平衡。

四、创新成果的主要内容

点觉以资源整合、一站式服务和网络化发展为方向，利用其创新成果，有效推动了物流企业运营从“散乱”转向“有组织”的状态，实现了集约化发展，通过平台把广大物流企业、社会车辆和货主企业有机地衔接起来，并与其他运输方式进行对接，实现了物流供需的高效匹配，显著降低了物流成本。同时，在集约利用土地资源、降低空载、节能减排、市场规范化管理、改善货车司机群体的生存发展环境等方面产生了巨大的社会价值。

点觉致力于开发推广网络化、组织化、集约化和规模化的物流 O2O 平台。点觉以协同型物流管理平台的核心产品 wTMS 系统切入客户，为生产企业、第三方仓储、物流专线提供免费的、先进的、高效智能的管理软件，提高对现有业务和物流承运商的管理水平；通过司机端 APP 及车载设备做到车辆货物的实时跟踪，实现物流全程可视化；通过收货端 APP 做到送货预约、回单签收、货损反馈和服务评价，提高客户物流服务体验。如图 1 所示。

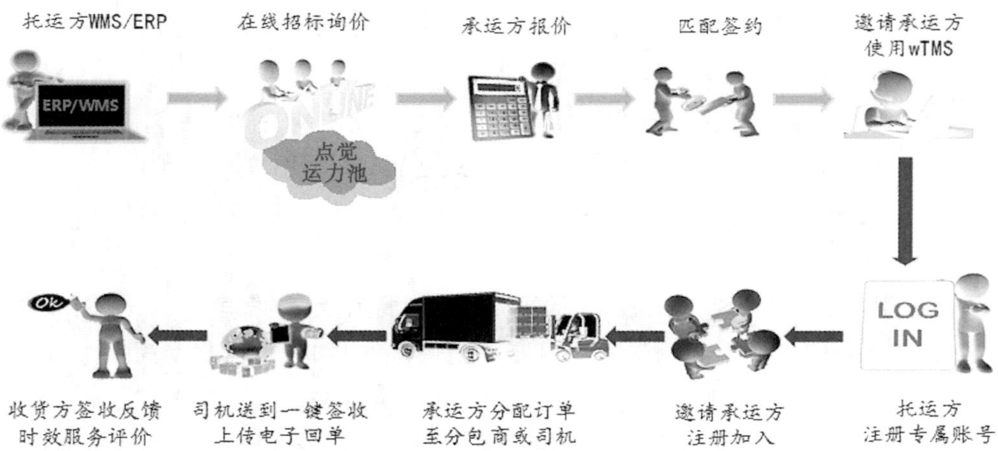

图 1　点觉公司 wTMS 系统信息流程

wTMS 系统具体包括以下几个方面功能：

1. 供应链整体解决方案

点觉 wTMS－协同型物流管理平台搭建统一的物流云服务平台，能满足经由混合云、公有云，逐步发展成为行业云的需求，满足供应链各方未来发展的需求。

点觉 wTMS－协同型物流管理平台采用开放的管理模式，以满足多公司、多实体、多角色、多级别的管理及操作需要，并满足不断发展的实时可视，在线业务优化需求，形成适应各行业需求的标准物流解决方案。

2. 大数据管理

点觉 wTMS－协同型物流管理平台能与生产企业的 ERP/WMS 接口对接，整理分析企业的供销存数据，优化企业的采购、仓储及运输行为。为物流企业收集内部管理、财务、司机车队等数据，提高企业运作效率，节省企业成本。

3. 订单管理

提供订单的接入，包括从 ERP、WMS、招标平台、电子商务平台等获得的订单；提供订单的批量导入导出功能及人工录入功能。支持手机、PAD、PC 等互联网终端网上下单，提高下单效率，避免数据重复输入产生的错误。支持条码扫描和 RFID 读取。用于订单的发货、节点到货和到货扫描。可打印货物条码标签，实现货物与订单绑定。

4. 订单全程可视化

托运方的订单由平台按协议智能匹配给承运商，通过 GPS 设备（车载和 APP）采集承运车辆的位置数据，跟踪车辆路线，托运方通过 APP 和 wTMS 可跟踪全过程。

5. 跟踪管理

支持 CALL CENTER 客服查询及异常主动服务，提供提货、装载、发运、在途、到达等业务节点的时间、数量、包装等数据的采集功能，并且提供异常记录功能。支持节点到货，提供中转节点的到达、离开时间及货物数量、件数、包装等信息条码扫描采集功能。支持 POD 客户签收，提供客户签收时间、签收货品、数量、件数等数据的采集功能，并且提供签收环节的异常处理功能。

6. 车辆管理

通过计划排班、GPS 定位、电子围栏、线路导航、疲劳驾驶预警、油耗监控等智能调度工具，监管货物运输全程，异常情况直接反馈。

7. 仓储管理

提供在线仓库管理、仓库资源发布和仓库调度，最大效用发挥仓储优势，合理分派资源，最大化利用仓库空间。仓库区位管理：可视化监控仓库容量，货物状态，区位分配一目了然。出入库管理：系统动态匹配，智能分派仓库及区位。调配管理与 TMS 系统集成，自动调度，省时省心。质检管理：库房安全指标公开透明，对仓库运营状况了然于胸。

8. 绩效管理

根据 10 个 KPI 数据，为生产企业、三方仓储、专线物流提供物流服务综合数据分析模版。出现异常状况、KPI 数据不达标将主动报警。

9. 统计分析

多种统计报表辅助决策，提供发货统计、发车统计、发货毛利、发回货平衡、外包统计等运营报表；提供利润统计、应收统计、应付统计、现金流统计、资金平衡等财务报表；提供在库时效、车辆运输时效、货运及时率、货物质量、信誉评价等统计报表。

10. 财务管理

一体化物流计费、对账、结算平台，实现对内、对外对账结算服务；提供信用管理，提供计费结算规则、费率等灵活配置功能；支持针对货主、订单、账期等不同模式的结算计费，实现财务系统的集成。提供应收、应付管理模块，根据客户和承运商合同明细自动生成应收凭证和应付凭证，并通过电子对账系统完成双方的对账工作，生成相关对账单。可对费用进行调整或增加附加费用，并支持在质量事故中生成的赔偿、罚款等费用信息参与费用结算。

五、创新成果的主要创新点

1. 物流全流程可视化

点觉通过 wTMS 系统将发货人、承运商、司机、收货人融入到一个平台，将 ERP/WMS 的信息直接导入点觉 wTMS。传统物流信息闭塞，上下游企业的信息数据不能科学的对接，导致运输价格和流程不透明；运输环节、车辆实时位置无法精确跟踪；时效不达标、货物丢损等责任不明确。这些传统物流的问题都可以通过 WTMS 系统得到解决。点觉平台将各方的信息整合，通过 GPS 定位实时跟踪货物的位置，实现货物从录单到回单的全程可视化。

2. 将散乱的珍珠（中小物流公司）串联起来，搭建成一个协同发展、合作共赢的生态圈

中国公路运输市场目前格局混乱，众多小企业各自为政，恶性竞争严重，小、差、乱，信息不透明。中小物流公司由于资金链等问题，无法投入大量的资源与黄牛信息部竞争，服务质量无法保证，业务来源不稳定；限于自身的体量和品牌形象影响力，无法找到优质的货源。点觉的出现，将散乱的中小物流公司整合，制定标准的服务流程，共享各条线路的资源，打造统一的品牌形象，提升中小型物流公司的竞争力，寻找优质的货源，带来新的商机。

3. 为中小物流公司提供免费的 SAAS 平台

wTMS 系统是涵盖物流运输全过程的信息管理系统，贯穿货物从发货方到收货方的全过程信息化管理，包括发货管理、配载运输、到货管理、财务结算、客户管理、统

计分析、GPS 监控等核心功能，可提升物流公司运输处理时效，降低营运管理成本，改善客户服务体验。

4. 整合上游的货物配送需求信息，提供配送业务

利用 wTMS 系统，整合上游的货物配送需求信息，并整合下游的配送公司和车主资源，打通信息壁垒，优化资源配置，推出配送业务。配送业务是为客户（中小物流公司、电商企业、生产经销企业、制造工厂等）提供同城或市内中大件货物的收货、转运、送货等门到门配送运输服务，并提供开箱验货、货到付款、代收货款等增值服务。一方面降低上游配送需求方的配送成本，并提升客户服务水平；另一方面降低下游配送公司或车主的车辆闲置率并提升装载率。

六、创新成果的应用效果

点觉公司的 wTMS 系统实施后，取得了以下几个方面的效果：

1. 整体应用效果

第一，在企业管理上，打破"信息孤岛"，实现组织间协同，沟通更有效，管理更畅通，通过有效、全面的数据，从企业全局出发，对物流环节进行分析，准确下达物流决策；在客户服务方面，使得物流供应商和客户（收货人）使用统一平台，标准化整个运输运作绩效，提高整个供应链全局的可视化和可追踪性，以达到顺畅整个供应链，降低物流运作成本的目的。

第二，以点觉 wTMS－协同型物流管理平台带动中小物流企业的成长，促成物流行业整体水平的提高，形成行业良性发展。

第三，点觉 wTMS－协同型物流管理平台整合三方仓储、专线物流、配送公司、司机车队的物流资源，通过点觉平台打造中国物流的优势资源，提供优质运力服务，带动物流全行业发展。

第四，点觉 wTMS－协同型物流管理平台的建立，将货主方、干线物流、配送和收货方等物流环节有机连接起来，建立标准化和规范化的流程。

第五，点觉 wTMS－协同型物流管理平台数据标准及物流流程标准的输出，将带动整个物流行业的数据及流程标准化、规范化。

2. 具体应用效果

青岛红纺集团加入点觉物流供应链管理平台后，物流成本降低了 15%，线下物流供应商的服务在安全、可视、高效等方面得到了提升。

此外，点觉公司还将客户拓展到了其他行业，一些企业纷纷使用点觉公司的创新成果并获得了很好的效果，如图 2 所示。

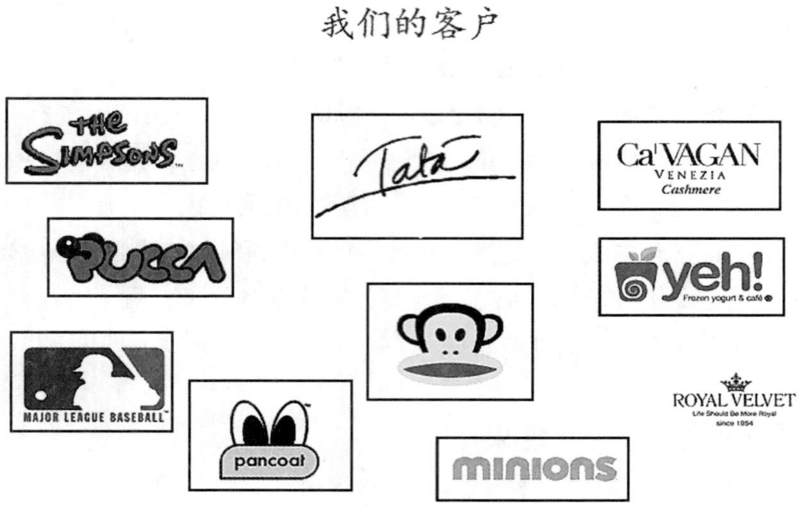

图 2　点觉公司 wTMS 系统使用客户

七、创新成果的推广价值

本创新成果 wTMS 系统针对商贸企业、三方仓储、物流企业、司机车队、收货人等都具有较好的推广价值。

1. 商贸企业

利用本系统，商贸企业可以垂直推荐选择优质承运商，可使企业物流成本降低 10% ~30%；零投入获得先进的 TMS 系统，考核管理新老承运商，提高运输安全与效率；对接 ERP/WMS 系统，可使数据对接更智能化，企业管理更高效；先进的物流财务管理对账系统，可使企业的物流成本更透明，免去与物流承运商烦琐的对账步骤，让企业物流更轻松。

2. 三方仓储

利用本系统，第三方仓储企业可以垂直推荐选购优质承运商；零投入获得先进的 TMS 系统管理新老承运商，并通过 10 个 KPI 数据（准时到货率、准时回单率、回单准确率、车辆准时到库率等）考核新老承运商；通过车载设备、移动 APP 实现“分包承运商、司机和收货人”的全网视图，让物流运输更加透明化。

3. 物流企业

利用本系统，物流企业可以垂直对接托运方，获得更多业务机会；免费获得先进的 TMS 系统、车载监控设备以及同城配送、干线运输车辆调度，让天下没有难做的物流。

4. 司机车队

利用本系统，司机车队可以垂直对接托运方，降低因信息不畅导致的空载率；租用获得车载疲劳驾驶识别预警系统、GPS、行车记录仪，降低因疲劳驾驶频频发生的“人车货”交通事故，让天下没有难做的运输。

5. 收货人

利用本系统，收货人可以实时在线跟踪货物；货到上门提前预约；货损丢失及时拍照回馈；对承运商或司机进行评价，提高客户物流体验。

长春陆顺汽车动力总成运输项目水陆联运创新模式[①]

王建博，一汽物流（长春陆顺）储运有限公司经理助理。

【摘要】长期以来，陆路运输模式因操作便捷、交通路网发达和运营广泛等优势在汽车物流企业的物流业务中占主导地位，但与此同时，由于运输车、货物规格不一及较高的运营成本和较大的碳排放，加之运输途中的不可控因素，制约着运输的可持续发展。为冲破传统运输模式思维对业务发展的局限，同时应客户建议，一汽物流（长春陆顺）储运有限公司专门针对汽车动力总成，依据工厂布局，合理利用临近港口的优势进行多式联运模式的可行性研究。长春陆顺于2014年7月至2015年9月期间以长春、大连和天津作为起运点，终到地为佛山四厂，先后组织了四次大规模的试运行和信息采集工作，并对关键性指标（如成本控制、资源节约、品质保障、时效保障、节能减排、全封闭管控和异常情况等）进行了仔细的验证。研究发现，水陆联运模式在成本、品质、时效和环保方面表现突出，从而坚定了将合适零部件资源在便利港口推动水陆联运的信心，更为推动汽车物流运输模式变革，推动水陆联运模式走向零部件市场提供了现实依据。

【关键词】水陆联运；降本增效；节能减排；时效保障；安全品质

【适用领域】汽车大型总成运输；零部件集散物流；港口工厂产前物流

---

① 本成果由一汽物流（长春陆顺）储运有限公司提供，成果主要创造人：王建博，参与创造人：杨怀柱、孙纪週、邹晓强、王莹莹、王东林，获2015年度物流行业企业管理现代化创新成果奖二等奖。

一、企业基本情况

一汽物流（长春陆顺）储运有限公司（以下简称陆顺公司）成立于2003年，隶属一汽物流有限公司，是中国第一汽车集团公司的全资子公司。公司目前有员工615人，下辖六个职能科室、三个分公司、三个办事处和七个生产车间。公司主要为一汽－大众、一汽轿车和一汽解放提供第三方物流服务，主营业务有零部件入厂物流、发传一体化、备品纸箱包装等。公司总部位于吉林省长春市汽开区，具有5A级物流企业和三标体系认证资质。公司的第三方物流网络辐射东北、华北、华东、华南及西南地区。公司2011—2014年主营业收入累计达到20.49亿元，财务利润累计1.56亿元，上缴税金累计3.51亿元，年均劳动生产率达66万元/人。

公司以提供安全、优质、准时、高效的物流服务为宗旨，不断探索汽车物流新模式，始终以为更好地服务客户、做国内一流的汽车物流企业的目标而努力。

二、创新成果的名称

长春陆顺公司的创新成果名称是：水陆联运模式在汽车动力总成运输项目中的应用。该创新成果将介绍水陆联运模式的调研情况和试运行成果，借以展示其在新物流理念倡导、节能环保、库存成本优化、物流效率提升等方面的优秀表现，并通过数据对比，以经验分享形式，对运输的关键指标（如成本控制、资源节约、品质保障、时效保障、节能减排、全封闭管控和异常情况等）进行了仔细的验证。研究发现，水陆联运模式在成本、品质、时效和环保方面表现突出，从而坚定了将合适零部件资源在便利港口推动水陆联运的信心。

三、创新成果的产生背景

（一）汽车行业网络化布局加快，多式联运发展提上议程

汽车行业的飞速发展与激烈竞争，及全国工厂网络布局理念的提出，促使众多车企在交通便利、经济活跃的发达城市建设汽车分厂和核心零部件总成制造工厂，以形成更具竞争优势的自给、生产及销售网络布局。与此同时，国家又在积极推动和倡导各行业优化成本、提升管理、节能减排。

汽车行业生产布局的井喷式发展，和国家对行业发展的导向，使产前零部件物流必须做出巨大的变革，才能适应国家甚至全球对行业发展的经济预期与环境预期。

在运输模式创新和变革上，汽车行业内的物流业务中，对公路、铁路、水路和航空均有采用，综合分析来看，每一种单一的运输方式都有其优点和局限性，如表1所示，于是多式联运理念逐渐发展起来。有专家在进行经济测算后指出，当超过1000千米运距时可根据条件考虑应用多式联运。

表1　各种单一运输模式的对比情况

运输方式	运输方式的优点	运输方式的局限性
铁路运输	①安全；②不受天气影响；③中长距离运货运费低；④运输批量大；⑤节能	①不适于短距离运输；②货车中途作业需要时间；③运费没有伸缩性；④不能实现门到门；⑤车站固定，无法随时停车；⑥货物滞留时间长
公路运输	①机动灵活，适应性强，无处不在，无处不有；②可以实现门到门直达货物运输；③在中短途运输中运送速度较快；④原始投资少，资金周转快；⑤掌握驾驶技术较容易	①运量较小，运输成本较高；②运行持续性较差；③安全性较低，环境污染严重
水路运输	①成本低；②载重量大；③通过能力大；④耗能少；⑤投资省；⑥不占或少占农田；⑦对综合运输依赖性大	①受自然条件的限制与影响大；②运输速度低；③灵活性小；④连续性差；⑤有的地方要加宽河道、疏浚、挖深或沟通
航空运输	①运行速度快；②不受地面条件影响；③安全，准确；④节约保险、包装、利息等费用；⑤经济效益高	①运输费用高，不适合低价货物；②噪声污染严重；③载重量小，运输成本高，尚不能完成大量的普通货物运输；④仓容有限，对大件货物或批量货物有一定限制；⑤恶劣天气会影响飞行安全

在多式联运的众多组合中，水陆联运以其组合简单、操作便捷、经济性高而受到格外的重视，尤其是商品车运输领域。但其在汽车零部件物流中应用始终极少，虽然由于汽车零部件的特殊性，这种模式在时效和品质等方面还有待验证，但是不可否认它在安全、环保和减耗方面相比陆运更优秀。选择合适的零部件及工厂，充分利用周边港口的轮渡资源和航道条件，来进行水陆联运模式上述指标的验证，证明其在适当条件下操作的必要性和可行性，就显得尤为重要。

（二）水陆联运模式优势明显，汽车物流业务普及加快

水陆联运模式一般可再分为公—水和公—铁—水联运两种。其中公—水联运是指公路、水路联合，是由发货地公运到起运港，经水运至目的港，而后公运至目的地的联运方式。这也是本文应用和表述的主要方式。而公—铁—水联运是指公

路、铁路、水路联合，一般是由发货地经公路、铁路、港口轮渡到达目的地，其港口一般为中转港或到达港。一般来讲，公--水联运是公—铁—水联运的前提和过渡。

对比分析来看，公—水联运是我国外贸运输的绝对主力，两种模式结合及操作性强，是大宗散货运输和构成国际运输体系的主要方式，特别是在陆岛、海峡、岛屿间和沿江、沿海客货运输中具有不可替代的优势。

陆顺公司的零部件物流业务中目前尚未正式应用水陆联运模式，但在商品车物流中的公—铁—水联运比例逐渐增加。国内同行业中，除 CKD 零部件进口项目外，水陆联运汽车零部件的实例并不多（如表 2 所示），这主要与车企的工厂地缘性及网络布局局限性有关。而在国外，如德国、日本等，沿海城市的汽车零部件物流中对水陆联运模式应用较广，且成果较为显著。

表 2　国内同行业水陆联运应用情况

名称	线路	商品车运输	零部件运输
一汽物流	佛山—天津	√	
天津丰田	上海—天津/青岛	√	
风神物流	上海—武汉/重庆	√	
华晨宝马	上海—沈阳	√	√刚起步，未成规模
上海安吉	江浙—上海	√	√

四、创新成果的主要内容

1. 陆顺公司问题现状及原因分析

第一，以零部件运输为例，客户寄希望于通过寻找合适的运输模式，如水陆联运，实现对物流成本、安全和品质的更高预期。

第二，陆顺公司在零部件水陆联运业务领域一直处于空白。

第三，国家在行业节能环保方面有较为宏观的预期，但并未在水陆联运模式应用等方面给予实质的政策引导。

而上述问题究其原因，并不仅仅是由于水陆联运对陆顺公司来说还是陌生领域，而是陆顺公司对水陆联运模式在汽车零部件运输中的应用缺乏信心和积极性，而信心和积极性的建立主要与关键物流指标，如时效、成本、品质及节能等能否达到预期有关，陆顺公司尚无零部件水陆联运的成功经验和数据积累。

2. 目标及问题解决对策

如上，为了建立水陆联运模式在汽车零部件运输领域的应用信心和积极性，必须对客户关心的关键指标进行验证，主要为：

（1）生产工厂网络布局，进行工厂、港口及船商调研；

（2）分析动力总成运输要求，制定水陆联运试运行方案；

（3）阶段性总结试运行成果，对比陆运数据，同时观察关键性物流指标情况；

（4）制定并实施提升及改善指标预期的方案和措施。

五、创新成果的主要创新点

（一）主要调研成果

调研内容及主要成果如下：

（1）基础信息调研：即对客户汽车工厂和零部件总成工厂网络布局和靠近沿海的地理位置进行分析。目前客户在长春、成都、佛山三地有四个汽车工厂，其主要零部件供应商集中在华东、华北和东北区域，其中在长春、大连、天津和成都四地建有动力总成工厂。另外长春、大连和天津分别临近营口港、大连港和天津港，且地理位置优越。

（2）生产信息调研：即汽车工厂及零部件供应商需求分析。如将出货量、要货计划与箱柜容量进行对比。

（3）运行信息调研：即港口及船商运营要求和操作程序，如图1所示。具体包括物流环节、交接过程及合同价格等。

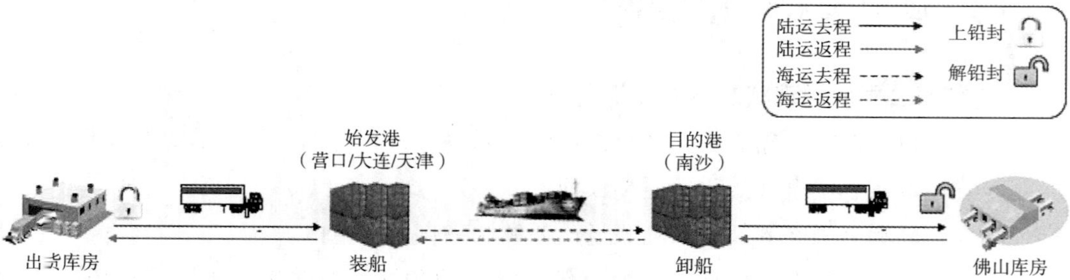

图1　水陆联运业务操作流程

（4）指标控制预期：成本、时效、减排等的测算分析。在与船商沟通后，经过测算对比，基本指标均能得到保障，尤其是运营成本将有大幅下降。具体信息将在试运行成果中展现。

（5）试点选择预期：即选择哪个区域（或城市）的何种零部件进行水陆联运，接收工厂和中转港选在哪里。在产前物流零部件种类中，动力总成具有一车一件、器具标准化（更适合集装箱装载）、批次数量易管理等优点，且加工厂附近均有大型港口。

因此，2014 年 3 月最终确认水陆联运模式在动力总成运输中进行验证，验证成功后将把水陆联运作为沿海工厂汽车零部件异地运输的主要物流模式。

上述调研过程基本达到预期，即：一是用理论佐证了水陆联运模式的可行性，并确定了水陆联运试运行的试验零部件；二是理顺了运行流程与相关方合作方式，做好了试运行前期准备工作。

恰逢此时，客户佛山汽车工厂计划从长春、大连和佛山三地采购变速器。为掌握水陆联运经验，陆顺公司建议客户以变速器作为主要货运对象，逐渐试点运行水陆联运模式，以期从实践层面验证水陆联运模式的可行性。

（二）关键性物流指标验证情况

在 2014 年 7 月至 2015 年 9 月期间，以长春、大连和天津作为起运点，终到地均为佛山四厂，先后组织了四次大规模的试运行和信息采集工作，并对关键性指标进行了仔细的验证。

1. 降本增效情况

通过测算，水陆联运模式使汽车动力总成全过程物流成本下降约 20%。图 2 为某变速器进行水陆联运主要成本构成及与陆路运输成本对比情况。

水陆联运去程信息	
装货地	大连双D港
起运港	大连港
目的港	南沙港
送货地	狮山镇
运输条款	门到门
收费项目	**金额**
装货港拖车费	
装货港杂费	
修洗厢包干费	
装港码头附加费	
海运费	
卸港码头附加费	
目的港杂费	
目的港拖车费	
费用合计	
保险费用	

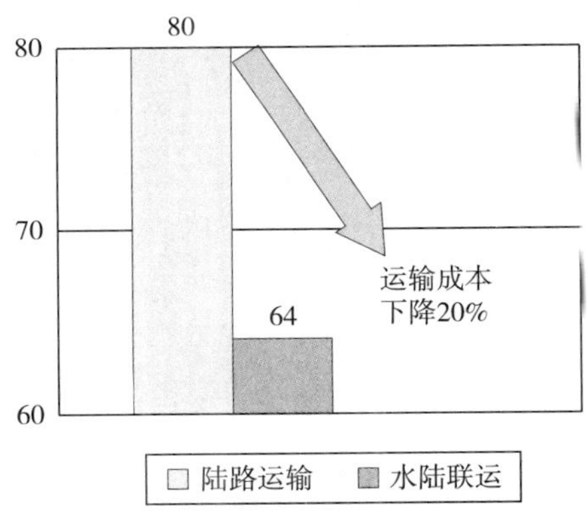

图 2　水陆联运主要成本构成及与陆路运输成本对比（元/台，不含税）

2. 资源节约情况

项目组综合考虑了地理位置和水陆联运的优势。由于水路运输货船装载能力大（目前主流货轮均为 4000TEU ~ 9500TEU），不占用道路资源，且属于小频次大批量运输，减少了车辆投入，因此较之陆路运输在资源占用方面明显减少。

表 3 展示了某发动机月计划量不变情况下水陆联运（长春至佛山）的资源占用情况。

表 3　　水陆联运前后的资源占用情况对比

项目	陆路运输	水陆联运	对比结果
到货周期	7～8 天	10～11 天	
集装箱车	20 台	8 台	减少 60%
公路	3787 千米	276	
轮船	0	1 条	
标准箱	0	100 箱	

3. 品质保障情况

集装箱均为封闭式，通过透光检查，并在发运地装载完毕后，采用一次性铅封进行封闭，并记录铅封唯一编码，防止因密封不好造成货物锈蚀或漏水，也避免了陆路运输因人为开启集装箱造成内部货物质数的异常。而且从发运地到港口之间，缩短了陆路运输距离，避免了因路况复杂而持续颠簸影响运输品质（如图 3 所示）。港口到港口的海上运输，虽然有约 30°的摇摆倾斜，但仍符合动力总成器具运输设计要求。所以水陆联运可以更好地解决因陆路运输环境因素对货物造成的质损隐患，质损率可降低 3%。

装载前，关闭集装箱门，对集装箱进行了密闭检查，确认完好无露点后，进行试运行DQ200变速器装载

DQ200海陆联运试运行，未采用特殊防护包装，使用同陆运相同的包装方式（VCI气相防锈塑料袋，折叠后胶带封口）

装载288台后，集装箱尾部采用紧线器绑带防护，避免运输过程中器具整体后移

图 3　箱柜、包装及装卸过程示意图

4. 时效保障情况

在综合分析三年内的海运航班及天气等数据，以及先后三次大规模的试运行后发现，营口、大连及天津三大港口均为不冻港，排除每年少量时间的台风期后，海运及两端集装箱取送货时间波动较小，水陆联运整体发、到货周期较为稳定（如表 4 所示），这种稳定性也使得对库存和周转器具的管理更加便捷。

表 4　　三大港口水陆联运发到货稳定性对比

始发地	库房—始发港	始发港 等待时间	始发港— 目的港	目的港 堆存时间	提货 时间	单程 时间
长春	532km　1 天	营口港　0～2 天	7 天	南沙港　0 天	138km　1 天	10±1 天

续 表

始发地	库房—始发港	始发港 等待时间	始发港— 目的港	目的港 堆存时间	提货 时间	单程 时间
大连	8km　　0 天	大连港　0 ~ 5 天	8 天	南沙港　0 ~ 5 天	138km　1 天	11 ± 1 天
天津	<50km　0 天	天津港　0 ~ 2 天	8 天	南沙港　0 天	138km　1 天	10 ± 1 天

5. 节能减排情况

由于实施水陆联运后三条线路的陆路运距平均降低 90%，使运输车辆和道路占用明显减少，单位碳排放量随之下降。根据计算，与陆运相比，某变速器运输碳排放节省 2288 千克/柜（大连 - 佛山，装载量 144 台/标准柜），降幅达 59%。可以说，水陆联运模式最大限度地追求全过程的绿色化，完全顺应“利国利民、低碳环保、可持续发展”的行业变革使命。

6. 全封闭管控情况

集装箱采用一次性带唯一编码的塑料铅封封闭，进港后由海关开箱检查、更换金属铅封。集装箱全程不拆箱（如图 4 所示），是规范的集装箱门到门运输。

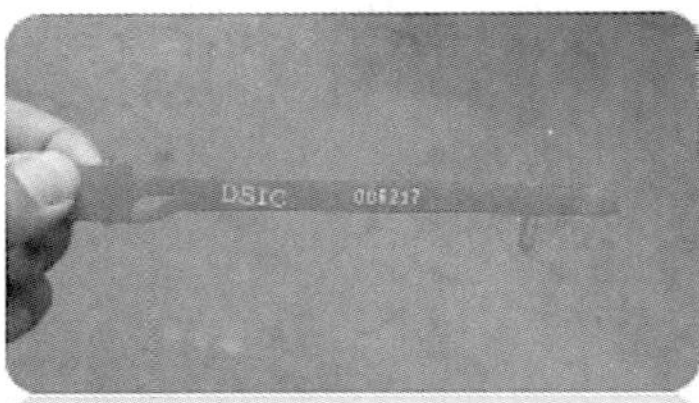

集装箱门采用一次性带唯一编码的塑料铅封封闭，进港后海关开箱检查更换金属铅封

相关票据放在最后排器具内夹带

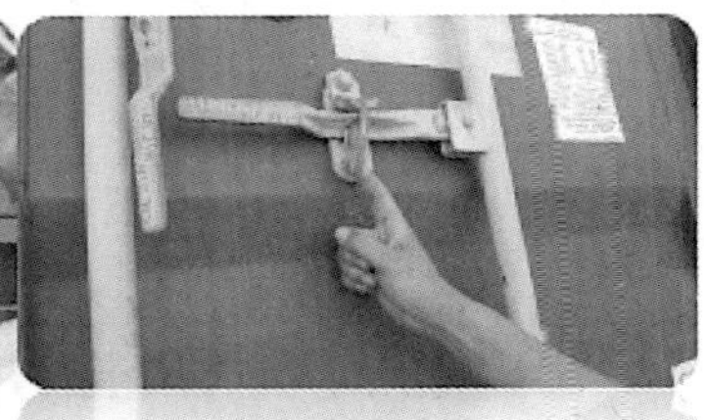
一次性塑料铅封封箱

图 4　铅封及封闭效果

7. 异常情况

试运行过程中也发现一些问题，公司也设计了相应的应对方案。

首先，在信息系统建设与支撑方面尚无建设性方案。为了解在途监控对动力总成库存的影响，虽多次探讨，但目前除了利用 GPS 或北斗定位对货物位置进行跟踪外，尚无更好的方式对货物状态或完好性给予实时监控。

其次，在现有条件下，受包装物设计标准和集装箱性能影响，海运动力总成偶尔会出现个别锈蚀现象。因此必须要求动力总成厂家加速产品包装的完善，同时提高海运集装箱的密封标准。

最后，恶劣天气对运输周期的影响是不可忽视的。如台风导致轮船长时间滞留而引起的个别发动机生锈情况偶尔发生，但并不影响货物的使用性能，且可后期处理掉，再加上货物本身在运输过程中强制上货险，因此品质保障基本不存在问题。另外，为了保障到货时效性更佳，项目组还制定了多种紧急状况下的应急举措，如台风长期滞留船只超过一定时间将临时启用陆路运输。

六、创新成果的应用效果

长春陆顺公司对水陆联运进行了一年多的理论调研，并通过对长春、大连、天津三地动力总成的试运行，得到了水陆联运模式在汽车动力总成中的创新应用研究模式。不但使关键性物流指标得到验证，增加了双方扩大水陆联运模式应用领域的信心，为将来网络布局拓展打下多式联运经验基础，更实现了客户降低成本、保障时效品质的心理预期，还为国家对物流行业运输模式变革提供了现实的导向依据，借以促进水陆联运模式走向零部件物流市场。

水陆联运模式可行性和必要性已然得到验证，但各项关键指标仍需在未来运行中继续予以改善。而如何在将来因地因物制宜，在零部件业务中加快推进水陆联运物流模式，尤其是推进公—水联运向公—铁—水联运过渡，也是一项重要课题。

随着多式联运物流经验能力的逐渐提升，长春陆顺将持续寻找契机以打开客户海运资源国内物流商缺口。对于一汽来说，长春地处东北，物流通道极受限制，若能同时开展水陆联运，对一汽产销也将带来推动作用，同时物流产业化梦想也将逐步实现。

七、创新成果的推广价值

水陆联运模式发展前景较好，尤其是在环境允许、运输条件良好的航道，货轮通过能力几乎不受任何限制，并且运输成本低，又能提升企业核心竞争力，运输方式更加绿色环保，利国利民，因此具有现实的、迫切的推广意义。本创新成果，不仅有助于长春陆顺公司本身业务的创新实践，而且对于汽车物流乃至整个物流行业的发展，都具有十分重要的推广价值。

首先，本创新成果有助于长春陆顺公司开拓其他水陆联运业务。通过试运行，长春陆顺和客户均坚定了推进水陆联运的信心，同时客户同意将水陆联运在长春、大连和天津全面铺开。由于佛山工厂在天津外采变速箱，长春陆顺已在天津建立办事处，从事水陆联运业务，并借此机会开展华北地区入厂物流项目。该项目的开展已对其他业务起到了示范效应。水陆联运项目预计最早于2016年年初开始正式运行。

其次，本创新成果有助于推广到其他汽车物流企业。随着汽车行业的发展加快，汽车全国工厂物流网络布局也不断优化，促使众多车企在交通便利、经济活跃的发达城市建设汽车分厂和核心零部件总成制造工厂，以形成更具竞争优势的自给、生产及销售网络布局。因此，本创新成果有助于推广到其他汽车物流企业，尤其是具有沿海物流业务和江河物流业务的汽车物流企业。

最后，本创新成果有助于其他物流企业在实施水陆联运项目中予以借鉴。本创新成果的提出经过了详细而且复杂的论证，进行了周密而细致的调研，这些过程都值得物流企业在相关业务中予以借鉴。

物流运作篇

冀北电力面向供应链管理的储备体系构建和实施①

张国英，现任国网冀北电力物资公司物资供应部副主任，主要研究领域为大型电网公司仓储配送、物资调配和应急物资管理。在工作中勇于创新，致力于研究优化电网物资供应的方法、措施和手段。其管理的仓库先后荣获“中国五星级仓库”和“中国仓储服务金牌企业”的荣誉称号，管理的仓储配送中心获得国家电网公司“工人先锋号”荣誉称号。针对电网物资供应特点曾多次参与提出合理化建议，荣获“国家电网公司优秀合理化建议”三次和冀北公司合理化建议一等奖三次和二等奖一次。积极创新电网物资供应模式，曾荣获河北省管理创新一等奖两次和北京市管理创新一等奖一次。

【摘要】 国网冀北电力有限公司物资分公司是冀北公司物力集约化建设的支撑单位，承担物力集约化职能管理工作，担负为冀北电网发展提供物资供应保障的核心业务。面临物资供应、库存控制、供应链管理等方面的问题，冀北公司做出面向供应链管理的储备体系，持续提升物资供应保障能力的决定。具体做法上，实施推进物资标准化管理、建设仓储配送网络体系、物资调配机制和面向供应链的差异化联合库存储备体系四大管理体系创新。其中，加强组织领导是体系实施的组织保障，推进标准化管理是体系实施的前提，建立仓储网络系统是体系实施的硬件支撑，构建物资调配体制机制是实施的关键，面向供应链的差异化联合库存储备策略是体系实施的核心。通过体系的实施，实现了物资供应大幅度提升和物力集约化管控能力的提升，规范了企

① 本成果由国网冀北电力有限公司物资分公司提供，成果主要创造人：张国英、陈绍鑫，参与创造人：运晓飞、李玉宏、王倩、薛宏、许永超、陆英、刘勇，获2015年度物流行业企业管理现代化创新成果奖一等奖。

业管理并带来了巨大的经济效益。该项创新成果可以在国家电网公司各省级电网公司以及其他大型生产、制造型集团公司进行集中推广。

【关键词】供应链管理；储备体系；差异化的联合库存；信息系统

【适用领域】国家电网公司各省级电网公司；大型生产和制造型集团公司

一、企业基本情况

国网冀北电力有限公司（以下简称“冀北公司”）隶属国家电网公司，于2012年2月9日正式独立运作。本部设23个部室（中心），所属供电、施工、培训等基层单位17家，职工总人数25718人。截至2013年年底，冀北电网总装机容量2484万千瓦（其中，火电占62.1%，风电占34.3%，水电占1.7%，太阳能和储能占1.9%）；冀北公司运维500千伏变电站23座，容量4883万千伏安，线路9981千米；220千伏变电站105座，变电容量4116万千伏安，线路8629千米。

国网冀北电力有限公司物资分公司（以下简称物资分公司）是冀北公司物力集约化建设的支撑单位，现有职工195人，承担物力集约化职能管理工作，担负为冀北电网发展提供物资供应保障的核心业务，业务范围包括计划管理、招标采购实施、合同管理、仓储配送、物资调配、现场服务、质量监督等物资管理相关领域。企业曾先后荣获北京市交通安全先进单位、北京市丰台区文明单位、纳税信用A级单位、AAA级信用等级单位、中国招标代理机构诚信创优5A等级先进单位、“中国仓储服务金牌企业”、管理的冀北公司良乡中心库荣获“中国五星级仓库”等荣誉称号。

二、创新成果的名称

国网公司提出打造世界一流企业和国际一流电网的管理目标。然而与世界一流企业相比，冀北公司在物资供应、库存控制、供应链管理等方面存在较多问题：一是缺乏基于供应链的全环节库存控制策略；二是缺乏有效的物资调配体系；三是无科学的库存定额制定方式；四是无高效的信息化管控手段。经过调研，大胆创新，经过半年的酝酿实验，2013年6月，冀北公司做出面向供应链管理的储备体系，持续提升物资供应保障能力的决定，并于2014年1月全面推广运行。因此该创新成果的名称为：大型电力企业面向供应链管理的储备体系构建和实施。

具体做法包括实施推进物资标准化管理、建设仓储配送网络体系、建设物资调配机制和构建面向供应链的差异化联合库存储备体系四大管理体系创新。其中，加强组织领导是体系实施的组织保障，推进标准化管理是体系实施的前提，建立仓储网络系统是体系实施的硬件支撑，构建物资调配体制机制是实施的关键，面向供应链的差异化联合库存储备策略是体系实施的核心。

三、创新成果产生背景

冀北公司建设面向供应链管理的储备体系，不仅是提高冀北公司管理水平的需要，也是提高冀北公司物资保障能力、防范企业风险、建设世界一流电网的需要。

（一）构建面向供应链管理的储备体系是提升冀北公司经营管理水平，打造世界一流企业的内在要求

冀北公司通过建立物资调配体系统筹考虑供应商、省、地市、县各级物资供应和需求，建设信息系统整合供应链中的各个相关业务，制定科学合理的物资供应和储备方式，减少各级仓库重复储备，降低公司库存水平，减少资金占用和库存报废浪费，提升物资管理整体价值创造能力和公司经营管理水平，打造世界一流的供应链管理体系。

（二）构建面向供应链管理的储备体系是提升冀北公司物资供应保障能力，打造世界一流电网的必然需要

随着世界一流电网发展目标的提出，国网公司加快增强智能电网建设步伐，物资供应任务十分繁重。一直以来，与采购环节相比，冀北公司对后端供应环节的管控相对薄弱，供货协调能力较差，仓储管理及配送物流体系尚需加强。面向供应链管理的储备体系对电网物资进行标准化管理，利用信息系统对全供应链环节的库存和供应进行全程、动态、便捷掌控，变被动供应为主动供应，将大大提升冀北公司物资需求响应能力，满足公司电网建设和生产运营需要。

（三）构建面向供应链管理的储备体系是防范风险、提升依法治企管理水平的客观要求

开展面向供应链的精益化库存体系建设，有助于解决长期制约公司的库存盘活资源利用困难问题，可以主动针对公司库存资源利用效率低等问题，依法合规解决这些长期形成的问题，提升公司资源利用效率，有效防范企业经营风险、降低库存物资浪费也是冀北公司加强依法治企规范管理的重要落脚点之一。

四、创新成果的主要内容

冀北公司构建和实施面向供应链的储备体系，降低物流成本，提升物资供应保障

能力。其中加强组织领导是体系实施的组织保障，推进标准化管理是体系实施的前提，建立仓储网络系统是体系实施的硬件支撑，构建物资调配体制机制是实施的关键，面向供应链的差异化联合库存储备策略是体系实施的核心。主要做法如下：

（一）加强组织领导

按照冀北公司“三集五大”体系整体建设方案，编制下发《冀北电力有限公司深化物力集约化操作方案》，调整物资部内设机构及相关职能，成立国网冀北电力有限公司物资分公司，在各地（市）公司成立物资供应公司。

成立以分管领导为组长的领导小组，下设物资部和物资分公司主要负责人为组长的建设工作组和以信息系统建设人员为主的系统开发组，全力开展物资调配中心建设以及仓储体系清仓利库工作，精心编制了《物资调配机制建设实施方案》《清仓利库工作方案》，组织开展物资库存管理各项工作，并梳理优化了物资管理所涉及的各项流程和制度，推行“需求归口管理、合同统一管理、仓储系统管理、配送精确管理、供应商关系协同管理、废旧处置透明管理、应急物资统筹管理、信息资源一体管理、绩效评价量化管理”的现代物流管理模式，明确物资管理职能定位，细化物资管理工作界面和业务操作流程，建立科学规范的物资工作机制和绩效考核机制，使物资规范化管理有据可依。

（二）推进物资标准化管理

电网企业设备及材料存在品种多、型号杂、接口不匹配、尺寸不标准、技术不统一等问题，影响和制约了物力集约化管理。只有推进标准化的物料管理，才能保证各类物资备品备件的通用性，才能提升电网的物力集约化管控能力和降低成本，物资标准化管理是深入推进面向供应链储备体系的基础。冀北公司组织建立了物资标准化专家库，省公司、地市公司和县公司建立标准化建设联络员机制，从项目设计、设备选型等源头落实标准化，促进电网设备通用互换。强化标准执行的刚性约束，在电网规划、设计和建设中，必须选用标准规定的设备材料；对纳入集中采购的设备材料、大宗物资，必须在物资采购标准目录范围内选择；对已经完成设计的项目，要对照发布的采购标准，复核设备材料选型，不符合采购标准的要及时调整。通过物资标准的严格执行，促进电网规划、设计、建设和生产运营的标准化。

（三）建设仓储配送网络体系

理清现有库存资源，开展仓储网络体系建设，是实施联合库存储备的硬件支撑。冀北公司以仓储网络体系规划、仓储配送可视化信息构建和清仓利库几项工作作为管理抓手，着力构建面向供应链管理储备体系的硬件基础，构建有效的保障体系。

1. 建设仓储配送网络体系

冀北公司对原198个存储点，482个库房进行优化整合，构建了现代化的仓储配送网络体系，经过整合，冀北公司库存点减少76%，作业人员减少约45%，库房平面面积减少63%。仓储管理模式创新后的仓储网络体系更加科学高效。

按照“合理确定储备定额、统筹规划仓储地点、科学设计仓库规模”的思路，根据存储物资种类和数量，调整各级仓库定位，按照建设以省公司为主体，构建以省中心库为核心，地（市）周转库为分支、县公司和专业仓储点为补充的仓储网络体系，仓储网络体系规划如图1所示。

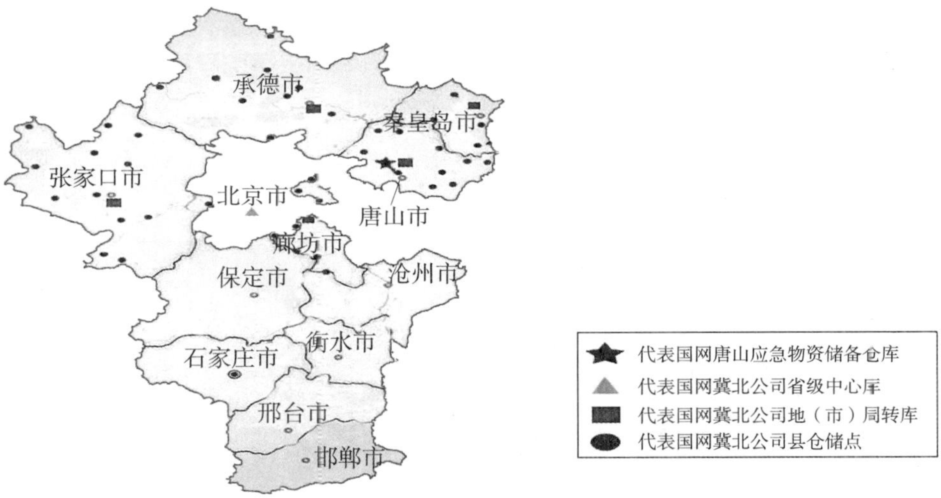

图1 仓储网络体系规划

国网储备库：主要存储国家电网公司的应急救灾物资、应急抢修工器具和跨省联合储备的备品备件，是国家电网公司设在冀北地区的应急物资集中储备地点。

省中心库：省公司层面设立良乡中心库。作为仓储网络枢纽，负责全省通用物资资源的集中储存与配送，向周转库、仓储点进行补库。

地（市）周转库：在唐山、廊坊、秦皇岛、张家口、承德设立周转库，作为仓储网络的中转，主要存储地（市）公司集中储备的备品备件、运维物资、配（农）网物资、工程项目暂存物资、废旧物资、代保管可用退役资产等。

县仓储点：主要存储县（市）级日常运维物资、常用备品备件等。仓储点设在县（市）公司运维检修部（储运班），服务辐射半径保证在交通便利地区1个小时为送达。

2. 构建仓储配送可视化管理系统

在建设仓储网络硬件的同时，冀北公司注重信息化建设工作，组织开发了仓储作业管理系统（WMS），引入视频远传技术，全面实现仓储的“可视化管理”。通过ERP

系统、仓储作业管理系统（WMS）、手持终端（PDA）和条码技术几个功能模块之间的数据贯通和升级仓库监控系统，实现对仓储作业的远程监控和对在库物资的可视化管理。另外将中心库、区域库及终端库所有在库物资全部纳入ERP管理，全面实现全部库存在物资部门的“一本账”管理，实现所有库存物资管理的可控、能控和在控。“库存一本账”管理的实现，提升了公司物资管控能力，便于有效利用全网范围的物资，可以减少重复库存，提高物资供应能力。

WMS配合冀北公司现代化、高效储运网络建设进行开发，可以实现仓库内部作业的系统化管理，合理利用仓储资源，提高作业效率。主要实现标准仓库内部作业管理（如入库、拣货、盘点等），并实现子库与货位管理、料箱管理、电子标签支持、作业规则（如入库规则、拣货规则）、物料状态应用、任务管理等功能，同时实现手持终端应用以及对立体化仓库的支持。库存管理信息系统架构如图2所示。

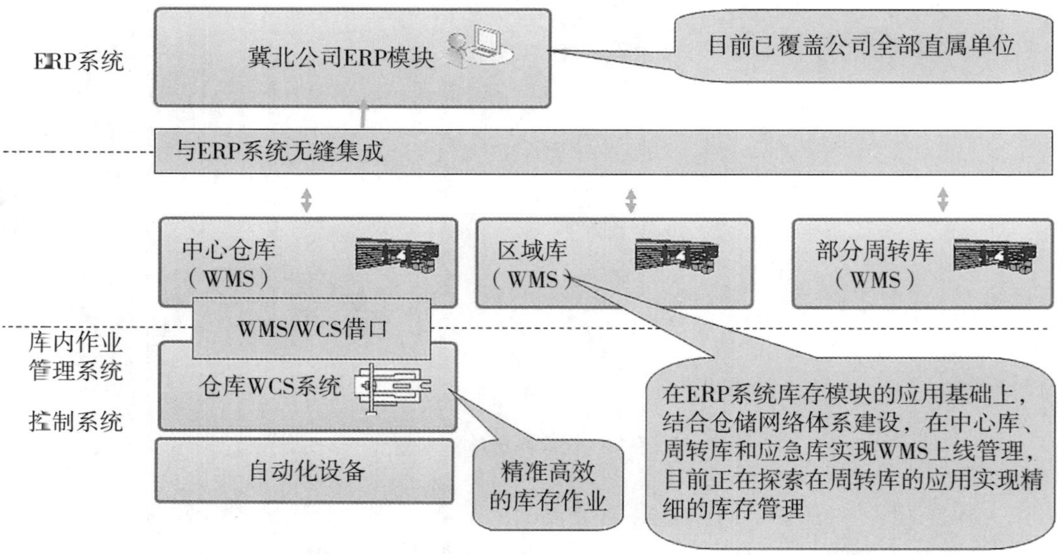

图2　库存管理信息系统架构

同时为加强对各级仓库作业和库存物资的集中管控能力，组织开发了智能物流管理系统软件，将视频监控技术、远程控制技术、智能分析技术、系统融合技术进行了有机地整合。智能物流管理系统平台如图3所示。

该系统覆盖公司中心库、区域库和应急库，既可以在物资调配中心对各级仓库作业和在库物资的视频可视化管理，也可以通过远传对话，指挥仓库现场进行作业，该系统的实施，改变了原来仓库“黑匣子”的管理模式，有利于加强仓库集中管理。智能可视化管控架构如图4所示。

公司仓储可视化结合自动化立体仓库、PDA手持智能终端、条码识别等先进物流技术，提高了仓储作业效率，以良乡中心库为例，采用新的管理模式后出入库频率可

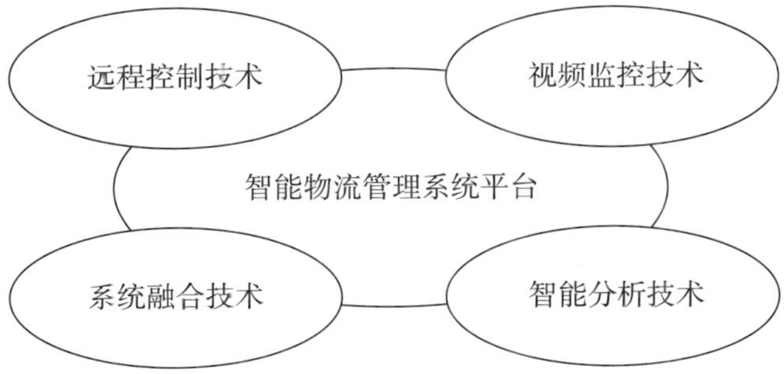

图 3　智能物流管理系统平台

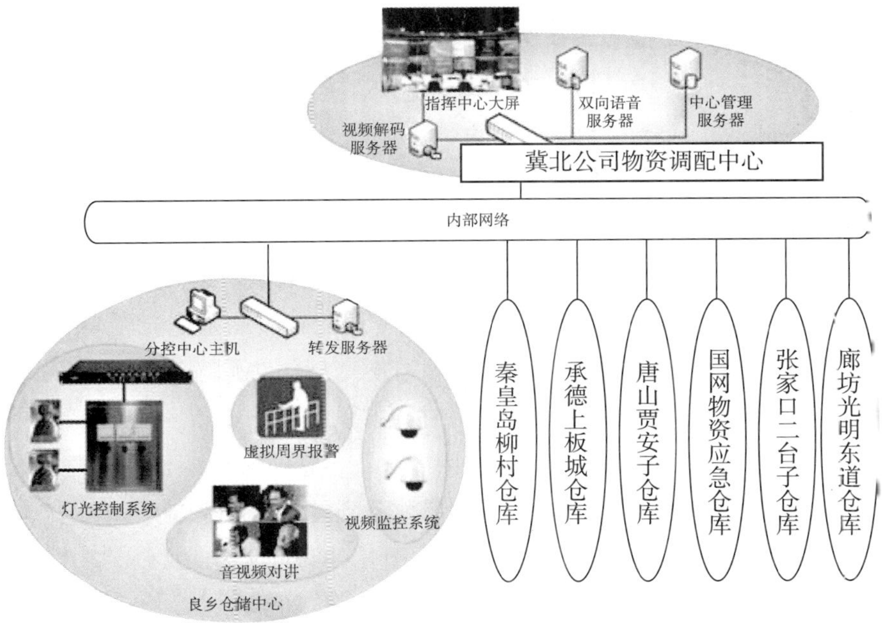

图 4　智能可视化管控架构

高达 180 次/小时，较传统仓储作业效率提高了 8 倍。

3. 深入开展清仓利库工作

在库存物资管理方面，冀北公司存在历史库存积压严重，各种性质的库存物资较多，不仅大量占用仓库资源，而且造成了浪费和资金沉淀；库存物资管理不善，存在有物无账、有账无物、账物不符、诸多物资混放、权属不清等现象。随着公司仓储配送体系的建设和仓储配送可视化管理系统的应用，逐渐具备在系统内开展一次全面、彻底的清仓利库的条件。清仓利库工作的开展，有助于摸清家底，并逐步建立利库调拨机制，最大限度压缩库存．解决历史遗留问题，理顺管理机制，根除问题成因，为加快建立科学的仓储配送体系奠定坚实的基础。

公司层面成立以分管副总经理为组长的盘活利库领导小组及工作组。各地市公司成立了领导组织机构，制定了工作方案，指导主网各单位和各县公司进行实际操作。及时针对地市公司存在的专业问题，反馈各专业部门，并以定期组织召开协调会的方式，将各归属专业物资利库进度通报给各专业部门。截至目前，冀北公司积压物资金额总共 2.32 亿元，已完成积压物资处置/利库物资 9881 项，金额约 2.15 亿元，利库完成比例 92.61%，库存资源盘活利用工作取得实效。

（四）构建物资调配体系

1. 深入研究定位，确定运行机制

结合冀北公司物资供应中的存在的问题和现有业务开展情况，认真研究探讨物资调配中心功能定位、建设原则、目标和规模、业务运转机制等细节，明确了中心“物资调配、资源统筹、监控预警和应急指挥”的功能定位，组织编制了公司物资调配业务规范、运营手册和岗位标准，明确了职责分工，为后续物资调配业务高效运转奠定了基础。

2. 建立物资调配机制

一是完成了两级（省、地市）物资调配组织体系建设，即在物资分公司成立物资调配中心，在地（市）物资供应公司成立物资调配室。二是完成了物资调配“六统一”工作机制的建设。即建立统一业务窗口、统一履约协调、统一监控预警的管控措施，建立统一日调度、统一周协调、统一月预警的操作方法。三是编制了中心（室）的《物资调配中心岗位工作标准》，明确调配主任、监控预警、配送调度、履约协调等岗位职责界面和任务分工，人员经上岗培训配置到位。四是编制了《物资调配业务规范》和中心（室）的《物资调配中心运营手册》，梳理了调配中心（室）的内部运作和同相关专业口的业务流程。物资调配体系构架如图 5 所示。

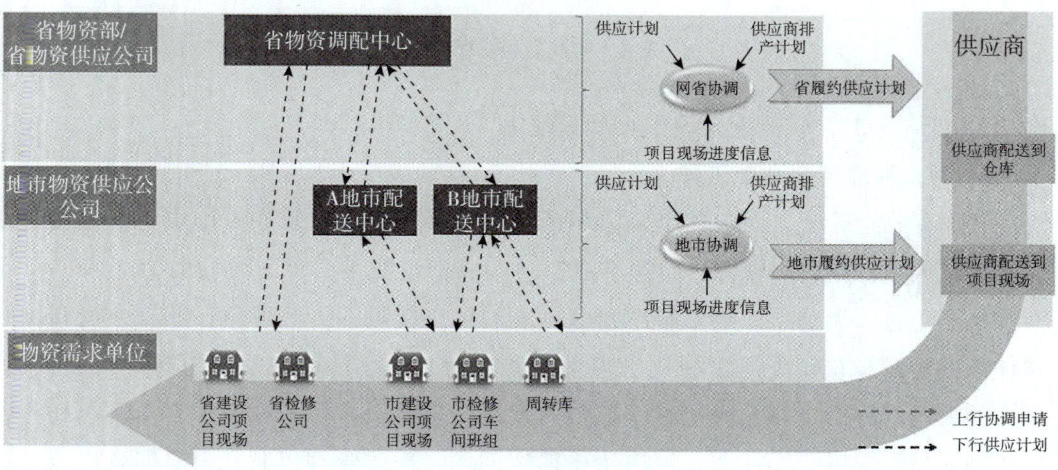

图 5　物资调配体系构架

3. 搭建物资调配信息系统

将供应商、省、地市县公司、生产班组以及现场物资的供应和需求信息全部纳入到信息系统管控范围，建立以 ERP 系统为主线、电子商务平台（ECP）为协同窗口、辅助决策为信息监测平台，稳步推进物资调配信息模块建设。同时，在物资调配信息模块上线前，为满足过渡时期功能需求，对公司原有信息系统的部分功能进行整合，对内使用 ERP、辅助决策系统、可视化管理系统，对外使用供应商门户、ECP 合同履约模块和配送管控系统，确保全面支撑业务流转。冀北公司调配信息系统构架如图 5 所示。

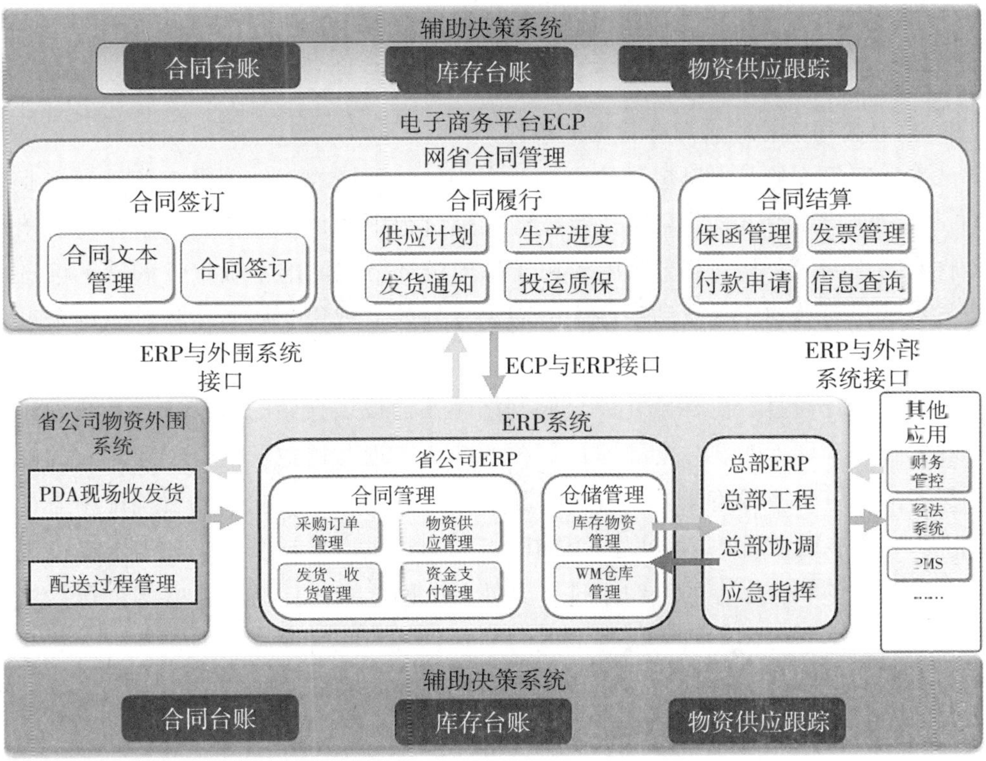

图 6　冀北公司物资调配信息系统架构

4. 建立统一协调窗口机制

对内，在《冀北电力有限公司物资调配机制建设实施方案》和《物资调配业务规范》中明确规定两级物资调配中心（室）是物资履约协调和调配的唯一窗口，各相关部门和单位不再直接对供应商发出此类指令。对外，向供应商发出《关于明确冀北电力有限公司合同履约统一窗口的通知》，明确所有发货通知、现场服务通知等有关物资供应、合同履约的信息全部由两级物资调配中心（室）发出，并将作为合同履约和评价的依据的新要求。

5. 建立常态化的业务受理处置机制

物资调配中心（室）设立专线电话和联系人，统一接收、协调处理公司其他单位（部门）和供应商在物资供应、合同履约中出现的问题。建立业务受理登记台账和交接班制度，对接收业务受理登记台账，记录、分发接收信息，跟踪、记录问题处理结果，做到每件受理业务都有记录、有回复。

6. 充分利用库存资源，保障物资供应及时

公司将全部库存纳入可利库范畴，物资调配中心可以统一组织调配公司范围内库存物资和仓储资源，地（市）调配室可以统一组织调配本单位范围内的库存物资和仓储资源，实现库存物资和物资需求的有机结合。

（五）构建面向供应链的差异化联合库存储备体系

1. 冀北公司实施联合库存管理的条件

联合库存管理的基本思想是建立协调中心。这种模式下强调供应链节点企业同时参与、共同制订库存计划，从而使供应链管理过程中的每个库存管理者都能从相互的协调性来考虑问题，从而部分消除了由于供应链环节之间的不确定性和需求信息扭曲现象导致的供应链的库存波动与产生的需求变异放大现象，从而达到供应链全过程的最优。

冀北公司在通过物资标准化、仓储网络体系建设、仓储配送信息化系统建设、清仓利库等工作开展，实现对全部库存资源的统一管理，具备了整合内部需求的基本条件。为提升物资供应保障能力，省公司和地市公司层面均成立了物资调配中心，引入协调运作平台，可以统筹本区域各个需求点的物资供应，与供应商和需求单位进行联系，具备了实施联合库存的组织条件。另外在电网物资供应链上，电网公司是供应链上的核心企业，有协调重组供应链的能力，具备实施联合库存的战略条件。冀北公司稳步推进基于供应链的不同物资差异化联合库存储备模式，物流成本大大降低，供应保障能力有效提升。

2. 差异化的联合库存实施的方式

组织相关的专业单位制定物资储备定额，物资部门根据不同的物资特点对不同物资提出不同的联合存储模式，要保证生产运维物资库存周转率提高，库存降低，应急抢修物资在最小资金占压的情况下，满足生产抢修的需要。

500kV 电压等级及以上主设备的备品备件，占用金额较大，冀北公司采取与供应商签订集中存储协议，采取与供应商联合储备的方式进行管理，供应商全部生产库存信息纳入调配信息平台，尽量减少该类物资的储备，省公司调配中心作为协调中心进行统筹。

220kV 电压等级及以下备品备件定额，由各省公司统筹地市公司定额后，采取省公司内部联合存储模式进行存储。省公司内部联合存储物资分为实物集中存储和实物

分散统筹管控两种模式，联合储备后公司库存从原来的2.4亿元降低到6600万元。对于220kV电压等级主设备等金额大、响应时间较长的物资以及部分虽然使用量小、但使用频率不高且响应时间较长的物资，采用省公司集中储备模式的方式，减少各个层级的重复储备，由省公司物资调配中心进行统筹调配。对于使用频率高、响应时间短，且主要在部分基层单位小范围使用的物资采取分散存储的方式，如一些输电类的备品备件，但是物资种类、数量等由省公司统一确定，规范库存管理，跨地市调配由省公司调配中心统一调配，地市内调配由地市调配中心统筹组织。

对于35kV及以下农配网通用物资，采取协议库存采购、实物寄售存储和物资统筹调配的联合库存方式。协议库存采购是指针对通用物资，与供应商签订物资供应框架协议；寄售是指将供应商物资存放在电网仓库内，物资所有权归供应商；物资统筹调配指公司调配中心借助公司协调调配信息系统，充分发挥公司物资调配体系的统筹调配和指挥协调职能，对以实物存储形式寄存在公司仓库的协议库存物资进行集中调配根据实际需求及时完成各类物资的供应保障工作。

这一模式的核心是通过实现公司协议库存寄售物资、各级仓库的物资在库管理和两级调配体系的物资调配管理，在管理流程上实现密切衔接、在管理范围上实现有机融合，扩大公司库存范围，达到提高物资供应速度和效果、降低物资供应成本的目的。

提高物资供应及时性。在“三位一体”管理模式下，将供应商所属物资寄存在公司仓库中。发生需求后，可立即从仓库将物资配送至需求单位，将招标、合同签订、供应商生产发运及结算付款等串行环节优化为并行环节，提高物资供应的及时性。根据目前公司招标采购工作情况估算，实施寄售后，从提出需求至现场收货阶段可缩短至少2个月，从到货至完成结算阶段可缩短2周左右。

降低供应链企业综合成本。在“三位一体”管理模式下，通过需求分析并共享需求信息，可使公司和供应商均可合理安排采购资金，避免资金闲置和资金不足，还可减少缺货或库存积压带来的损失。此外，对供应商而言，通过了解公司需求，在合同签订、处理订单、到货验收、付款开票等环节，可形成规模效益，降低公司和供应商的运行成本。

提高公司入网设备、材料质量。在“三位一体”管理模式下，供应商可根据公司需求情况，有针对性地进行排产发运，减少因紧急生产导致的产品质量问题，在进料、排产、内部质检等方面给供应商充足时间，从源头上确保了设备材料的质量。

五、创新成果的主要创新点

1. 将供应链管理的思想引入到库存管理全过程

以供应链管理思想转变传统的库存思路，对物资库存管理全过程进行统筹优化，从推进物资标准入手，深入构建现代仓储网络体系，推进仓储可视化管理，清理积压物资，打破各级库存的“黑匣子”，减少了各级仓库物资的重复储备，构建调配信息管控系统，依助物资调配中心统筹考虑供应商、省、地市、县以及车间班组的需求和库存，追求供应链最优。

2. 制定差异化的联合库存供应策略，确保有效实施

深入研究各类物资供应需求特点，根据不同的物资特点采取不同的联合存储模式，确保物流成本低、供应保障及时。500kV 电压等级及以上主设备的备品备件，采取与供应商联合储备的方式，220kV 电压等级及以下备品备件定额，采取省公司内部联合存储模式，35kV 电压等级通用物资，采取“协议库存采购、寄售实物存储、物资调配管理”的三位一体供应方式。

3. 构建基于供应链全过程的信息系统支撑有效服务

面向供应链的储备体系在管理实施中，开发引入了全过程的信息管理系统，对内依靠 ERP 库存一本账和物资调配信息平台，对外通过 ECP 信息系统掌握供应商相关生产和库存信息，利用信息系统对全供应链环节的库存和供应进行全程、动态、便捷掌控，变被动供应为主动供应，切实提高服务能力和服务水平。

六、创新成果的应用情况

自 2014 年 1 月实施以来，冀北公司通过加强组织领导、推进标准化管理、建立仓储网络系统、构建物资调配体制机制和实施面向供应链的差异化联合库存储备等方式，充分应用信息化手段，基于供应链管理全过程对电力物资储备体系进行全面的优化，项目实施以来取得了明显的社会效益和显著经济效益。

1. 社会效益

物资供应保障大幅度提升。通过构建基于供应链管理的精益化储备体系，冀北公司深入推进物资标准建设，提升各级物资的通用性，深入开展仓库网络体系建设，推进仓储可视化管理，清理积压物资，实现库存信息系统一本账管理，引入调配体系，借助调配信息平台，利用信息系统对全供应链环节的库存和供应进行全程、动态、便捷掌控，针对不同物资提供差异化的物资供应服务，变被动供应为主动供应，农配网物资供应周期由过去的六个月左右缩短为一个月，大大提升冀北公司物资需求响应能力，满足公司电网建设和生产运营需要，对构建国际一流电网提供有力支撑。

企业管理更加规范。深入开展仓库网络体系建设，推进仓储可视化管理，清理积压物资，实现库存信息系统一本账管理，打破各级库存的“黑匣子”，减少了各级仓库物资的重复储备，对于历史积压物资进行有序处理，库存资源在公司各级内得到统筹调配，一方面有助于降低库存，减少因为长期积压储备导致的锈蚀、损坏、闲置或报废，降低生产成本；另一方面有助于实现对库存物资的可控、能控和在控，进一步规范公司管理，提升依法治企管理水平，提升公司形象。

物力集约化管控能力得到提升。构建基于供应链管理的精益化库存体系，建成统一的调配信息系统，实现在省公司层面各个仓库以及项目供应的信息共享。在省公司层面和地市公司层面，调配中心可以借助信息系统掌握供应链全过程的需求和库存信息，根据项目或用户需求安排物资供应进度和供应方式，打破原有分节分块的物资管理问题，从根本上解决物力集约化推进中的瓶颈问题，促进物力集约化工作的全新跨越。

2. 经济效益

自冀北公司实施面向供应链管理的储备体系以来，库存点减少 76%，作业人员减少约 45%，库房平面面积减少 63%，可以减少仓库管理运行成本 1220 万元，备品备件库存由之前的 2.4 亿元降低到 6600 万元，可以减少库存仓储成本 208.8 万元，减少库存损耗 870 万元，累计对约 11500 万元的农配网寄售物资采取协议库存寄售存储方式，减少公司资金占压带来收益约 345 万元，增加库存成本约 69 万元。共计为企业形成经济效益总和 4873.6 万元。

七、创新成果的推广价值

本创新成果具有较大的推广价值，对国家电网公司各省级电网公司、大型生产企业、制造型集团公司都具有较大的借鉴价值。

首先，冀北公司通过构建面向供应链的储备体系，对原有的库存管理方式进行全方位的创新，本成果可以直接在国家电网公司各省级电网公司进行集中推广。

其次，该项成果在物资标准管理、仓储网络体系构建、物资信息系统开发、差异化物资供应策略管理等方面的创新也可以为其他大型生产、制造型集团公司优化物流管理提供借鉴。

最后，该项成果的产生过程及其经验也可以供网络型的物资管理部门如轨道交通部门、移动通信部门等进行借鉴。尤其是创新成果的管理制度建设、实施过程保障等方面具有较强的参考价值。

南方物流集团低碳物流园区建设与运营的创新实践①

官金仙，女，浙江湖州人，现任广东南方物流集团董事长，中国物流与采购联合会副会长，广东省商业联合会执行会长，广东省物流行业协会会长，广东省现代物流研究院理事长，南方物流学院名誉院长，中山大学、华南理工大学、广州大学等多所院校的客座教授、企业家导师。同时兼任中国民主同盟妇女委员会副主任，广州市妇联兼职副主席。曾先后获得“2004 中国物流年度十大风云人物”“2008 年中国民营经济十大风云人物”“2012 广东十大经济风云人物”“2007 年全国物流行业劳动模范”“2004 中国最具影响力民营物流企业家”“第十六届亚运会火炬手”“建国 60 周年杰出贡献人物”等荣誉称号。

【摘要】随着气候问题日益严重，低碳革命正在全球范围内兴起，以低能耗、低污染、低排放为基础的可持续发展时代正在兴起。物流作为高端服务业，将成为未来的服务业发展热点，也必须走低碳化道路，着力发展绿色物流、低碳物流。广东南方物流集团有限公司积极响应国家低碳经济发展战略，先行先试，投资建设广东状元谷电商物流产业园，并积极探索低碳物流园区发展的新路子。南方物流集团在设计创新上通过建筑物的选型、选址来充分利用自然风、自然光，通过使用新能源、水循环来

① 本成果由广东南方物流集团有限公司提供，成果主要创造人：官金仙，参与创造人：傅江、李芳娴、江如钢、郑志荣，获 2015 年度物流行业企业管理现代化创新成果奖一等奖。

减少碳排放，利用新材料、新工艺来减少对能源的需求，其整体是一个绿色配置的集成，更大程度减少对自然环境的负面影响。在管理创新上成立了相关的组织领导机构："低碳生态园区建设领导小组""能源监控管理小组""运营管理创新领导小组"，设立节能监控、环保监控专职岗位。在运输创新上，通过优化运输路径、采用低碳运输体系、采用最新运输技术等实现运输碳排放的降低。园区设定的综合能耗水平、水资源消耗量水平均明显低于国内一般货场。利用本创新成果，南方物流集团建立了园区入驻企业低碳准入的基本准则，打造了园区低碳配置、低碳物流、低碳运营与低碳管理的新运行模式，并力求打造中国标杆性低碳物流示范园区，引领行业低碳经济发展潮流。

【关键词】低碳物流园；低碳运营；低碳管理

【适用领域】低碳物流园区建设

一、企业基本情况

广东南方物流集团是一家国家AAAAA级现代综合物流与供应链管理服务企业，是"中国物流百强企业""广东省流通龙头企业""广州市企业信息化示范企业""中国物流与采购联合会副会长单位""广东省物流行业协会会长单位"。2009年被遴选为"广州2010年亚运会综合物流独家供应商"。

经过23年的发展，南方物流集团已形成了一个全国性物流运营服务网络，目前已为亚马逊、苏宁易购、酒仙网、施耐德、DHL、ABB、LG、欧迪办公、捷普电子、松下电器、聚美优品、顺丰优选、广电运通等国内外知名企业提供物流一体化服务。广东状元谷园区更于2012年5月，被商务部认定为"首批国家电子商务示范基地"，园区同时被认定为"省级现代服务业集聚区""省级低碳示范园区""省市共建战略性新兴产业基地"等。

广东南方物流集团的业务范围涉及现代物流园区与电商物流园区开发与运营、大宗商品交易与交割服务及供应链全程管理两大领域。主要包括综合物流解决方案、物流园开发与运营、城市共同配送、电子商务物流、供应链金融、危险品物流及港口物流。公司现有中层以上管理团队386人，其中本科以上学历占86%，专业技术人员有145人，汇集了众多物流管理、电子信息、计算机软件等相关方面的高科技人才，企业专业技术团队是一支凝聚力强、工作经验丰富、勇于创新的优秀团队。2012—2014年南方物流集团的赢利及上缴税金情况如表1所示。

表 1　2012—2014 年南方物流集团的赢利及上缴税金情况　（单位：万元）

项目	2012 年	2013 年	2014 年
主营业务收入	249008. 67	253543. 47	268818. 48
上缴税金	25971. 60	28777. 18	29516. 27
净利润	27590. 16	30881. 59	32822. 74

二、创新成果的名称

广东状元谷电商物流产业园（以下简称“园区”）由国家 AAAAA 级综合物流企业——南方物流集团建设。由于状元谷物流园区的建设，车辆周转所带来的运输能耗（成本）降低 8% 以上。状元谷内部设施建设是节能环保工程项目的亮点和重要组成部分，对园区资源共享、循环利用、节能降耗有着直接关系，园区结合实际主要在资源节约、能源节约、环境保护、景观协调、低碳宣传几方面加强了建设。因此，该创新成果名称是“南方物流集团低碳物流园区建设与运营的创新实践”。

三、创新成果的产生背景

南方物流集团创新低碳物流园区建设，不仅有全球低碳理念兴起的背景，也是物流行业减排压力的需要，更是以全球电商巨头亚马逊为代表的客户的迫切要求。

1. 全球低碳理念兴起

在全球气候变暖的大背景下，“切实改变经济发展方式，积极推进低碳经济发展”已成为世界各国高度重视的战略目标。随着国家经济增长和发展改革，转变经济增长方式刻不容缓，发展低碳经济、推进“两型社会”建设成为我国经济社会发展的新趋势。这就要求我们在发展经济的同时必须做好环境保护工作，真正做到经济、人与自然协调和谐发展。作为中国沿海经济大省，同时也是我国能源消耗的大省，广东省一直致力于实现经济发展与降低能耗提高生产效率的双重目标，进而实现低碳经济的转型，最终达到可持续发展的目的。

此外，凭借强大的传统制造能力，广东省经过三十多年的快速发展，成为享誉世界的“制造工厂”。但三十多年的工业化，消耗了大量的资源，造成严重的环境破坏。为了持续健康发展，广东省一方面需继续大力推进物流园区转型升级，提高产业技术含量和附加值；另一方面需推进节能减排工作，建设环境友好型和资源节约型社会，提高环境承载力和资源利用率。这是一项艰苦卓绝的工作，会遇到很多困难和阻力，因而标杆项目的示范带头作用尤为重要。

2. 物流行业面临发展与减排的双重压力

发展低碳经济有利于经济与环境的和谐发展，物流作为经济发展中不可或缺的一环，其能源消耗占社会总能源消耗的比例一直居高不下，成为制约低碳经济发展的障碍之一。“发展低碳物流”作为物流行业发展的新概念，有其必要性和意义，并为资源的节约和能源消耗的减少提供了理论依据。

现代物流园区凭借其综合全面的优势，已成为物流的重要表现形式。然而，目前我国在物流园区建设过程中却处于高能耗获取高增长的不良运行模式当中。规划设计现有的思维方式应适应对低碳的发展理念要求而做出应变。物流园区作为新兴的产业趋势，由于观念、政策、技术上的原因，现代物流园区建设在我国尚处于起步阶段，与发达国家相比，很多方面还存在较大的差距，因此在低碳发展大环境下，物流园区作为物流业未来发展的终极目标，自然要走低碳之路。

3. 全球电商龙头企业对低碳园区的强烈要求

状元谷园区首个进驻的企业是国际电商物流巨头亚马逊，其对状元谷提出了138项国际库房建设运营标准，除了高效、严格，更要求做到低碳、可持续发展。这是国内物流行业从未挑战过的高度，但却与南方物流一直以来秉承的低碳理念不谋而合！园区低碳发展理念的实践和国际级的指标获得了亚马逊高层的一致好评和高度赞扬，更吸引了京东商城、苏宁易购、酒仙网、捷普电子等龙头企业陆续进驻。

四、创新成果的主要内容

物流园区作为一种区域和空间概念，是目前倡导的低碳经济和低碳社会的有机组成部分。要使“低碳”真正作用于物流园区，必须对低碳理念下的物流园区有概念上的正确认知。南方物流集团打造状元谷电商物流产业园时就提出，打造低碳物流园，在一定的物流作业或物流企业集聚的场所或区域内，要以可持续发展理论为指导，以“低能耗、低污染、低排放”为目的，通过对该区域进行系统的规划和设计，对区域内物流作业或企业进行有效的控制和引导，进而建立的一个物流业发展与生态环境保护双赢的经济地域综合体。其实践目标在于降低能源需求总量，提高能源效率，加强清洁能源利用，最终实现减少碳排放，使得物流园区具有系统性、循环性、高效性和操作性的低碳型园区。具体如图1、图2所示。

（一）创新理念和目标

状元谷电商物流园是南方物流集团发展物流新产业所打造的园区。园区定位为华南区货物集散中心和珠三角配送中心，园区将利用公路、铁路、港口、航空多式联运的营运模式，最大限度发挥最高效率、最低成本、最低能耗的模式运行，获得市场客

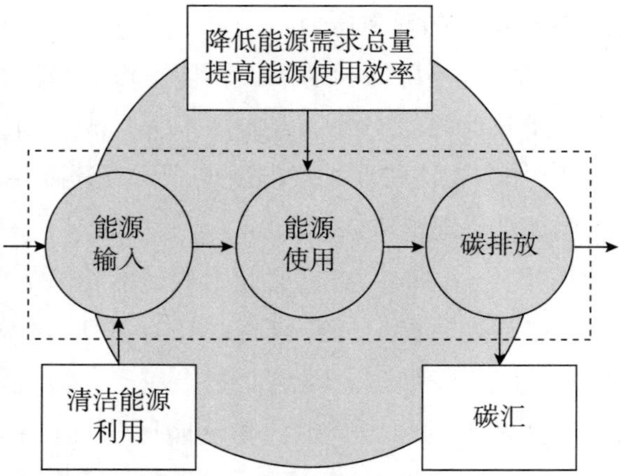

图1　低碳物流园区的实践目标

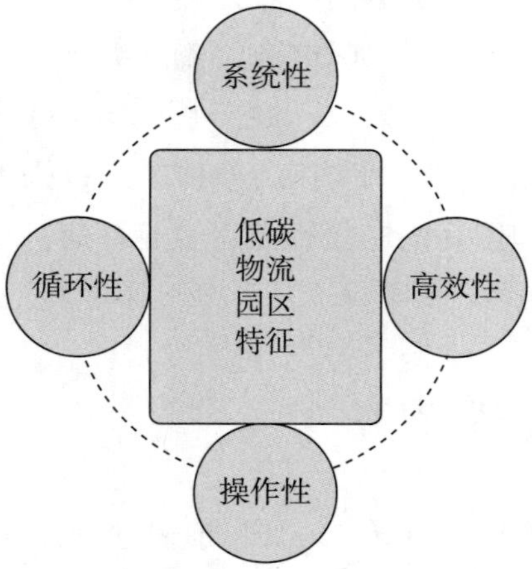

图2　低碳物流园区基本特征

户认可。本项目运用低碳节能环保的理念，实现了资源与能源节约，做好了环境保护、景观工程的建设，并广泛开展低碳宣传，努力打造国家级低碳生态示范园区，广泛传播物流园区低碳生态理念，引领低碳生态发展潮流，从而实现良好的社会效益和经济效益。

状元谷在宏观层面主要有三个目标：①价值目标：人与自然和谐发展；②技术目标：降低温室气体排放；③发展目标：促进经济又好又快地发展，推动产业模式转型，提高物流园区经济效益等。

现代物流园区的规划设计是一项庞大复杂的系统工程，内容多，联系度高，协调性强，在建设过程中，状元谷电商物流园遵循一定的原则：综合考虑园区建设的相关内容，因地制宜地对园区发展进行类型、功能的定位，做好基础设施、网络系统、信息平台及经营管理机制等的设计。

图3和图4分别给出了“碳减排审计”下碳减排目标实现流程图和状元谷电商物流产业园特性。

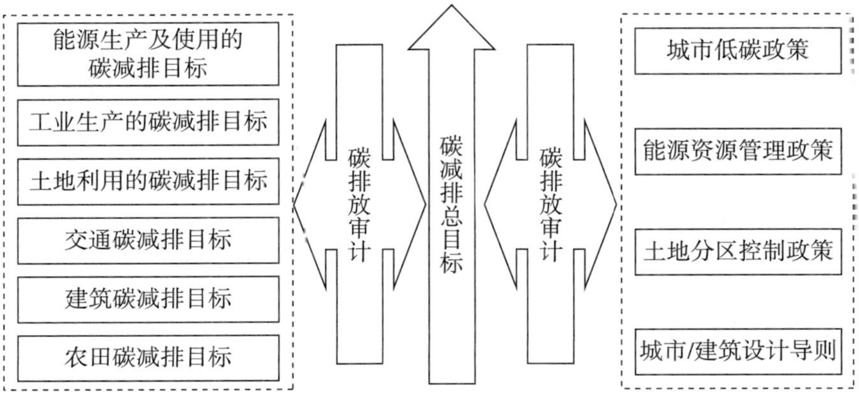

图3 “碳减排审计”下碳减排目标实现流程

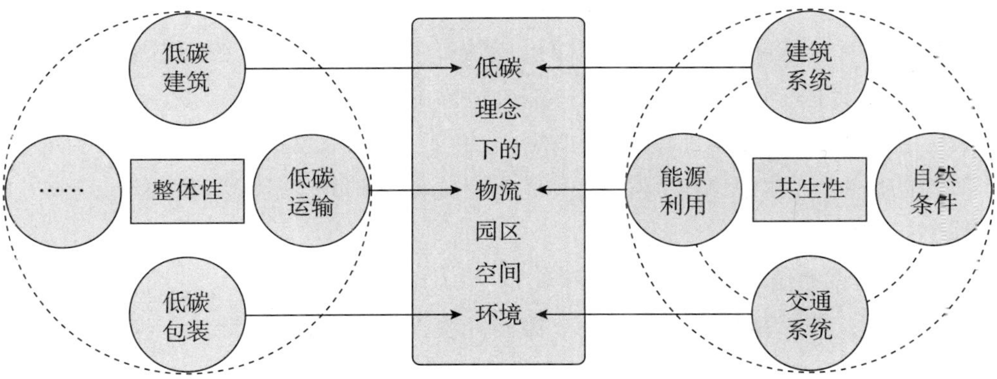

图4 状元谷电商物流产业园特性

（二）主要建设技术指标

状元谷物流园已基本建成40多万平方米的绿色建筑，节能环保技术主要采用以下技术指标：

（1）物流建筑节能设计技术。状元谷物流园建筑，在满足其作为建筑的基本功能的同时，通过对各部位的造型、结构、材料等方面，以节能为目标加以优化设计，充分利用物流园区建筑特点，达到节能和改善库区环境的效果。

（2）光伏太阳能技术。结合园区屋顶面积大的特点，全面安装光伏太阳能发电系统。

（3）能源监测信息云平台技术。能源管理中心，中心采用自动化、信息化技术和集中管理模式，对企业能源系统的生产、输配和消耗环节实施集中扁平化的动态监控和数字化管理，改进和优化能源平衡，实现系统性节能降耗的管控一体化系统。

（三）低碳建设主要内容

对物流园区进行合理规划、做好物流中心及配送中心的低碳物流工作，可以从根源上改善园区交通状况，减少污染，改变高碳增长方式，提高效率，保证园区运营的低碳性和可持续性。从长远来看有利于改善投资环境，提升整体水平，实现园区高效低碳运行和可持续发展的长期目标。对园区物流进行低碳规划，需要从整个供应链角度来组织物流活动，建立起包括生产商原料供应商、运销商和消费者在内的物流系统。状元谷电商物流产业园主要体现两类功能：对外辐射功能和内部功能。

1. 对外辐射的综合运输优化功能

由于园区地处综合运输网络节点，交通十分便利，货源地、目的地、集散地、综合运输各种方式的接驳等方面都体现出巨大的优势。用户可以节省运输距离、优选运输方式、提高运输效率，因车辆周转率所带来的运输能耗降低 8% 以上，这是物流运输领域的最大节约，节能减排效果明显。为了达到这个目标，园区重点考虑了与黄埔港、广州铁路货站、公路货运场站及珠三角机场的有效对接，开辟了专门的合作渠道，同时园区内部建设上也为了更有效地发挥综合运输的节点效应，专门设计了各类集装箱装卸位、跨境监管、代码与信息系统共享等功能，极大地发挥了物流节点在综合运输效率方面的作用，进而大幅度地实现了优化运输方式、减少运输距离和运输环节、各种运输方式一体化的联运目标。

2. 内部建设的低碳发展功能

按照“高定位、高起点、高标准”原则建设，主要建设内容包括资源节约、能源节约、环境保护、景观工程四个方面。

（1）资源节约方面：在功能布局和空间利用上，设施方案始终贯穿“集约使用土地、综合使用空间”的理念，一期工程在土地使用率上，以 2.5～3.0 的容积率建设多层仓库，组合式建筑结构，充分考虑生态、采光、通风、能耗、舒适度打造，并建设立体货仓、仓库连桥、组合装卸位空中花园办公区等，有效利用空间，彻底改变了物流园区单层仓库、大堆场、大停车场的浪费局面。同时。园区建设了水资源收集处理循环利用系统，通过循环水基本可以保证园区的绿化灌溉、景观瀑布、环境卫生、加湿作业、冷却、洗车等用水，大大节约了水资源。园区所有的供水龙头都采用了节水自动控制技术，节水效果十分有效。

（2）能源节约方面：园区各主体建筑在设计时就按节能要求采用了多项新技术、新设备和新工艺来保证节能效果，主要体现在大型仓库的水帘风压降温代替传统的空调，运输设施和装卸设备方面重点考虑了电梯、叉车、装卸升降台、无负压供水等设备设施的节能功能和能耗控制，节能灯具及其自动感应节电控制，创造性的设计建设了空中花园办公区，最大限度地利用自然光和风达到节能的目的。园区还成规模地建设了光伏发电系统、太阳能路灯系统。节能监控系统对所有能源消耗都有监测控制功能，并采用了能耗控制目标责任制。

（3）环境保护方面：园区的功能定位就是高端的有包装类产品的仓储物流，对环保要求特别严格，如亚马逊入驻的环保条件十分严苛，有138项与环保相关的指标要求，如温度、湿度、通风、噪声、粉尘、烟雾、气味、震动、尾气排放等，确保园区环境指标达到国际先进标准。对过出车辆的排放标准也有较高的要求，并且通过提高装卸周转率、车辆周转率来提高运输效益，节能减排。

（4）景观工程方面：状元谷堪称花园式生态园区，建有空中花园办公区、庭院式停车场、绿化防护林、景观瀑布、景观休闲区、园区绿道、屋顶绿化和阳台花木、沥青路面，配有公共自行车驿站、公交车站等绿色出行设施。根据园区地貌特点，为减少和降低自然灾害发生，防止泥石流和山体滑坡，建设大型山岭体防护工程，有效保护生态环境；此外，为避免周边化工产业对园区影响，建设有约1000米长，15米宽的绿色防护林带，有效阻挡了废气。

（四）低碳建设的主要指标及措施

1. 综合能耗量水平

园区设定的综合能耗水平明显低于国内一般货场。具体如表2所示。

表2　园区的综合能耗量水平

类　别	与国内一般货运场站比较
物流园换算单位吞吐量能耗	下降比例10%
单位仓储面积运营效率	提高18%
车辆运行效率	提高15%
单位仓库面积节能率	恒温仓空调电耗下降8%；普通仓空调电耗下降6%；冷链制冷电耗下降6%；其他作业空间空调电耗下降5%

2. 建筑节能情况

基于图5的建筑碳排放控制原理，园区建筑从设计上充分考虑通光、通风，有效利用顶层空间，优化布局设计，建成了整体透光、通风、生态空中花园商务办公中心，大幅度降低建筑空调和照明能耗。

园区首次在我国亚热带地区大型仓储建筑中成功运用了蒸发冷却降温设施。在本项目的两幢各9万平方米的仓库库房中，采用水帘蒸发冷却新风设备和风压降温循环系统代替了传统的大型中央空调机组，仅使用传统中央空调设备1/20的电能使整幢库房在广东炎热夏天最高温度不超过28度，湿度控制在25%左右，大幅降低能耗并减少噪声；园区电商时光长廊（220m×4.5m×3m）仅用两台风机，达到28度以内。该项技术的采用实现了建筑降温节能率达80%。

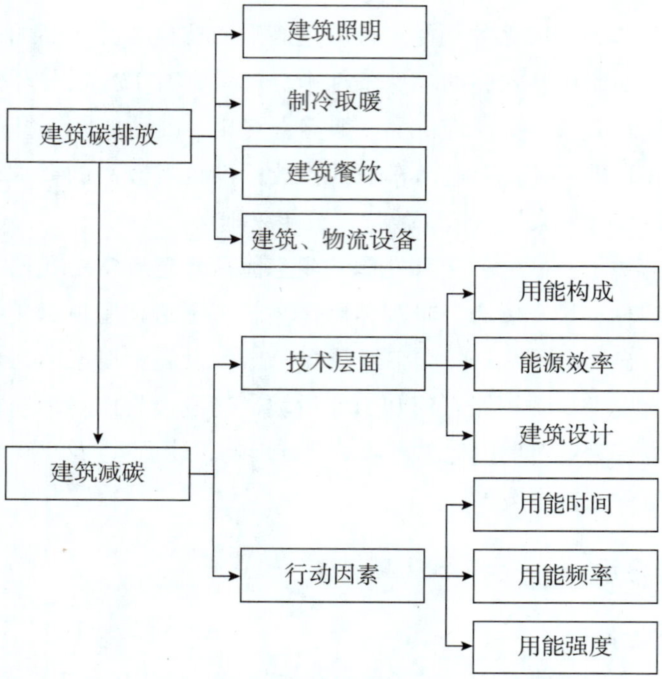

图5　建筑碳排放

3. 节约土地和提高空间效率

集约用地，建设多层现代化立体仓，园区容积率达2.5以上。一般物流场站多为单层加露天停车场，而本创新成果通过多层仓和装卸位组合设计并采用先进作业设备及调度系统，以提高周转效率为目标，达到大幅节约土地和空间的目标。

4. 给排水与采暖通风情况

园区建有无负压节能集中供水系统、水循环处理系统和雨水收集系统，可重复用于消防、灌溉、水流景观、库区降温、保温、防尘等。同时也采用了先进风压降温系统替代了库房物资通风、排烟、排污的功能。

5. 绿色照明及设备节能

园区照明均使用无极灯、LED灯等节能灯，并配有自动感应节能控制系统。引入自然光进站场建筑作为照明能源；园区配备四标盘变频永磁同步牵引大型货梯，配备气感式高度调节台、电瓶叉车，均产生了明显节能效果。作为国家电子商务基地，园区配有先进的信息电子商务系统，全面实现了无纸化办公，成为节能环保的典范。

6. 水资源消耗量水平

园区设定的水资源消耗量水平明显低于国内一般货场水平。具体如表3所示。

表 3　　园区的水资源消耗量水平

类　别	与国内一般货运场站比较
物流园换算单位吞吐量水耗	总体节水 8%
单位仓库面积节水情况	由于降温、防尘、环境、卫生用水大部分使用循环水，基本不增加水耗
园区生活用水情况	采用先进节水设备，使水耗下降 5% 左右
园区生态用水情况	采用水循环系统，基本不增加水耗

7. 节水工艺及器具

园区规划建设两个储水量 1000 立方米的大型蓄水池，收集雨水用于消防、灌溉、水流景观、洗车等。绿化灌溉采用喷灌、微灌、滴灌、低压管灌等节水灌溉方式。

建筑物内用水设备采用限流节水装置、节水型产品，更对园区内人员大力宣传培训节水节能知识，在宣传区域张贴节约用水文化和标语，营造低碳生活氛围。

8. 废弃物回收利用情况

园区生活垃圾实行定点分类回收；仓库运营中产生的纸箱、木箱、塑料等进行分类回收利用。

9. 环境景观美化

园区内建有屋顶绿化、墙面阳台花木、生态商务办公、园林假山瀑布景观、林荫停车场、园区绿道、1000 米长防护林、休闲广场等。

10. 污水处理达标

园区建有污水处理系统，对生活污水、生产废水进行集中处理，均可达到排放标准。

11. 粉尘、噪声、振动控制

本园区道路均铺设沥青路面，库房铺设金刚砂地面，水帘风压循环系统可加湿吸尘，大大减少噪声和粉尘。

12. 低碳宣传和管理

对整个物流系统内每个成员进行低碳宣传管理和控制，最大程度上减少物流带来的高碳效应和环境影响。

五、创新成果的主要创新点

状元谷电商物流产业园在低碳理念下，通过建筑物的选型、选址来充分利用自然风、自然光，通过使用新能源、水循环来减少碳排放，利用新材料、新工艺来减少对能源的需求，其整体实现了绿色配置的集成，更大程度地减少对自然环境的负面影响，其创新的建筑设计策略如图6所示。总体来看，园区建设的创新主要体现在三个方面：

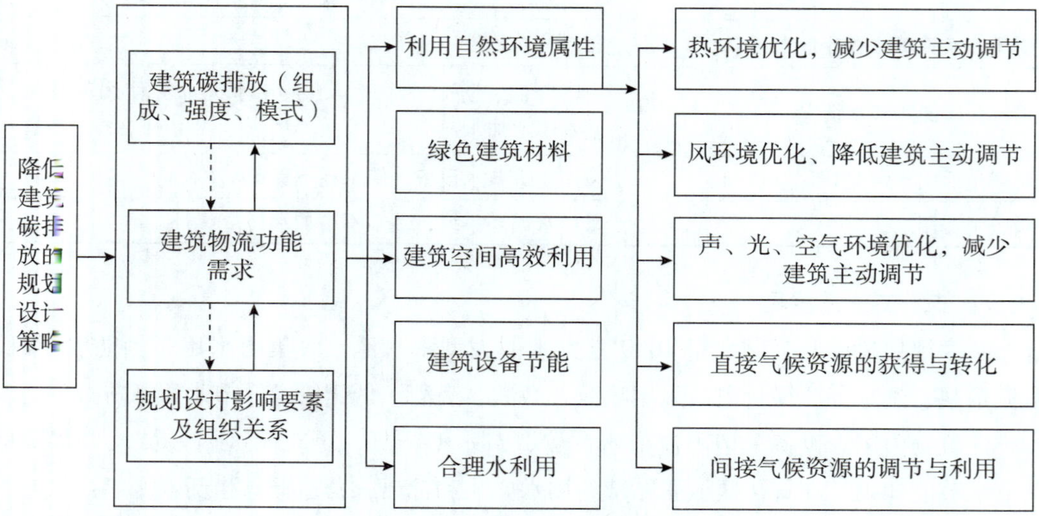

图6 低碳建筑设计策略

1. 技术创新

创新成果在技术层面实现了多项“首次”突破：

首次在我国亚热带地区大型仓储建筑中成功运用了蒸发冷却降温设施，实现了仓库库房降温能耗降低40%；

首次采用了节能环保型虹吸式雨水系统；

首次在大型仓储建筑中采用高效围护结构热桥阻断构造，塑脂EPMC，发泡水泥防火保温板等新型环保功能建材或构造；

首次在大型仓储建筑中采用外幕墙超薄型石材蜂窝铝板组合、路面施工新工艺。

2. 管理创新

（1）组织领导：成立了相关的组织领导机构：“低碳生态园区建设领导小组”，“能源监控管理小组”，“运营管理创新领导小组”，设立节能监控、环保监控专职岗位。

（2）制度建设：建立健全管理制度。园区的主要相关制度包括：园区能源监控管理制度、运营管理、安防管理、安全生产管理、消防控制室管理、特种设备使用、货运车辆安全生产、货运车辆岗位安全职责、物业与环境管理，节能环保目标责任制。

（3）能力建设：园区建有企业能源管理中心和节能减排监测系统。实现系统性节能降耗的管控一体化，对能耗、环境实时监控、数据分析、能耗预警、能效对标、能耗预测等。

（4）宣传培训：项目开展节能环保宣传培训，除对园区广泛开展宣传外，还每年接待超过300批次，不下于20000人的参观交流。

（5）项目信息化建设水平：园区建有一卡通智能化管理系统、智能化车辆管理系统、视频安全监控系统、中央广播系统、园区智能管理中心、智能管理公共服务平台，打造高端智能化基地，完全实现了无纸化办公。

3. 运输创新

（1）优化运输路径：加强信息共享，优化物流配送路径，合理选择运输路线，大大减少运输过程中的碳排放量。尽量选择直达运输，较少中转，提高运输速度。

（2）采用低碳运输体系：物流企业的车辆空载率较高，并伴有返程或启程空驶、重复运输、运力选择不当以及运输时效性低等问题，也造成了碳排放的大大增加。园区采用国际上通用的综合运输方式，充分发挥各运输优势的优越性，协调整个运输过程，从而减少整个物流运输系统的碳排放。

（3）采用最新运输技术：对园区车辆使用混合动力或清洁能源技术的汽车以及能源利用率较高的引擎技术，运输耗能大大减少。

六、创新成果的应用效果

状元谷作为广东省现代物流示范园区、广东省低碳生态示范园区、国家电子商务示范基地，采用科学的设计理念，有效节约了土地资源和空间资源，并采用多项建筑节能新技术，在节电、节水、通风、照明等方面取得了明显的节能效果，在排污、粉尘、振动噪声控制、污水处理等方面均有新技术、新措施，在园区生态环境和景观建设方面彻底改变了传统物流场站的面貌。

1. 园区业务功能和社会功能双实现

园区至今已吸引了亚马逊、捷普电子、京东商城、苏宁易购等众多高端龙头企业进驻，入驻率达到95%以上。状元谷已经成为华南地区最具现代化水平、最有影响力、综合服务功能最完善、生态环境最优美的物流园区之一，并将努力建成国家节能环保的典范。

状元谷本身不仅具有业务功能，还具有社会功能，包括：促进经济发展，完善城市功能，区域整合、辐射带动功能，产业提升功能。

2. 最大限度降低碳排放量

综合来看，物流园区的直接目标是降低物流运作成本、提高自身的服务水平、缩短物流周期、获得更大物流效益，让供货商与客户之间物畅其流、信息准确快捷，增强物流服务竞争力。低碳理念下的状元谷的规划设计除了达到上述目标外，还实现了以下低碳目标：

（1）从能源的输入角度讲，降低化石能源以及其他碳排放量高的能源的输入。物流园区引入先进与高效的物流设备，通过规划设计本身的作用来促进物流园区提高能源的使用效率，减轻对传统能源的依赖，降低碳排放量。

（2）从能源构成角度讲，改变能源使用结构，降低化石能源以及其他碳排放量高的能源，引入清洁能源的使用，比如太阳能、风能等。同时通过规划设计本身更有利获得充分的清洁能源。

（3）利用大自然本身的净碳能力，通过利用碳汇资源通过光合作用吸收园区的 CO_2，实现碳清除。所以规划设计可以通过综合、集约、高效地使用园区的土地资源，构建更多高质量的碳汇资源来降低碳排放量。

综上所述，状元谷物流园区在一切可供利用的资源节量节约和提高运行效率的前提下，合理控制与降低园区能耗的碳排放。

3. 项目的主要经济效益指标

按本项目建成运营的 40 多万平方米的绿色建筑计算，通过采取建筑节能、光伏技术、能源监测等，预计实现如下收益：

（1）每年可减少二氧化碳排放量约 3 万吨，排放量比 2012 年降低 15%；

（2）每年可节约用电约 400 万度/千瓦时；

（3）每年可节省用水 6 万吨。

七、创新成果的推广价值

物流园区的建设是当今经济可持续发展的重要组成部分，低碳物流园区的建设与运营对物流行业的可持续发展具有重要意义。

首先，从物流园区建设借鉴层面看：南方物流状元谷物流园区在项目建设中，体现了低碳物流的特色，推动了产业集聚，降低了园区能耗，为物流园开展低碳建设提供了很好的示范效应，成为绿色物流场站的标杆，成为商务集聚发展的典范。

其次，从区域低碳物流发展层面来看：南方物流状元谷物流园区为区域建设节能环保物流园区起到推波助澜的示范效应。状元谷全方位打造低碳生态示范园区，将会成为“低碳广东、生态广东”一张靓丽的名片，促进广东省涌现出更多优秀的低碳建设范例。

最后，从社会物流场站低碳建设层面来看：状元谷园区注重对需求资源的整合，集聚多家制造企业和商贸企业的物流需求以及公铁水联运，干线运输和城市配送，大宗物流和加工分拨等各种物流需求，在园区实现“无缝对接”；整合多家专业物流企业和社会车辆，为社会提供“全而优”的物流服务“综合体”；从园区的内部运营来说，通过各类设施配合、功能衔接、流线组织等方面的规划设计，能够带来碳排放的降低。这些都能够给国内其他相关物流园区提供经验借鉴。

天津安联程通公司陆路运输管理与交易平台[①]

陈兴元，中欧国际商学院2010届EMBA，现任天津安联程通信息技术有限公司CEO，江苏宏坤供应链管理有限公司执行董事，中欧校友物流协会副秘书长。1995—2005年10年间，曾分别在宝洁（中国）有限公司、马士基物流（中国）有限公司等世界500强及知名物流企业担任高级职务。2005年创立了上海全盛物流有限公司，并任公司的执行董事；2012年创立天津安联程通信息技术有限公司，任公司的首席执行官。

【摘要】天津安联程通信息技术发展有限公司的主要人员具有18年以上物流领域及IT技术领域的运营及管理经验，跨界整合了现代信息技术与物流行业的管理模式，经过多年的技术积累和孵化，创造性的研发成功国内领先的陆路运输管理与交易平台。在“营改增”的时代背景下，安联程通的“陆路运输管理与交易平台”（以下简称“陆交平台”）通过三网合一技术，将车、货、人进行绑定，通过移动互联网获取实时数据，保障数据真实性，并通过与多个省份的税务系统直接对接，实现了司机单车开具增值税发票，进而解决了公路运输行业营改增税费抵扣源头缺失的问题。为货物运输企业与相关政府部门提供了在线税务管理服务，利用互联网+税务的模式，解决公路运输企业进项缺失、运输税费征收困难的问题。该创新成果已经在天津、新疆、河南、重庆四地实施，获得了当地税务机关以及货物运输企业的好评，具有较好的推广价值。

① 本成果由天津安联程通信息技术有限公司提供，成果主要创造人：陈兴元，参与创造人：刘斌、孙晓青、李忠、张永强，获2015年度物流行业企业管理现代化创新成果奖一等奖。

【关键词】陆交平台；互联网+；在线税务管理
【适用领域】货物运输企业；交通运输部门；税务机关

一、企业基本情况

安联程通于2012年在天津注册成立，注册资本金1000万人民币。天津作为平台在商业应用当中的推广主体，承担对外的市场拓展与服务实体，同时在上海、西安，安联程通拥有自主的技术研发团队，为平台持续的改进提供最基本的原动力。

天津安联程通信息技术发展有限公司的主要人员具有18年以上物流领域及IT技术领域的运营及管理经验，跨界整合了现代信息技术与物流行业的管理模式，经过多年的技术积累和孵化，创造性的研发成功国内领先的陆路运输管理与交易平台。安联程通集成应用移动互联网技术、物联网技术以及云计算技术，打破了传统运输行业的管理模式，实现公路运输的全程监控、开放、透明，促进物流交易的达成，从而降低货车空载率，增加司机收入，增强货主对货物以及物流企业对车辆的管理能力，并围绕平台搭建全新的运输行业管理模式，提升企业信息化管理水平，获取竞争优势，有效应对激烈的物流市场竞争。为继续扩大交通运输业的规范性发展奠定了基础，同时也为营改增在运输行业全面合规推行提供了有力的探索。

二、创新成果的名称

本创新成果的名称是：陆路运输管理与交易平台。该创新成果通过三网合一技术将车、货、人进行绑定，通过移动互联网获取实时数据，保障数据真实性，并通过与多个省份的税务系统直接对接，实现了司机单车开具增值税发票，进而解决了公路运输行业营改增税费抵扣源头缺失的问题，帮助相关部门与公路运输企业规范税收，降低公路运输企业税负，为实现现金流、发票流、业务流三流合一提供了完整的解决方案，为国家推动行业“营改增”工作提供了有效的技术保障。

三、创新成果的产生背景

本创新成果的提出，是受交通运输行业营改增等大环境的影响：企业税服务大幅增加，货物运输企业进项税缺失，而税务部门信息流向及资金流向的监管也呈现出失控状态。

（一）交通运输行业“营改增”发展使得企业税负增加

2011年，经国务院批准，财政部、国家税务总局联合下发营业税改增值税试点方案。从2012年1月1日起，在上海交通运输业和部分现代服务业开展营业税改征增值税试点。至此，货物劳务税收制度的改革拉开序幕。

自2012年8月1日起至年底，国务院扩大营改增试点至10省市。2013年8月1日，“营改增”范围已推广到全国试行。

自2014年1月1日起，铁路运输和邮政服务业纳入营业税改征增值税试点，至此交通运输业已全部纳入营改增范围。

自2014年6月1日起，电信业纳入营业税改征增值税试点范围。

2015年5月18日，国务院批转了国家发改委《关于2015年深化经济体制改革重点工作的意见》，其中提到：力争全面完成“营改增”，将剩余的建筑业、房地产业、金融业和生活服务四大领域纳入“营改增”版图。

根据营业税改增值税的方案，在之前增值税17%标准税率和13%低税率基础上，新增11%和6%两档低税率，其中，交通运输服务按照11%的税率，物流辅助服务按照6%的税率征收增值税。在“营改增”之前，物流企业主要缴纳的是营业税，其中，运输、装卸、搬运的营业税税率为3%，仓储、配送、代理等的营业税税率为5%。与此前3%和5%的营业税率相比，增值税率高出不少，不过规定企业可以通过抵扣购买原材料产生的成本进项税款来减少税负。

“营改增”虽然可以抵扣，但是税率提高了，口子开大了，风险控制方面对企业的要求也相应提高。同时由于税率由6个点到11个点，出于风险控制考虑，运输企业可能会提高报价，但货主一般倾向于选取报价较低的企业提供服务，两者发生矛盾。

大量运输公司为小规模纳税人，不能使用专用发票进行进项抵扣，难以贯彻“营改增”的最终意图。交通平安证券的一份研报曾测算，如果按照11%的税率来征收增值税，运输类企业需要抵扣的成本必须占营业收入的73%以上，仓储类企业要抵扣的成本必须占营业收入的55%以上，否则对企业来说实际上是增加税负而不是减少税负。

（二）货物运输企业难以适应交通运输行业“营改增”发展需要

交通运输行业“营改增”后，货物运输企业税负不降反升，税务机关风险增大，主要由以下两方面原因造成：

1. 货物运输企业进项税缺失

货物运输企业在“营改增”中部分企业税负有所增加，主要是进项税抵扣不利。按照统计，公路货物运输成本结构包括维修（含轮胎）占13%，折旧占5%，人工占9%，油费占28%，路桥费占34%，罚款占1.4%，其他占9.6%。其中，可作为进项抵扣的项目主要包括：维修、折旧、油费三项，共占到运输总成本的46%，可获取的增值税发票都为17%的税率。其中，油票虽然可作进项抵扣，但税务部门会进行上限限制，不能超过规定的量，目前国税要求燃油费用不得超过运输成本的40%。

因此，按照油费占总成本的40%计算，理论上货物运输企业可以获得9.86%的进项税抵扣，但实际上车辆的维修（含轮胎）以及折旧费用发票难以获取，因此一般只能获得40%的油费带来的6.8%的进项税抵扣，最终税务为4.2%。但运输企业将油费作为进项抵扣，又无法证明其与业务之间的真实关系，实际承运人为个体司机，其与司机之间的交易多为现金交易。

2. 信息流向及资金流向失控

原有营业税征管模式下运输行业的资金流和信息流如图1所示。

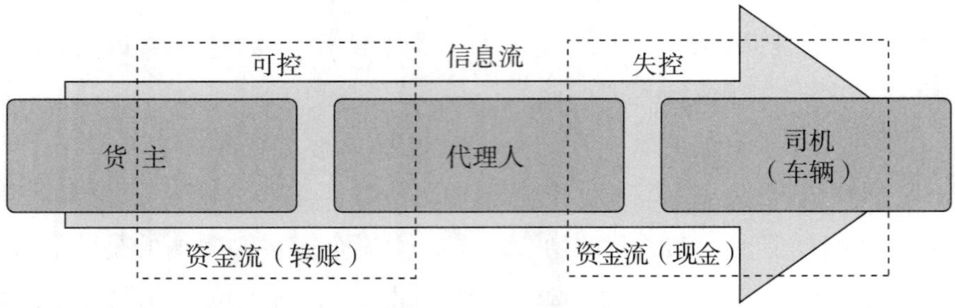

图1　原有营业税模式下的运输行业资金流和现金流

在上述模式当中不存在增值环节，尽管在信息流当中货主要通过代理人进行信息的传递，但是在资金流当中，资金在整个交易当中只表现为整个环节由代理人只开一次运输发票，并通过企业间转账形式获取资金，从代理人当中无论经过几个层次，在这些层次当中都是以现金形式进行结算。

现有的增值税征管模式下运输行业的资金流和信息流如图2所示。由于目前服务行业营改增套用的是商业企业营改增的模式，在该模式下，忽略了行业当中代理人制度的存在，就造成了图2所示的征管模式。

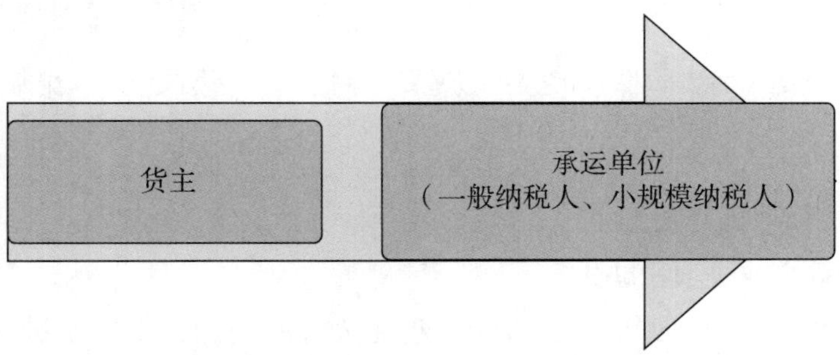

图2　现有的增值税征管模式下运输行业的资金流和信息流

在现有的征管模式下，运输行业当中代理人根据所处层面不同，代理人与司机对于货主而言都是承运单位，通常都以一般纳税人或者小规模纳税人的面目出现，作为一般纳税人其进项抵扣主要集中在油费、车辆采购、维修三个方面；而小规模纳税人则无进项抵税，这种征管方式就严重忽略了运输行业当中占比最大的“回程配载”运输模式，同时也造成了代理人进项税抵税不足，对应的所得税虚增的情况。

在“营改增”试点阶段，试点省市的运输公司通过非试点省市获取发票的方式解决进项不足的问题，随着营改增在全国范围内的实行，该种征管方式无法持续下去。同时，代理人与司机之间的资金与信息流向失控，导致了产业链条中的企业通过此类不正规的方式来降低其成本，增加了企业以及国税部门的风险，对行业发展产生重大的打击。

（三）可选解决方案利弊共存，不能系统解决营改增带来的问题

2013 年 8 月 1 日国内运输行业全行业实行营改增之后，由于进项税成本抵扣不足给运输企业一般纳税人造成了税负的增加，在部分试点区域，运输企业通过非试点地区开具运输专用发票用来进行成本抵扣，这种方法在 8 月 1 日全行业营改增之后实际上已经彻底废除。但是企业面临的问题仍然没有解决，那么作为企业如何应对这种变化呢？可能的应对方案有以下 3 种模式：

（1）将企业规模从一般纳税人拆散成为小规模纳税人，降低税收风险，为了稳固市场会采取降低承运价格为代价。但是客户在物流业务分包的时候，通常对于承运商的资质有所限定，而这种限定会使企业进入到两难的境地，对于运输企业的长期发展非常不利。

（2）企业采取接受虚开燃油增值税发票的形式，来完成成本抵扣不足和对外包车辆费用支付。但是这种操作会使企业的账务成本严重畸形，同时税务部门难以管控，企业承担巨大的税务风险。而且 2015 年国家已严格规定燃油增值税发票的开票要求，只用使用后才能开出对应金额的增值税发票，从一定程度上遏制了虚开燃油发票的途径。

（3）仍然通过特殊渠道从一些特殊区域如江西等违反增值税征税原则的地方开具增值税发票作为进项抵税凭证。这种操作将严重影响到全国范围内增值税推进的进程，甚至会导致税改的失败，企业可以通过资金空转的形式获取大量的虚开增值税票实现企业不合理超额抵税的同时，为再次开放非法现金的大量产生提供了温床。

以上 3 种解决方案已经基本不可行，于是一些货物运输企业想到了从一般纳税人变化为小规模纳税人来降低税负，除了上面第 1 个方案提到的长期发展的问题外，这些运输企业还将会遇到以下困境：

（1）通过采购新设备或过户原有车辆重新进行登记注册小规模企业，一次性成本过高，同时超过年限的运输车辆不准许过户又成为一个无法解决的问题。

（2）成立小规模企业后，每个月都需要进行企业税收申报，需要有配套的财务服务需求，这使企业运行成本大大增加。

（3）如何证明其业务真实性，是急需解决的问题，目前来讲都是纸质的文件。

（4）由于其规模小，在接受大订单时必然面临运力不足的情况，当前国税允许小规模企业通过签订租赁协议的方式扩充其运力进行开票。如果监管不严，不法分子会利用这个出口，通过大量虚假租赁协议来开具增值税发票，进而扰乱整个市场。

（5）营改增初期往往会出现小规模企业证照与车辆分离的现象，原有体系下存在的票贩子会利用这个机会大量注册这种开票公司，如果任其发展必定对增值税体系造成重大影响。

（6）大量增加的小规模企业，使国税部门窗口代开发票压力倍增，在不考虑其提供资料真实性审查的前提下，国税局将面临人员、设备等巨量的增长，造成成本大量增加。

总体来说，现有的解决方案并无法实现税务流、业务流、现金流的三流合一，同时也无法从根本上解决货物运输企业的进项税缺失问题，随着“营改增”工作的不断深入，企业税务升高所带来的副作用逐渐加强，行业生存环境恶劣，各类违法事件层出不穷，影响了行业的正常发展，也对“营改增”的推行带来了障碍。

四、创新成果的主要内容

（一）创新思路

在了解运输服务行业市场规律下，有效的增值税征管模式在运输行业中能起到促进行业发展、规范行业运营、降低行业整体税收负担的作用。安联程通通过对运输行业产业链的梳理，寻找到解决思路。

根据运输行业的代理人制形成的增值链条，针对增值部分予以征税。将最小运输单位车辆视同为“原材料”，代理人环节视同为“流通加工环节”，货主视同为“终级消费者”，增值税征管环节将形成闭合系统，在合理征税的同时，也为行业减轻了税负。如图3所示。

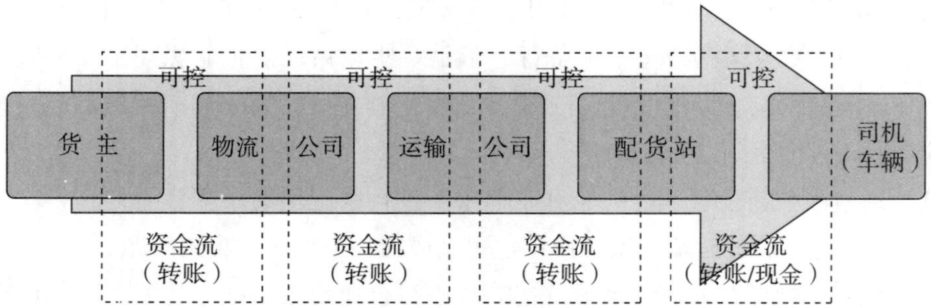

图3 公路运输行业中的增值链条

安联程通将运输行业产业链按照增值链条划分为各个小段，每个小段的上下游之间存在业务交易的资金流转以及税务活动。由于增值税只对增值部分收取税费，企业获取的进项就是企业进行生产活动时的成本，没有进项发票来证明其成本即会造成成本也被认定成为增值部分，缴纳额外的税收。同时由于整个增值税链条环环相扣，在上图 3 中可以看到，如果司机无法提供增值税发票给配货站自然会导致配货站税负的增加，配货站又转嫁到其上游运输公司，依此类推，最终有可能是货主承担增加的税负。

1. 解决货物运输企业进项税缺失问题

安联程通的在线税务管理解决方案则从产业链的重点：司机出发，将个体司机变为纳税人，使其具备开具运输增值税发票的能力，为其服务的企业提供进项发票，“陆交平台”全流程监控数据保障了运输业务的真实性，解决了虚开油票进行抵扣的税务问题，使货物运输企业在与司机进行运费结算时可以以运费 40% 的油卡以及 60% 的现金进行结算，40% 的油卡按照燃油增值税 17% 的税点，可以获得 6.8% 的增值税抵扣；60% 的现金按照运输增值税专用发票 3% 的税点，可以获得 1.8% 的增值税抵扣。最终使得货物运输企业的税负降低到 2.4% 左右，彻底解决了运输企业进项不足，“营改增”后税负成本高的问题。

2. 解决信息流向及资金流向问题

为了解决货物运输信息流向与资金流向透明化问题，必须对整个运输流程进行有效监控，安联程通的在线税务管理解决方案实现了全程数据监控，使运输行业业务流、资金流透明化，并且时时处于可监控的环境中，降低相关企业、部门的风险，为国税等相关部门的分析决策提供有效的数据保障。

最为重要的是，在线税务管理解决方案实现了单车司机的业务监控，司机与车辆以及运单绑定，运单与不同类型的代理人绑定，做到人、车、货“三位一体”的捆绑，解决了司机、车辆、货物三者信息移植的问题，将各类型代理人与司机间的信息流透明化，完全处于可控状态中。

（二）实施方案与保障

为了保障上述解决方案的正常实施，需要解决以下两个关键问题：

（1）需要税务部门在针对运输服务业增值税征管办法当中，对于单车纳税人资质的认定，赋予车辆开具增值税发票的权利，作为行业增值税管理的起始点，实现源头税收监控。

（2）方案的实施风险在于“金税系统”是否能够多支持 1900 万个纳税人识别号的系统控制。如果系统实施有一定的难度，可以通过以“公路运输交易平台”等经过税务部门认定的行业管理平台为基础，统一使用平台纳税人识别号，进行单车核算的方式进行征管，在不改变税收体制的前提下，进行适当创新，利用高科技手段对业务真实性控制的同时，也解决了整个运输行业营改增的核心问题。

安联程通已与天津、新疆、河南、重庆等地的税务部门达成合作，在这些区域开展试点，给予司机纳税人资质的认定，并赋予车辆开具增值税发票的权利。

同时“陆交平台”作为税务部门认定的行业管理平台，与“金税系统”进行数据对接，作为公共信息平台，以现代化技术（RFID、移动互联网、云计算）为手段、以诚信化管理为基础，成为运输行业提供一体化物流管理服务的综合信息服务平台。通过连接供应链涉及的物流企业和单位，包括货运企业、停车场、政府职能部门，做到整个陆路运输供应链的信息交换和共享。在此基础上提供交易撮合、货物跟踪等增值服务。

该平台由信息平台门户、数据交换中心和若干个业务管理子系统组成，包括停车场管理子系统、司机管理子系统、运输管理子系统、会员诚信管理子系统等。包括货运信息发布、车源信息管理、交易撮合、停车场管理、运输业务管理、仓储管理、金融保险等。

通过对运输流程的全程跟踪及监控，使整个业务操作处于一个透明可视的状态。保证每一笔运输业务的真实发生，为平台使用者提供最真实、最基础的数据，实现货运车辆信息管理、车辆运行轨迹跟踪、交易完成确认、一户式电子档案管理（一车一档）等物流全流程监控管理，是国内首个可将货运实际操作的每一个环节与网络信息同步的物流管理平台。

国税部门借助“陆交平台”，利用先进的“三网合一”技术，对车、货（运单）、人的捆绑，实现了对运输过程当中每一票业务的跟踪和管理，全链条置于信息系统的监控下，保证了每票业务操作的真实性，也为税务机关加强货物运输业后续管理，解决道路运输作业真实性难题提供了最直接的数据来源依据。

货物运输企业，通过进入“陆交平台”，以现代信息化技术为手段，解决其业务真实性的问题，合理获得进项发票进行有效冲抵，使企业摆脱两难的“囚徒困境”，保证运输链条的完整性。

五、创新成果的主要创新点

天津安联程通陆路运输管理与交易平台不仅具有明显的应用成效，也具有以下几个方面的显著创新点：

1. 平台提高税务机关对货物运输业的监管能力

一是通过“陆交平台”，交通运输部门或企业为运输业务的真实性把了首道关，做了“背书”，使税务机关对代开业务的真实性有了切实可信的依据，降低了税务机关执法风险。

二是通过数据交换系统可以直接将运输业务信息填入代开发票有关界面，开票人员无须手工录入，减轻国税部门窗口代开发票的压力，提高工作效率。

三是交易平台数据的积累，为税务机关加强货物运输业后续管理特别是对自开票企业是否足额申报纳税，提供了最直接的数据支持。

2. 平台提高运输企业办税效率，降低了纳税成本

一是通过“陆交平台”，货物运输企业的基础信息只需一次报送，每次代开发票时税务机关仅需对照平台传输数据与纸质资料核对无误即可开具，无须再进行手工录入。纳税人办税时间从推行前的每次30分钟左右缩短到5分钟左右，大幅度提高了办税效率，为纳税人节约了时间，简化了手续和报送资料。

二是通过“陆交平台”，实现了货物、车辆、司机三者的实时绑定，有效证明了整个运输业务的真实性，并通过数据获取司机的3%的运输增值税专用发票，用于运输企业的进项抵扣，同时由于业务真实性得到验证，运输企业可同时使用整个运输成本40%的燃油购买发票进行进项抵扣，这样将运输企业的税负降低到2.4%，直接降低了货物运输企业的税负。

3. 平台为征信体系提供有效数据

通过“陆交平台”，对于货物运输企业以及个体司机这些以往难以获得其信用信息的企业或个人，相关政府部门以及金融体系单位获得了有效地征信基本数据来源。由于每条数据均是基于真实发生的业务，因此作为征信基本数据的有效率很高，可以充分证明运输企业或个体司机的收入现金流状况。

以前，货物运输企业由于缺少固定资产作为抵押，同时其业务无法通过有效手段证实其真实性，难以从银行等金融机构得到贷款服务，企业扩大规模很难。通过“陆交平台”，业务数据真实性得到保障，针对运输企业业务现金流的运费保理的服务得以实施，彻底解决物流企业现金流压力过大的问题。

对于个体司机，通过“陆交平台”，金融机构获得其业务真实数据，有效地对其进行偿付能力的评估，从而得以为其提供各类金融服务，在降低金融机构风险的同时，为个体司机人群提供了有利便捷的服务。

六、创新成果的应用效果

“陆交平台”货物运输企业增值税解决方案已在天津、新疆、河南、重庆4地实施，获得当地税务机关以及货物运输企业的好评，以下为各地运营所取得的阶段性成果。

1. 天津市

天津市于2013年3月开始与“陆交平台”进行对接，并于当年5月16日完成第一张单车运输增值税专用发票的开具。

天津北辰国税局2013年5月出台的《天津市北辰区国家税务局与陆路港电子信息交换管理办法（试行）》当中，针对陆路港园区制定了相关的流程和管理办法，为了保障运输车辆的合格资质，设立了单车进入平台的准入门槛，严格执行。同时设立了专门的服务窗口，为单车司机办理账户以及开票提供便利。

2. 新疆维吾尔自治区

2014年5月，新疆维吾尔自治区国税局全面引进“陆交平台”并在乌鲁木齐经济技术开发区（头屯河区）进行试点。开发区（头屯河区）国税局第一时间与企业接触，了解平台架构、功能、业务实现方式，探讨以该平台信息为依据完成代开货物运输增值税专用发票的技术可行性，研究信息交换和信息交换协作管理模式，形成专题报告，大胆提出与安联程通信息技术有限责任公司实行电子信息交换，防范发票虚开，加强货运行业管理的设想：

向安联程通信息技术有限公司获取货物运输交易平台的会员注册、变更、注销及纳入交易平台的纳税人需开具货物运输专用发票的信息，获取交易平台查询用户，便于查询和提取电子档案。国税部门向安联程通信息技术有限公司提供税务登记外部数据接口和代开货物运输增值税专用发票外部数据接口。

经过几个月的努力，最终顺利完成信息系统的对接，并于10月30日成功开出首张货物运输增值税专用发票。

“陆交平台”通过和省级国税信息管理中心进行数据对接，实现区局管辖范围内各个征管机构所涉及的运输数据进行集中管理，统一审核通过后根据每个税务局代码将信息推送至各地区的税务机关，并在当地税务代开窗口实现完税及开具增值税专用发票的工作。该信息交换方式可为全疆各级国税提供货运会员涉税信息交换，为提高货物运输、物流行业税收征管水平、降低税收执法风险、规范物流行业经营、促进物流行业及物联网发展起到积极的推动作用。

3. 河南省

2014年7月，河南省国税局全面引进“陆路运输管理与交易平台”与省交通厅就双方开展货物运输相关信息的交互，提出业务交互的范围和需求，以满足税务机关前台代开货运发票和后续数据分析监控工作需要，并确定双方合作模式：

（1）根据双方需求开发信息交换平台。通过信息交换平台实现双方信息平台的联通和相关信息的交互，实现货运发票代开等信息自动导入综合征管系统和货运发票系统，实现货运发票代开结果向交通信息平台的导出等功能。

（2）总结完善出台有关管理办法。建立河南省国家税务局、河南省道路运输管理局、陆路运输服务与交易平台联合工作机制，定期召开工作协调会，加强组织、领导、协调工作。出台相关办法，做好信息交换的各项事宜，促进信息共享，实现信息交换的规范化、制度化和科学化。

（3）完成试点工作并制订全省推进计划。2014 年 12 月完成系统开发和调整工作，并确定在河南省焦作市作为试点城市，并于 12 月 24 日完成第一张增值税专用发票的开具，标志着河南省运输业增值税专用发票网络管理系统正式上线运营。

（4）协同金税三期工程上线。2015 年 1 月河南省完成金税三期系统升级改造，在此期间内陆路运输管理与交易平台积极与国税信息中心配合，顺利完成了与金税三期升级版系统的对接，实现了数据平顺的过渡和切换。

4. 重庆市

2014 年 12 月，重庆两江新区政府全面引进“陆交平台”，以平台为核心环节打造基于车联网的物流公共信息管理平台，为两江新区所辖的港口、铁路及公路基础设施运营商提供服务。通过与重庆市国税及国家税务总局的协调，在金三一期的基础上，实现了税务登记系统及开票系统的数据对接，从而实现了全链条化的闭合管理。

重庆拟将所有“渝”字头的车辆吸引或推送至平台进行管理，突破了原有的只针对个体车辆及挂靠车辆的限制，要求交通运输企业通过平台来真实反映其所有的业务状况。降低个体车辆及挂靠车辆的准入门槛，加大社会零散车辆进入平台的数量，增加政府对社会车辆的监管力度。结合重庆市已建立的金网工程，利用“陆交平台”，实现重庆市域配送体系的建设和管理，解决市域物流运输的瓶颈。

七、创新成果的推广价值

本创新成果不仅对货物运输企业、税务部门和银行机构，乃至整个物流行业都有巨大的推广价值。

首先，随着“营改增”在全行业推广，货物运输企业面临需要销项发票的货主将越来越多，如果不能有效地解决进项发票的问题，其税负将逐步加重，直至企业无法正常运营。安联程通“陆交平台”的在线税务管理解决方案提供了在线税务管理服务，利用互联网 + 税务的模式，解决公路运输企业进项缺失、运输税费征收困难的问题，为整个运输产业链补上了关键的一环。因此，对货物运输企业具有较大的推广价值。

其次，通过“陆交平台”三网合一技术以及交通运输部门与税务机关的双重“背书”，在平台企业以及司机的业务真实性得到了有效的验证，银行、保险等金融机构可充分利用有效真实的数据进行决策分析，为运输企业提供各类融资、保理、保险等服务，既降低了金融机构的风险，又降低了运输企业获取金融服务的门槛，使双方都通过真实业务数据获取更大的价值。因此，对税务部门和银行机构、交通运输部门都具有较大的借鉴价值。

最后，没有透明化的管理与信息共享就不可能打通运输产业链，从而无法解决“营改增”带来的货物运输企业税负增加的问题。因此，安联程通“陆交平台”的建设，对我国运输行业的规范和升级具有非常重要的意义。

上海爱姆意公司制造业全产业链工业互联网平台[①]

戴佩华，现任上海爱姆意机电设备连锁有限公司董事长兼总经理，曾兼任上海市汽车销售行业协会副会长，现兼任上海市电子商务协会副会长、上海物资流通行业协会副会长、上海市现代商务促进中心副理事长。2002 年，带领团队建成的“物资流通企业以电子商务平台为支撑的经营管理模型”获得国家级和上海市企业管理现代化创新成果一等奖。2002 年被上海市人事局评审为高级经济师。先后荣获上海市物资局优秀团干部、十佳青年、精神文明优秀组织者，上海市建设工业新高地争先创优活动先进个人的光荣称号。

【摘要】 上海爱姆意机电设备连锁有限公司是国企上海市机电设备总公司转制而来的混合所有制企业，投资经营机电产品销售、拍卖、物流等行业。爱姆意建设的制造业全产业链工业互联网平台（即 365me 平台），旨在打造第三方的公开公共在线交易平台，平台为制造厂商提供标准的数据交换和系统对接服务，制造商通过爱姆意全产业链互联网平台可以实现对上游产品供货商直接下达采购计划和订单，监控货物交付情况，最低限度地控制在库库存，使社会生产能力得到最合理应用，使得事务性的人

① 本成果由上海爱姆意机电设备连锁有限公司提供，成果主要创造人：戴佩华，参与创造人：潘敏捷、叶史鹤、梅富华、王佳东、肖军、包国强、朱敏丽、瞿晶、闫萍、王丽娜，获 2015 年度物流行业企业管理现代化创新成果奖二等奖。

力成本降到最低；对下游代理商分销商，可及时了解销售情况及库存情况，且可在电子商务平台上无地域边界地拓宽销售渠道。平台帮助制造企业提升效率、降低成本，优化资源的配置利用率，为制造产业从大而全向高精研发转型提供助力，进一步提高国内制造业的国际竞争力。该平台实现了传统产业与创新平台的高效组合，促进了传统产业生态的升级和转型，打造了新型工业化下的制造业物流管理创新的又一成功范例。

【关键词】制造业全产业链工业互联网平台；集成管理；制造业转型升级

【适用领域】制造企业；行业协会

一、企业基本情况

上海爱姆意机电设备连锁有限公司是国企上海市机电设备总公司转制而来的混合所有制企业，由上海物贸股份、沈阳机床股份、瓦轴股份等上市公司和上海机床厂、北京第一机床厂等国内著名工业企业共同出资组建的有限责任公司，公司成立于1998年10月。公司投资经营机电产品销售、拍卖、物流等行业，2000年以来持之以恒地进行以B2B电子商务为手段的机电产品连锁经营、产品代理、集成服务的探索和实践，2014年经营规模达到130亿元。在全国物资系统首家推出“爱姆意在线”电商平台，开展机电产品连锁经营。时任物资部副部长的陆江同志曾亲临公司考察，对爱姆意公司提出了“连锁千家，服务万家”的殷切期望。2003年4月，时任中国物流与采购联合会研究室主任的贺登才同志专程赴沪，对爱姆意公司的经验作了调查。陆江、丁俊发、何黎明等领导专门作了批示，在全国物流行业推广爱姆意经验。

公司全面应用英国SGS认证的ISO 9001（2008）质量管理体系，对产品质量和服务质量进行全过程的控制。公司开通的第三方365me工业品在线交易平台，目前已拥有28万个SKU，门类已扩大到机电产品以外的工业品，为广大装备制造企业、工业品经销商和用户提供供应链服务，为传统的生产资料贸易向现代化服务业转型树立了一个样板，其影响力已从上海扩展到全国。公司多年被上海市财税部门授予A类纳税户，被上海市工商局命名为守合同、重信誉AAA级企业。爱姆意服务品牌被评为上海市著名商标，是上海市知识产权示范企业、上海市电子商务示范企业，爱姆意电商获得国家级和上海“管理创新一等奖”，是上海市“销售真牌真品，保护知识产权”承诺单位，公司连续五届获得上海市文明单位，是上海市青年职业实习基地。

二、创新成果的名称

爱姆意建设的制造业全产业链工业互联网平台（即365me平台），旨在打造第三方的公共在线交易平台，为各种规模和信息化程度各异的企业及其合作伙伴提供相适应的、低成本、高质量、快速的电子商务解决方案，最终实现工业品市场的 any - to - any 的电子商务连接，实现新型工业化下的制造业物流与供应链管理创新。作为全国首创的工业品电商平台，为行业内的制造企业提供优质服务、助力经销企业实现转型。因此创新成果的名称是制造业全产业链工业互联网平台。

在本创新成果中，通过在平台中将供需有效对接、实现社会库存产品资源共享、实现零库存管控模式、实现制造商系统与平台的对接、实现第三方物流商进入平台服务以及物流过程全程可视化，帮助制造企业降低成本，优化资源的配置利用率，为制造产业从大而全向高精研发转型提供助力，进一步提高国内制造业的国际竞争力。平台实现了传统产业与创新平台的高效组合，促进了传统产业生态的升级和转型，打造了新型工业化下的制造业物流管理创新的又一成功范例。

三、创新成果的产生背景

传统工业产品流通的库存管理都是各自为政的，整个流程各个环节中的每一个企业或部门都有各自管理的库存：机电产品的制造商有自己的库存，批发商有自己的库存，经销商同样也有自己的库存，最终用户还是有自己的库存，每个环节都有自己的库存控制策略。由于各自库存控制策略的不同，因此不可避免会产生需求的扭曲现象，也就是供应链上的“牛鞭效应”，造成工业产品流通链条上的整体库存量增加，并且无法及时响应市场需求。面对这样的库存管理现状，优化社会资源配置、创新商业模式、减少多余积压库存成为了优化库存管理亟待解决的难题。创新成果在此背景下应运而生。

1. 优化社会资源配置，形成供应链整合的服务体系

爱姆意的制造业全产业链工业互联网平台，把工业行业内的供应商、生产厂家、分销商、零售商等在一条链路上的所有环节都联系起来进行优化，使工业产品以最快的速度，通过生产、分销环节变成增值的产品，达到有消费需求的消费者手中。不仅降低了成本，减少了社会库存，而且使社会资源得到优化配置，更重要的是通过信息网络、组织网络实现了生产及销售的有效连接和物流、信息流、资金流的合理流动。

在供应链中，上下游企业形成了战略联盟，因此它们的关系是相对稳定的。它们通过信息共享，形成双赢关系，实现社会资源的最佳配置，降低社会总的成本，避免了企业间的恶性竞争，提高了各企业和整个供应链及全社会的效益。

2. 引领商业模式创新，实现制造业和服务业的跨界融合

随着信息技术与工业领域的不断融合，“产业互联网”正逐步成为实体经济转型的新手段，将信息化深入到制造企业的制造、供应、流通环节，实现制造业和服务业的

跨界融合。

目前工业品的流通主要以实体店铺、专业市场、产品制造商订货系统、网上信息发布等形式为主，和国际上普遍的商业流通模式还有很大差距，由于“小而全”“大而全”“小而散”“独立性差”，导致在战略上缺乏国际化、综合化、现代化的思想，造成供应链管理模式落后，前端缺乏对资源的掌控和定价能力，后端分工不细、效率不高，阻碍了我国装备制造业智能化和现代化水平的提升。在价值链的定位上，由于缺乏技术创新和对客户需求的精准响应，造成品牌的价值度不高，大多数企业都在价值链低端，附加值低下。在经营模式上，电子商务、现代物流的应用还不足，亟须通过模式创新打造精准高效的现代流通平台和业务体系。在与金融的结合方面，尚缺乏流通资产证券化，缺乏对金融工具的创新性应用。

因此，需要打造一个全新的为国际装备制造业服务的工业品、工业品设备、机械配件、各类工具等的交易市场商业模式，利用云计算、物联网、大数据、移动互联网等新一代互联网技术，创新生产资料流通的经营模式，打造透明、高效、绿色、环保、智能的商业模式。

中国不少工业品制造企业在物流上面临着三方面的挑战：一是仓库作业缺乏先进的物流软件支持，无法进行精细化管控，错误率较高，作业效率低下；二是由于物料库存不准，生产排序上线难以形成有效管控；三是与上游供应商、下游经销商之间的供应链协同上存在不及时、不准确的问题。

3. 减少多余库存积压，降低制造业总体成本

目前“中国式采购”成本太高，不按需求采购使中国工业企业商品库存率一直居高不下，2009 年为 10.46%，2012 年为 9.44%。如果全国库存下降一个百分点，每年可减少库存资金占用 9100 多亿元，如果降低到发达国家 5% 左右水平，则可节约库存成本 4 万多亿元。

先进制造业的不断发展要求制造企业专业化程度提高，剥离包括零部件采购在内的与主营不甚相关的功能，转而交由专业的企业负责代理，进行服务外包。如此，制造企业才能更好地集中精力进行生产和技术改造，提升自身的核心竞争力。随着信息化与工业化的融合，制造企业外包采购和库存业务，由专业的公司来提供高水平的专业服务，是完全可行的。

制造业采购主要可分为 MRO 备品备件的采购、直接物料（BOM）和原材料采购。其中用于维修设备的 MRO 采购，往往是临时性的、缺乏计划，并且对交货要求十分严格，采购量少，但品类繁多面向的供应商数量多。这些特性直接导致此类产品的采购专业性不强、流程复杂、人力成本高、采购成本高、管理成本高等问题。

将采购在内的与主营不甚相关的功能，转而交由专业的企业负责代理，进行服务外包，实现“一站式采购”。如此，制造企业才能更好地集中精力进行生产和技术改造，提升自身的核心竞争力。一方面，完善社会分工，提高供应链效率；另一方面，降低了物流成本，降低了管理供应商的成本，实现采购总成本的降低。

四、创新成果的主要内容

爱姆意的制造业全产业链工业互联网平台以市场需求为中心，整合了产业链上下游，打破了原有的经销模式，实现传统产业与创新平台的高效组合，将原有分布在各个环节的产品库存信息实现实时共享，并在整个流通过程中动态可追溯，打造新型工业化下的制造业物流管理的创新。

具体说来，平台为制造厂商提供标准的数据交换和系统对接服务，制造商通过爱姆意全产业链互联网平台可以实现对上游产品供货商直接下达采购计划和订单，监控货物交付情况，最低限度地控制在库库存，使社会生产能力得到最合理应用，使得事务性的人力成本降到最低；对下游代理商分销商，可及时了解销售情况及库存情况，且可在电子商务平台上无地域边界地拓宽销售渠道。平台帮助制造企业提升效率、降低成本，优化资源的配置利用率，为制造产业从大而全向高精研发转型提供助力，进一步提高国内制造业的国际竞争力。

1. 供需有效对接

一方面，企业为了保证生产的连续与持续性，确保生产供应稳定，希望拥有充足的库存；另一方面，为了追求尽可能大的利润空间，希望尽可能快的资金流动，不希望有任何形式的库存。如何在两者中找到一个平衡点至关重要，互联网化背景下的供应与需求对接使其成为了现实。

通过全产业链工业互联网平台，产品供应方与需求方能直接找到对方，在数据足够大的情况下，选择余地大，可以在一个更开放和更为充分竞争的环境下获取更好的产品和服务，并且库存资源实时透明，制造厂商可以实现在不影响生产的前提下、尽可能少的备库存，利用电子商务平台的信息共享优势，提高操作效率。

2. 实现社会库存产品资源共享

为产品制造商提供了快速进入市场的渠道，也提供高效、便捷、低成本、低风险、高可控性的商务模式使制造商具备对库存产品资源的集中管理、合理配备和对物权的绝对控制和调度的能力和手段；具备了对产品的价格在应对市场变化而拥有统一而有效的调控手段和能力；具备了借助互联网的应用而建立起具有无限扩展前景的产品分销体系的条件；实现了社会库存产品资源的共享。

3. 实现零库存管控模式

（1）为行业内的分销商、经销商提供了高效、低成本、低风险的销售商务模式；实现分销商零库存，避免了库存积压或沉淀而造成的损失；实现了对庞大的社会库存产品资源的享用。

（2）供应商库存服务。大多制造企业备件品种多、采购批量小、消耗低且无规律，大部分备件从市场上众多零售商采购，造成备件质量无法保证，严重影响企业的正常生产。

通过平台认证的集成服务商提供的供应商库存服务能够帮助客户实现真正的 JIT 库存管理，提高供货速度，减少缺货发生，降低企业的库存。

4. 实现制造商系统与平台的对接

提供第三方平台与制造企业 ERP 系统的无缝对接，实现信息实时传输和共享，提高自动化操作效率，深化制造企业的信息化应用。

5. 实现第三方物流商进入平台服务

通过集聚区域性的制造商入驻平台，带动区域范围内的集成服务商及物流商提供定向的仓储物流服务，直接对接用户与物流商，使社会物流资源得到最大化利用。

6. 物流过程全程可视化

用户可登录平台查看订单配送情况，对于订单执行进度更有掌控感，实现线下服务于线上展示的 O2O 融合，打破传统工业品流通行业物流信息闭塞、流程不透明的现状，实现物流过程全程可视化。

五、创新成果的主要创新点

爱姆意制造业全产业链工业互联网平台（即 365me）在物流方面体现了供应链物流、信息流集成管理思想，其最核心的价值来源于各方通过合作来实现库存、资源的整体优化，最终为用户实现价值最大化。作为全国首创的工业品电商平台，为行业内的制造企业提供优质服务、助力经销企业实现转型。

工业品电商与消费品电商相比，有其行业的特殊性，必须以 O2O 实现线上和线下联动，线上功能与线下配套服务相结合，所以还没有成功的先例。爱姆意打造的 365me 电商平台线上链接上游的工业品制造商和销售代理商、下游的工业品制造企业和经销商，线下提供供应链增值服务和物流集成等各项专业服务，此举不仅为国内制造业物流的外包探索出一条新路，也为传统的生产资料贸易企业向现在服务业转型树立了一个样板。

六、创新成果的应用效果

本创新成果对制造商具有较强的应用价值，对于制造商的收益包括：

（1）有利于制造商打造统一供应商关系平台，实现战略采购管理。通过将非生产原料型的工业品外包给爱姆意认证的集成服务商，制造商可以从烦琐的工业品采购业务中脱身出来，专注于核心业务。其对非生产原料型工业品的采购也从传统的关注操作到专注于管理供应商等战略层次。因此，客户可以实现强化核心能力，实现战略采购管理。

（2）切实有效地降低采购成本。通过爱姆意批量采购，可以降低采购价格，减少采购次数；通过集中采购、集中配送，可以降低采购费用与配送费用。此外，采用平台也可以防止一些采购中的灰色行为的产生。

（3）实现非生产原料工业品零库存管理。通过有效的信息共享和高效配送，可以实现配送到车间、配送到工位，从而实现零库存管理。

以上海机床厂的实施案例为例，具体介绍本创新成果的实践应用效果。

在激烈的市场竞争中，上海机床厂有限公司也不断创新管理模式，优化产品供应链，提升管理水平，以赢得竞争优势。砂轮是上机厂的主要工业用品之一，其采购占上机厂非生产原料型用品采购的8%。由于传统采购模式导致上机厂的砂轮库存大量积压，占用大量流动资金，因此管理层考虑将这一部分工业品的采购采用更为先进的VMI模式，来替代传统的采购方式，必将大大降低采购费用。经过双方充分沟通后，爱姆意上机厂VMI项目采用在上机厂内设立VMI仓库的方式。这一仓库的设置目的有如下3个：

（1）有效降低上机厂的采购总成本。

（2）有效减少运输途中的物料损耗。

（3）更有效地为客户提供现场服务。

上机厂内的VMI仓库主要用于存放砂轮、轴承、电线电器等工业品。爱姆意根据上机厂的技术要求，在VMI仓库中进行初步的砂轮回转等工作，并根据上机厂的要求配送到工位，保证上机厂能够集中精力做好自己擅长的业务。

项目实施取得了明显效果。首先，仓库的管理费用显著下降，上机厂减少了仓库管理费用合计30万/年。其次，库存使用方式改善，从原本的按计划购买到实际要使用再领用产品，一方面降低了库存冗余释放了多余资金，另一方面使得供货方能更合理地调配整体库存、效率提高。再次，库存积压成本下降。对于上机厂来说，库存风险大幅度的降低。假设1000万元的库存总额，如有20%的库存积压（按照原来的管理方式），就会有接近200万元的沉淀库存。通过VMI的管理模式，避免了这部分的损失。最后，仓库管理水平提高。例如物料号减少的推进工作，原上机厂标准件2000余种物料号，减少至132种，应该说效果显著。这些成效大大提高了上机厂计划、采购、仓库的管理效率。

七、创新成果的推广价值

1. 有利于制造业强化企业核心能力

爱姆意制造业全产业链工业互联网平台在制造企业中具有较强的推广价值。制造企业可以借助这一平台，实现战略采购管理。通过将非生产原料型的工业品外包给爱姆意认证的集成服务商，制造商可以从烦琐的工业品采购业务中脱身出来，专注于核心业务。其对非生产原料型工业品的采购也从传统的关注操作到专注于管理供应商等战略层次。因此，客户可以实现强化核心能力，实现战略采购管理。

2. 有利于在行业内实施连锁复制

爱姆意制造业全产业链工业互联网平台在工业行业中具有较强的推广价值。由于这一平台融合了制造业供应链管理和产业互联网公共信息平台，因此，这一平台在相关政府的推动下，有助于走出上海，走向全国，服务全国，成为上海的名片，实现从“点—线—面”的平台开发推广，帮助更多的制造企业管理供应商和采购业务，提升供应链管理效率。

3. 有利于制造行业转型升级，跨界融合

爱姆意制造业全产业链工业互联网平台作为生产性服务业的模式创新，有利于在行业内实现工业化信息化的跨界融合，是转变经济增长方式、形成新的产业业态和经济增长点的有益探索，同时，利用互联网的创新手段，不断发掘传统产业链中的增值服务内容和机会，从而推动传统产业生态的升级和转型，促进制造业创新发展、转型升级。

远成物流铁路货运改革与多式联运发展创新①

吕小琴，现任远成物流集团西南大区公司总经理、四川公铁物流服务联盟副理事长、四川公水物流服务联盟副理事长、四川川东北公水物流服务联盟副理事长、四川空地物流服务联盟理事、四川信息联盟理事；2015 年被四川省人民政府物流办公室聘任为四川省物流专家。

2004 年加入远成集团，先后在远成集团北京公司、海南公司、吉林公司、广州公司、山东公司、四川公司以及上海总部担任分公司经理、高级经理、副总经理、总经理及总部营销管理部常务副部长等职务；对公路、铁路、水路和航空等多种运输方式有丰富的营运和管理经验，并对多种运输方式货运组织和节点转化、全程实行一票制有一定的研究和实践经验。

【摘要】铁路货运的变革，公铁联运的发展，给物流行业的发展带来新的思路，对铁路传统的运输理念和运输方式均带来巨大的冲击。“如何寻求模式的转变”“如何再次进行企业创新”“如何给企业进行定位”等一系列需要企业直面的问题，在物流行业的快速发展和转型中更加凸显。作为“现代综合物流服务供应商”的远成物流股份有限公司，在“铁路货运改革”和“多式联运发展”方面进行了卓有成效的创新，在调整铁路单一运输模式，拓展服务产品、设立全国区域性营销网点，加快物流网络体系的布局、打造多方位的一体化物流服务等方面进行了探索与创新，同时还构建了“四川省公铁物流服务联盟”平台，优化了物流流程，节约了成本，提高了效率。远成

① 本成果由远成物流股份有限公司提供，成果主要创造人：吕小琴，参与创造人：郎定兴、曾明才，获 2015 年度物流行业企业管理现代化创新成果奖二等奖。

物流运与其他物流企业组建了物流服务联盟，致力于企业之间跨界融合、联动发展，提升物流运行效率，降低社会物流总成本。远成物流铁路货运改革与多式联运发展创新这一成果，不仅对综合型物流企业部门开展多式联运业务有较大的借鉴意义，对政府部门落实多式联运发展政策，推广和组织多式联运示范工程也具有积极的参考价值。

【关键词】铁路货运改革；多式联运模式创新；公铁物流服务联盟

【适用领域】综合物流企业；公路、铁路货运企业；多式联运

一、企业基本情况

远成物流股份有限公司（以下简称远成物流）创建于1988年，注册资金3.05亿元。通过二十多年的拼搏，远成物流快速发展，形成以公路快运、城际配送、仓储服务、铁路运输、金融物流、航空海运、国际货代及物流方案策划等为主导的企业发展模式。

远成物流现已在全国各省市自治区拥有全资直属一级分公司，二级分公司和营业网点覆盖所有的省级城市及绝大多数地级市，2013年营业网点正快速向县级及乡镇发展。已拥有一支庞大的专业高效的物流服务团队，每个直属公司都拥有能够满足客户需求的自有车队；各直属分公司已有及在建的仓储基地能满足客户仓储业务的需求。

远成物流严格按现代物流操作流程进行标准化运作。已通过国际质量管理体系ISO 9001和环境管理体系ISO 14001以及OHSAS 18001职业健康安全管理体系认证。在向客户提供专业高效的物流星级服务的同时，还斥巨资积极引进和开发先进的物流供应链管理系统。包括电子商务系统、订单管理系统（OMS）、运输管理系统（TMS）、仓储管理系统（WMS）、业务协同工作管理系统、车辆全球定位系统（GPS/GIS）、财务系统。远成物流供应链管理系统的应用，有效地满足了客户的查询、监控、跟踪、结算、配送等需求，让客户选择远成时，更无后顾之忧。

远成物流是中国首批5A级“综合服务型物流企业”，近年来连续荣获“物流百强企业”“中国物流杰出企业”“诚信创建企业”“中国物流创新奖”“中国物流示范基地”“中国物流学会产学研基地”“服装纺织品物流最佳企业奖”“中国物流业年度影响力企业”“低碳物流企业”“中国物流改革开放30年旗帜企业”“中国物流十大成长力企业奖”“最佳服务质量物流企业奖”“全国就业与社会保障先进民营企业”等荣誉。公司一直秉承“以心传递、畅达天下”的物流星级服务理念，经过一批又一批远成人不畏艰难、顽强奋斗、不断创新，铸就了远成的辉煌，使远成物流跻身于国内最出色的物流企业之列。

二、创新成果的名称

该创新成果的名称为“铁路货运改革与多式联运发展”。在该创新成果中，远成物流在调整铁路单一运输模式，拓展服务产品、设立全国区域性营销网点，加快物流网络体系的布局、打造多方位的一体化物流服务等方面进行了探索与创新，构建了“四川省公铁物流服务联盟”平台，大大优化了物流流程，节约了成本，提高了效率。远成物流还与其他物流企业组建了“公水联盟”“川东北公水联盟”“空地联盟’和“信息联盟”等物流服务联盟，致力于企业之间跨界融合、联动发展，提升物流运行效率，降低社会物流总成本。

三、创新成果的产生背景

随着铁路货运改革及多式联运的快速发展，现有运输理念及运输方式受到了巨大的冲击，“互联网 +”模式进一步推动了传统运输方式的创新变革。因而创新成果产生背景如下：

1. 铁路货运组织改革加大力度，开展“门到门”全程物流服务

近年来，受经济形势影响和我国产业结构转移趋势，传统黑货货源（通常把煤炭、焦炭、钢铁和矿石等大宗商品统称为黑货，此外的高附加值货物如家电、服装等统称白货）严重不足。由于其他运输方式的崛起，加剧了货运市场竞争的激烈程度，2013年以来，铁路货源继续大幅度下滑，铁路运输经营呈现出恶化的趋势。根据国家发改委公布的数据，2015 年 7 月，全国铁路完成货运量同比下降 10.9%，货物周转量下降 14.4%；1—7 月，铁路货运量同比下降 10.2%，为 19.8 亿吨，完成货物周转率下降 11.8%。1—7 月，全国铁路完成货运量 19.8 亿吨，同比下降 10.2%，完成货物周转量 13965 亿吨千米，同比下降 11.8%；上半年全国铁路完成货运量同比下降 10.1%，远高于 2014 年 2.5% 的降幅。7 月数据显示，铁路运量加速下滑。

在此背景下，铁路总公司对铁路货运组织的改革主要包括以下四个方面内容：

（1）改革货运受理方式。通过简化受理方式，使广大客户能够以直接、方便、快捷的方式办理货物运输。

（2）改革运输组织方式。除了国家规定的有特殊运输限制的货物之外，铁路对各类货物敞开受理，随到随办。

（3）清理规范货运收费。一是要明确货运收费的项目、标准和条件。二是建立“一口价”收费机制，对与货运有关的收费，一口报价，一张货票核收，简单、明了、便捷。

（4）开展“门到门”全程物流服务。

铁路部门的改革举措，符合现代物流发展的需求，这种全新的改革方向也为其他物流企业提供了可以开发的战略合作机会。

2 铁路货运改革初显成效，互联网信息化管理成为趋势

在铁路货运改革实施后，全国铁路日均装车出现趋稳态势。据运行调度数据，煤炭、钢铁、石油等大宗货物日均装车基本稳定，月度之间变化也很小；集装箱、零散货物运量逐步提高，2015 年 7 月集装箱日均装车环比增长 5. 8%，零散货物日均运量环比增长 18%。随着改革的不断深入和推进，铁路货运改革也已初具成效，主要体现在三个方面：

（1）为服务国家“一带一路”战略，优化了中欧班列、中亚班列运输组织，安排了中欧班列 21 列、中亚班列 17 列，较原有运行图各增加 2 列。极大程度解决了国内商品出口物流成本较高和运输时间长的困难，缩小了中国与周边各国商品贸易的空间，加大了我国与其他国家的贸易进出口业务规模。

（2）铁路货运将货源从过去的大批量、品种单一和运输距离长等方面向小批量、多品种及短距离运输转移，针对不同的货主，制定了特定的运输班列和直达货运列车，确保了货物的安全运输，实现了铁路货运的“私人订制”。

（3）互联网平台的积极加入，让铁路货运不再是单一的物流模式，而让铁路的货物运输实现了智能化管理，进一步整合铁路的所有信息资源为社会使用，实现物流信息资源的共享。

3. 多式联运具备诸多优势，但发展现状仍然存在许多问题

我国经济的发展已经从过去强调区域突破向产业有序转移的带状经济发展，“一带一路”、长江经济带战略应运而生。带状经济的关键基础是打造综合立体交通走廊和推进多种形式的多式联运发展，通过完整的运输链促进生产要素高效流动，以物流大通道支撑经济大通道建设。

从国外经验来看，欧美发达国家较少提及综合运输体系，各种交通运输方式基本网形成后，直接转向推进多式联运发展阶段。鉴于我国交通运输特殊国情，前一阶段强化综合运输体系发展理念是有必要的，但现在到了把理念实化为具体行动或推进路径的关键时期，这就要发展多式联运。虽然目前我国各行各业都在重视发展多式联运，但多以自我为中心，缺乏大运输、大物流、大系统理念。当前我国多式联运的突出矛盾是各种运输方式分工不合理、衔接不畅，主要问题集中表现在以下九个方面：一是起步较早，但发展不快；二是各种运输方式集装箱化率很低；三是铁水联运比例低，且换装设施能力不足；四是铁路依然是多式联运发展的瓶颈；五是多式联运经营主体尚不明确；六是物流园区没有成为多式联运的节点；七是多式联运资源使用率低；八是多式联运信息平台建设相对滞后；九是多式联运尚无统一运行规则。

除此之外，我国主要运输方式集装箱化率低，导致多式联运的核心载体缺失；新建物流园区各自为政，没有能力形成多式联运的网络；铁路货运结构和运行规则、通关模式制约多式联运的发展；新兴国际物流通道建设中的无序竞争等都是当前我国多式联运中面临的突出问题。

4. 多式联运的发展趋势是全程责任和具备“互联网 +”的创新思维

交通运输部编制实施了《“十二五”公路货运枢纽建设规划》，鼓励建立依托港口、机场、铁路枢纽站的现代物流园区，为多式联运发展创造条件；继续推进甩挂运输试点工作和集装箱铁水联运通道示范项目；同时将推进建立多部门工作协调机制，改进优化行业管理工作，不断激发多式联运企业市场主体活力；启动多式联运相关立法工作，加快综合交通运输体系表中多式联运换装设备、装载单元、信息交换等重点内容的建设，进一步提升多式联运的标准化和规范化水平。

多式联运是一项系统工程，具有四个“跨”和六个“一”的特点，即跨方式、跨行业、跨区域、跨国境以及一次托运、一票到底、一个多式联运经营人、一个费率、一次保险、一体运输，对衔接协同要求很高。

多式联运的最终发展趋势是“全程责任”，主要体现在更多的企业采用多式联运提单，形成“一票到底”的结算模式。实现“一票到底”的“全程责任”，需要各种运输方式在运力交易节点做到“无缝衔接”，以保证转运效率的可靠性；需要统一各种运输方式遵守规则；需要形成覆盖主要业务区域的联运网络，以解决空重箱调配问题；需要一站式运输服务产品和可以承担全程责任的多式联运经营主体。

同时，在多式联运发展中要结合“互联网 +”思维。未来“互联网 + 物流”将与智能制造、金融相结合，产生更高的附加值。物流的变革与创新，“最后一公里”将成为商业竞争的核心，也将成为物流行业最具发展潜力的一环，“最后一公里路”也是多式联运的最终体现。

四、创新成果的主要内容

近年来，随着国家经济结构调整和经济增速放缓，社会运输需求结构发生重大变化，大宗物资运输明显下降，零散白货（协议运输的大宗稳定物质以外的其他物质）运输快速增长，这对远成物流的铁路运输产品是一个严峻的考验。为此远成物流对管理模式、产品模式进行了合理的创新，主要体现在：

1. 调整铁路单一运输模式，拓展服务产品

远成“顺势而为”，破除了传统铁路物流运输单一性、大宗性、烦琐性等特点，在发展“行包运输”基础上，重点打造适合高价值产品直达快运的“行邮专列”和适合精密仪器整票货物的“集装箱班列”两种新型产品。而且对“行包运输”的运作方式进行了更加细致的优化，从装载时间、收货标准、货场管理、线路开发等多个方向进行调整，建立了一整套全新的铁路运输管理模式。

2. 设立全国区域性营销网点，加快物流网络体系的布局

营销网点作为综合物流的基础设施，对物流市场的拓展、新业务的开发以及综合服务模式的市场广度推进有着重要的作用。远成一直在加强对营销网点的建设，强化“最后一公里”的服务意识。目前，在全国东北、华北、华中、华南、西南、西北和重庆建立了七个物流枢纽转运中心，并以辐射的方式布局了1000多个直营和加盟的营销网点。结合“铁路”“汽运干线”“城际班车”的全国区域性运输线路和“零担快运”的局部区域性运输，从“点”到“线”再到“面”的全国性物流网络在逐步形成。

3. 打造多方位的一体化物流服务

目前，远成在北京、天津、石家庄、上海、哈尔滨、沈阳、长春、贵阳、成都、广州等区域中心城市结合铁路产品的各种特性，建立了到站分理、区域仓储和联合配送等多方位的一体化服务体系，实现对货物的综合性运输，减少了货物的在途时间，节省了物流成本，为客户创造了更多的服务价值。在这种创新改革的基础上，远成推出了多种服务模式：

一是“仓－干－配”一体化服务，为客户提供“仓储＋干线运输＋配送”的一体化服务模式，实现五个统一，即：统一资源、统一规划、统一运作、统一信息、统一结算，并在此基础上拓展增值服务及个性化服务；

二是总集成总包物流服务，着重于对企业现有资源如：车辆、仓库、运作设施等的整合，成为企业的第三方物流总包方，进行合同转换，同客户共同优化物流运作，拓展新的利润来源；

三是供应链优化及拓展，即提供方案设计、采购、供应商管理、代加工等多方面的服务，对客户提供“一站式”供应链管理服务，将运输、仓储、配送、分销服务、供应链金融乃至IT服务等各种业务产品进行全方位的融入。

4. 打造四川省公铁物流服务联盟

以“多式联运”作为指导思想而形成的“四川省公铁物流服务联盟”，它作为一个单独的运输过程而被安排和协调运作，从货物的完整性角度上讲，能减少在运转地的时间损失和货物灭失、损坏、被盗的风险；在运输成本方面，公铁联运经营人通过联络和协调，在运转地各种运输方式的交接可连续进行，使货物更快速地运输，从而弥补了与市场距离远和资金积压的缺陷，降低了运输成本；从物流发展角度上讲，对综合运输载体和复杂环境的处理，能够不断提升物流组织的整体运营能力和管理水平，推动组织不断地向前发展。除了经济上给物流组织和客户带来的直接益处之外，以“联盟”的形式上升到一种社会性的组织，可能为“多式联运”的发展提供一个新的参考方向。

作为企业，远成物流并未停留在一个“公铁联盟”上，“借势造势，顺势而为”，基于一个企业的拼搏、担当、分享的精神，远成物流在政府的引导下，与其他物流企业组建了“公水联盟”“川东北公水联盟”“空地联盟”和“信息联盟”等物流服务联盟，致力于企业之间跨界融合、联动发展，提升物流运行效率，降低社会物流总成本。

五、创新成果的主要创新点

结合当前我国多式联运的发展现状和主要问题，远成物流在深入挖掘国内国际大客户整体物流需求的基础上，充分发挥自身资源优势，并积极整合社会优质物流资源，为客户提供多种一体化、定制化的供应链物流服务解决方案，形成了公路运输、铁路运输、水路运输和航空运输等多种运输形式间的多式联运业务类型。为此，远成物流在“多式联运”的思想下创新性地形成了“公铁联盟”，该运输模式，从以下五个维度带来了创新：

1. 统一化、简单化

所谓统一化、简单化，主要表现在多式联运方式下，货物运程不管有多远，不论有几种运输方式共同完成对货物的运输，而且不论对货物经过多少运转，所有一切运输事项均由多式联运经营人对货物负责办理。而货主只需要办理一次托运、订立一份运输合同、一次支付费用、一次保险。一旦在运输过程中发生货物灭失或损害时，由多式联运经营人对全程运输负责，而每一区段的承运人对自己运输区段的货物损害承担责任。这种做法丝毫不会影响多式联运经营人对每一运输区段实际承运人的任何追偿权利。

2. 减少中间环节、缩短货物运输时间，降低货损货差事故、提高货运质量

多式联运一般采用集装化运输为单元进行直达运输。货物在发货人工厂或者仓库装箱后，可直接运送到收货人的工厂或仓库。运输途中换装时无须换箱、装箱，从而减少了中间环节。尽管货物经过多次换装，但由于使用专业机构装卸，且不涉及箱内货物，因而货损货差事故，货物被窃现象大为减少，从而在一定程度上提高了货运质量。此外，由于各个运输环节的各种运输工具之间配合密切、衔接紧凑，货物所到之处中转迅速及时、大大减少货物停留的时间。

3. 降低运输成本，节省运杂费用

由于多式联运可实行“门到门”的运输，因此，对货主来说，远成物流将货物交给第一承运人后即可取得货运单证，并据以结汇。结汇时间的提前，不仅有利于加快货物资金的周转，而且减少了利息的支出。多式联运方式通常是由多个承运人构成的，而托运人只需与其中一个打交道即可，相比之下如果采用单一运输方式，节省了人力、物力，给托运人带来了极大的方便。

4 提高运输组织水平，实现合理化运输

多式联运可以提高运输组织水平，实现现代化运输，改善不同运输方式间的衔接工作。在多式联运开展之前，各种运输方式的经营人都各自为政、各成体系。因而，其经营的业务范围受到限制，货运量相应也是有限的。但一旦由不同的运输业者共同参与多式联运，经营的业务范围可以大大扩大，并且可以最大限度发挥其现有的设备，选择最佳运输路线和运输工具，组织合理运输。

5 促进物流运输的“绿色化”发展

从政府的角度，发展多式联运具有以下重要意义：有利于加强政府部门对整个货物运输链的监督与管理；促进区域经济在物流带动下的快速发展；有助于引进新的先进物联网技术；通过国家的宏观调控与指导职能，保证使用对环境破坏最小的运输方式，达到保护生态环境的目的。

六、创新成果的推广价值

远成物流铁路货运改革与多式联运发展创新这一成果，不仅对综合型物流企业部门开展多式联运业务有较大的借鉴意义，对政府部门落实多式联运发展政策，推广和组织多式联运示范工程也具有积极的参考价值。

首先，远成物流调整铁路单一运输模式，在拓展服务产品、设立全国区域性营销网点、加快物流网络体系的布局、打造多方位的一体化物流服务等方面进行了探索与创新。这些管理经验和方法值得综合型物流企业尤其是以铁路为主的物流企业在面对铁路货运市场总体形势下滑的情况下，积极开展业务创新中予以借鉴。

其次，远成物流开创的“四川省公铁物流服务联盟”平台，是对“联盟”思想的创造性应用，它集合了区域内的物流行业的资源优势、政策优势、区位优势等有利条件，在区域内形成规模经济效益，既促进了区域经济的发展，又带来了发展方式的多元化。在经济发展与物流发展二者之间，最终形成一种良性的相互促进作用：物流发展为经济发展提供基础，经济发展为物流发展形成推力。这种平台可以推广和复制到其他省份的多式联运业务组织中。

最后，远成物流集团开展的多式联运模式改革是开展多式联运示范工程的很好示范案例，这种示范案例值得有关政府部门推广借鉴。2015 年，交通运输部、国家发展改革委联合印发了《关于开展多式联运示范工程的通知》，目的是形成一批示范成果和典型模式，经总结推广，引领多式联运全面加快发展。对于政府部门而言，主要任务是选择一批不仅有积极性主动性更有创新性的示范企业。示范项目推广过程中，需要建立一套动态的跟踪监测及阶段性的评价评估体系，形成部、省、市三级联动和协同

督导工作体系。远成物流可以积极参与多式联运示范工程建设，结合以上诸多多式联运联盟的组建和发展，逐步形成具有典型示范意义和带动作用的多式联运枢纽场站、组织模式、信息系统以及多式联运承运人；不断完善多式联运设施、装备、信息化、运营组织等方面的技术标准和服务规范；努力探索托盘集装单元等管理运营模式。远成物流率先在这方面开展了卓有成效的探索，值得相关政府部门在示范推广中总结经验，凝练方向，引领多式联运的未来发展。

四川安吉物流卓越绩效模式探索与实践①

付敏，女，汉族，重庆人，大专学历，1983 年 12 月参加工作，中共党员，高级经营师、高级职业经理人。现任四川安吉物流集团有限公司党委委员、董事、总裁。历任安吉物流集团党委办公室主任、安吉物流集团人力资源部部长、安吉物流集团纪委书记兼工会主席。

徐胜明，男，汉族，湖北鄂州人，研究生学历，1987 年参加工作，中共党员，高级经济师、注册税务师、高级物流师、高级职业经理人、高级经营师。现任四川安吉物流集团有限公司董事长、党委书记。2014 年 8 月，被四川省企业家协会、四川省企业联合会评为“四川省优秀企业家”。2015 年被授予“四川省劳动模范“称号。

① 本成果由四川安吉物流集团有限公司提供，成果主要创造人：徐胜明、付敏，参与创造人：胡本恩、付治睿、洪颖、马丽，获 2015 年度物流行业企业管理现代化创新成果奖二等奖。

【摘要】四川安吉物流集团有限公司是一家集物流综合服务、供应链管理于一体的综合性现代物流企业集团。为了实现企业的快速发展，四川安吉物流结合企业自身经营状况和管理架构形成了四川安吉物流卓越绩效运行模式，针对领导、战略、顾客和市场、测量分析改进、人力资源、过程管理、经营结果七个方面做了大量工作。该卓越绩效运行模式兼具科学性、全面性和高效率性，满足了企业对于提高管理质量的需要，使得企业部门设置日趋齐全，各部门间职责明确，各司其职，高效运行；激发了员工的干劲，使员工满意度大幅提升；经营业绩逐年提升，对其他物流企业具有很大的借鉴意义。

【关键词】卓越绩效模式；管理质量；综合竞争力

【适用领域】综合性物流企业

一、企业基本情况

四川安吉物流集团有限公司是五粮液集团全资子公司，坐落在万里长江第一城——四川宜宾。公司创建于1980年，是一家以水陆联运、公路快运、城际配送、仓储服务、物流信息化管理、国际货代、金融物流服务为主导，集物流综合服务、供应链管理于一体的综合性现代物流企业集团。公司现有员工1300余人，资产总额14.5亿元，拥有现代化的各型运输车辆、起重、装载及工程作业等机械1500余台/套，2500吨集散两用船舶10艘，货物仓储面积20万平方米。作为覆盖全国公路网络的现代综合物流服务商，公司位居中国物流企业前五十强，连接全国500多个运输站、点，确立了在公路运输、长江航运领域的全国领先地位。自成立至今，已连续35年保持赢利。凭借健全的管理机制和出色的经营业绩，公司获得“中国物流业品牌价值百强企业”“中国质量服务信誉AAA级企业”、四川省首家“国家级物流标准化（试点）单位”“国家级服务标准化试点单位”“中国消费者满意十佳（行业）品牌”，连续三年获“中国服务业企业500强”“2014四川企业100强”“2014年度全国先进物流企业”“中国物流社会责任贡献奖”、2015年获亚洲品牌盛典“亚洲名优品牌”“亚洲品牌（行业）十大创新企业”“四川省服务名牌”及“四川省守合同、重信用企业”等百余项国家、省、市政府荣誉。

安吉物流集团自2011年引进并实施了卓越绩效经营管理模式，通过近五年的运行，快速推动公司各项工作的迅猛发展，物流服务能力已达国内领先水平，经营业绩逐年提高。

二、创新成果的名称

四川安吉物流拥有良好运行卓越绩效模式的基础，并大力贯彻实施卓越绩效模式，培养了一批具有专业知识的内审员，针对领导、战略、顾客和市场、测量分析改进、人力资源、过程管理、经营结果七个方面做了大量工作，同时结合企业自身经营状况和管理架构形成了四川安吉物流卓越绩效运行模式，兼具科学性、全面性和高效率性。因此，创新成果的名称是："以卓越绩效模式推进企业快速发展"。

三、创新成果的产生背景

四川安吉物流公司实施卓越绩效模式的探索，不仅在于卓越绩效模式的先进性，而且也是企业积极提升管理质量、提升业务发展水平的需要。

1. 卓越绩效模式的先进性

卓越绩效管理模式反映了当今世界现代质量管理的先进理念和方法，推广和应用卓越绩效管理模式对于提升企业的综合竞争力具有重要的现实意义。卓越绩效模式是世界级成功企业公认的提升企业竞争力的有效方法，也是我国企业在新形势下经营管理的努力方向。

2. 企业提升管理质量的需要

安吉物流集团有走出去与市场融合的诉求，但其一直以来依托五粮液酒业及其支柱产业，缺乏改革的动力。自2009年国务院《物流业调整和振兴规划》出台以后，物流业在国民经济中的地位得到进一步提升。同时，物流业巨大的市场潜力是推动物流企业调整目标、扩大规模以及改革自身现有管理模式的最大推动力。物流业呈现多元化发展的态势，竞争也日趋激烈，如何改进物流企业的管理模式，提高管理质量，从而全方位地促进企业的快速发展是物流企业普遍存在的难题。面对外部环境的变化，如何整合优化、创新驱动，在新的形势下，为自身发展注入动力源泉是四川安吉物流集团面临的新的发展课题。

四、创新成果的主要内容

（一）培育富有特色的企业文化

市场的竞争，实质是品牌的竞争；品牌的竞争，最终是文化的竞争。四川安吉物流党委把企业文化建设作为适应新形势、提高企业管理水平和市场竞争力的战略措施来抓，以"三个转变"重要思想为指导，以建设具有规模经济和竞争实力的专业化物流服务公司为目标，对企业文化建设认真规划、整体部署、积极推进，在贯彻执行五粮液集团企业文化的基础上，安吉物流积极探索，形成了具有鲜明安吉特色的企业文化，主要做法有：

1. 推进品牌建设

四川安吉物流通过坚持品牌推广与市场战略相结合的原则，坚持品牌与质量、品牌与市场相结合的思想，按照战略发展规划，有序有计划地进程安排推广安吉物流品牌，形成了一套自上而下的高质量工作方法，如图 1 所示。

图 1　安吉物流品牌推广和市场战略实施过程

2. 多手段宣贯企业文化

如图 2、图 3 所示，安吉物流通过公司看板、网站宣传、企业内部刊物、领导班组会议等方式确保公司内部信息的良好交流、双向沟通。领导高度重视、广泛听取各方意见或建议，保持内外部沟通顺畅，使员工充分理解公司的愿景、使命和价值观，让员工的思想和步伐与企业文化保持一致。同时积极规范使用集团公司统一的企业标识，展示公司良好形象；通过编印小册子、网络视频、摄制专题片、撰写稿件、板报，对公司形象进行宣传，扩大了公司社会知名度和影响力。

图 2　通过会议学习企业文化

图 3　通过展板宣贯企业文化

企业文化坚持“以人为本”，形成重视人才、培育人才、崇尚贤才的良好氛围，进一步增强广大员工的参与意识、全局意识、发展意识和工作热情。

（二）准确定位，制定并落实系统完善的发展战略

企业要想更好地发展必须准确定位，这样在企业跨越发展过程中，才能充分发挥

战略引领作用，根据每个阶段的经营特点找出品牌的个性理念，从而赢得市场。

1. 战略制定

四川安吉物流的战略制定分为三阶段，即企业战略定位的描述、战略分析和选择及战略控制和持续改进。根据公司的内外环境条件，四川安吉物流确定了“打造一流物流品牌，做供应链管理专家”的企业战略目标，以提高公司的竞争地位和整体绩效。表 1 展示了公司 2011—2015 年的发展规划。

表 1　公司 2011—2015 年的长期发展规划产值　单位：亿元

时间	2011 年	2012 年	2013 年	2014 年	2015 年
营业收入	24	28	32	40	45
利税	在 2012 年利税目标任务基础上，按每年 20% 递增				
合计	“十二五”末预测营业收入达到 45 亿元				

2. 制定战略管理流程

四川安吉物流集团有限公司战略规划制定流程如图 4 所示。战略策划涉及对公司与战略相关的决策和活动的计划、指挥、组织和控制。四川安吉物流的战略管理采用统一集中管理模式。在董事会战略与发展委员会组织制定的企业总体战略方针和目标下，各职能部门和分（子）公司具体负责本部门涉及的职能战略的策划、实施和全过程管理。

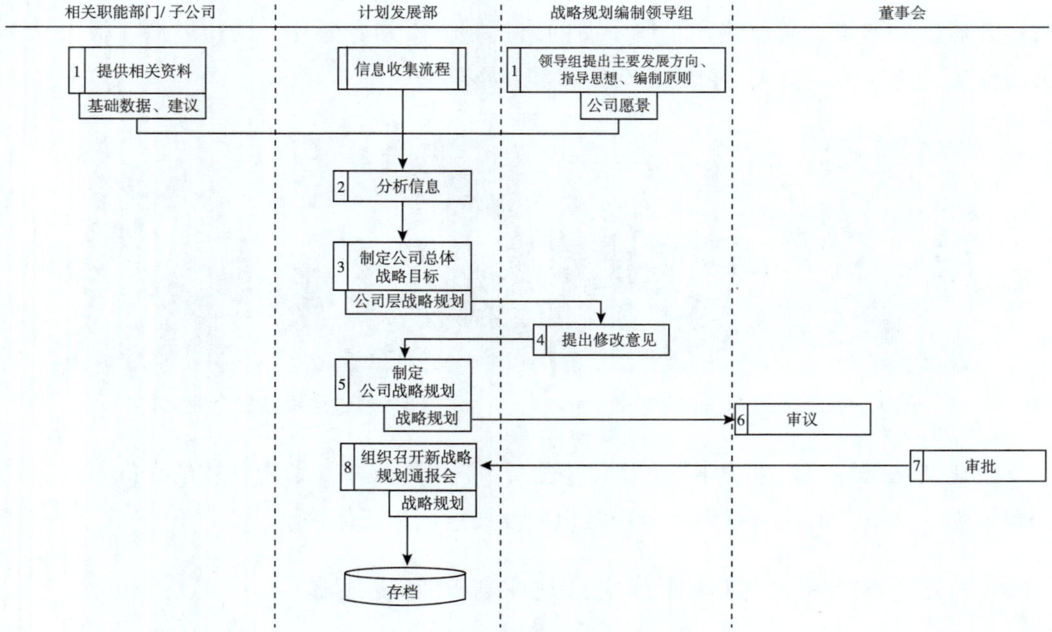

图 4　安吉物流战略制定过程

（三）以人为本，构建高素质的员工队伍

四川安吉物流集团始终认为人力资源是企业的"第一资源"，只有有效地开展培训工作，才能使员工成长为企业需要的人才，构建高素质的员工队伍。

1. 合理定岗定责，促进人力资源优化配置

2014 年，四川安吉物流按科学合理、精简高效的原则，重新梳理《部门工作职责标准》《岗位任职说明书标准》，根据各岗位职责，制定出各层级各岗位的 KPI 考核标准。

2. 员工绩效管理

四川安吉物流建立了与人员能力评价和目标考核紧密结合的绩效管理系统，图 5 展示了绩效管理的四个阶段，它是一个不断循环的过程，其最终的目的与结果是员工个人绩效水平和组织整体绩效水平的不断提高，从而实现员工个人发展和组织整体发展的"双赢"。

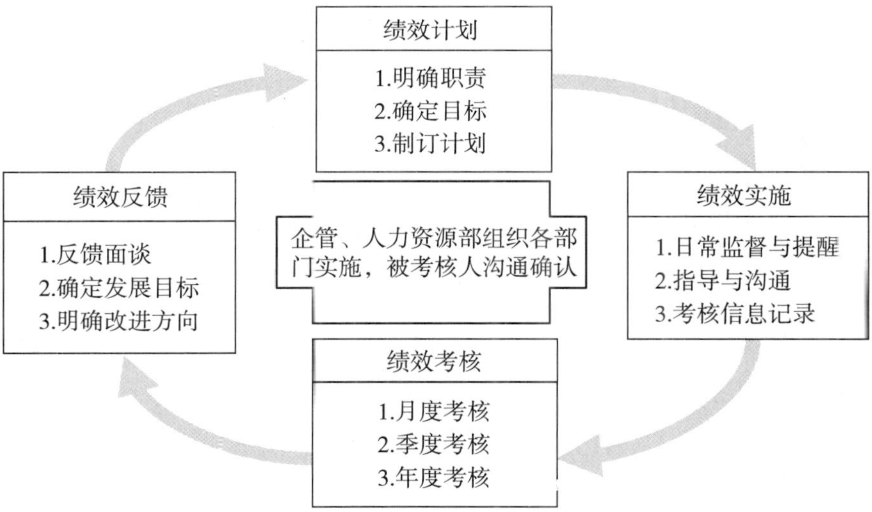

图 5　员工绩效考核周期及指标方案

绩效考核周期及指标如表 2 所示。

表 2　员工绩效考核周期及指标方案

考核周期 考核层级		月度	半年度（第 6 月份）		年度（第 12 月份）	
		月度 KPI	第 6 月月度 KPI	能力态度（360 考评）	第 12 月月度 KPI	能力态度（360 考评）
员工个人绩效	中干	100%	80%	20%	80%	20%
	普通员工	100%	100%	—	80%	20%

3. 制订员工培训、教育计划

四川安吉物流的员工培训分为常规培训和个性化培训两大类。其中常规培训又可分为新员工入职培训、转岗培训、任职资格培训、素质培训、技能培训等，个性化培训分为内部培训和外派、外请培训等。图6是公司的培训管理流程。

人力资源部以问卷调查、访谈法、绩效考核分析法等方式，了解员工培训需求，以保证培训设计的针对性和有效性。

根据收集到的培训需求，人力资源部按年度、月度时间节点，制定出年度及月度员工培训计划。年度培训计划包括：业务专题培训计划、绩效提升培训计划、管理干部内训授课计划、常规培训计划等。月度培训计划内容包括：业务分析及培训、外派培训计划、业务推进培训计划、绩效提升培训计划、管理干部内训授课计划等。

通过内部培训、外聘专家授课等方式，开展员工业务培训和任职资格考试，把绩效和培训，与员工的晋级、晋升及薪酬奖励计划全面挂钩。有效地提升员工的整体素质。

通过与国内高校达成合作协议，四川安吉物流内部每年通过考核选拔优秀员工外送到青华大学、四川大学、西南交通大学等高校接受物流管理理论知识、专业技术等培训。截至目前公司共派送50余人深造学习，其中10人取得物流师等中高级物流专业职称、人力资源管理二级技师4人，中高级驾驶技能人员20人。

此外，每年组织开展全岗位任职资格技能竞赛，通过技能竞赛测评岗位人员的工作能力，进行岗位人员调整或招聘新员工，建立梯队人才队伍以适应企业未来发展所需。

绩效考核也是员工培训需求的主要来源渠道之一。由人力资源部统一整理公司全体员工能力态度的考核结果，结合员工绩效改进计划表中员工的培训计划需求，制订相应的员工培训计划。

（四）强化过程管理，提供一流产品和服务

四川安吉物流在大力加强过程管理的进程中，以推行质量管理体系为主线，以关注顾客为焦点，通过收集、听取顾客意见，积极开展QC活动、收集合理化建议和科研攻关等方法和手段进行改进，将效果检查成熟、稳定、有效的措施纳入标准、规程固化，构成完整的闭环管理，保证了各项工作落到实处。

1. 确定3个关键价值创造过程

根据公司战略发展规划，结合公司经营过程特点，运用过程增值程度分析法，定量或定性地分析过程的增值能力和对组织成功的贡献度、人员参与程度等方面，四川安吉物流共识别出36个价值创造过程，又按照各过程对公司运营重要程度、为顾客创

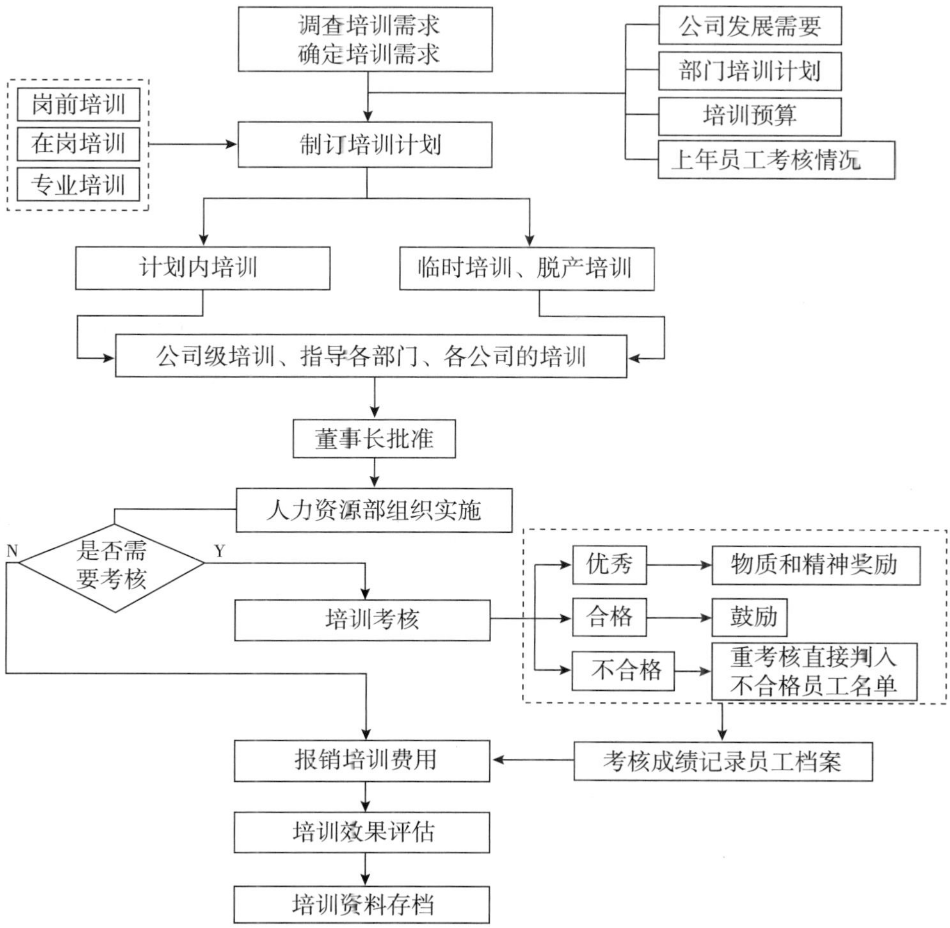

图 6　公司培训管理流程

造价值的大小程度、员工参与程度、对公司股东及相关方带来实际的经营结果的大小程度等综合方面进行识别，采用过程分析方法如 PDCA 等，考虑这些过程与核心竞争力的关联程度，定量或定性分析过程对公司赢利能力和取得成功的贡献，最终梳理、确定以下 3 个主要的价值创造过程：物资供应过程、运输管理过程、市场拓展和销售管理过程。

3 个主要的关键价值创造过程确定后，还确定了价值创造过程的具体要求，如表 3 所示。

2. 开展“找死角、查隐患”活动，落实问题消项整改制度

四川安吉物流从 2011 年开始持续开展“找死角、查隐患”活动，从空间上、时间上和业务上查找 QESEn 管理方面存在的死角。坚决杜绝空间上、时间上存在死角以及工作的跟踪断档现象发生，力争做到“空间”上全覆盖、“时间”上不空档、“业务”上有监控，“操作”上无违章。同时结合“找死角、查隐患”和日常监督检查，建立和落实问题消项整改制度。公司、基层单位制定出两级不同层面的消项问题，对已明确的消项问题作为监督检查的重点。基层单位一旦在检查中出现消项问题，视其为“单位违章”，并对其进行严肃处理。通过严格的监管，保证顽固、频发问题得到彻底纠正。

表3　　三个主要关键价值创造过程及其具体要求

序号	关键过程	具体要求
1	物资供应过程	按照集团化物资供应管理模式，做好装备如车辆、配件等物资供应，对其他物资供应工作精简流程，常用的、量大的物资能及时供应到位，且能保证质量
2	运输管理过程	分类制定服务综合管理目标，建立成本保障机制，以创利中心为核心，组织开展运输管理工作；利用开展7S及班组个人绩效考核的契机，大力推进整个公司7S管理，在运输工作流程、修理工艺环节、财务核算制定、班组及个人绩效考核上，实行流程优化再造，全面推进质量、绩效、核算消耗管理，提升企业管理水平
3	市场拓展和销售管理过程	建立各种销售和物流经济性测算模型和机制，以及产品组合经济测算模型等，提高销售业务的经济性策划能力和水平；加强客户关系的管理，重点围绕客户价值分析及资源配置策略等方面开展工作，推动和落实客户差异化营销策略的实施；加大巩固和开拓终端客户的力度，提升产品销售直销率；努力做到“零”生产责任事故、“零”销售服务投诉

（五）加强风险管理

四川安吉物流一直以来都高度重视风险管理和危机管理，高度重视风险识别、风险估计、风险评价与对策研究，通过构建基于“三大战略风险”为主线的风险控制框架体系，建立有效的规范化、系统化、专业化、稳定化的风险及危机管理体系，为企业战略发展和生产经营活动提供框架性指导，有效促进战略决策、战略规划的科学性、前瞻性。

1．全面识别经营和管理风险

四川安吉物流充分全面考虑经济、社会、道德、法律法规、资源等方面的潜在风险，如战略规划程序不良、组织结构老化、业务流程不合理、缺乏业绩管理、缺乏风险与危机管理体系、员工的不满情绪、客户的不满情绪、缺少有效的组织领导、忽视合作伙伴的建议、研究和投资的减少、不健全的环保过程、财务指标不佳等。安吉集团长期防范控制“三大风险”，第一大风险是控制管理有效性的风险，就是企业管理能力与战略需求不相匹配带来的冲突和风险。第二大风险是控制过度依赖五粮液大集团公司业务，依赖主业给企业带来的风险。第三大风险是控制国家特殊的经济体制带来的风险。

2. 强化员工风险意识，严格执行过程管理

在日常工作中，集团也较为重视向员工灌输风险意识，发放文件、制定相关制度来规定各部门（子公司）风险管控内容，尤其明确各部门质量、环保、安全和职业健康相关方面的风险控制，各部门再在部门内部分配专人负责相应版块。

（六）细化经营管理，努力降本增效

通过牢固树立过“紧日子”的思想，围绕“四降低、两压缩、两加强”，深挖内在潜力，严控成本支出，提升运营质量。

1. 降低资产购置成本

紧紧围绕主营服务业务，盘活可再利用资源，精心做好车辆维修服务业务，积极打造新的经济增长点，减少对外购置，实现内部创效。

2. 加强财务经营管理

严肃财经纪律，四川安吉物流将一切收支全部纳入预算，严禁截留收入，严格预算外支出，严禁私设“小金库”。做好经营分析，目标分解，准确预测经营盈亏，及时调整策略。强化合同管理，规范合同的审批程序。严格规章制度的落实，加大合同审计和效能监察力度。

3. 严控非生产性支出

严格支出审批程序，严控“五项费用”的发生，将各项控制指标落实到岗位、人员，严考核，硬兑现。

4. 抓好物资和设备管理

从健全机构、完善制度入手，认真落实物资招投标采购管理制度，适应ERP系统运行，重点在制订采购计划、优化库存储备、完善供应链管理、降低采购成本方面下功夫。强化现场物资使用管理，统一调拨，调剂使用。加强设备维护保养，努力降低设备修理和购置费用。

5. 强化资产动态管理

为进一步规范公司资产管理，维护国有资产的完整性，实现资产保值、增值，提高资产的运营效益，四川安吉物流在资产管理方面从日常跟踪管理、动态监督管理上下功夫，实行了各单位每半年资产盘存自查、公司资产主管部门成立盘存检查小组逐一清点检查的管理方法，在资产购置、闲置、报废等方面进行了严格的管理。遵照“谁使用、谁负责”，将资产管理责任落实到相关单位、部门和使用人，实现了资产分

级管理，合理调整，科学配套，做到了资产底数清楚，管理严格。

（七）回馈社会、践行公益事业

企业的社会责任是和谐社会建设的重要力量，只有具有社会责任感的企业才能在社会竞争中立于不败之地。四川安吉物流在做好各项生产经营活动的同时，积极参与社会公益事业，长期承担宜宾市政府、五粮液集团重大社会救援物质运输任务、与院校合作建立实训基地培养社会物流专业人才、与贫困山区家庭结对子长期帮扶与网络合作建立网络学习平台等，用实际行动践行了国有企业所承担的社会责任。同时，配合市政府抗震救灾、防洪抢险等工作，仅 2012 年公司就免费派出车辆 100 余台次，为地方政府和社会作出了贡献。在 2012 年雅安地震、2013 年云南地震中，共计捐款达 30 余万元。在接到灾情的 48 个小时内，连续发运了 2000 余吨物资到灾区。资助贫困学生，向每年资助高县可久镇大坝村 6 名困难小学生 9 年制教育经费，平均每年每人 6000 元，已资助 6 年，共计 36000 元。表 4 是近 4 年集团参与实施的社会公益事业情况（部分）。

表 4　　安吉物流近 4 年参与实施的社会公益事业情况（部分）

时间	活动	出动台次/受益人次	金额（元）
2011	时代光华网络平台学习；中高级财务管理人员学习	200 人次	86700
2012	到地震灾区慰问；西南交大参加高层人次培训；时代光华网络平台学习；高县可久镇大坝村小学留守儿童慰问	100 人次；108 台次	351376
2013	雅安芦山灾区救援；时代光华网络平台学习	20 台次	91799
2014	联合开办西南交大物流工程硕士班；困难帮扶活动；云南鲁甸抗震救灾活动	40 人次；40 台次	157500

五、创新成果的主要创新点

安吉物流的创新成果主要有以下几个方面的创新特点：

1. 应用卓越绩效管理模式，提升企业的综合竞争力

四川安吉物流以顾客为导向，追求卓越绩效管理理念。在创新的过程中没有仅仅针对一项进行创新，而是在自身良好运行卓越绩效模式的基础上，通过对领导、战略、顾客和市场、测量分析改进、人力资源、过程管理、经营结果七个方面综合改进，在卓越绩效管理模式评价方法的帮助下，有效地提升了公司在行业内部的竞争力。

2. 校企协作，培养高水平物流人才

除了传统的内部培养模式外，四川安吉物流还与国内高校达成合作协议，由公司内部每年通过考核选拔优秀员工外送到清华大学、四川大学、西南交通大学等高校学习先进的物流管理理论知识、接受物流专业化技术等培训，使得员工在丰富工作实践的基础之上，快速吸收理论知识，将理论与实际相结合，开阔视野，探讨公司未来的发展战略。

3. 全面管控产品和服务质量

为了适应当前我国物流流通业逐步从追求规模速度的粗放式增长转变为质量效率集约式增长的趋势，四川安吉物流通过对非结构化社交型数据进行分析和提炼，理解最终客户的意见；开展“找死角、查隐患”活动，从空间上、时间上和业务上查找QESEn管理方面存在的死角等方式改进服务质量，提高了企业在行业内的质量竞争力。

六、创新成果的应用情况

五年来，四川安吉物流结合实际、运用多种手段创建了适用于自身的卓越绩效模式，取得明显成效，推动了企业快速发展。部门设置日趋齐全，各部门间职责明确，各司其职，高效运行。四川安吉物流坚持依法治企，管理制度逐渐完善，使得企业日常运行的每一步都有款可依。企业文化建设成效显著，企业愿景、企业使命、企业价值观、企业文化理念深入人心，进一步增强广大员工的参与意识、全局意识、发展意识和工作热情。通过对人力资源进行优化配置，设置激励性的绩效管理制度，制订完善的员工培训计划，激发了员工的干劲，使得员工满意度大幅提升。在最能检验企业发展和管理成效的营业收入上，四川安吉物流表现不俗，经营业绩逐年提升，2012 年，四川安吉物流营收 30 亿元，2013 年达 36 亿元，2014 年为 42 亿元。

七、创新成果的推广价值

四川安吉物流基于卓越绩效管理模式的架构，针对领导、战略、顾客和市场、测量分析改进、人力资源、过程管理、经营结果七个方面做了大量工作，同时结合企业自身经营状况和管理架构形成了四川安吉物流自己的卓越绩效运行模式，兼具科学性、全面性和高效率性。该模式具有以下两个方面的推广价值。

一方面，可作为其他物流企业的借鉴。四川安吉物流通过在企业内部开展卓越绩效模式实现了企业的快速发展，提高了员工的专业素质和理论能力，改善了产品和服务质量。该成果可以在其他物流企业实施卓越绩效管理模式中予以推广。当然，四川安吉物流在实施卓越绩效模式的过程中，将模式的理论与企业实际灵活地相结合，形成有安吉物流特色的卓越绩效模式。因此，其他企业在借鉴的过程中，也不应该生搬硬套卓越绩效模式，而是要注意企业的实际情况。

另一方面，可作为政府、行业协会创新管理的借鉴。卓越绩效管理模式与创新管理存在天然的渊源关系，因此，在政府和行业协会积极推动物流行业万众创新的过程中，可以借鉴安吉物流卓越绩效管理的做法，实现行业的推广与复制，获得更好的行业创新绩效。

通辽东方利群现代医药物流服务标准化试点创新与实践①

杨景垣，现任内蒙古东北六药集团董事长，内蒙古自治区医药物流标准化技术委员会主任委员，内蒙古科学技术委员会委员，通辽市科协副主席，通辽市工商联副主席，通辽市政协委员。

【摘要】 内蒙古东北六药集团通辽东方利群药品有限公司所承担的国家级服务业"通辽市现代医药物流服务标准化试点"项目，在推进组织机构与岗位设置标准化、推进管理和流程体系标准化、推进监督检查和绩效考核标准化、推进薪酬体系标准化、推进经营模式标准化、推进主要管理方式方法标准化等方面取得了较好的成果，为医疗领域建立了一套较为完整的、系统的医药物流企业标准体系，使医药物流运作有了较为统一的、实用的、可推广的参考标准，对医药物流行业的标准化、规范化、集约化、信息化运作具有推动作用。在标准化试点的实践中建立了内蒙古自治区医药物流地方标准，目前已完成报批稿9项、征求意见稿5项、制订立项5项。标准化试点工作提升了医药物流服务工作质量，降低了医药物流成本，提高了医药物流效率。

【关键词】 医药物流；服务标准化；医药物流地方标准

【适用领域】 药品监管体系；医药物流企业标准化体系；药品电子商务体系

① 本成果由辽东方利群药品有限公司提供，成果主要创造人：杨景垣、沙德福，参与创造人：廖淑杰、张晓颖、陈冶、刘晓辉、张宏伟、马静、贾晓军、张骁、陈心刚、杨雨欣，获2015年度物流行业企业管理现代化创新成果奖二等奖。

一、企业基本情况

通辽东方利群药品有限公司成立于2004年9月，位于通辽市科尔沁区明仁大街153号，注册资金500万元，是一家从事医药批发、零售、现代医药物流、电子商务的私营企业，现有利群零售连锁药店122家。公司现有职工870人，大中专以上学历296人。公司占地总面积为51800平方米，总建筑面积为18600平方米，综合办公楼2900平方米，药品阴凉仓库8600平方米，药品低温库150立方米，疫苗专用仓库40立方米。总资产合计13626万元。

公司持有的“利群”商标为内蒙古自治区著名商标；公司享有自治区、市两级“精神文明单位”“A级纳税信用企业”“重合同守信誉企业”“诚信企业”等荣誉；2005年1月公司首次通过GSP认证，2014年7月成为通辽市首家通过新版GSP认证的企业；同时公司还是内蒙古自治区首家通过药品第三方物流认证并开展药品第三方物流业务的企业；是中国第三方医药物流联盟发起单位；通辽市冷链物流示范企业；通辽市蒙医药事业行动计划中的蒙药物流“名企”建设企业；2011年被中国物流采购联合会评定为AAAA级综合服务型物流企业，2014年年底通过复核；2013年被内蒙古自治区质量技术监督局确立为内蒙古自治区医药物流标准化技术委员会（简称标委会）秘书处单位，公司董事长被任命为主任委员；2013年12月国家标准化管理委员会确定通辽东方利群药品有限公司为2013年度国家级服务业标准化试点项目——通辽市现代医药物流服务标准化试点项目承担单位；公司集成开发的现代医药物流仓库管理系统（WMS）2013年荣获通辽市适用技术推广应用奖；2014年公司被评为自治区中小企业公共服务示范平台；2014年1月公司互联网药品交易平台建成，并取得互联网药品交易许可证；拥有“东方利群温湿度监控系统”“利群在线B2B药品交易平台系统”“利群B2C药品交易平台系统”3项计算机软件著作权；2015年公司被自治区医药商会评为医药行业先进集体。

公司拥有的药品仓储库区，全部为阴凉库和低温库，药品仓储面积6000平方米，车库等辅助库2000平方米。公司管理系统集成了ERP、WMS、TMS、GPS、RFID等专业化信息系统，建立起了一个由信息技术、无线射频技术、条码技术、电子标签技术、仓库管理、无线扫描、电子显示、WEB应用等有机组成的仓储管理系统（WMS）。依靠现代化的管理手段、信息化的医药物流技术和规范化的医药物流操作流程，公司的销售网络遍及内蒙古东部地区及周边省市，并使公司成为自治区医药物流行业的龙头企业。公司的信息系统，能覆盖药品的购进、储存、销售各环节管理及经营过程的质量控制。仓库管理系统（WMS）支持RF、电子标签完成入库、上架、补货、拣货、复核、出库等仓库作业，并与通辽市食品药品监督管理局监管链接。企业经营规模可以承载年30亿元药品的配送能力。

公司现代医药物流业务范围辐射整个内蒙古东部地区的医疗机构和零售终端，能够提供西药、蒙药、中成药、饮片、医疗器械、医疗耗材、化学抗生素制品、保健食品、生物制品配送、代运等多种服务要求。通辽东方利群药品有限公司与全国各大医药制造业签订配送协议，将所生产的品种通过长春陆顺所建的医药物流项目，在通辽设立中转站，通过长春陆顺直接运达到终端客户，完成整个配送过程。截至目前，企业通过该医药物流中心已与中标生产企业签订配送协议1135家，一万多个品规，企业药品终端客户达到5000多家。

二、创新成果的名称

该创新成果名称是：通辽市现代医药物流服务标准化试点。该项目自筹划推广以来，在推进组织机构与岗位设置标准化、推进管理和流程体系标准化、推进监督检查和绩效考核标准化、推进薪酬体系标准化、推进经营模式标准化、推进主要管理方式方法标准化等方面取得了较好的成果，为医疗领域建立了一套较为完整的、系统的医药物流企业标准体系，使医药物流运作有了较为统一的、实用的、可推广的参考标准。

三、创新成果的产生背景

2010年以来，我国新发布物流标准170项，我国物流领域相关标准790多项，冷链物流、医药物流、应急物流、物流园区、汽车物流等专业类物流标准占比已达52%。但是，国内可供参考的与医药物流相关的标准非常少。

1. 医药行业物流标准体系不健全

我国医药物流标准化及标准体系建设滞后，表现为标准不统一、不实用、不系统，已经严重制约了医药物流业的进一步发展。内蒙古自治区在医药物流标准建设上尚属空白，对医药物流观念模糊，缺少标准规范，导致现医药流通企业数量多，规模大小不一，内部管理机制无标准，效率低、费用高、效益差、秩序乱。

通辽东方利群药品有限公司负责建设的现代医药物流服务标准化体系，旨在通过服务标准化试点的示范建设，建立内蒙古自治区医药物流地方标准，推动医药物流行业的标准化、规范化、集约化、信息化，同时对于提高企业的自律性，加强药品安全监管等方面都具有重要的意义。

2. 政府政策推动，强化物流标准管理

医疗领域亟待建立一套较为完整的、系统的医药物流企业标准体系，在此背景之下，利群药品有限公司开发了标准试点项目创新成果。国务院印发的《国务院关于物流业发展中长期规划》（2014—2020 年）的总体要求中提出完善标准，提高效率。推动物流业技术标准体系建设，加强一体化运作，实现物流作业各环节、各种物流设施设备以及物流信息的衔接配套，促进物流服务体系高效运转。2015 年 3 月 27 日，国家标准委服务业标准部组织召开了《物流标准化中长期发展规划（2015—2020 年）》（送审稿）研讨会明确了未来五年我国物流标准化工作的主要任务，为今后进一步下达物流标准年度计划、强化物流标准化管理工作等提供了依据。

我国各地区、各地方也在积极行动，推进医药物流标准化工作。2013 年 1 月内蒙古自治区食品药品监督管理局发布了《内蒙古自治区药品批发企业现代物流系统设置条件（试行）》。2014 年 7 月 15 日内蒙古自治区推进标准化工作三年行动计划（2014—2016 年）出台，强调标准化是国民经济和社会发展的技术基础，是调整产业结构、转变发展方式、增强自主创新能力的重要手段。2015 年，国家标准化管理委员会发布 29 个省区市，备案地方标准 1657 项，其中内蒙古备案地方标准 131 项，全国服务业地方标准备案 51 项，内蒙古自治区服务业地方标准备案 34 项，通辽东方利群药品有限公司上报内蒙古自治区质量技术监督局医药物流服务业地方标准征求意见稿 16 项现已挂网公示。

内蒙古质监局于 2013 年 6 月批复成立了内蒙古自治区医药物流标准化技术委员会，秘书处承担单位为通辽东方利群药品有限公司，负责开展医药物流标准制修订工作。2013 年 12 月 31 日国家标准化管理委员会下达了 2013 年度国家级服务业标准化试点项目，其中“通辽市现代医药物流服务标准化试点”的承担单位为通辽东方利群药品有限公司，项目计划执行时间原则为 2 年，自 2014 年 1 月 1 日至 2015 年 12 月 31 日。

四、创新成果的主要内容

通辽东方利群药品有限公司所承担的通辽市现代医药物流服务标准化试点工作，建立了一套完整的、系统的、科学的、可推广的医药物流企业标准体系，使医药物流运作有了统一的参考标准，可以在医药物流企业进行推广实施。通过服务标准化试点创新成果的示范推动作用，建立了内蒙古自治区医药物流地方标准，促进了自治区现代医药物流业的发展和现代化管理，规范了医药物流市场和医药物流企业，降低了医药物流成本，降低了药品价格，保证了药品的质量安全和监管。

具体的医药物流服务标准化试点项目解决方案如下所示：

（1）现代医药物流服务标准化试点顶层设计。成立服务标准化工作领导小组；对全体工作人员进行服务业（医药物流）标准化的培训；召开服务标准化创建动员大会。

（2）完善标准体系阶段。建立采标标准档案（130 余项）并编制企业标准化体系表；制订详细的工作计划。

（3）组织标准实施进度计划。依据企业标准体系表，已经分阶段完成企业标准480余项，并已发布实施；对发布的标准按其涉及的部门进行培训，由质量管理部负责服务标准实施及监督考核工作。

（4）已经进行了历时一年的标准宣贯培训工作。

（5）将于2015年7月开始自查评估、改进完善。

该服务创新标准化项目的主要内容如下：

（1）推进组织机构与岗位设置标准化。

现代医药物流服务标准化试点顶层设计：成立服务标准化工作领导小组，明确组织领导及标准化工作人员。对全体工作人员进行服务业（医药物流）标准化的培训，提高工作人员服务标准化意识，树立服务标准化理念。召开服务标准化创建动员大会，统一思想，强调服务标准化的重要意义，部署服务标准化创建的具体工作和要求。

（2）推进管理和流程体系标准化。

完善标准体系阶段：根据医药物流的服务项目、服务流程和实际工作需要收集相关国家标准、行业标准和地方标准，再对收集的标准和资料进行认真整理，确立需编制的服务标准目录，在此基础上建立采标标准档案，建立了以基础标准、技术标准、管理标准和工作标准为一体的企业标准化体系。根据企业标准体系表中的标准项目，制订详细的工作计划，明确时间和进度，确保标准工作有序开展。

标准分层、分类管理，建立健全适应企业发展需要的管理体系。开展“全面风险管理、内部控制、质量环境职业健康体系”整合工作，将内控、全面风险管理和ISO贯标等要求与企业标准体系进行高度融合。开展企业标准体系诊断及修订工作，对标准体系的适用性定期进行评估和诊断，每年年初制定全年标准制修订计划，并落实督办考核制度，确保标准制修订工作按计划实施。

通过标准化试点工作，企业在服务标准化试点实践过程中，起草完成医药物流地方标准送审稿16项：①医药物流药品质量信息管理规范；②医药物流仓库管理规范；③医药物流运输管理规范；④医药物流设施设备验证和检定管理规范；⑤医药物流信息系统建设规范；⑥医药物流药品仓库设施设备配置；⑦医药物流运输设备配置；⑧医药物流冷藏车辆配置和使用管理规范；⑨医药物流过程中不合格药品处理规范；⑩医药物流药品拆零与拼箱发货操作规范；⑪医药物流特殊药品物流过程管理规范；⑫医药物流冷藏药品管理操作规范；⑬医药物流药品仓库温湿度自动监测系统使用操作规范；⑭医药物流企业装卸作业安全；⑮医药物流设施与设备图示符号；⑯医药物流药品在库养护操作规范。

2015年6月获得内蒙古质量技术监督局批复制定医药物流地方标准项目5项：①药品冷链物流追溯管理要求；② 医药物流零担配送服务规范；③医药物流药品冷链温湿度监控操作规范 ；④医药物流冷藏药品运输包装要求；⑤医药物流快运服务质量

规范。

（3）推进监督检查和绩效考核标准化。

对监督检查立项、检查方案、检查内容、检查方式、检查结果反馈及整改要求进行统一规范。监督检查内容主要包括综合类检查、专项检查、日常检查等，每年年初对全年检查工作进行统筹安排，共享检查资源，规范检查形式，注重专业系统检查联动，提高检查质量和效率。构建“横向到边、纵向到底”的考核体系，实现绩效考核全员覆盖。全面推行方针目标管理，通过制定方针目标展开图，促使各层级责任主体确立实现工作目标的路径和方式，制定措施和方案，明确责任人及完成时间。全面推进考核指标体系标准化。

（4）推进薪酬体系标准化。

企业起草完成工作标准130余项，在标准中规定了岗位职能、工作内容、岗位责任、主要权利、主要考核内容和任职资格，为各岗位的人员工作提供了依据。建立了标准化的薪酬体系和评估机制，按照所建立的岗位工作标准，定期对薪酬体系进行评估，为薪酬的正常增长和调整提供依据。企业执行员工薪酬标准，按照各岗位工作标准对薪酬进行考核，不断健全薪酬标准体系，推进薪酬体系标准化。

（5）推进经营模式标准化。

积极倡导规范管理的经营模式。依据《药品经营质量管理规范》（GSP）的要求，建立经营过程的企业标准。实现客户管理、物料管理、质量信息管理、资金管理、配送管理、内部人力资源管理标准化，达到客户、药品、质量、资金、人员等方面的信息可追踪溯源，使企业经营过程中的计划订单、储存、配送等各环节依据企业标准形成合理统一的链条。

（6）推进主要管理方式方法标准化。

全面推行以方针目标管理为主体的管理方式。建立“横向到边、纵向到底”的方针目标管理体系。采用国家标准和行业标准，建立企业管理标准、工作标准和技术标准。建立企业信息化平台，通过企业资源计划系统（ERP）和仓库管理系统（WMS）配套设施等技术条件实现药品的生产过程、仓储过程、运输过程的全程信息化管理，药品仓库通过实施信息化实现药品入库验收、上架、补货、拣货、库存盘点、出库复核、配发装车、运输配送全程信息化跟踪及标准化作业。信息化系统通过数据采集、分析、预测库存上下限，有效管理库存及上下游供应链。

五、创新成果的主要创新点

1. 物流技术的创新、物流信息化的保证

在信息化的基础上开展物流标准化工作，以标准化作为物流信息化的保证，是物

流技术的创新。

2. 新常态下的物流企业转型之路

通过服务标准化试点工作，建立一套完整的、系统的、科学的、可推广的医药物流企业标准体系，使医药物流运作有了统一的、实用的、可推广的参考标准。所建立的医药物流技术标准和医药物流管理标准规范企业行为、提升企业管理水准。

3. 创建生态文明与绿色物流

物流作业标准化在保证物流服务质量的同时，可降低物流成本，信息化实现电子单证作业，物料利用率提高，办公耗材降低，作业准确率提高，药品安全得到保证。改变经营管理无标准、效率低、费用高、效益差、秩序乱的现状。促进医药物流企业规范建设和医药物流行业健康发展，保障药品安全监管。

4. 打造企业核心竞争力

通过服务标准化试点创新成果的示范推动作用，建立内蒙古自治区医药物流地方标准，实施医药物流标准化，企业运作规范、服务质量提高、药品安全保证，企业核心竞争力提升。

5. 人力资源与企业文化建设

服务标准化通过建立岗位工作标准规范员工的语言标准化、行为标准化、提供服务标准化，岗位定员保证服务质量又杜绝人员冗余，从而建立以人为本的、具有鲜明特色的企业文化。

六、创新成果的应用效果

服务标准化创新成果取得的成效主要体现在以下方面：

（1）丰富了广大员工的管理思维。推行标准化和信息化建设，广大员工特别是骨干员工对标准化和信息化工作的认识不断加深，制度思维、底线思维、标准思维和信息化思维不断丰富，全员知标准、学标准、用标准，了解信息化、学习信息化、应用信息化。

（2）带动了整体管理能力的提升，通过标准化和信息化建设工作的推进和实施，统一了规范管理的发展路径，建立组织架构和管理体系，规范管控实施标准。

（3）经营业绩大幅增长，企业发展服务质量稳步提升，发展后劲不断增强，具体体现在以下方面：

①通过标准的建立和完善，经过宣传和培训，使全员掌握标准要求，使标准成为习惯。通过标准化流程作业的实施，提高物流服务质量，降低物流成本，使客户满意度达到99%以上，投诉率降至1%以下。

②2012—2014 年实现利税显著增长，分别为598.04 万元、1114.56 万元、1482.23

万元。

③物流成本节约水平：实施服务标准化后物流成本下降至原成本的97%。

④订单完成水平：实施服务标准化后订单完成水平达到100%。

⑤运输效率提升：实施服务标准化后运输效率提升1.95倍。

⑥仓库利用水平：实施服务标准化后实现药品与货位实时绑定，仓库利用率达到100%。

⑦物流信息化水平：实施服务标准化后物流业务信息化覆盖率达100%。

⑧客户满意度：实施服务标准化已建立自动和人工查询系统，顾客满意度≥98%。

⑨人力资源节约：实施服务标准化后每个岗位均有工作标准，岗位定员保证服务质量的同时杜绝人员冗余。

⑩环境保护：物流作业标准化保证物流服务质量的同时，物流成本降低，物流业务信息化实现电子单证作业，物料利用率提高，办公耗材降低，作业准确率提高，药品安全得到保证。

（4）促进了企业又好又快的发展，通过标准化和信息化建设工作的不断推进，逐步形成便于推广复制、动态更新的企业技术标准、管理标准、工作标准。促进企业在发展壮大过程中逐步实现规模与资源的统一、组织与个人的统一、规范与创新的统一。

通辽东方利群药品有限公司在服务标准化试点实践过程中，获得如下殊荣：2014年11月12日中国物流采购联合会授予本企业为《药品物流服务规范》GB/T 30335—2013国家标准试点企业；2015年5月14日中国物流采购联合会授予本企业为《药品冷链物流运作规范》GB/T 28842—2012国家标准试点企业；2015年2月，中国物流与采购联合会依据GB/T19680—2013《物流企业分类与评估指标》和《物流企业综合评估复核工作实施办法》的规定，再次确认通辽东方利群药品有限公司为AAAA级综合服务型物流企业，有效期2011年11月—2018年2月；2015年4月，由通辽市质量技术监督局推荐，内蒙古自治区质量技术监督局确认通辽东方利群药品有限公司为内蒙古自治区标准化良好行为试点企业，试点时间为2015年5月1日—2016年4月30日。

七、创新成果的推广价值

通辽东方利群药品有限公司的服务标准化试点创新成果，对于降低医药物流成本，提高企业物流效率取得了良好成效，其推广价值主要表现在三个方面：

首先，服务标准化试点建立了一套完整的、系统的、科学的、可推广的医药物流企业标准体系，使医药物流运作有了统一的、实用的、可推广的参考标准。通过服务标准化试点创新成果的示范推动作用，建立医药物流标准。这些医药物流标准可供国内其他医药物流企业直接借鉴。

其次，通过医药物流服务标准化的推广实施，推进医药物流企业的规范运作、加强医药物流企业自律、保证药品安全。通辽东方利群药品有限公司的服务标准化试点过程取得的经验可以供其他物流企业实施标准化试点中予以充分借鉴，进而完善企业的管理流程，提高企业的经营效益。

最后，医药物流行业实施服务标准化，将彻底改变医药流通企业数量多、规模大小不一、经营管理无标准、效率低、费用高、效益差、秩序乱的现状。促进医药物流企业规范建设和医药物流行业健康发展，保障药品安全监管。通辽东方利群药品有限公司的服务标准化试点过程取得的经验可供其他省市的医药物流行业主管部门在宣传和推广服务标准化工作中借鉴。

物流技术篇

连云港邮政速递公司医药冷链物流项目创新实践[①]

高维涛，男，汉族，江苏连云港人，1995 年 11 月加入中国共产党，1996 年 8 月参加工作，中国矿业大学机械电子工程系毕业，本科学历，高级经济师。现任中国邮政速递物流股份有限公司连云港市分公司总经理。

【摘要】 医药冷链物流领域长期存在两个突出问题：①大量冷藏品在商业环节缺乏有效的冷链运输条件；②我国医药公司普遍采取小批量、多批次的“小作坊式”发运方式。针对这两个难点和痛点，中国邮政速递物流股份有限公司连云港市分公司进行了大胆的物流服务创新。连云港邮政速递物流公司在与医药企业开展第三方物流合作的过程中，及时捕捉医药企业需求，及时与客户沟通想法，按照国家及省药监部门对医药冷链物流的相关要求，进行了医药冷链领域的物流创新，通过冷藏车全程冷藏运输直投、“泡沫保温箱 + 蓄冷式冰袋”两种方式，系统解决医药企业的个性化冷链物流需求。同时，通过整车运输和小批量运输两种运输方式解决客户冷藏药品的运输需求，在满足医药企业关于冷藏药品运输需求的前提下，有效降低医药企业物流成本。在全国邮政速递物流系统牵头并创造性地提出了较为完整的医药冷链物流解决方案，有效解决了冷藏药品从生产企业到销售商之间的物流难题。

【关键词】 医药冷链物流；整车运输；小批量货运

【适用领域】 医药冷链物流企业；邮政速递企业

---

① 本成果由中国邮政速递物流股份有限公司连云港市分公司提供，成果主要创造人：高维涛，参与创造人：刘永明、詹兵、相刚、苏昆仑、吴丹，获 2015 年度物流行业企业管理现代化创新成果奖一等奖。

一、企业基本情况

中国邮政速递物流股份有限公司连云港市分公司（以下简称连云港市邮政速递物流公司）成立于2008年12月，隶属于中国邮政速递物流股份有限公司，是连云港市专业经营邮政速递物流业务的国有企业，现有从业人员450余人。

公司下辖东海、赣榆、灌云、灌南4个县营业部，6个市区揽投部（站），物流业务部、政企业务部、国际业务部、电商业务部。主要经营国际和国内特快专递（EMS）、经济快递、国际包裹、合同物流、供应链金融及仓储等业务。企业总资产2265.63万元，资产负债率22.14%。2012年营业收入7655.56万元，利润803.03万元，税金238.19万元；2013年营业收入7663.49万元，利润523.48万元，税金584.29万元；2014年营业收入8592.32万元，利润545.01万元，税金166.01万元。

连云港市邮政速递物流公司秉承百年邮政的深厚底蕴和良好信誉，依托中国邮政实物网、信息网和物流、信息流、资金流“两网三流”的资源优势，主要经营国内、国际特快专递、经济快递、代收货款、合同物流、供应链金融物流、中邮快货和功能性物流等业务，在业务规模、网络能力、技术层次、服务水平等方面始终在同行业中保持领先地位。尤其是本公司的物流业务，承担着连云港市医药行业60%以上物流运输业务，并及时满足恒瑞、豪森等药企冷藏运输业务多样化需求，成为连云港地区药企冷藏业务唯一合作商。

二、创新成果的名称

该创新成果名称是：医药冷链物流创新实践。该项目通过冷藏车全程冷藏运输直投、“泡沫保温箱+蓄冷式冰袋”两种方式，系统地解决医药企业的个性化冷链物流需求。在全国邮政速递物流系统牵头并创造性地提出了较为完整的医药冷链物流解决方案，初步解决了冷藏药品从生产企业到销售商之间的物流难题，为全国邮政速递物流全面进军医药冷链物流市场提供了借鉴和解决方案。

三、创新成果的产生背景

目前，我国医药行业遍布大江南北，但是医药冷链物流却存在两个突出的问题。一是除了制药企业发运以外，大量冷藏品在商业环节缺乏有效的冷链运输条件；二是我国医药公司普遍采取小批量、多批次的“小作坊式”发运方式。

（一）目前医药冷链物流发展现状

医药冷链物流是指冷藏冷冻类、易腐类医药产品在生产、加工、储藏、运输、配送、销售等过程，一直到消费者的各个环节中始终处于特定的温度范围，以保证医药品质量，同时降低储运损耗，控制时间，节约成本的一项复杂的系统工程。它是以冷冻工业学和医药学为基础，以制冷技术为手段，伴随物流运输行业的发展而兴起的。冷藏药品的储运比较特殊，对温度、湿度、见光度等具有特定要求。疫苗类制品、注射针剂、酊剂、口服药品、外用药品、血液制品等需要低温条件下储运药品的流通都属于医药冷链物流的范畴。

近年来，随着我国医药流通规模的不断增大，原本作为我国药品流通供应链补充的医药冷链物流的发展更加引人注意。然而，中国医药冷链物流的总体状况是令人担忧的。一方面，我国医药工业、商业、零售等供应链中各市场环节的规模都在逐年增长，区域型的规模企业不断成长。例如，中国目前有各类在营药品批发企业超过10000家，药品零售企业和门店30万家，农村各类药品网点55万个；众多的药品流通供应链节点对物流体系的规范性提出了较高的要求；另一方面，随着全球医药生物市场技术的发展，尤其是中国受AIDS、SARS、各类流感等病情影响，温度敏感性药品与药品总量的比例越来越高，尤其是冷藏类药品的年均增长率超过15%。我国冷藏药品的市场规模保守估计在数百亿人民币。如此大的冷链医药物流市场，其规模令人欣喜，但是其现状却令人担忧。

（二）我国目前医药品冷链物流存在的问题

如图1所示，我国医药冷链物流目前存在以下几个方面的问题：

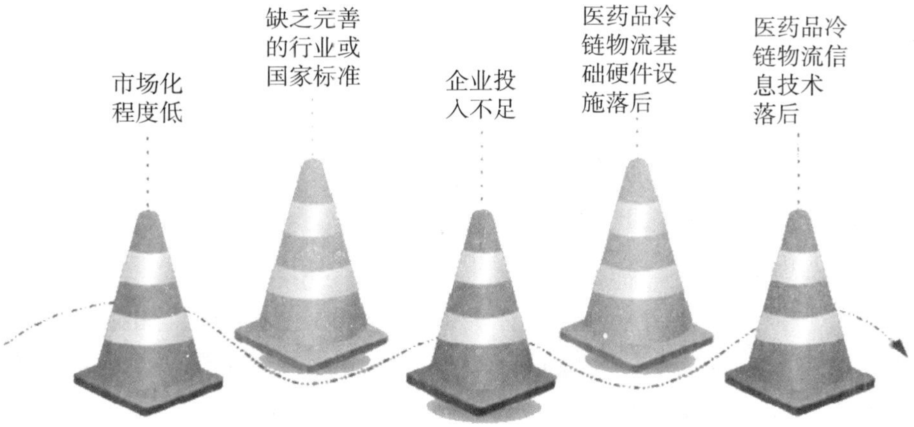

图1　我国目前医药品冷链物流存在的问题

1. 缺乏完善的行业或国家标准

目前，医药品冷链物流的冷库、冷藏车的制冷效率、能耗没有国家标准，导致我国医药品冷链物流低效率，高成本的运作。冷藏车尺寸、托盘尺寸、冷库尺寸缺乏明确的标准，往往影响装卸搬运效率；此外，冷藏药品储运不规范，有些冷藏药品的储运没有纳入到正规的医药流通管理范围，也对药品冷链物流带来了严重恶果。

卫生部于 2012 年 11 月 6 日通过了新版《药品经营质量管理规范》（卫生部令第 90 号），新规定自 2013 年 6 月 1 日起施行。新版 GSP 加强了药品质量管理，确保药品购进质量可靠，使用安全有效，并且通过药监码实现了药品全流程的可追溯性。

2. 企业医药物流投入不足

长期以来，我国医药冷链物流水平落后，与企业在这方面的投入较低也是有直接联系的。需要强调的是，我国的医药商业企业从数量上看绝大多数是以配送第三终端网点为主，这些终端网点经营规模普遍不大，经济效益较低，尤其是冷藏药品经营品种数大多数不超过 120 种，仅仅占其药品销售总额的 10% 以内。但是，其直接配送的客户网点却往往超千家。在这种现实背景下，指望企业花大力气建设各自的冷链物流操作供应链，从经济效益上讲是无驱动性的。

3. 医药品冷链物流基础硬件设施落后

我国目前冷藏运力不足。铁路方面，冷藏车仅占总量的 2% 左右，且大多是陈旧的机械式速冻车皮；公路方面，现代化的冷藏卡车严重不足，我国冷藏保温汽车的占有率极低，仅为货运汽车比例的 0.3%，而发达国家中，美国为 1%、英国为 2.6%。

4. 医药市场化程度低，信息技术落后

第三方医药冷链物流发展滞后。我国医药的冷链物流配送业务多由供应商和企业自己完成，市场规模不大，区域性特征较强。医药品冷链的第三方物流企业涉及少，缺乏专业化和规模化；服务网络和信息系统不够健全，缺乏准确性和及时性，难以形成高效率的冷链物流配送，冷链物流的成本和商品损耗亦高。此外，许多企业没有建立完善的冷链信息系统，无法实时监控温度，传递信息，实现信息共享。

（三）物流企业责任重大

规范我国医药冷链物流标准，还必须规范社会物流企业从事药品储运业务的资质。现实情况是，我国 80% 的药品流通必须通过各类社会物流公司才能实现。但是这些企业对 GSP 的理解和执行尚无法与医药公司相比，对冷链医药物流标准的执行也很难到位。因此可以预见的是，下一步国家医药监管部门将通过对符合条件的社会物流企业颁发“第三方冷链医药物流许可”的方式，让获得许可的企业从事冷链药品的储运业务；未审核通过认可的社会物流公司无资质提供该服务，这样才能极大降低冷链药品失效风险。

四、创新成果的主要内容

医药冷链物流为医药物流的一个重要组成部分，随着国家对医药冷链物流检查制度的逐一统一与规范，对物流企业的监管要求和资格审核必将越发严格。

（一）医药物流创新条件基本具备

随着医疗行业的快速发展，医药冷链物流服务创新已经具备了一些现实的条件：

（1）2010 年 5 月，《江苏省药品冷链物流操作规范》出台，对江苏省冷藏药品运输要求提出了明确的制度规定，为操作规范的确定提供了制度依据。

（2）分公司生产作业条件不断提高，并且冷藏药品较高的经济效益为实施运输方式改善提供了物质条件。

（3）冷藏运输药品发货量逐渐增大，已经形成主要发运方向，具备实施冷藏运输方式改进目标的实际操作条件。

（4）传统冷藏运输已经无法完全满足大批量长途直投运输需求，无法确保药品品质全程安全以及无法满足当前药企的发展需求，从服务民生及客户需求出发，亟须进行运输方式创新。

（5）药品作为特殊商品，药品的质量直接关乎民生，尤其是近年来屡次发生的疫苗失效造成的社会事件，得到社会各界的高度关注，省、市速递物流公司上下高度关注冷藏药品运输安全，给予冷藏运输方式创新各项支持。

（二）利用鱼骨图法分析创新需要克服的难点和问题点

基于上述的创新条件，中国邮政速递物流股份有限公司连云港市分公司在与医药企业开展第三方物流合作的过程中，及时捕捉医药企业需求，及时与客户沟通想法，按照国家及省药监部门对医药冷链物流的相关要求，充分发挥邮政速递物流大网优势，并依托相关自有能力投入，逐一确定创新需要克服的难点和问题点。图 2 给出了连云港邮政速递公司创新需要克服的难点和问题点。

基于上述难点和问题点，连云港邮政提出以下系统解决方案：通过冷藏车全程冷藏运输直投、“泡沫保温箱 + 蓄冷式冰袋”两种方式，系统解决医药企业的个性化冷链物流需求。在全国邮政速递物流系统牵头并创造性地提出了较为完整的医药冷链物流解决方案，初步解决了冷藏药品从生产企业到销售商之间的物流难题。为全国邮政速递物流全面进军医药冷链物流市场提供了借鉴和解决方案。

（三）整车运输系统解决方案

随着国家食品药品监督管理局、医药企业、收货单位对冷藏药品运输需求的逐年

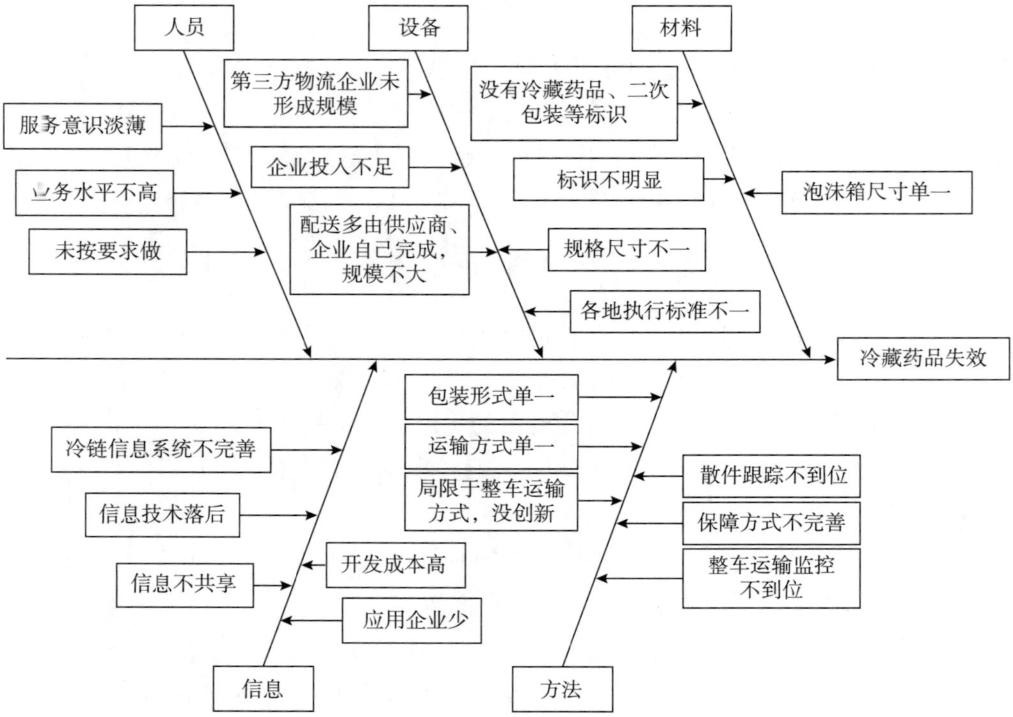

图 2　创新需要克服的难点和问题点

提高，连云港分公司在分析客户冷藏药品发货量的前提下，先后投入 10 多辆冷藏车，并建成数百平方米的冷藏处理操作间用于冷藏药品的二次包装。同时通过多种运输方式满足客户冷藏药品的运输需求，有效降低医药企业物流成本。

1. 整车运输系统存在的问题

以往整车运输时存在以下几个方面的问题：

（1）传统机械铅封监管不力问题。为有效地对运输车辆进行实时在途监控，保证车辆人员及货物的在途安全，现采用的方法是在车厢门处加上机械签封，到达目的地后工作人员检查机械签封的外形是否完好来判断货物在途运输是否安全，这种方法虽然简单、实用，但极易仿制和作弊，存在着极大的安全管理漏洞和风险，导致途中货物被盗现象难以控制，使得大量的企业资产流失。

（2）药品质量风险。冷链运输时的环境特别是温度等信息，关系到药品的品质，是消费者、生产企业和政府监管部门共同关心的问题。现有冷链运输无法实时监控温度，导致不能及时解决在运输过程中因环境温度变化而出现的问题，不能保证医药冷链运输药品的质量。

这些问题使得运输质量和效率受到极大的制约，合理快速地解决这些问题将使企业自身的管理和经济效益迈上更高的台阶。

2. 组成与方案

凭借先进的 RFID 无线通信技术、GPS 技术，解决医药冷链运输安全问题。

物流过程中的其他各项活动，如包装、装卸搬运、物流信息等，都是围绕着运输而进行的。物流合理化在很大程度上取决于运输合理化，所以在物流过程的各项业务活动中，运输是关键，起着举足轻重的作用。对于冷链运输，其运输条件的要求极为严格，这就需要将运输车内的温度传感器添加到 RFID 标签中，通过 RFID 读写器读取标签信息，并交由后端系统处理。同时借助车内的传感器设备，对产品温度变化实时监测记录，提供温度变化预警数据，为追溯分析提供帮助。物流环节信息的录入是 RFID 电子标签的最后一环，到此产品的所有追溯信息录写完毕。

GPS 在冷链物流中的应用包括：

（1）车辆跟踪。通过 GPS 技术实现对选定车辆进行实时跟踪显示，并以 GIS 地理信息系统来表现定位的结果，直观反映车辆位置、道路情况、离最近冷库的距离、车辆运行线路的距离数。

（2）运行监控。可实现多窗口、多屏幕同时监控多车辆运行，能准确报告车辆位置（包括时间、地点）及运行状况（包括发动机状况、温度、速度），能对指定时间内车辆行驶里程、超速等运行信息分析统计，了解货物在途中是否安全，是否能快速有效地到达，以及提供路线分析、路线优化、记录车辆的历史轨迹，以供运行评估，进行指挥调度。当车辆发生事故时，可将事故车辆的位置和状况等信息及时准确地报告给监控中心，方便监管人员迅速做出决策，使事故损失减少到最低。

（3）信息查询。可实时地从 GIS 地理系统上直观了解运输车辆所处的地理位置，还可查询行车的路线、时间、里程等信息。系统可自动将车辆发送的数据与预设的数据进行比较，对发生较大偏差数据的车辆进行报告。显示屏能立即显示报警目标，规划出最优援助方案，避免危及人、车、货安全的情况发生。

（4）指挥调度。监控中心可结合车辆的运行状况，对系统内的所有车辆进行动态调度管理，通过实施车辆调度，可提高车辆的实载率，从而有效减少车辆的空驶率，降低运输成本，提高运输效率。

（5）路线规划。根据货物的种类、运送地、运输时间的不同，利用 GPS 技术，可以设计最佳行驶路线，包括最快的路线、最简单的路线、通过高速公路路段次数最少的路线等。路线规划好之后，利用 GPS 的三维导航功能，通过显示器显示设计路线以及车辆运行路线和运行方法。

3. 解决方案

使用温度监控平台、GPS 设备，向药品生产企业提供高效安全的医药冷链物流运输信息服务。

药品装车后，车厢内的温度监测仪开始上报数据。发货单位、收货单位及运输全业等可以通过温度监控、GPS设备查询运输药品车辆的实时位置、车厢温度等信息。在运输途中，车厢温度超过预设温度范围，温度监控平台将以短信方式即时通知邮政速递物流、制药企业和驾驶员医药公司。

4 应用价值

温度监测仪实时监测冷链车车厢温度，能够弥补传统人工监管手段的不足，有助于保障冷链运输货物流通可靠性。提高药品的在途安全。

（四）小批量货物运输系统解决方案

1 小批量运输存在的问题

（1）冷藏药品保温包装问题。我国《药品管理法》第五十三条规定："药品包装必须适合药品质量的要求，方便储存、运输和医疗使用。"但是，在实际冷藏药品流通过程中，由于冷藏药品包装问题导致的药品质量问题屡见不鲜。

我国药品包装整体水平明显落后于发达国家，包括包装质量、包材质量以及包装对医药经济的贡献率都明显低于发达国家水平。发达国家一般品种包装，占药品价值的比例为15%～25%，有的品种占30%以上，而在我国仅占8%。

目前我国一些药品生产企业对冷藏药品的外包装不到位，冷藏药品没有保温包装也做不到冷藏运输，导致冷藏药品在流通过程中出现药品变质的情况常有发生。

药品经营企业对冷藏药品再包装的成本明显增加，用于冷藏药品保温再包装的保温材料质量也令人担忧。冷藏药品在发运途中因包装质量问题，导致冷藏药品破损、受挤压变形或冰袋融化等现象到处可见。

（2）冷藏药品保温标准问题。冷藏药品在流通过程中关键要符合2℃～8℃的温度条件。药品经营企业基本都有冷藏库或冰箱，冷藏药品储存过程的温度条件相对好控制。由于冷藏运输条件的限制，冷藏药品运输过程的温度条件控制相对比较困难。

现在大多数企业仍是采用"泡沫箱＋冰袋"的保温包装形式来控制冷藏药品运输过程的温度。但是，由于药品经营企业对不同的冷藏药品的保温属性和包装材料的保温性能不太了解，缺乏包装材料保温性能的标准测试数据，使得大多数企业保温泡沫箱的选择没有标准，冰袋用多少没有标准，成为普遍存在的问题。

冷藏药品在流通过程中避免不了保温再包装的问题。由于绝大多数生产企业没有提供冷藏药品流通保温包装标准，经营企业面对众多品种很难做到全部逐一测试和制定标准，在实际操作中只好凭着感觉走。运输在途时间长的就多放几个冰袋（盒），短的就少放几个冰袋（盒），冷藏药品在运输途中的温度很难得到保证。

2. 组成与方案

使用冷藏车揽收，在专用的冷藏包装车间进行邮件的二次冷藏包装处理，根据始发地、目的地温度的不同，在泡沫保温箱不同的位置，放置冷冻时间不同的蓄冷剂，选用优质渠道运输配送到户。

3. 解决方案

（1）冷藏车取货。车辆在装货前进行预冷，将车厢内平均温度控制在规定温度内；在装、卸货期间，车辆应持续制冷；车辆运输过程全程制冷，车厢内温度控制在2℃～8℃。

（2）冷藏包装车间处理。提前一定时间将泡沫箱放于冷藏包装处理车间内，并启动制冷机组，确保冷藏包装车间内温度达到规定区间；揽收回来的药品在规定时间内卸完并移至冷藏包装处理车间；揽收回来的冷藏药品需按品种分类摆放，同时按照客户出库单标注的品名、规格、批号、箱号进行二次冷藏包装。

（3）冷藏包装材料的选择。冷藏包装材料依次是冷藏泡沫保温箱、蓄冷剂。

①泡沫保温箱。虽然泡沫保温箱的保温性能远不如内置高效蓄冷剂冷藏箱，但目前大多数企业经常采用的低温配送方式仍是泡沫箱装入冷藏药品和冰袋，然后打包以快速的运输方式发运。

保温包装是为了保证冷藏药品在运输过程中温度符合标准要求。因此，保温包装材质的质量和保温效果是非常重要的。对于什么样的保温包装材料符合要求，目前仍没有标准可依。

连云港分公司经过上百次的实验验证，根据企业自身的验证结果，新版GSP的相关标准，和客户药品的规格差异，定制了3套冷藏药品专用泡沫保温箱，也就是采用大泡沫保温箱套小泡沫保温箱中间放蓄冷剂的方式进行二次包装，根据始发地、目的地温度的不同，在泡沫保温箱不同的位置，放置冷冻时间不同的蓄冷剂。

②蓄冷剂。蓄冷剂，又称为冰袋（蓝冰湿冰）、冰盒（冰排），具有蓄冷快，释冷时间长，温度变化缓慢平稳，外装结实耐用，且内容物无毒无害的特点。蓄冷剂主要成分为高分子聚合物，经过反复的实验，科学的配比，使其与溶剂形成有机的结合，经冷冻后改变最初的物理结构，提高了产品的潜热值，使其储存远大于普通冰的热量。该产品广泛应用于生物医药（疫苗、诊断试剂、基因类药物、兽用疫苗等）和食品行业（汤圆、冰激凌月饼、蜂产品、蔬菜出口、牛奶配送等）。

蓄冷剂的一个显著特点就是节能环保。是通过储存冷库中的冷量，并在运输过程中释放出来的制冷模式，其能耗成本只是冷藏车制冷机组的1.5%、干冰的1%。同时，由于其不会排放出对环境有害的气体，不会对环境造成污染，可以说是一种节能环保的绿色制冷方式。

蓄冷剂蓄冷量高，用量少，可反复使用，性价比优于干冰与冷藏车制冷。蓄冷剂蓄冷量足，不会像干冰那样在配送过程中释放出气体带走冷量。因此，在相同条件下，其实际使用量要比干冰少，其整体性价比优于干冰。

蓄冷剂储存和使用十分方便，无损耗无浪费。蓄冷剂可以像常见的普通冰袋一样储存，使用十分方便。只需要在使用之前放入冷冻库进行充分冻结，使用时取出，在释冷一段时间后与物品同时放入保温箱内并密封箱口即可。

蓄冷剂的使用不受航空限制，使用更加安全可靠。蓄冷剂制冷过程中不会产生气体，本身无毒，对环境无污染。

③冷藏药品运输方式选择的基本原则。冷藏药品一般价值比较高，对运输的温度环境又有特别的要求，连云港分公司根据发运的地点、数量，选择最适合的运输方式。遵循以下原则：尽量采用最快速的运输方式，缩短运输时间；尽量采用直达客户的运输方式，避免运途中转；尽量采用能全程保持冷藏温度的运输方式；尽量避免夏季高温时节运输，必要时应在早、晚运输，减少外界温度的影响。

连云港分公司利用“泡沫保温箱 + 蓄冷式冰袋”的方式，保持内装药品 72 小时内处于低温状态，并通过特快专递、南京邮政航空集散中心空运两种形式发运至全国各主要城市，解决零散冷藏药品的物流需求。

（4）温度计。连云港分公司按照新版 GSP 要求，选用合规的温度计，并在实际操作中安排专人复核温度计放入工作，主要负责与冷藏包装处理人员共同确认温度计是否漏放，是否启动，并拍照存档。

（5）冷藏包装流程。过程一是准备对应的泡沫箱。根据客户冷藏药品的不同准备对应的泡沫箱，并放置在冷藏包车间进行一定时间的预冷。

过程二是放置底部的冰袋。因为泡沫保温箱是根据客户药品的不同而专门设计的，在泡沫保温箱 6 个面专门预留了放置蓄冷剂的凹槽。

过程三是包装处理。按照新版 GSP 要求，药品不可以直接接触蓄冷剂，连云港分公司采用将药品放入小泡沫保温箱，小泡沫保温箱放入大泡沫保温箱，中间放入蓄冷剂的方式进行二次包装。

过程四是放置蓄冷剂。根据始发地、目的地温度的不同，在泡沫保温箱不同的位置，放置冷冻时间不同的蓄冷剂。确保温度达标。

过程五是盖上箱盖。将放置好相应蓄冷剂及药品的泡沫保温箱盖上相应的箱盖。

过程六是粘贴可验货标识及相应的药品名称。因为是对冷藏药品进行二次包装，收件人在签收货物时不知道内件为何物。而冷藏药品在签收时需要测温，为此连云港分公司根据客户药品品名的不同专门定制了相应的“冷藏二次包装药品，允许开箱验货”标识。冷藏包装人员根据药品品名的不同在泡沫保温箱箱盖与箱体封口处粘贴相应的标识。一是便于客户识别；二是防止运输、配送途中发生箱体被打开，因为一旦箱体被打开，开箱验货标识会发生破损，客户在收货时可以直接发现。

过程七是胶带密封。将包装好并粘贴相应标识的泡沫保温箱进行胶带十字形密封，做好保温工作。

过程八是粘贴标签。因为是少批量货物，无法实现点对点直投，需要通过速递物流网络进行中转并使用相应的特快详情单或物流详情单及标签。

（6）发运后的跟踪。冷藏药品发运后跟踪是冷藏药品经营过程质量控制的最后环节。

大多数企业认为发运后的跟踪工作一定是运输部门的事情。其实不然，冷藏药品发运后的跟踪包含实物的跟踪和信息的跟踪两部分，运输部门更多的是对承运商运送实物的跟踪，当然也包括相关运送信息的跟踪；向客户提供发运信息，对冷藏药品到达时间及到达质量情况进行跟踪，一般不属于运输部门的事情。

连云港公司安排客服人员专人做好物流邮件的主动跟踪查询工作，要求要先于客户发现问题并主动解决问题。对提供给客户的信息及客户信息反馈的内容做好记录，出现异常情况及时报告由有关部门处理解决，防止由于信息传递延误造成的冷藏药品质量事故的发生。如果冷藏药品送达客户的时间超出向客户提供的预计到达时间，迅速查明原因并及时通知客户更改到达时间，并继续跟踪冷藏药品的在途情况，直至送达客户。

通过推行客户分层分级管理和服务，满足客户多样性的服务需求，提供优于竞争对手的专业化服务。建立规范有序的售后服务工作网络，形成上下协调、执行有力的售后服务工作规范，优化问题邮件处理流程，通过推行“专人负责制”“首问负责制”“有理由投诉待岗制”等制度，落实责任人，实行服务的无缝对接，提高投诉理赔工作时限，确保售后服务高于同行水平。

五、创新成果的主要创新点

在连云港市邮政速递物流公司医药冷链物流项目创新实践中，主要创新点有两个方面，一方面是专业化的物流服务，另一方面是完整的冷链物流解决方案。

1. 专业化的服务

在医药冷链行业，通过利用各种信息技术以及相应设施设备，为医药冷链提供了更加专业的服务，能够保证物流过程的质量安全与信息追溯。

2. 创造性地提出完整的医药冷链物流解决方案

通过冷藏车全程冷藏运输、“泡沫保温箱 + 蓄冷式冰袋”这两种方式相结合，在全国邮政速递物流范围内创造性地提出了较为完整的医药冷链物流解决方案，满足了顾客的个性化需求。

六、创新成果的实施效果

连云港市邮政速递物流公司医药冷链物流项目创新实践实施后，取得良好的实施效果，不仅管理效益大幅提高，取得了明显的经济效益和社会效益。

1. 管理效益

通过多种冷链运输措施并举，实现了药品温度的全程可控，温度数据可查阅，可下载保存。作为药品温度控制的重要凭证，满足新版药品管理规定的要求，如下表所示。同时，多种运输方式相结合，有效保证了冷链物流的正常运转。冷链物流已成为中国邮政速递物流股份有限公司连云港市分公司的一项主要特色业务，有效助推分公司发展与管理水平迈上新台阶。

上海冷藏车运输温度

1	2015/8/29	15：11：09	5.2℃
2	2015/8/29	15：16：09	5.3℃
3	2015/8/29	15：21：09	5.7℃
4	2015/8/29	15：26：09	5.8℃
5	2015/8/29	15：31：09	5.6℃
6	2015/8/29	15：36：09	5.7℃
7	2015/8/29	15：41：09	5.6℃
8	2015/8/29	15：46：09	5.6℃
9	2015/8/29	15：51：09	5.5℃
10	2015/8/29	15：56：09	5.7℃
11	2015/8/29	16：01：09	5.9℃
12	2015/8/29	16：06：09	5.5℃
13	2015/8/29	16：11：09	5.4℃
14	2015/8/29	16：16：09	5.8℃
15	2015/8/29	16：21：09	5.1℃

资料来源：以上数据摘自2015年8月29日直投上海冷藏车运输温度监控。

2. 经济效益

据统计，2014年，客户通过连云港分公司冷链物流方式发运的冷藏药品达到25万余件，创造收入近2000万元，形成了一定的经济效益。这种创新方式不但有效解决了医药客户冷藏药品运输问题，更为企业带来了实实在在的业务收益。

3. 社会效益

分公司医药冷链物流业务的不断完善，及时地满足了地区医药企业的冷链发运需求，为地区医药企业发展提供了有力支撑。与此同时，高品质医药冷链服务在很大程度上服务了民生，有效避免了因冷链运输的“断链”造成药品药效的流失，为人民人身安全提供了保障。分公司医药冷链物流运输实践为全国邮政速递物流开展冷链物流业务提供了有益探索和借鉴。

七、创新成果的推广价值

连云港市邮政速递物流公司提出的医药冷链物流项目创新实践具有较好的推广价值。具体推广价值有以下两个方面：

一方面，该公司提出的医药冷链物流项目可复制性较强，具有较强的行业代表性、创新性和引领性，为医药冷链行业的物流运作模式升级和创新提供了较好的借鉴思路。医药冷链行业可以借鉴连云港邮政速递公司在整车系统解决方案和小批量货物运输解决方案，形成相关的行业标准，进而提升行业的整体服务水平。

另一方面，该成果在整体设计、局部优化、信息技术、企业管理等方面都有较大的改进与创新，显示出较强的集成创新性，这种方法可以给我国的医药物流企业在改进冷链物流服务，提升冷链物流管理水平方面提供很好的借鉴。因此，连云港市邮政速递物流公司的医药冷链物流项目创新实践可在类似的物流公司进行复制，为全国邮政速递物流全面进军医药冷链物流市场提供借鉴和解决方案。

基于大数据技术的运钢网物流交易管理云服务平台[①]

杨刚，香港城市大学工商管理博士，历任宝钢集团一钢公司销售处处长、进出口公司总经理，2003 年创立上海一钢物贸有限公司和上海钢联物流有限公司任董事长。2015 年与复星集团合资成立上海运钢网络科技有限公司任 CEO。

【摘要】 基于大数据技术的运钢网物流交易管理云服务平台是由上海运钢网络科技有限公司自主研发的云服务平台。平台旨在解决钢铁物流公司规模小、运力分散、交易风险高、运输质量低等问题，顺应钢铁电商崛起的趋势，通过 APP 搭建起交易云服务平台，更好地整合钢铁社会运力，促进钢铁物流的发展。该平台整合社会上钢材运输车辆，通过和正规物流公司签署运输合同的方式将公司名下车辆整合到平台上，并给企业内部司机安装运钢网车主版 APP。通过 APP 收集车辆运能、跟踪车辆忙闲动态、整理车辆常走路线，记录各路线上不同品种、规格及不同吨位的钢材价格数据，形成钢材运输价格数据库，为运钢网物流交易管理云服务平台做基础准备。运钢网物流交易管理云服务平台在加工配送企业、钢铁贸易企业和钢铁生产企业等不同的客户群使用后，均产生了显著的应用效果。本平台可以与钢铁电商平台直接对接，也可对接直供比例较大的钢厂，值得相关的行业协会大力推广。

【关键词】 云服务平台；钢铁物流；大数据；物流模式创新

【适用领域】 钢铁物流领域；钢铁电商领域

---

① 本成果由上海运钢网络科技有限公司提供，成果主要创造人：杨刚、张捍军，参与创造人：浦啸、张大伟、张铁山，获 2015 年度物流行业企业管理现代化创新成果奖二等奖。

一、企业基本情况

上海运钢网络科技有限公司（简称“运钢网”），由上海星商投资有限公司（上海复星集团控股公司）和上海钢联物流有限公司（宝钢集团核心物流供应商）共同创办。公司成立于2015年1月，位于上海宝山区，注册资金5000万元。

运钢网专注于中国钢铁产业的物流供应链，致力于钢铁运输资源的整合和优化，提升运作效率、降低运营成本、管控过程风险，消除供应链不增值环节，为生产商、交易商、承运商、金融机构提供诚信、安全、高效、便捷的对接通道和增值服务。

截至2015年7月30日，运钢网正式员工148人。运钢网下设运营中心、市场部、数字营销部、呼叫中心、研发部、财务部、人力资源部等部门。经过4个多月的努力，运钢网签约了12000多辆卡车，2艘散货船，日运量峰值达到27000吨钢材。全国最大的钢铁物流电商平台已经初具规模。

二、创新成果的名称

该创新成果的名称是基于大数据技术的运钢网交易管理云服务平台。该平台运钢网整合社会上钢材运输车辆，通过和正规物流公司签署运输合同的方式将公司名下车辆整合到平台上，并给企业内部司机安装运钢网车主版APP。通过APP收集车辆运能、跟踪车辆忙闲动态、整理车辆常走路线，记录各路线上不同品种、规格及不同吨位的钢材价格数据，形成钢材运输价格数据库，为运钢网物流交易管理云服务平台做基础准备。

三、创新成果的产生背景

钢铁物流与整个货运物流现状相似，只是车型稍微大一些。运输钢材的物流车辆以13米的半挂车为主。如图1所示。比较显著的特点是小散乱差，小、散是行业特征，正是因为小、散，产生了管理上乱、服务质量差的效果。现在社会上涌现出很多车货匹配的物流平台，如卡行天下、货车帮、管车宝、运满满、罗技物流、一号货的等。物流平台的出现会逐步改善这种现状。

行业研究报告显示，中国物流成本高，空载空驶严重，这也是钢铁物流的现状。国内的第三方物流，尤其是钢铁第三方物流比较少。钢铁物流目前还存在布局不合理、信息传递不透明、小吨位钢材配货难、诚信度不高等弊端，造成客户体验较差。因此，本创新成果的产生背景有以下几个方面。

图1 钢铁物流常用的13米平板半挂车

（一）钢铁物流需求方诸多痛点问题急需解决

1. 价格不透明

对于不经常委托的路线，物流公司提供报价每次都不同，不同物流公司之间的价格也不一样。即便是同一家物流公司，一天中不同时间段报的价格也有区别。

2. 小吨位配车难

钢材属于重货，和日常运输的轻货较大不同之处在于客户（委托方）不便把钢材运到一个货站进行集中运输，这造成小吨位钢材运输比较困难。一些物流公司接到这样的委托一般都会婉言拒绝。所以一般小于20吨的钢材，基本上找车就有些困难。一两吨的钢材往往要花大量时间才能找到车辆，即便找到了，也存在很大的违约风险。

物流公司之间信息沟通不通畅，零担不能有效地配在一起发货。即便配货成功，多增加一个仓库（提货点），物流公司会核算等待的成本等，每吨钢材运费平均下来可能会超出很多客户的接受程度。

3. 违约风险大

多数物流公司以赢利为导向。在接到利润更高的订单（委托）时，往往会违约，尤其是一些小规模公司。而运输钢材的物流公司70%以上自有车辆在5辆以内。一旦公司口碑很差，无法经营的时候，可以轻松再注册一家物流公司运营，违约成本低。

（二）钢铁物流供给方自身问题制约物流发展

物流需求方存在这些难以解决的痛点，是由物流公司的种种特点决定的。如果没有一个规模大、信誉好的物流平台出现，这种局面很难改善。

1. 钢铁物流企业规模较小

目前我国从事钢铁物流企业数量众多，规模较小。据不完全统计，全国大大小小的钢铁物流公司上百万家，但每家物流公司的承运能力很弱、自有车辆数很少。就运钢网签约的承运商数据来看，截至7月底，运钢网签约车辆1.2万辆，分布在2000多家物流公司。除去其中3家自有车辆在50辆以上外，其余的都在3～6辆。

为了控制风险，运钢网目前签约物流公司的门槛为物流公司必须自有车辆多余或等于3辆卡车。如果突破这个限制，在钢铁物流领域只有一辆自有车辆的司机不在少数。

2. 运力分散

传统物流企业属于点到点的线路运输模式，难以形成可优化的物流网络，同时效率低下导致车辆空载、空等现象较为普遍。由于停车场物流用地限制，卡车停车场一般设在郊区的不同位置，运力相对分散。以上海为例，运输钢材的车辆多集中在宝山、松江等远离市区的郊区停车场。

3. 管理混乱

由于我国钢铁物流公司规模较小，以小型民营企业、个体经营者为主，管理水平低下，“潜规则”现象普遍，从业人员素质低，诚信缺失，存在较大风险。只有一两辆卡车的物流公司较多，多数是通过挂靠的方式取得营运资格及辅助开票，这种方式车辆比较自由，但从整个市场的角度来看显得有些混乱，控制力不强。

4. 服务质量差

由于钢铁物流企业普遍规模较小，能力有限，服务意识落后，恶性竞争现象较为普遍，而对物流服务的关注较少，有很多企业提供的基础物流服务也无法达到客户的要求，行业总体服务质量较差。主要体现在履约能力不强，小物流公司追求短期利益，有更赚钱的生意很随意就会爽约；抗风险能力弱，一般小物流公司注册资金少，还有很多车辆是挂靠在其他公司名下；对意外事故处理能力较弱，货值较高的合同交给小物流公司风险高。

（三）钢铁电商崛起急需标准化钢铁物流平台

据中物联钢铁物流专委会行业调研报告，截至2014年年底，全国约有178家钢铁电商，交易量占全国钢材销售量的8.47%，钢铁电商的市场份额处于快速提升阶段。

据光大证券钢铁首席分析师王招华统计，截至目前，华东地区钢企和钢贸商中，电商模式覆盖率已达到了30%。借着2015年电子商务的东风，2015年全国钢铁电商的线上交易量有望突破5000万吨，而其预计未来3～5年内，全国的线上交易量将达到3亿吨（2014年全国粗钢总产量为8.23亿吨），电商平台成交将接近50%。

随着电子商务的崛起，催生了一批天猫、京东等日用百货电商平台，也造就了一些快递物流公司。江浙沪小件6元包邮次日达已经形成了快递物流的一个标准。钢铁电商崛起后，用户同样会对钢铁物流给予新的定义。零担化将是钢铁电商赋予钢铁物流的一个显著特征。

现有的物流公司都倾向于接长期稳定的大单，零星货源都避而远之。钢铁电商的零担化就急需一个信用度高、抗风险能力强的钢铁物流平台提供专业服务。

四、创新成果的主要内容

运钢网物流交易管理云服务平台这一创新成果，具有以下几个方面的功能：

1　整合车辆及运价信息

运钢网整合社会上钢材运输车辆。通过和正规物流公司签署运输合同的方式将公司名下车辆整合到平台上，并给企业内部司机安装运钢网车主版 APP。通过 APP 收集车辆运能、跟踪车辆忙闲动态、整理车辆常走路线，记录各路线上不同品种、规格及不同吨位的钢材价格数据，形成钢材运输价格数据库，为运钢网物流交易管理云服务平台做基础准备。目前运钢网平台已经整合了江浙沪 12000 多辆卡车。对于车辆而言，省去四处找货源的烦恼，每天都可以在固定线路上跑运输，运费结算也直接对接运钢网，省去讨要运费的环节。一些物流公司反馈：自从与运钢网合作后，不用出去应酬了，省心省力，得到一个好身体。

2. 面向客户推广 APP 应用

有了基础数据后，将数据整合到微信 APP 上，做成产品推向客户。客户可以通过 Web 端的网页或者手机端的 APP 填写需求，将起运地、卸货地、钢材品种、数量及规格填写清楚，平台可以实现自动报价，快速订车的服务，如图 2 所示。这一功能已经在沪苏锡常大部分地区实现，获得客户广泛好评。客户通过运钢网 APP，除了可以节省时间报价外，还可以轻松签电子运输合同、跟踪车辆信息。

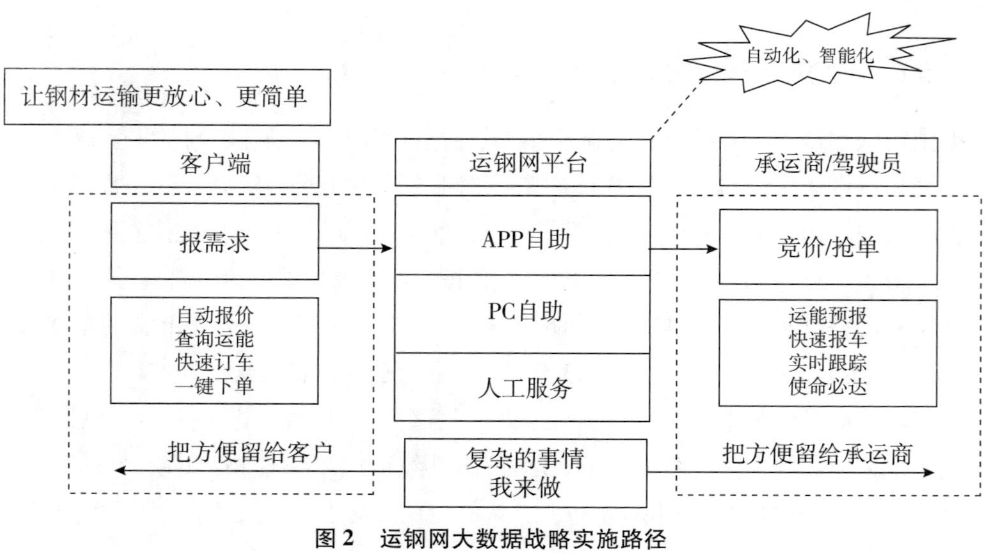

图 2　运钢网大数据战略实施路径

3. 成功复制到其他区域

第一步在沪苏锡常摸索出经验后，将成功的模式复制到其他区域。第二步到杭州、嘉兴、宁波区域实现 APP 自动报价，运钢网极速配对车辆。然后是珠三角、环渤海，最后扩展到全国。

五、创新成果的主要创新点

运钢网物流交易管理云服务平台这一创新成果，具有以下几个方面的特点：

1. 运价标准化

经过运钢网团队半年多积累的大数据，收集了上海至苏锡常及周边几百条线路的价格，并通过一些函数对不同吨位钢材运输价格进行标准化，如下表所示。

运输价格标准化，是物流电商的首要条件。给客户的体验是价格透明，等待时间短。确认好品种、吨位及路线就可以拿到准确的报价，节省了大量比价时间。

2015 年 8 月建筑钢材长三角运钢网基准价

品种	起运地	目的地	车长	价格（元/吨）	备注
螺纹钢	宝山	昆山	13	21	运钢网
螺纹钢	宝山	苏州	13	22	运钢网
螺纹钢	宝山	张家港	13	22	运钢网
螺纹钢	宝山	无锡	13	24	运钢网
螺纹钢	宝山	江阴	13	24	运钢网
螺纹钢	宝山	常州	13	32	运钢网
螺纹钢	张家港	无锡	13	16	运钢网
螺纹钢	张家港	江阴	13	14	运钢网
螺纹钢	张家港	宝山	13	22	运钢网
盘螺	宝山	昆山	13	26	运钢网
盘螺	宝山	张家港	13	29	运钢网
盘螺	宝山	苏州	13	29	运钢网
盘螺	宝山	江阴	13	29	运钢网
盘螺	宝山	无锡	13	29	运钢网
盘螺	宝山	常州	13	33	运钢网
盘螺	张家港	无锡	13	20	运钢网
盘螺	张家港	江阴	13	20	运钢网
盘螺	张家港	宝山	13	29	运钢网

备注：往常州方向不含溧阳、金坛

2. 30 分钟提供车号

目前仓库或者钢厂提货提供几种方式：一是卡车司机凭车号提货（车号 + 行驶证）；二是凭货主开具的、仓库或钢厂认可的提货单（这种方式最保险）；三是凭卡车司机的身份证及手机短信。这三种方式里面，第二种方式比较保险，但非常麻烦，一般货主距离仓库/钢厂较远，不可能将提货单送至物流公司或者仓库，现行较多的方式是第一种，卡车司机凭车号提货。

物流公司将印有司机车号的合同，盖好合同章后发至仓库。卡车司机带好行驶证去仓库/钢厂办理提货单，就可以在仓库排队提货。但经常出现的情况是物流公司接下业务后没办法确定车号，改车号成了家常便饭。有的物流公司为了应付换车号铤而走险，用套牌车。使用套牌车给仓库造成极大困扰，一旦发生错提货或骗货的情况损失较大。

运钢网通过大数据技术掌握车辆行驶及忙闲状态，在上海至苏锡常线路上 99% 以上可以做到 30 分钟内向货主提供车号。

3. 跟踪货物状态

运钢网合作车辆安装 APP，在操作运钢网的业务时，为货主提供及时反馈信息。目前运钢网提供给货主四种状态：到达装货点、提货完成、运输在途、到达卸货点。在不同的节点还有照片记录，货主不到现场就可轻松掌握货物的物流状态。

六、创新成果的应用效果

运钢网物流交易管理云服务平台这一创新成果在不同的客户群使用后，均产生了显著的应用效果。

1. 加工配送企业

钢材从钢厂出来，有些品种还需要经过一系列加工才能被送到下游工厂使用，这些钢材主要以薄规格冷热板、电工钢、镀锌、锡板、彩板为主。按照最终用户的要求，钢材的加工配送中心将钢材经过矫正、清理、剪切、冲压等工序，把动态的钢材加工成下游用户所需的各种半成品或零部件，及时地提供给最终用户直接使用。

客户需求：线路多达 27 条；6 个不同品种，100 多种规格；每月 5 万吨钢材运量。

解决方案：经过大数据分析，组合多条线路承运商为其服务，达到及时响应；专属客服人员 24 小时对接，专业的服务提供整体解决方案。

客户评价：运钢网交易平台使用后，对接的服务人员比较专业，态度也比较好，包括送货及时性也很不错。

2. 钢铁贸易公司

2011 年 8 月以来，国内钢材市场基本以单边下跌为主。以钢材贸易为主的公司日趋减少，贸易额也逐渐萎缩。目前还在运营的贸易公司一般以直接服务终端用户的企业为主。

客户需求：上海到无锡线路，每次运输量比较少，一般 5 ~ 10 吨的情况比较多。客户痛点在于：①找不到车；②吨位小，成本较高；③运输不及时。

解决方案：沪苏锡常专线业务，直接通过 APP 下单，自动报价，30 分钟内提供车号，并且提供跟踪服务。

客户评价：运钢网交易平台使用后，运钢网确实给我提供了很多便利，小单子运输不用操心了，找车很快，价格也比自己外面找车队便宜些，希望运钢网不断地通过好的技术能够让车子跟踪更放心。

3. 钢铁生产企业

钢铁生产企业是钢铁物流的源头。国内钢材市场不景气，但钢厂很少减产。钢铁生产企业是钢材运输的最重要客户之一。自 2015 年 3 月开始，运钢网与某钢铁生产企业达成互联网 + 物流共识，并由运钢网为其提供定制化互联网物流服务。服务涵盖市内短驳、配送和中长途业务。

客户需求：货物安全，运输目的地分散，及时响应。

解决方案：钢厂销售系统对接运钢网系统，物流需求下达后由专业客服对接，之后优选高质量物流承运商对接。

实施效果：整体物流成本降低 20%；最快 30 分钟内完成运输任务，运输效率大幅提升；承运商、驾驶员素质较高，零事故、零质量异议。

客户评价：与运钢网合作还是挺放心的，这在钢厂体系内合作上也是一种模式创新，印象比较深的是比较专业，有一次紧急接船业务，半个小时就调到车完成了运输任务。

七、创新成果的推广价值

运钢网物流交易管理云服务平台这一创新成果，不仅可以与钢铁电商平台对接，也可以与直供比例比较大的钢铁企业直接对接。运钢网所带来的货车空载降低也有利于全社会物流成本降低，值得行业协会大力推广。

（一）本平台可以与钢铁电商平台直接对接

据不完全统计，目前国内钢铁电商平台 200 家左右。有依托钢铁资讯平台成立的，如钢银；有依托钢厂成立的，如宝钢集团的欧冶，河北钢铁交易中心、华菱集团的苟钢网等；也有依托大型钢贸企业成立的，如浙江物产的物产中拓、五矿集团的鑫益联；还有依托钢材市场或仓库成立的，如欧浦钢网等。

随着钢铁物流电商平台向前发展，订单零担化趋势越来越明显。这就要求出现一家提供标准化服务的钢铁物流平台，响应速度快，服务态度好，履约能力强，抗风险能力高。运钢网交易平台除具备上述特质外，还可以与钢铁电商平台实现信息完美对接，从而有利于物流成本的降低。

1 钢铁电商平台信息完美对接

客户从钢铁电商平台上购买钢材后，可以得到如下信息：钢材品种、规格、重量、件数以及货物存放地（仓库）。这些信息对于钢铁物流平台是必要信息。再加一个卸货地及时间就可以生成运输协议。如果钢铁电商平台与钢铁物流平台后台对接，可以减少重复输入信息。

运钢网已经与上海钢联（300226）旗下的钢银平台、宝钢股份（600019）的欧冶电商平台实现对接。当客户在钢铁电商平台下单完成后，如提交物流需求，或将物流需求信息发送至运钢网平台，上海至苏锡常范围内可以实现自动标准报价，华东地区的可以实现30分钟内报价，对于货主来说节省了不少时间。

2 钢铁电商平台发展迅速

首先是平台数不断增加。据中物联钢铁物流专委会行业调研报告，截至2014年年底，全国约有178家钢铁电商，交易量占全国钢材销售量的8.47%，钢铁电商的市场份额处于快速提升阶段。2015年以来又有一批企业加入到发展钢铁电商平台的队伍中来。

其次是平台交易量直线上升。以钢铁电商龙头企业——钢银为例：据其网站公告，2014年6—9月，钢银电商平台的日均寄售量分别为1400.89吨、3219.77吨、6066.65吨、12987.47吨，月度复合增长率达到了110.07%。2015年3月23日，钢银交易平台寄售量再次刷新历史纪录，达到57721吨。4月27日，6.65万吨，平台日结算量再创新高，如图3所示。

很多客户还在采购钢材之前，测算从哪个仓库购买钢材更便宜。因为客户的实际支持成本包括钢材采购成本（货款）和物流成本（运费）。而钢材采购成本基本上透明，两个平台同一品种、规格价格差距不大。而物流成本却相差较大。从运钢网平台就可以精确地测算出从哪个钢铁电商平台采购更划算。

（二）本平台可以对接直供比例较大的钢厂

随着钢贸商蓄水池作用的衰减，一方面成就了钢铁电商平台，另一方面逼着钢厂自己做直供。而运钢网依托上海钢联物流有限公司为宝钢服务的经验，可以为钢厂量身定做物流服务。

需求疲软，钢材价格一路向下，钢厂的优势地位大不如前。以前依靠物流赚钱的思路急需转变。产能相对过剩的大背景下，物流应该成为一个维持市场地位的有力

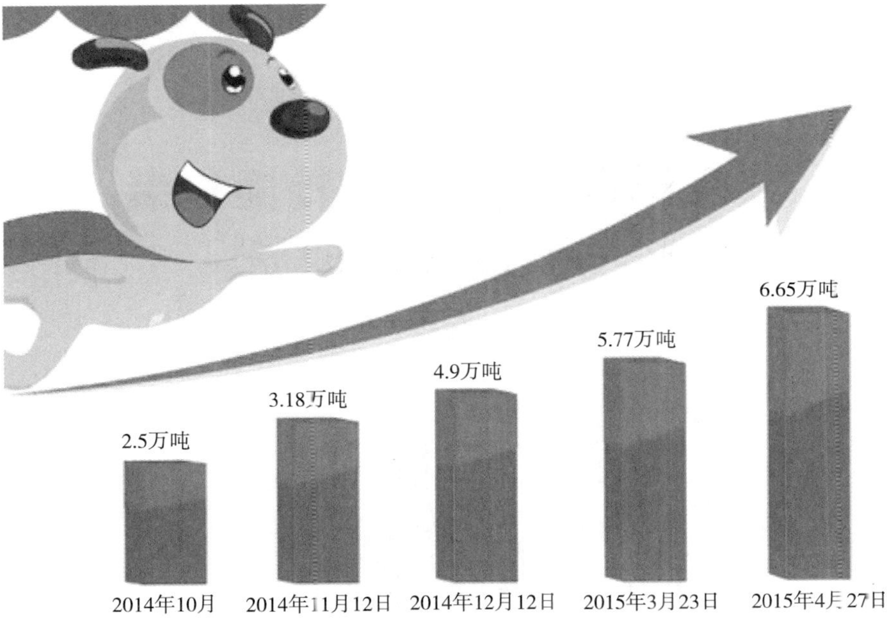

图 3　钢银电商平台成交量直线上升

工具。

目前钢厂提货还存在这样或那样的问题。比较普遍的是钢厂不支持晚间提货，一般下午 4 点就不接受提货。但是与运钢网平台对接后，可以有效地安排车辆时间，提高运作效率，甚至有可能延长钢厂提货时间。这些问题的创新解决方案值得同行业和类似行业的企业借鉴。

（三）本平台有利于降低货车空载，值得行业协会大力推广

据统计，目前在我国车和货得不到高效率地整合与匹配，货车空置率高达 40%，远远高于国际市场 20% 的比例，造成了大量的资源、能源浪费。公路物流运行效率低下。通过运钢网大数据平台，可有效地掌握运输车辆运行轨迹，空车行驶轨迹。再根据空驶轨迹配置合适的货源，降低货车空载率。因此，本平台降低物流成本，减少交易次数，提高交易透明度的方式方法，值得相关行业协会大力推广。

一汽国际物流公司转换包装系统管理方案创新①

于洪，中国第一汽车集团进出口公司总经理助理、长春一汽国际物流有限公司总经理，中国第一汽车集团公司高级经理。博士研究生在读。致力于汽车行业第三方物流近二十年，在汽车供应链战略规划、企业战略及运作管理、物流信息系统规划等方面有着独到的专长和成功的运作经验，曾被授予2010年度“中国一汽劳动模范”荣誉称号，2013年获物流行业企业管理现代化创新成果一等奖。

韩宏岩，长春一汽国际物流有限公司副总经理。天津大学硕士研究生毕业。目前分管公司采购、市场、规划及自主体系，擅长根据公司战略和经营计划，组织公司财务管理、成本预算管理、会计核算、财务监督及审计监察等方面的工作。在大客户体系的建立、物流园区规划方面有着丰富的经验和独到的见解。

① 本成果由长春一汽国际物流有限公司提供，成果主要创造人：于洪、韩宏岩，参与创造人：常丹丹、刘惠玲、李洪凯、王婉聪、马茵，获2015年度物流行业企业管理现代化创新成果奖二等奖。

【摘要】长春一汽国际物流有限公司是隶属于一汽进出口有限公司的国有物流企业。随着柔性化生产的发展，汽车零部件配送逐渐向多频次、少批量的方式转变。少批量上线方式与大批量长途运输在物流包装上体现出的矛盾在很多汽车零部件供应链规划过程都存在。目前较多的解决方式是在零部件配送中心进行大容量一次性包装向小容量周转包装的转换。长春一汽国际物流有限公司作为一汽大众的主要零部件配送服务商，共计6个园区，15个库房为一汽大众提供国产化及CKD进口零部件的仓储配送服务，所有库房均需要转换包装操作。因此，长春一汽国际物流对转换包装系统管理方案进行了深入研究，开发出一整套基于订单配送模式下的转换包装系统。这些方面的创新可以为所有具备包装转换功能的物流配送中心推广和利用，同时也可以为备件包装或出口包装物流中心所参考。

【关键词】基于订单配送；转换包装；自动化系统

【适用领域】配送中心转换包装方案设计；人机工程改进

一、企业基本情况

长春一汽国际物流有限公司成立于1997年7月，是中国第一汽车集团进出口公司的全资子公司，是中国第一汽车集团进出口货物的物流集散地，同时也是中国东北地区最大的零部件拆散中心和筐式配送中心。

长春一汽国际物流有限公司建设的物流中心地处吉林省长春市，共设有11个部门，员工6900余人，占地26万平方米，年吞吐能力为10万吨，拥有铁路专用线750延长米，拥有现代先进的集装箱物流管理系统、世界上最先进的专业物流作业设备，以及全天候的海关监管功能。

长春一汽国际物流有限公司主要承载集装箱、产前配送、出口包装、保税、代理报关报检等业务。主要客户为一汽大众，年度完成97万辆整车的产前及产中物流配送任务。在十八年的艰苦创业中，长春一汽国际物流有限公司通过先进的管理模式及良好的客户群体使其收入及利润逐年递增，逐步迈向国际化企业的行列。主营业务收入从2012年的10.5亿元增加到2014年的12.33亿元；净利润从2012年的7214万元增加到2014年的12501万元，显示出较快的发展势头。

二、创新成果的名称

本创新成果的名称为长春一汽国际物流基于订单配送模式下转换包装系统管理方案创新。该创新成果中，长春一汽国际物流对转换包装系统管理方案进行了深入研究，开发出一整套基于订单配送模式下的转换包装系统，包括转换包装区域布局规划标准；

将吊装、传输、分拣等物流装备技术集成在一起的转换包装辅助设备设计；以及满足转换包装过程信息指导、零件系统账目管理及实现自动补货功能的IT系统设计。

三、创新成果的产生背景

长春一汽国际物流有限公司利用现有规划优势，深入研究转换包装系统管理方案，主要基于以下背景：

1. 转换包装过程是现有物流配送中心的必要功能

随着汽车产业柔性化生产的推进，长途批量运输与短途多频次小批量配送的矛盾逐渐体现。一方面，CKD进口零件及国产化外地零部件运输过程中的包装方式在很长一段时间内还将保持大容量一次性包装的现状，以便节省运输及回收成本；另一方面，主机厂生产线为了满足多变的市场需求，多品种混流生产成为必然，这就使得物料的品种及周转频次不断增加，从而致使线旁库存不断减少，同时生产线产能和节拍不断提升，装配工人需尽量减少不必要的操作，提高产生价值的工作时间组成，因此大批大容量一次性包装需转换成小容量塑料周转箱上线，便于装配工人取件。因此将适用于长途运输的大容量一次性包装转换成适用于短途配送的通用塑料周转箱上线是物流配送中心必要的操作任务之一。

2. 现有转换包装过程及管理急需改进，进一步提升物流配送服务质量

现有的转换包装过程没有任何技术支持，操作员工使用液压搬运车将原包装零件搬运至转换包装区，在地面摆放的托盘上进行转换操作，将零件转换至通用周转箱并粘贴已经打印好的转换标识，通过固定在办公区的电脑来进行零件出入库、要货和打印转换标识的操作，转换产生的零头依靠操作员工人工管理。整个转换包装过程存在以下问题：①操作员工蹲在地上进行操作，并且需要手工搬动原包装零件，不必要的劳动操作及行走较多；②零件的出入库、要货信息流操作和零件的实物操作不统一，容易导致账实不符和不准确的要货；③批量打印的转换标识在粘贴时容易产生粘贴错误的风险，使转换后的零件实物与标识不相符，对后续使用产生影响；④转换过程产生的零头件没有相应的系统管理，操作员工人工管理不易保证先进先出。

3. 现有物流装备技术及IT系统成熟，可以成为转换包装系统管理方案规划的依据

随着物流配送行业的发展，适用于物流过程的吊装、传输、分拣等物流装备技术已经非常成熟，集成应用在自动化立体库的应用也发展迅速，但是，将几种设备简单集成，应用于转换包装过程，而不是整个配送中心，并达到规模小且应用灵活的目的，将是长春一汽国际物流的研究重点。同时，长春一汽国际物流自2008年引入Infor公司的WMS仓储管理系统后，逐渐适应现有物流配送流程，在物流配送中心应用良好，已经具备将多个物流装备集成在一起并应用于转换包装过程的前提条件，可以开发与设备和操作过程相匹配的信息系统。

四、创新成果的主要内容

长春一汽国际物流在现有配送中心规划基础上，研究转换包装过程，从以下几个方面规划设计系统管理方案：

1. 转换包装过程实物及信息流程规划

由于转换包装范围近几年逐渐扩展，原有配送流程规划未详细考虑转换过程。库房实物区域设置集中转换区，但转换后零件直接发送至生产线，信息系统上并不配置系统库区，存在的主要问题是转换区与仓储区实物分离，但系统库存在一起，导致信息流与实物流不同步，且没有对转换零头进行有效管理。原有配送流程如图 1 所示：

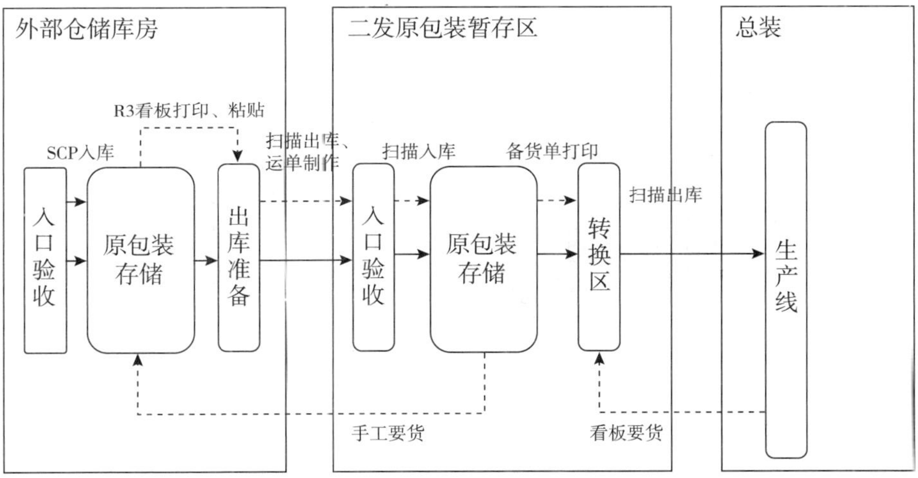

图 1　配送中心原有实物及信息流程

新流程规划按照区域独立原则，设立实物的转换区及转换后存储区，同时在信息系统上也将各区域独立分区，零件实物的流动与信息数据变化同步，这样既减少了配送一汽大众车间生产线的配送时间，又能及时了解各环节库存变化，提升了库房账实相符率，同时，转换包装区系统自动要货功能的实现，提高了现有配送中心配送准确率。配送中心改进后的实物及信息流程如图 2 所示。

2. 转换包装过程辅助设备选型规划

转换包装辅助设备在长春一汽国际物流的规划及应用有多次尝试，包括简易式转换包装操作台，如图 3 所示，工作站式转换包装操作台，如图 4 所示。

这些设计都在操作现场得到了实际应用。虽然设计过程（包括转换系统与整体配送流程更紧密地衔接以及信息系统的支持）还可以进一步改进，但综合设计研究的过

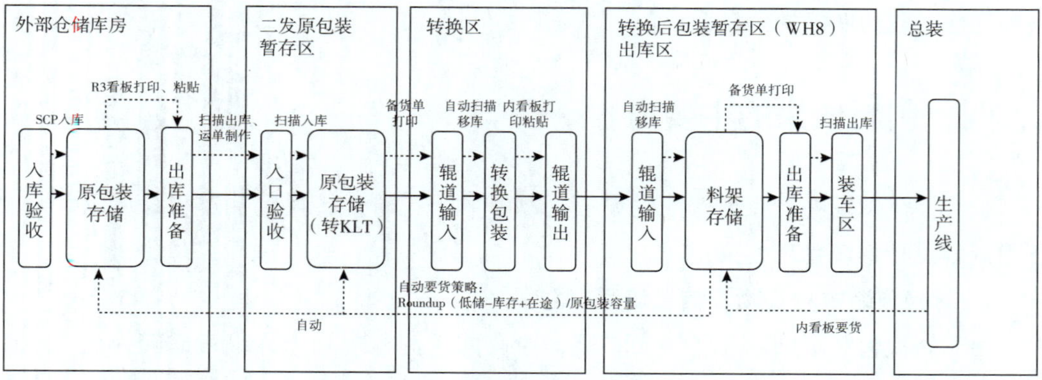

图 2　配送中心改进后实物及信息流程

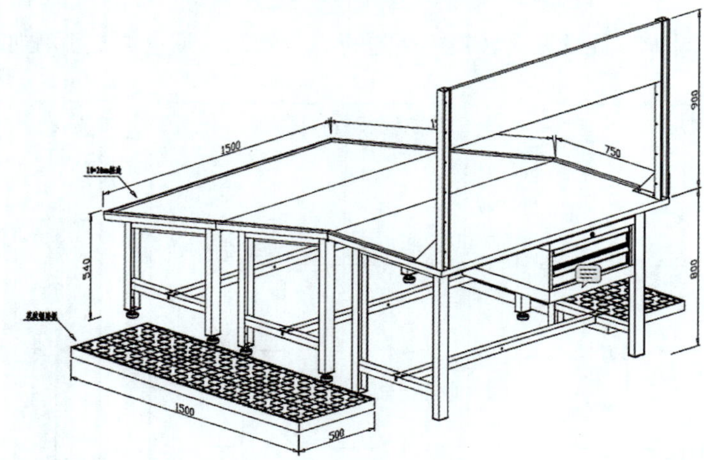

图 3　简易式转换包装操作台

程以及实际应用的经验，总结出转换包装过程规划设备选择规范，在此基础上进行更适合的选型，是本创新内容的重点之一。转换包装区设备选择规范如图 5 所示。

3. 转换包装管理方案 1 及布局规划

根据优化改进后的流程方案及设备选型标准，制定适用于整托转换及 GLT 向 KLT 转换的转换包装管理方案 1，方案 1 布局规划如图 6 所示。

方案 1 管理流程如下：

（1）用叉车（或托盘搬运车）将待转换包装货物的托盘运至满托导入链条机 A 上。

（2）链条机 A 启动将托盘输送到末端；此时如果升降链条机 B 上没有托盘，则 A 和 B 同步运行，将托盘直接输送到升降链条机 B 上，A、B 同时停止运行；如果 B 上有托盘，则 A 停止运行；后面空出一个托盘的存放位。

（3）将 B 升降链条机调整到最佳高度位置，开始进行包装转换。

（4）空周转箱导入滑道。将转换用的空周转箱分类放置于滑道上，空周转箱依靠

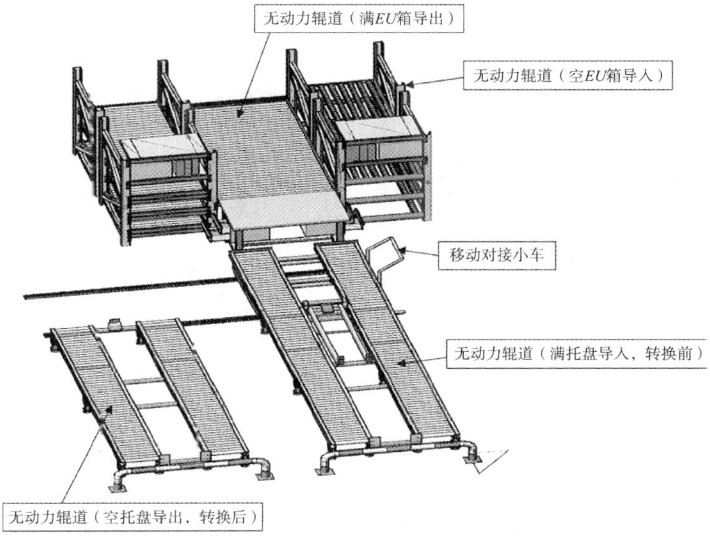

图4　工作站式转换包装操作台

转换包装区设备选择规范

入满原包装

方式	设备照片	转换类型	建议采用程度
叉车		A	★★★
		B	★★★
		C	★★
整托动力辊道升降平台		A	★★★
		B	★★★
		C	--
动力传输辊道		A	--
		B	--
		C	★★★
真空吊具		A	--
		B	--
		C	★★★
整托地面摆放		A	★★
		B	★★
		C	★

设计要求：
1.满足不同类型原包装的通用性；
2.满足人机工程原则，减少人员搬运及弯腰次数

入满空箱

方式	设备照片	转换类型	建议采用程度
叉车		A	★★★
		B	★
		C	★
空箱小托及定位轨道		A	--
		B	★★★
		C	★★★
动力传输辊道		A	--
		B	★
		C	★
整托地面摆放		A	★★★
		B	★★
		C	★★

设计要求：
1.满足不同类型空箱的通用性（GLT与KLT可分别设计）；
2.尽量保证不同类型空箱分别摆放

拆分区

方式	设备照片	转换类型	建议采用程度
普通工作台		A	--
		B	★
		C	★
与传输设备匹配的工作台		A	--
		B	★★★
		C	★★★
真空吊具		A	★★
		B	--
		C	--

设计要求：
1.工作台应设置电子称、工具刀、看板粘贴工具等基本操作道具；
2.拆分台附近应设置生产废气物收集箱；
3.GLT拆分台应根据零件特性设置相应的辅助吊具，避免人员负荷过高；
4.原则上拆分后的看板打印应在拆分区设置，随时转换随时打印，避免拆分后的看板管理过程复杂易丢失；
5.建议拆分台设计显示屏显示转换信息，提示转换人员需要的空器具型号及转换数量

出满料箱

方式	设备照片	转换类型	建议采用程度
叉车		A	★★★
		B	★
		C	★
整托动力辊道升降平台		A	★★★
		B	★
		C	★
动力传输辊道		A	--
		B	★★★
		C	★★★
整托地面摆放		A	★★★
		B	★
		C	★
托盘码放机器人		A	--
		B	★★
		C	★★

设计要求：
1.满足不同类型原包装的通用性；
2.尽量减少转换后包装的搬运次数

转换类型说明：　A　GLT转GLT；　B　GLT转KLT；　C　KLT转KLT

图5　转换包装区设备选择规范

自重下滑到另一端。

（5）将空周转箱从滑道拉出到万向球平台并滑动到合适位置，以方便转换包装时的使用。

（6）升降链条机C上放置一空托盘，将空周转箱放置于空托盘上的合适位置，将升降链条机C调整到最佳高度位置，进行包装转换。

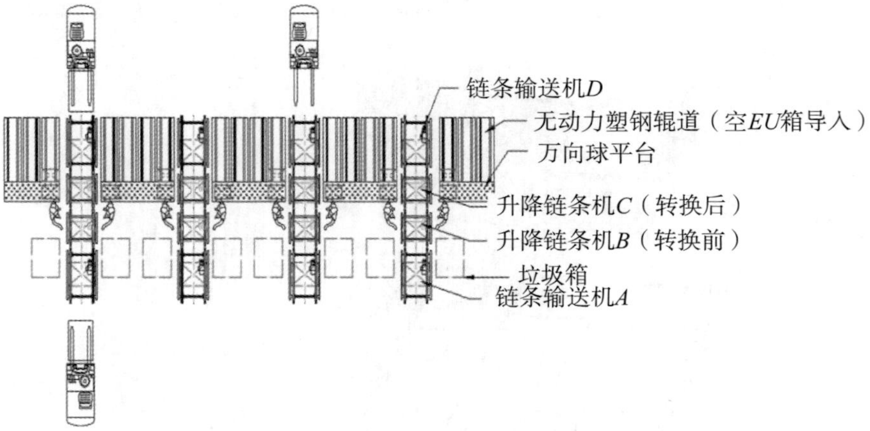

图6　适用于整托转换及GLT向KLT转换的布局规划

（7）进行包装转换时，转换完毕的空纸箱及废弃物放入垃圾筐。

（8）将升降链条机B上托盘内所有货物全部转换到升降链条机C上的托盘内周转箱中，此时B上托盘是空托盘，C上托盘为满托盘。

（9）将B、C、D调整到同一高度位置并启动，将转换后的满托盘输送到链条机D的末端。链条机D停止；链条机B将空托盘输送到链条机C上，链条机C停止；链条机A将待转换包装的托盘输送到升降链条机B上，链条机B停止。

（10）此时叉车（或托盘搬运车）取走转换完的托盘，然后搬运其他待转换的托盘并放至链条机A上，转换包装过程完成一个循环。

4. 转换包装管理方案2及布局规划

根据优化改进后的流程方案及设备选型标准，制定适用于逐箱转换及KLT向KLT转换的转换包装管理方案2，方案2布局规划如图7所示。

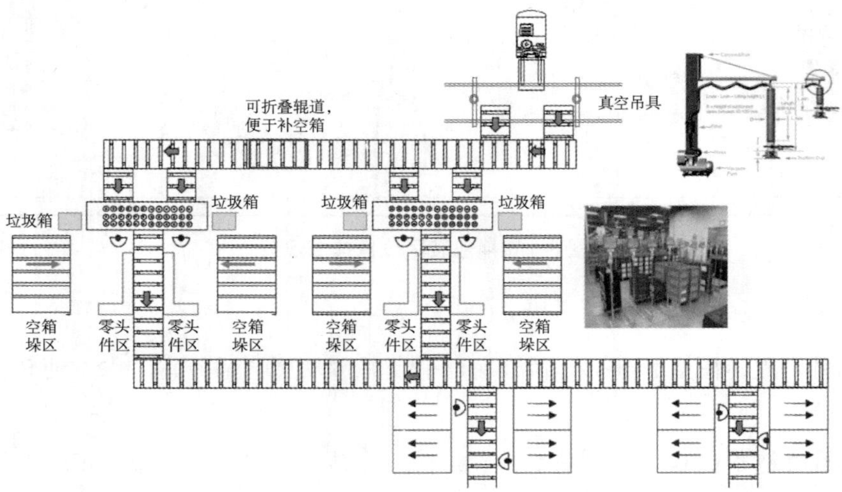

图7　适用于逐箱转换及KLT向KLT转换的布局规划

方案 2 管理流程如下：

（1）用叉车（或托盘搬运车）将待转换包装货物的托盘运至真空吊具下；

（2）用真空吊具将纸箱从托盘移动至动力辊道上；

（3）扫描原包装标签判断原包装转换人员并将纸箱输送至指定转换人员工作台；

（4）转换人员扫描原包装标签以提示需转换的料斗型号，打印看板，并拿取空料斗开始转换；

（5）转换人员贴看板，并将满料斗移动至输送线；

（6）自动输送辊道将满料斗输送至指定料架巷道；

（7）上架人员将满料斗搬至料架。

依据实际配送中心场地情况，还可以优化方案 2 布局，将入原包装箱轨道和出转换后包装箱轨道布局成上下两层，这样可以使转换包装作业区域开放，更便于空周转箱和垃圾的叉取及搬运，优化后布局规划如图 8 所示。

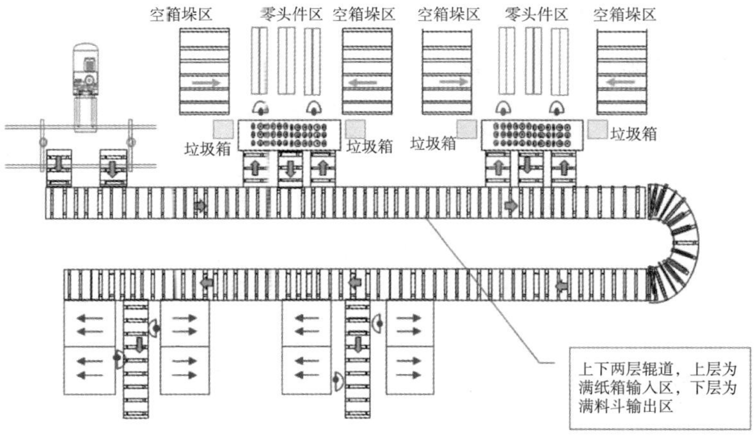

图 8　适用于逐箱转换及 KLT 向 KLT 转换的布局规划优化方案

5. 转换包装管理信息系统规划

信息系统对转换包装支持主要体现在：

（1）转换包装指示。转换包装工作台设置看板打印机、转换信息指示屏，当扫描原包装条码时，转换信息指示屏显示转换包装所需的周转箱型号信息、转换容量信息及转换事项信息，同时看板打印机打印出转换后周转箱看板标识。

（2）零头件管理。每个转换区设置零头件区，并在每个货位上设置零头件提醒灯，系统自动计算零头件数量。当零头件库存等于零，则指示灯不亮，正常转换原包装；当零头件库存不为零，则提示需到零头件区取件并优先使用零头件进行转换。其中看板张数为取整［（扫描包装库存 + 零头库存）/转换后包装容量］，实际零头库存为取余数［（扫描包装库存 + 零头库存）/转换后包装容量］。

（3）自动要货功能实现。系统实现转换后存储区向原包装存储区及外部仓储库房的自动要货，要货策略为当转换后存储区库存到达要货低储值时，触发一次向原包装区的要货，要货量为 Roundup［（高储 - 实际库存 - 在途库存）/原包装容量］。

五、创新成果的主要创新点

一汽国际物流公司转换包装系统管理方案创新成果，有以下几个方面的显著特点：

1. 吊装、传输、分拣设备的集成应用

长春一汽国际物流经过多年实践经验的总结，整理出多种适用于不同转换包装类型及场地的集成方案，从而实现多种物流技术的平顺衔接，以及转换包装过程管理的合理布局规划，这是本成果的创新点之一。布局规划需实现原包装导入、空周转箱导入、转换工作区、纸箱及垃圾回收区、零头件存放区、转换后包装导出六项主要功能，同时需要既保证物料流动路线的顺畅便捷，又保证操作员工省时省力。

2. 实物流与信息流一致性开发及系统功能实现

长春一汽国际物流设计出适应于整个转换包装过程的信息系统并实现应用是项目另一创新点。系统需实现原包装零件的出库、转换包装标识的计算及打印、转换后零件的入库、要货策略设计及实现、零头件计算及管理等功能，顺畅的信息流程可支持转换包装过程前后自动化的实现，同时与实物流的一致性更好地保证了库房账实相符率的提升。

六、创新成果的应用效果

长春一汽国际物流根据多年转换包装规划经验，开展转换包装系统管理方案创新，不仅对客户产生了较好的成效，对企业自身也带来了明显的经济效益。

（一）可衡量的经济效益

1. 转换包装效率

现有转换包装过程由于无效的搬运过程较多，转换包装效率较低，平均每人每班次转换标准 T6428 型号通用周转箱 160 箱；利用新型的转换包装平台系统，转换包装操作员工减少了无效的搬运工作，提升了转换效率，初步计算提升后平均每人每班次转换标准 T6428 型号通用周转箱 230 箱。按照一汽 - 大众二厂零件需求量，平均每班次需求转换标准 T6428 型号通用周转箱约 5000 箱，由此可节省转换包装人员共计 9 人/班次，27 人/日，年人工成本减少 108 万元。

2. 账实相符率

由于现有转换包装过程实物流程与信息流程的不一致，导致账实相符率出现一定问题，新系统的实施可以充分实现实物与信息同时变化，从而保证账实相符率的提升。现有账实相符率一般在75% ~85%，使用转换包装平台后，预计可以提升账实相符率10% ~15%。从而使账实相符率达到85% ~100%。账实相符率的提升，对零件库存管理和控制起到了非常重要的作用，较高的账实相符率可以避免不必要的经济损失，依据零件价格的不同将会产生不同的经济效益。

（二）不可衡量的经济效益

1. 提高客户服务质量

转换包装平台的应用，避免员工凭记忆或纸面的转换包装标识判定每箱需求的零件，提高了包装转换后标识与实物品种及数量的准确性，从而使得一汽－大众在零件接收检验时有更高的满意度；准确的账实相符率是一汽－大众筹措的零部件的基础，可以保证零部件采购数量更精确地满足生产需求；新技术的采用可以使得转换包装操作区域更为整洁美观，改善了现有区域不清晰、物品及器具随意摆放等凌乱的现场状态，从而可以使一汽－大众监管方对现场的满意度得到较大的提升。

2. 通过使用新技术达到业务流程优化

通过整体转换包装技术平台的应用，使得转换包装整体流程衔接更为顺畅，从原包装供应、空箱供应、转换操作工作台、转换后包装输出到整体的信息流程保证，都进行了顺畅的衔接。

七、创新成果的推广价值

长春一汽国际物流转换包装过程管理及系统创新具有良好的推广价值：

首先，将吊装、传输、分拣设备集成应用，实现多种物流技术的平顺衔接，在汽车产前零部件配送库房及备件、出口包装中心技术设备系统规划中均能够得以应用。

其次，实现原包装导入、空周转箱导入、转换工作区、纸箱及垃圾回收区、零头件存放区、转换后包装导出六项主要功能，同时保证物料流动路线的顺畅便捷，这样的转换包装过程布局整体规划方案可以为第三方物流企业库房布局规划借鉴。

最后，满足零件出、入库管理、标识打印、零头件管理的系统设计也值得在零部件配送系统设计、备件包装系统设计等领域得以推广。

苏州普洛斯物流园延伸服务的集成化解决方案[①]

孙潺，现任苏州普洛斯物流园开发有限公司物业总监。

【摘要】 随着国内经济的不断增长及网络和通信技术的广泛应用，物流仓储行业得到了进一步的快速发展，而行业的发展亦对物流仓储配套相关服务提出了更高的要求。面对行业发展态势，苏州普洛斯物流园作为物流仓储行业服务的一员，也面临着相同境况。苏州普洛斯公司自2014年启动了“物流园延伸服务”计划，对园区服务进行重新定位和功能提升，进一步增加服务附加值，挖掘可延展性服务的广度与深度，努力铸造集成化的解决方案。公司在服务平台集约化、配套服务设施设备提升、仓储设施设备专业支持、人力资源及服务支持、培训及活动组织等方面进行了布局设置和创新。在实施该延伸计划的过程中，苏州普洛斯始终以顾客需求为导向、注重能力、资源、成本相平衡，同时确保投入时间和成本相对较低，具有较强的复制能力。该创新成果对同类物流园和商贸流通企业起到了良好的借鉴作用。

【关键词】 物流园延伸服务；集成化解决方案

【适用领域】 物流园区；大型供应链服务企业集团

① 本成果由苏州普洛斯物流园开发有限公司提供，成果主要创造人：罗澍、孙潺，参与创造人：程嘉、王浩俊，获2015年度物流行业企业管理现代化创新成果奖二等奖。

一、企业介绍

苏州普洛斯物流园成立于2004年，是苏州工业园区唯一的物流园。物流园由普洛斯（GLP）和苏州物流中心有限公司共同投资的苏州普洛斯物流园开发有限公司开发与管理。经过十多年的发展和探索，物流园目前已建成物业总建筑面积约55万平方米，并有50多家国内外知名企业入驻。

苏州普洛斯物流园位于苏州工业园区东端京沪高速公路入口段，交通十分便利；工业园区良好的发展态势，使物流园兼具了优越的区域条件；物流园还拥有良好的运营操作环境，内设有海关监管点，具备进出口通关、保税仓储、简单加工及包装、进出口贸易、转口贸易及国内分销等功能；国际标准化的仓库条件，使现场运作更顺畅；另外，物流园为入驻企业配置了标准化的物业服务，包括秩序维护、环境保洁、绿化维护、设施设备运行等。

二、创新成果的名称

该创新成果名称是苏州普洛斯物流园延伸服务的探索。自从“物流园服务延伸计划”项目筹划开始，以“物流园一站式服务”为目标，苏州普洛斯公司在集约化服务平台、配套服务设施设备提升、仓储设施设备专业支持、人力资源及服务支持、培训及活动组织等方面进行布局设置和创新。经过三个多月的探索和建设，已初步实现了该延伸计划并投入使用。

三、创新成果的产生背景

物流园成立至今蓬勃发展，但随着时间的推移，普洛斯深感在园区配套和综合能力发展的道路上面临的挑战越来越多：

1. 不断自我探索让普洛斯意识到创新的重要

普洛斯的目标是成为可持续发展的企业。为此，普洛斯不断自我设问“除了标准化的仓库，我们还能提供怎样的服务？我们还能为客户带来怎样的持续附加价值？还能让行业看到我们怎样的创新变革？……不断地设问让普洛斯意识到，当下能提供的服务广度与深度尚显不足，能否开拓思路，主动求变，探索并提供创新性服务对物流园的持续发展尤为重要。

2. 客户服务的多元化需求催促普洛斯开展创新

根据普洛斯的经验，企业在入驻园区的过程中，迫切希望了解园区各项政策、法规及周边的生活、商业信息等，也期待获得工作人员招聘、管理等的支持，同时更关注日常工作中能有专业人员对仓库装修、设施设备维护提供直接的支持和服务。客户日渐多样的服务需求，也催促着普洛斯必须进行服务创新。

3. 同业竞争的加剧催促普洛斯加快创新步伐

目前普洛斯拥有的仓储面积总量在业内排行中占有较大优势，但随着近年来其他单位不断加入到物流仓储开发和建设行列，业内竞争日趋激烈。与此同时，仓储设计建造标准也在逐步规范统一，这使单靠仓库硬件赢得客户的概率大为降低。为此，如何通过服务在同业中继续保持品牌优势，吸引更多潜在客户并维护好现有客户关系，成为普洛斯关注的一个发展方向。

由此，苏州普洛斯物流园自2014年启动了“物流园延伸服务”计划，对园区服务进行重新定位和功能提升，进一步增加服务附加值，挖掘可延展性服务的广度与深度，努力铸造集成化的解决方案。

四、创新成果的主要内容

在启动“物流园延伸服务”计划伊始，苏州普洛斯物流园即面临着诸多考验：

首先，以往物流仓储的标准化服务模式相对固化，有关物流园延伸服务的成功案例较少，缺少可直接借鉴使用的方案和资源；其次，客户需求多样，如何甄别客户的有效需求，成为苏州普洛斯物流园需要直面的第二个问题；最后，延伸服务方案推进还需考虑平衡操作能力、资源匹配和实施成本这三个方面。

针对以上问题，公司内部自2014年年初起进行了多次信息收集、服务资源调研和内部工作讨论。苏州普洛斯物流园按照收集、分析、排除与提取、推进、总结与改进的工作程序确定了如下工作方向：

跨出物流仓储行业的常规服务框架，借鉴厂房、住宅、商住楼等服务类企业的某些服务模式和经验，突破服务框架思路。因此，苏州普洛斯物流园定位自身的创新思路为“突破定式思维，做到人无我有，人有我新；努力追求积极求变，持续进取的服务文化；着力加快复制能力，强化快速执行，通过凝聚已有力量，整合创造价值”。

设置并发放客户服务调查问卷，向客户征询意见及提升要求。通过对客户反馈调查信息的分析，苏州普洛斯物流园理清了客户对服务的进一步需求。同时，也从中查找并明确客户服务需求的共性和特异性，并在延伸服务过程中采取尽可能关注和满足客户共性服务需求为主的策略。

就能力、资源和成本这三方的平衡问题，苏州普洛斯物流园提出了力所能及、成本可控、循序渐进、逐步推进的目标，将诸如便捷交通车辆、幼儿园配套等超出企业现有解决能力的问题等向社会（如政府部门、行业协会等）寻求支持或暂缓推进，并对客户做出相关情况说明，求得理解与支持。按此目标苏州普洛斯物流园同期落实了推进其他共性服务的预算和服务资源的匹配。

经过近半年时间的筹备，苏州普洛斯物流园对“物流园延伸服务”有了更清晰的认知，苏州普洛斯物流园认为“物流园延伸服务”就是：在现有标准化的服务基础上通过对物流园入驻企业需求的深入分析，充分利用和有效集约整合现有条件和资源，在有效成本控制原则上力求通过服务模式、内容的创新为企业客户提供更便捷的配套设施设备、更全面的综合功能服务、更生动活泼的园区氛围，不断拓展服务的广度和深度，增强企业客户的有效黏度。

于此，2014 年 6 月苏州普洛斯物流园确定了如表 1 所示的延伸服务集成化解决方案，并按计划于 6—8 月基本完成相关服务的具体设置工作，8 月下旬面向客户推广使用。

表 1　　延伸服务方案

项　　目	分　　项
集约化服务平台	服务中心
	微信平台
	短信平台
	其他信息平台
配套服务设施设备提升	配餐中心
	自动售货机
	ATM 机
	电动自行车停车区域及配套充电系统
	休闲区
仓储设施设备专业支持	有偿维修服务
	优选产品服务
	融资租赁服务
人力资源及服务支持	人力资源管理
	优享特卖活动
培训及活动组织	技术培训、体验课程、联谊活动等

具体设置信息如下：

（一）集约化服务平台

以实现“物流园一站式服务”为出发点，园区调整设置了线上微信平台和现场服务中心，如图 1 所示。

微信平台初设“园区服务、客户专享、我的账户”三个菜单栏目。园区服务栏目便利客户查询了解物流园资讯，并进行常规服务网络交互。客户专享栏目打造了面向物流园客户的专享服务界面。我的账户栏目可进行账户注册、账户管理及站内通知查询。

调整后的现场服务中心，采用了开放式服务和办公设计，实现基础资产管理和延伸增值服务两大服务功能，客户进入服务中心即可享受到全面的服务和信息支持。

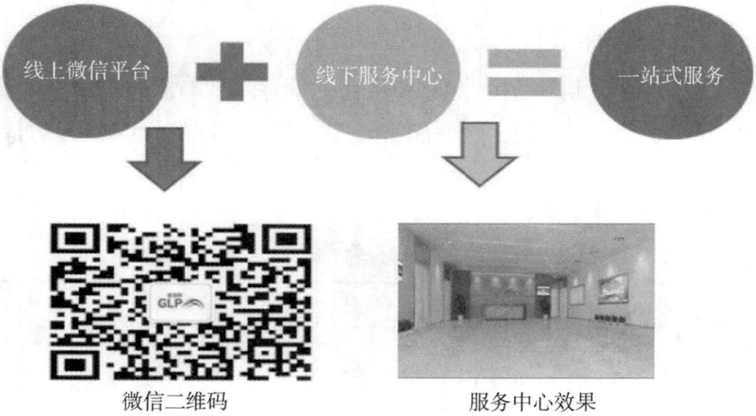

图 1　一站式服务理念

同时，物流园推进“无纸化”信息发送操作，即逐步取消日常服务信息的书面送达签收，改由通过网络、电子信息媒介向客户多通道送达信息。目前物流园相关信息已实现邮件、微信、短信和 LED 屏的多维度推送。

（二）配套服务设施设备提升

1. 配餐中心

配餐中心设置为熟食配送，辅以电加热保温、不进行现场动火作业。人员可在配餐中心现场餐厅用餐，也可电话预定送餐；配餐中心提供菜品多样，并设置多价位选择，可满足企业的工作餐需求。自设置以来，客户反响良好，人气渐旺，如图 2 所示。

2. 饮料自动售货机和 ATM 机设置

园区在现场公共库区通行主干道均引入了饮料自动售货机，便利客户员工在园区购买饮料。同时，通过与中国银行的多次洽谈，物流园在服务中心一楼设置了 ATM 取款机，ATM 机面向园区工作人员开放使用，可满足就近取款的需求，如图 3 所示。

3. 电动自行车停车区域及安全充电系统的规划

电动自行车为目前物流园企业现场员工上下班的主要交通工具，物流园利用一些空置区域，规划了专业的电动自行车停放试点并设置独立安全的充电系统，使现场企

图 2　园区配餐中心

图 3　园区饮料自动售货机和 ATM 机

业员工车辆能有序停放并规范充电。

4. 休闲区

为丰富物流园客户员工非工作时段的活动氛围，园区也为客户提供企业内部活动场地，物流园在园区内对现有公共场地进行优化调整，分别设置了篮球场和足球场，并利用空置仓库资源设置了室内流动羽毛球场地。场地全面向客户员工开放使用，如图 4 所示。

（三）仓储设施设备专业支持

物流园在日常服务项目中新设了有偿维修、优选产品和融资租赁三个服务板块。

图 4　园区流动羽毛球场和篮球场

1. 有偿维修服务

引入物业公司及第三方维修单位服务资源，设置统一维修报价机制，为客户提供仓库内常规设施设备收费维修服务。

有偿维修服务体系经过试点推行及对服务内容等的多次修正，目前已实现服务价格优化、服务项目齐全、服务质保可追溯。

2. 优选产品服务

面对客户对仓储专业设施设备的服务需求，通过对服务需求分类，苏州普洛斯物流园首期划定了如下面向客户的优选产品服务项目：叉车服务、包装服务、货架服务、托盘服务、提升门与卸货平台服务、灯具服务等。然后引入对应服务单位，由服务单位驻场为客户提供专业设施设备服务支持，如图 5 所示。

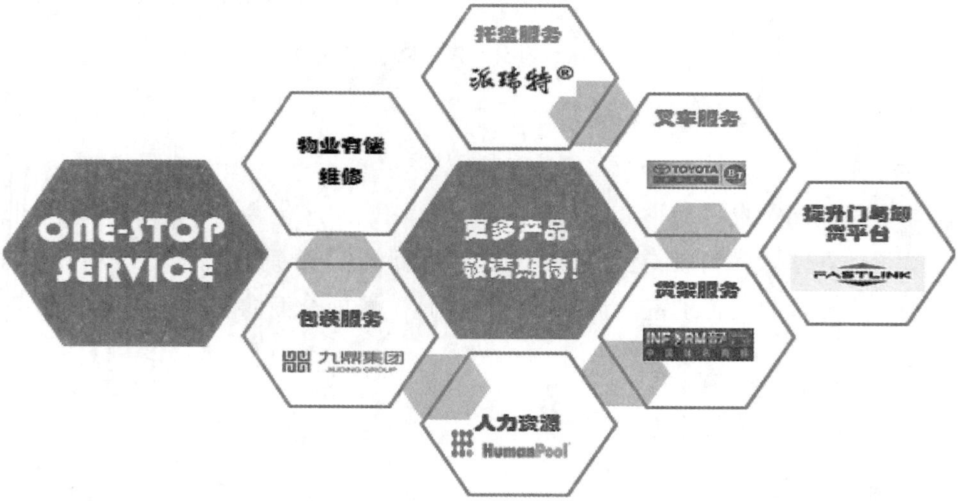

图 5　优选产品信息

3. 融资租赁服务

普洛斯总部注册了融资租赁公司。不同于行业内一般的第三方租赁公司，普洛斯融资租赁公司是以产业为依托、以物流为特色、以客户需求为导向的设备综合服务商，旨在为客户提供全寿命设备综合服务解决方案。

现阶段，普洛斯融资租赁公司业务涉及租赁物设备，范围涵盖叉车、货架、托盘、冷库改造系统、自动分拣线等，主要服务于普洛斯园区客户，根据客户需求设计并开发出一系列融资租赁、经营性租赁等多样化产品及业务模式，满足客户资金融通、财务管理等多方面经营及管理要求。

（四）人力资源及服务支持

整合物流园内企业已有人力资源服务单位信息，并将服务单位信息与物流园其他企业共享，使物流园企业在遇季节性加班、节假日等时段时可分享人力服务资源。

同时，物流园联系区外日化、食品等品牌企业，定期为园区内企业及员工带来福利产品展示、员工福利方案制定及产品特惠内卖活动。

（五）培训及社区活动组织

物流园定期联系区外社会资源，为园区企业带来相关活动。目前物流园活动已实现定期常态化，内容涵盖设施设备培训、安全培训、运动赛事、座谈、联谊等多方面，达到“月月有活动，经常有培训，交流多渠道”，如图6所示。

图6 客户活动

五、创新成果的主要创新点

苏州普洛斯公司提出的“物流园延伸服务”计划，为企业拓展增值服务、提升顾客满意度和企业自身附加值有较好的借鉴意义，具有较好的创新性。

1. 以顾客需求为导向

普洛斯在项目推进过程中，积极调查和把握顾客需求，以顾客为中心进行改善和创新。

2. 注重能力、资源、成本相平衡

普洛斯在力所能及、成本可控的原则上，力求通过服务模式、内容的创新为企业客户提供更便捷的配套设施设备、更全面的综合功能服务、更生动活泼的园区氛围，也实现了企业的可持续发展。

3. 复制能力强

普洛斯提出的方案切实可行，投入时间和成本相对较低，有较强的复制能力。

六、创新成果的应用效果

自计划实施并推进“物流园延伸服务”工作以来，物流园取得如下服务提升效果：

1. 客户满意度

年终客户满意度调查显示，2014 年度客户满意度得分 87.45 分，较之 2013 年度的 82.28 分，客户满意度得分整体提升 5.17 分；同时，客户在满意度调查过程中对物流园配套设施、增值服务等涉及延伸服务部分的需求问题较往年显著减少。以上数据可说明物流园已推进的延伸服务举措符合客户及其员工日常工作需求，能有效提升客户入驻物流园后对现场服务体验的满意度。

2. 成果收益

通过服务创新，物流园取得了明显的收益，如表 2 所示。此外，有偿维修、优选产品、特惠内卖等服务的推进，除为物流园企业和工作人员带来服务便利外，更增强了普洛斯与客户间黏度，实现双赢。

表 2　　2014 年 8 月—2015 年 3 月服务数据

服务项目	服务信息
有偿维修服务	合计提供有偿维修服务 47 次，服务额 162416.76 元
提升门与卸货平台服务	提供维修服务 24 次，服务额 147119.02 元；与客户（大田物流、中外运、上药）达成年保服务协议
包装、货架、叉车、托盘和人力资源服务	为客户（兰亭集势、大田物流、日立物流、欧莱雅等）提供服务比价信息
特惠内卖	线上线下物流园福利特惠内卖 2 次，产品交易额约 30 万元

3. 环保效益

物流园原每月大约向企业客户发送 4～5 次纸质服务信息通知，现物流园入驻企业约五十多家，故每月因发送服务信息使用的纸张数量较大。通过“无纸化”信息的发送，服务中心纸张使用量明显减少。

同时，优选产品服务单位也为物流园客户提供仓库优化使用方案。例如在仓库灯具改造方面，物流园 C16 库客户将仓库内金卤灯改造为 T8 灯，灯具改造使用的 T8 灯为节能灯具，节能灯具的使用充分实现了节能降耗的目标，如表 3 所示。

表 3　　C16 库客户电费对比数据

更换灯具前客户月平均电费（元）	更换灯具后客户月节约电费（元）
56291	14073

七、创新成果的推广价值

苏州普洛斯物流园对“延伸服务”的探索，经过 2014 年度的规划及推广已初成体系，也取得了一定的收益成果。前述已有相关延伸服务项目在类似苏州普洛斯物流园的其他园区可复制操作，其他园区也可结合自有条件对延伸服务项目进行必要调整后设置。在推广复制苏州普洛斯经验前，应该关注如下环节：

（1）充分考虑物流园区的发展实际情况。这里所提及的发展实际分为硬件和软件两个部分。硬件是指物流园区的场地条件，部分服务项目的设置（如餐厅、休闲区等）需要一定的空置场地。如果缺少这方面的支持，相关服务则无法在园区现场开展；软件是指物流园现有的服务状态，延伸服务的开展需要以已有的高品质标准化服务为基础，如果物流园现有的秩序维护、环境保洁、绿化维护、设施设备运行等标准化服务无法取得客户认可，即与客户之间的基础服务信任没有建立，那再进一步推进延伸服务便很难获得客户的支持。

（2）全面调研客户的需求。只有客户有需求的项目才能在设置后快速获得客户认可及使用。但也需要注意到，客户的服务需求既有共性部分（如大部分客户需要解决工作餐问题），也有个性特异部分（如少量客户希望在园区设置幼儿托班），在延伸服务项目落地过程中苏州普洛斯物流园建议先实现共性服务项目，满足大部分客户的需求，然后再就部分客户的特异性需求提供有针对性的解决方案，以点面结合方式多维度服务客户。

（3）多维度服务客户的实现，也与园区服务成本预算相关。建议实施延伸服务单位充分考虑自有园区服务成本投入与服务范围平衡问题。同时，物流园延伸服务项目设置后的服务效益显现并非一蹴而就。为此，在延伸服务项目设置过程中匹配的服务单位，建议选择与园区保持一致发展愿景的单位。彼此目标相同，才能协同发展。

一号货车司机服务质量管理创新与实践①

俞松磊，现任一号货车 CEO，曾任职于阿里巴巴，主要在支付宝负责行业支付解决方案，其中包括物流行业；而后进入德邦物流担任 CTO，3 年后又帮助天地华宇梳理业务流程，重整 IT 架构。2014 年 10 月创立了一号货车。

【摘要】 一号货车司机服务质量管理体系立足规范化操作，从组织司机运力、认知行业、服务品牌、提升行业服务水平、提升最后一公里配送规范角度出发全力打造一支高素质的司机服务团队。该体系的应用和推广旨在改善货运司机长期以来给人的“低素质，服务差”的传统印象。一号货车的司机服务质量管理体系简单分为普通司机服务质量管理体系和“V 司机”服务质量管理体系。普通司机服务质量管理体系服务和应用于所有注册在一号货车 APP 上的货车司机群体。这项体系完成的是最基本的车货匹配，通过空间地理算法的推送策略确保用车信息准确匹配和及时到达。V 司机服务质量管理体系是基于整个货车配送服务流程推导出的一套综合人、车、系统协同系统。通过找出客户与司机的接触点、编写司机规范条例、开展 V 司机培训、设立 V 司机评分系统、后端配合 V 司机的收入与评分挂钩系统、V 司机订单优先推送和设立 V 司机淘汰机制等重要步骤进一步提升 V 司机团队的服务意识和服务质量。一号货车基于移动互联网、大数据智能算法、LBS、GPS 等技术，高效整合闲置资源，搭建公开透明的同城货运基础设施平台，让货运更智慧。

【关键词】 质量管理体系；物流 APP；技术创新；物流模式创新

---

① 本成果由一号货车提供，成果主要创造人：俞松磊，获 2015 年度物流行业企业管理现代化创新成果奖二等奖。

【适用领域】物流货运领域；电商物流领域

一、企业基本情况

一号货车由前阿里员工俞松磊于2014年10月创办，俞松磊2008年加入支付宝，随后2010年加入德邦物流任CTO，2013年加入天地华宇任CIO。目前，一号货车的总部位于上海市，公司员工近600人。俞松磊作为创始人兼CEO，下辖以直达事业部、智送事业部、物流事业部为首的11个部门。一号货车业务覆盖北京、上海、广州、深圳、天津、杭州、南京、成都、西安、宁波、佛山、东莞、济南、武汉、郑州、昆山、中山这17个城市。2015年年初一号货车获红杉资本A轮融资，并在同年7月获得DCM主投，红杉资本跟投的B轮融资，融资金额达数亿元。

一号货车APP是目前公司独立开发并推出的一个为司机和货主提供同城货运基础设施平台，其移动端APP共分司机端和货主端。2015年5月20日一号货车发布2.0新版，相比原先的1.0单一点对点的配送模式，2.0版本更加智能、体验更好、人性化。其中首推"回程车"和"智送"服务有效解决了细分物流市场的配送需求；2.0中的"回程车"功能，有效地降低了司机送完货物后的空车回程率。而"智送"服务功能，则针对于有物流需求的大型企业，提供了城市内多点货物同时配送的服务。

作为一款免费开放的同城货运叫车平台软件，目前一号货车APP平台的注册司机人数近10万人，连续6个季度（至2015年6月30日的二季度），用户数量的平均增长率和活跃用户数量的平均增长率超过200%。一号货车APP日单量超过5万单，同期平均环比增幅超过200%。一号货车APP年度平台交易金额近15亿人民币。

二、创新成果的名称

该创新成果的名称是："互联网+"物流领域货车司机服务质量的管理创新。货车司机的服务质量是一号货车最为关注的核心竞争力之一。一号货车的司机服务质量管理体系简单分为普通司机服务质量管理体系和"V司机"服务质量管理体系。

普通司机服务质量管理体系服务和应用于所有注册在一号货车APP上的货车司机群体。因为数据库比较庞大，所以这部分司机的服务质量管理体系基本上通过前后端400电话叫车系统和APP叫车要求填写完成。这项体系完成的是最基本的车货匹配，通过空间地理算法的推送策略确保用车信息准确匹配和及时到达。

V司机服务质量管理体系是基于整个货车配送服务流程推导出的一套综合人、车、系统的协同系统。通过找出客户与司机的接触点、编写司机规范条例、开展V司机培训、设立V司机评分系统、后端配合V司机的收入与评分挂钩系统、V司机订单优先推送和设立V司机淘汰机制等重要步骤进一步提升V司机团队的服务意识和服务质量。

三、创新成果的产生背景

本创新成果的提出有以下几个方面的背景：

1. 货车司机是公路承运企业的主体，急需提升服务质量

据中国物流与采购联合会统计，2014年，我国道路运输费用占物流的总比重达到30%。道路货运业共完成了全社会76%的货运量、33%的货运周转量，平均每天都有8400余吨的在途货运量，平均每年为每个人运22吨货物。然而，长期以来，我国的道路货运业一直是“多、小、散”的现状。超过700多万家物流企业，以及3000多万名司机，构成了非常庞大的承运企业群体。而在这个数字的背后所涉及的是将近1.5亿人的生计问题，用户日常生活相关的物资基本全部由这些货运车辆来完成。据统计，我国社会物流总费用占GDP的比重为18%，超美国2倍。其中在货车车主统计中，80%以上货车都是个体户经营，即私人车主。这些车主的痛点依然明显，外界所认知的货车司机通常是被贴上文化水平低和缺乏服务意识的大标签。

2. “互联网+”热潮推动货运细分市场的改革

“互联网+”的热潮改造并影响了越来越多传统行业的成功案例给人们带来了诸多的便利。如果说滴滴巴士、考拉班车等是“互联网+”时代的共享经济思维对客运行业的一个小小细分市场的改革，那么货运物流行业的共享比起客运领域对社会效率的提高有着更大的帮助。因为其涉及的链条更多更广，除了车辆之外，还包括了仓储中心、道路信息等多方面多维度的资源的利用。趋势表明，传统货运行业的移动O2O模式在这股潮流的影响下快速向前推进。通过与互联网的结合，创造新的行业生态。司机作为“互联网+物流”资源整合的最重要部分，能否解决货主对司机的认知痛点，同时帮助司机群体解决其自身的痛点就成为了占领同城货运市场的首要目标。

3. 一号货车司机服务质量管理体系面临诸多困难

长久以来，相比长线和支线市场，一号货车司机服务质量管理体系所面对的同城货运市场中司机群体的问题更为复杂和困难。比如服务标准不统一、价格标准不统一以及运输安全和理赔标准不统一等一系列问题严重制约了城市终端配送最后一公里的发展和提高。也正是因为如此，2014年以来，基于移动互联网的货运叫车平台一号货车的出现成为了行业转型升级的重要推手。在“互联网+”时代，货运业正拥抱互联网，构建全新的价值链，向着司机服务更优质、更高效、更绿色的方向发展。

四、创新成果的主要内容

基于现有同城货运市场的现状，一号货车以大数据为支撑，因地制宜地推出“智

慧货运”的产品服务理念，力推“直达”“智送”和“回程车”三大智慧服务。

直达事业群主要针对类似建材、家居装修类专业市场货主，通过“点对点”的方式连接货车司机和货主，构建起信息平台，帮助这些司机和货主攻克信息化程度低和缺乏标准化的壁垒，以打造同城货运基础设施平台为目的，来改善行业缺乏服务标准化的乱象，增加司机收入，减少车辆空驶。直达的司机特色是：①就近匹配，随叫随到；②里程与运费提前预知；③司机身份认证，在途跟踪。

智送事业群解决了同城配送计划性用车方面的配送需求与配送资源的对接问题。例如：一号货车平台接收到企业客户的配送需求，通过平台发布，系统后台快速匹配最优车辆，省去了很多不必要中介环节，大大提高了效率和有效地控制成本。截至目前一号货车的智送事业群主要服务的领域有电商、生鲜果蔬 O2O、家具家装以及一些传统企业。智送的司机特色是：①岗前培训，全程品控；②专职司机，专属特服；③集约调度，智能规划路线；④统一结算，实时跟踪。

物流事业群主要为全国网络型零担、快递及落地配企业提供一号货车整合后的海量社会运力资源支持。在同城转运过程中，提供匹配的车辆资源，极大地降低了车辆购置及管理成本；在最后一公里收派服务中，提供即时叫车服务，通过 LBS、GPS 等技术手段快速找到车辆，更高效地满足收派服务。回程车主要是降低了司机送完货物后的空车回程率。通过回程车功能，司机在出发前，就可通过智能匹配来选择回程中是否再次接单；而货主通过该功能，可提前了解司机的送货地区及返程地点，从而立即匹配到能提供到达货物的司机师傅。

为了满足以上三个部门的使用习惯和对司机的客观要求，一号货车对司机的服务质量管理体系做了区分，简单分为普通司机服务质量管理体系和 V 司机服务质量管理体系。

1. 普通司机服务质量管理体系的具体做法

普通司机是承载大量同城物流的主力群体。这部分司机群体通过注册一号货车 APP 车主版软件后即刻享有抢单的权利。

为保证货车司机的服务质量特别制定了相关服务流程：①100% 实名认证：对申请报名的车主和货主均有严格的审核，并进行实名身份认证，首次接单车主和发单货主客服全程护航。一号货车 APP 车主版的前端要求司机首先注册，填写基本信息然后进一步上传司机照片、行驶证、营运证等资料进行实名认证后才可以使用软件接单。这个前端步骤解决了货主对于陌生司机资质的担心，并在第一步的时候就管控了服务质量。②100% 诚信监控：全面记录每一个订单的完整信息，对所有车主和货主建立信用、评价体系，确保优胜劣汰。③智能调度及监控体系：所有异常订单的后台预警及人工干预，所有车辆轨迹监控，专业 400 客服支持。④完善的 CRM 及大数据管理体系：全面记录每一个用户的注册、交易订单的完整信息，分析用车高峰期以及车辆类型跨度，帮助车主和货主满意地完成交易。

普通司机的接单流程是从下载 APP、注册、接单到最终反馈。通过空间地理算法的推送策略确保用车信息准确匹配和司机的及时到达。

2. V 司机服务质量管理体系的具体做法

V 代表的是 VIP（贵宾级的服务）。V 司机是建立在普通司机基础之上的提升与晋级体系。V 司机的定位可以归纳为“专业、便捷、高效”。相比于普通司机来说，V 司机的特点是“服务更好，价格适中”。

服务质量管理体系是基于整个货车配送服务流程推导出的一套综合人、车、系统的协同系统。通过找出货主与司机的接触点、编写司机规范条例、开展 V 司机培训、设立 V 司机评分系统、后端配合 V 司机的收入与评分挂钩系统、V 司机订单优先推送和设立 V 司机淘汰机制等重要步骤进一步提升 V 司机团队的服务意识和服务质量。

找出货主与司机的接触点：通过流程跟踪，发现货主与司机的接触点分布在：①电话沟通；②见面交接货；③反馈等环节。这个环节上，因为一号货车在全国 17 个城市开展业务，每个城市的运营状况不尽相同，所以本地化的文化因素也是接触点的重点考量。

编写司机规范条例：根据不同的货主与司机接触点，编写完善司机规范用语以及情景对话应对方略。比如，司机与货主的初次见面，规范要求司机的标准问候是“你好，我是一号货车 V 司机某某某”等标准用语。这个标准用语的使用既能突出正规化，也能突出司机的服务意识和标准。

V 司机的招募：V 司机报名的渠道多种多样，包括 APP 客户端报名、朋友介绍、BD 推荐以及网站招聘等。其中朋友介绍的 V 司机，推荐人还会获得 50 ~ 500 元不等的招募奖励，我们还在各大招聘网站上发布 V 司机招募令，APP 司机端还直接设立快速报名通道，这些都使得我们的 V 司机群体，如滚雪球般的壮大。当然“不是所有司机都叫 V 司机”，从各种渠道报名的司机精英们，都会通过填写报名链接登记报名信息，个人资料也会经过总部多个维度的评判严格的筛选，符合要求的司机才能进入下一环节“培训”。我们一号货车抱着宁缺毋滥的态度，牢牢把紧 V 司机的入口，不让心存不良居心的人进入我们的平台，旨在建立一个良好的环境，让货主体验更优质的服务，让司机能够得到更优厚的回报。

V 司机的培训设计：V 司机的标准培训流程为：①签到；②查验三证；③业务培训；④培训考试；⑤填表登记；⑥物料押金；⑦拍照注册。司机愿意升级为 V 司机，那么他所参与的培训也必须是专业的和量身定制的。培训的知识点主要是公司介绍、V 司机待遇、APP 介绍、操作流程以及司机管理制度。通过培训，司机会知道 V 司机的优势、特点、为什么要规范服务内容比如标准用语、不允许发生的某些情况比如辱骂客户等。通过培训，V 司机会知道建设一个良好口碑的品牌他们也是其中重要的一分子。通过 V 司机和货主的接触，V 司机把一号货车规定的高标准服务带给货主从而让货主对平台产生良好印象和使用体验。这种良性互动继而能让货主使用一号货车 APP 的频率和优先度增加，反过来增加 V 司机的接单量和收入水平。所有加入 V 司机的车主首先都需要查验三证。只有三证符合规范的司机才能继续 V 司机的培训。V 司机的培训需要通过考试来审核司机对于平台的了解和服务规范的认可，通过签订合同来保障双方的利益和诉求。V 司机的押金收取后，一号货车会给予 V 司机相应的物料比如工作服、车贴和充电宝等物品，帮助 V 司机将个人形象与平台形象相匹配。同时所有 V 司机将穿着统一工作服更新头像照片，从而方便客户对于这个优质群体可以一目了然地鉴别。

V 司机接单操作流程辅导：因为传统的司机接单服务流程是基于趴活—电调—协议—配送的流程服务，通过 APP 的接单并配送服务需要让 V 司机对于 APP 的流程充分认识并熟练使用。APP 的服务流程为打开 APP—开始接活—接单—抢单成功—已接货—已送达—收款—评价。其中 V 司机还需要熟悉并了解“我的账户”和余额提现等金额操作方法和步骤。

设立 V 司机评分系统：即星级评分。一号货车 V 司机星级评分分为一到五星。货主可以根据 V 司机实际服务流程、规范度、热情专业程度来选择打分。星级评分按照打分次数累计得到平均分数值。比如，一千单的平均得分为 4.7 颗星。那么该 V 司机的综合表现得分即为四星 V 司机。

后端配合 V 司机的收入与评分挂钩系统：基本原理是星数与 V 司机的补贴收入挂钩成正比。举例来说，五颗星的 V 司机补贴按全额发放，四颗星的 V 司机补贴按 70% 发放，三颗星以及以下的 V 司机补贴全额取消。同时，每季度低于 4.5 星的司机需回炉接收再培训，三颗星以下的 V 司机有转回普通司机的风险。我们的 V 司机客服以及客户经理会全面介入低星级的 V 司机工作状态调查，进行辅导和再次培训。

V 司机订单优先推送：V 司机享有一号货车后台分配的订单优先送。该方法的实行结合一号货车 APP 后台的多维度算法来进行最佳的车货匹配。举例来说，如果在货物出发地周围 5 千米内寻找一号货车司机，那么周围的司机排序应该是 V 司机按星级打分顺序排列。相同 5 千米的两个司机，应该是按照 V 司机排第一，普通司机第二顺位。如果相同是 V 司机，那么应该是星级高的排第一，星级低的排第二顺位。

V 司机淘汰机制：V 司机的淘汰机制即转回普通司机的过程。对于客户投诉比较多的 V 司机，一号货车首先是客户专员介入中立公平的流程调查。同时，一号货车会对低星级的 V 司机进行再辅导一次。对于再辅导后还是不能提升星级的 V 司机，一号货车会解除该 V 司机的 V 标识，并转回普通司机。这种淘汰机制的设立是为了长期打造并经营一支口碑至上的专属高质量司机团队，更好地为货主服务。

五、创新成果的主要创新点

在一号货车的同城货运服务架构中，物流部门、直达部门和智送部门分别承担了其相应的业务属性和拓展范围。直达业务的特点是单点直达，快速高效；智送业务是多点配置，成本最优；物流部门业务的特点是全程匹配，尽享优惠。业务不同，其匹配的司机资源也不尽相同。这也要求了服务于不同业务线的司机服务质量管理体系做出不同的侧重。

一号货车的 APP 基于移动互联网、大数据智能算法、LBS、GPS 等技术，高效整合闲置资源，搭建的公开透明的同城货运基础设施平台在确保服务质量管控中起到以下四大作用：①推送策略顺畅；②安全级别高，鉴别防刷单系统保障客户真实使用体验；③系统功能模块化功能强大，反馈打分功能清晰；④数据交互和平台前后端使用做到无缝连接。其中的推送策略主要是指基于空间地理算法的车货匹配规则制定。在现有成熟的模块基础上，一号货车针对同城物流市场的长期跟踪和调研，在目前 2.0 系统中研发了推送模块。该模块的优势是综合体现 V 司机服务质量，并保障其切身利益。同时，防刷单系统和对于货主发货真实性的鉴别也是保证 V 司机对于一号货车 APP 黏附度的重要保障。

总体来看，一号货车司机质量管理体系有以下几个方面的创新：

1. V 司机服务规范体系的创新

一号货车根据接触点的调研设置了不同的业务场景，并根据场景设定了 V 司机的行为规范和标准话术，具体如表 1 所示。

表 1　V 司机服务规范介绍

业务场景	行为规范	司机标准话术
抢到订单	主动联系客户，确认运输物品、时间	您好：我是一号货车司机，和您这边确认一下订单信息……
到达装货点	主动和客户打招呼	您好，我是一号货车司机
装货	主动帮客户搭把手	您好，请问需要搭手吗
付款	严禁私自增加运费，需搬运服务的和客户商议合理的搬运价格	您好，总计 × × 元，您这边是网上支付还是现金
出发	主动和客户告别	您好：下次再见，欢迎再次使用一号货车
运输	遇到异常及时告知客户、客服	您好：不好意思，路上堵车了，我这边可能会晚到 1 个小时
到达送货点	主动联系货主，告知已送达，有异常及时联系货主、客服	您好：您的货物已经送到了，欢迎再次使用一号货车

2. 一号货车V司机惩罚及积分制度的创新

一号货车对于V司机在每个容易影响服务质量的具体点上实行细致明确的惩罚和积分制度的考评，具体如表2、表3所示。

表2　　一号货车V司机惩罚和积分制度（1）

日常管理	问题分类	考核内容	奖惩标准
	操作问题	连续××天未接单	
		车辆到达取货点时，未及时点击“已到达”	扣除本单奖励
		货物到达后，未及时点击“已到达”	
	服务问题	抢单之后无故取消订单	
		抢单未接单	扣×××元/次
		私自加价	
		转单	
		被客户投诉迟到且距接单时间超过1个小时	扣×××元/次
		客户货物损坏	司机按比例承担损失
	形象问题	未按要求着装工服	

表3　　一号货车V司机惩罚和积分制度（2）

日常管理	问题分类	考核内容	奖惩标准
群管理	不良言论和信息	禁止出现有违社会公德、不文明、侮辱性及涉及人身攻击性语言。禁止在群内发布不良倾向、色情、赌博、病毒链接、无关商业广告及其他有害信息	
	对公司平台不利言论和行为	禁止出现有未经证实恶意抹黑、虚构、夸大等对公司形象不利言论和信息。禁止组织、带头煽动群内成员做出对公司不利言论和行为	
	私自拉人进群或退群	私自拉人进群；如要退群事先联系工作人员说明原因	
	发布其他同类平台信息	禁止出现有发布与公司同类或相似平台任何信息	
有奖有罚	刷单	发现任何形式刷单	扣除押金及平台余额
	举报货主刷单		××元/人/次
	举报V司机		

一号货车对于V司机的微信群管理是除去APP以外，非常重要的即时群沟通工具。一号货车对于这个工具管理也同样实行严格的行为准则，具体如下图所示。

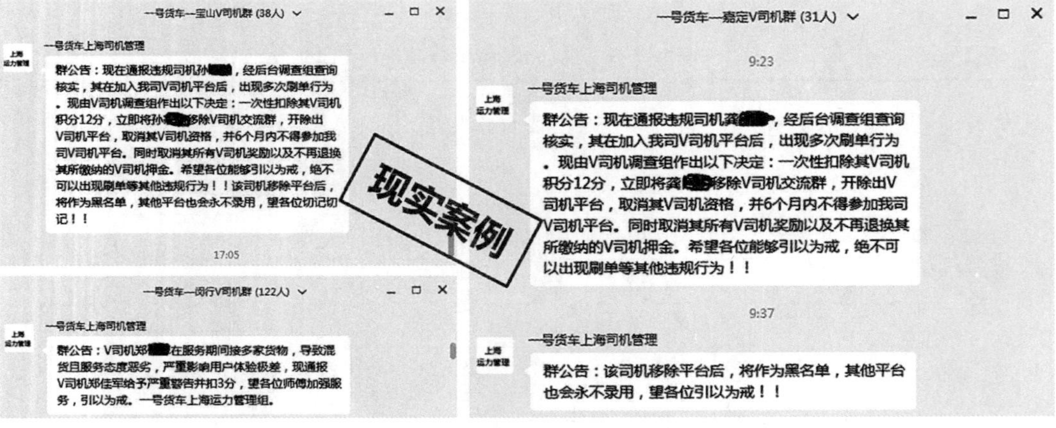

图1 即时群沟通工具的使用

3. 匹配司机服务等级的优先权和系统保障制度的创新

一号货车APP的软件开发有以下三个特色确保后台对于司机的优先订单推送。①空间地理算法；②车货匹配规则；③多维度算法。空间地理算法主要是在成熟模块的基础上，根据物流行业的特性做出相应的升级和修改，通过该算法寻找最优的司机和发货点进行统筹。车货匹配规则是指按接收到的发货不同特点，比如冷链保险需求，或者大宗易碎货品的特点，在附近的车型中调取合适的车辆进行接单，确保货物安全和品质保证。多维度算法是指一号货车后台的多模块配合工作。从基本的比如车货匹配规则中再加入V司机的星级评价等参考指标，确保在能接单的情况下，V司机团队能优先进入服务。

和V司机评价系统挂钩的V司机奖励分别有推荐司机奖、新司机留任奖、老司机服务奖、订单成交奖和司机家庭奖。通过数据统计和积分制度，对符合奖励的V司机按照不同的奖励种类予以积分或者现金的奖励，从而稳固司机的服务质量。拿新司机留任奖举例，V司机加入一号货车平台满3个月，根据V司机3个月在平台的表现，给司机发放一定的金钱奖励。其中的发放必要条件是V司机3个月接单总量大于135单，同时星级评分大于4.5分。发放现金的方式一号货车采取顺延3个自然月按比例发放。若中途V司机因个人原因或者积分扣完被取消V司机权限则停止发放剩余奖金。

六、创新成果的应用效果

目前通过一号货车APP注册的货车司机人数超过9万人。其中首批17个城市重点打造和培训的V司机人数占6%约为5500人。这批高质量的核心司机团队应用于更多的智送和直达端。V司机作为一号货车特别服务培训后服务于市场的团队，承担了更多客户和常联企业的关键短驳、点对点货运工作。以天天果园和一号货车的合作举例，作为一家基于互联网技术的优质生鲜产品零售商，天天果园销售物品为高品质进口水果、肉类、海鲜以及蔬菜等生鲜商品的特性要求货物全程冷链配送。一号货车基于天天果园配送线路的要求为其提供同城配送车辆，遵照天天果园的严格的供应链服务要求，从平台中定向招募优质司机和车源，并完成响应培训和现场服务，有效地节省了用车成本和管理成本。

从业务形态上来讲，直达、物流和智送的三条线对于司机的需求也不尽相同。按路线划分，可以分成计划线路和非计划线路，智送的计划线路分配基本在早晨完成。V司机的非计划线路就可以在下午的抢单中得到更多机会。

一号货车的服务质量管理体系作用是明显的。从提升效率的角度来说，据一号货车大数据统计普通司机升级到V司机后，收入的增长是显而易见的。V司机的收入超过1万/月的占比超过了70%，同时客户满意度上升了近90%。

从社会效益角度上来说，对于货车司机群体的职业培训可以帮助提高货车司机的职业素养，养成社会闲散货车司机的团队意识。在方便货车司机管理、积极创收、提高服务品质和生活状态等方面做了大量的实际工作，并取得了良好的效果。

七、创新成果的推广价值

物流是国民经济的“血液”，同城物流又和我们普通老百姓日常生活息息相关。物流行业的一系列改革对百姓消费的影响可以体现在节省时间、加快中间环节、压低成本这3个方面。在享受成本降低，服务更快的基础上，司机服务质量的提升也必将作为物流行业发展的重点，以及同城货运企业的核心竞争力之一。

首先，一号货车司机服务质量管理体系立足规范化操作，从组织司机运力、认知行业、服务品牌、提升行业服务水平、提升最后一公里配送规范角度出发全力打造一支高素质的司机服务团队。该体系的应用和推广旨在改善货运司机长期以来给人的“低素质，服务差”的传统印象。因此，该体系首先可以推广至从事公路货运企业尤其是结合O2O的货运企业，提升公路货运服务质量。

其次，V司机的星级评价意义重大，标准化体系可以有效规范市场并降低双方交易成本。同时，该体系可以有效引导司机群体的发展和变化，做到优胜劣汰同时帮助一号货车在市场竞争中形成品牌价值。同时，V司机群体的社交圈的出现能更好地团结司机群体。把个人变成群体，把孤单的驾驶变成有组织、有交流的大课堂。司机群体联盟的概念亦可以作为政府与行业协会的重要工作来开展。

最后，通过不断完善组织架构体系、人员能力和服务质量体系，顺应市场的发展，打造一支货运 O2O 领域的最强团队。基于移动互联网、大数据智能算法、LBS、GPS 等技术，高效整合闲置资源，搭建公开透明的同城货运基础设施平台，让货运更智慧。这些工作的开展可以作为政府部门推动创业创新工作的很好抓手。

长福马发动机零部件进口周期优化方案①

陈程，2005 年毕业于桂林电子科技大学工业工程专业，2007 年取得中级物流师资格证，2014 年取得重庆大学物流工程专业硕士学位。2005 年进入长安金陵汽车零部件公司担任 CPS 工程师，2007 年担任物流部副经理，2011 年担任长安汽车渝北工厂生产物流处副处长，2012 年担任长安福特马自达发动机公司物流部总监。

【摘要】 长安福特马自达发动机有限公司是一家以生产销售汽车发动机及其零配件为主的企业，为了抓住市场的机遇抢占先机，降低在途进口零部件对于资金的占用以及缩短其漫长的运输时间，长福马发动机作为长安福特和长安马自达品牌车辆的发动机及其零部件供应商，针对零件进口的各个环节逐个梳理，抓住突破口研究具体解决方案，经过与海关、商检以及物流公司咨询和沟通，2015 年开始在日本件推行新的进口通关模式，通过通关模式的创新来优化进口周期。新模式的进口周期为 10 天，比原来模式缩短了 18 天。这是现代制造企业在物流管理上，追求着“零库存”“精益化”的一次有效创新尝试。长福马发动机通过改变货物运输模式和报关模式，为企业节省了大量的资金成本，很好地诠释了如何“精益化”库存和运输环节，具有积极的推广

① 本成果由长安福特马自达发动机有限公司提供，成果主要创造人：陈程、沈明，获 2015 年度物流行业企业管理现代化创新成果奖二等奖。

价值。

【关键词】生态物流模式；低碳运作；技术创新；物流模式创新

【适用领域】汽车物流；生态物流模式创新

一、企业基本情况

长安福特马自达发动机有限公司（以下简称“长福马发动机”）由重庆长安汽车股份有限公司、福特汽车公司和马自达汽车株式会社共同合资兴建，现有员工 2400 余人。公司投资总额 5.7754 亿美元，注册资本 2.09957 亿美元，其中，重庆长安汽车股份有限公司占股份的 50%，福特汽车公司与马自达汽车株式会社各占股份的 25%。公司占地总面积为 29 万平方米，总建筑面积为 91961 平方米。

公司成立于 2005 年 9 月 26 日，主营业务以生产销售汽车发动机及其零配件为主，主要客户为南京长安马自达汽车公司和重庆长安福特汽车公司，产品谱系包括 BZ、NEW I4、Sigma、Sky 四大系列发动机，排量覆盖 1.3 ~ 2.5L，发动机年综合生产能力达 43 万台。曾荣获福特汽车公司全球唯一的动力工厂“最佳质量奖”和马自达全球卓越质量团队奖、其产品 SKYACTIV – G 2.0L 发动机荣膺“‘中国心’年度十佳发动机”称号。公司经营状况良好，2014 年主营业务利润和税金分别为 33 千万元和 1.8 千万元，为南京市工业企业五十强之一，海关 A 类管理企业。

二、创新成果的名称

本创新成果名称是长福马发动机零部件进口周期优化方案。在满足客户要求、减少紧急运输费用、降低库存资金和减少库存浪费这几个目标的驱动下，长安福特马自达发动机有限公司从 2014 年下半年开始研究如何缩短进口件的运输周期。针对零件进口的各个环节逐个梳理，抓住突破口研究具体解决方案，经过与海关、商检以及物流公司咨询和沟通，在 2015 年开始在日本件推行新的进口通关模式，通过通关模式的创新来优化进口周期。通过模式的变更，压缩上海到南京运输的时间和进口清关时间。通过将公路运输替代水运，压缩运输时间，保税库清关替代口岸清关，缩短清关时间，公路运输和保税仓库的结合，双管齐下实现“1 +1 >2”的效果。新模式的进口周期为 10 天，比原来模式缩短了 18 天。

三、创新成果的产生背景

由于家用车市场的需求增加，很多车企的产品供不应求，为了抓住市场的机遇抢占先机，必须有足够的现车提供给消费者，因此计划外的增量成为了车企的家常便饭。供应商的供应能力对于车厂增量也是制约因素之一，长福马发动机作为长安福特和长安马自达品牌车辆的发动机及其零部件供应商，如何提升供应能力、降低成本成为了企业应对激烈的市场竞争中的一项重要任务，而长福马发动机面临的主要问题之一就是过长的零件进口周期，迫切需要通过创新改变这一局面。

1. 零件进口周期无法满足客户订单调整的需求

从2009年开始，国内家用车市场销量不断增长，客户的订单量也随着市场的升温不断增加。长福马发动机近7年主要的目标从来都没有离开过“保供”，客户的需求使公司必须要压缩零件进口周期来应对各种变化。根据2012—2014年三年的数据，长福马发动机日本进口零件的运输周期为28天，再加上5天国外的包装和运输。而客户需求的变动往往只提前3~4周通知，而且变动的幅度较大，远超出企业安全库存可以覆盖的范围。客户需求变动频繁，而长福马发动机因为自身进口件的周期无法满足客户的变动，造成了客户抱怨的增加。

2. 为支持客户订单调整，紧急运输费用居高不下

由于自身零件进口周期较长无法满足客户增量，长福马发动机在紧急情况下只能采取空运的方式来保证生产，2012—2014年近3年平均每年产生的空运费用为300万元，这造成企业和客户的物流成本大幅的增加。

3. 库存资金占用过高

长福马发动机与国外供应商合同贸易条款为FOB，货物在离开启运港后，零件即属于长福马发动机，因此在途的零件占用的是企业自己的库存资金。在市场竞争日益激烈的环境下，企业要抓成本控制，就必须寻求如何降低库存。长福马发动机日平均进口件金额约166万元，即进口周期减少1天，库存资金将减少166万元。此外，库存资金的减少也意味着库存持有成本的降低，这对企业来说是巨大的成本优化空间。

4. 库存浪费

由于客户产品更新，长福马发动机的工程变更和机型打切频繁，而过长的进口周期导致工程变更和机型打切无法按要求完成，有时甚至因为强行打切造成了库存报废。

四、创新成果的主要内容

2014年，长福马发动机开始针对零件进口的各个环节逐个梳理，抓住突破口研究具体解决方案，经过与海关、商检以及物流公司咨询和沟通，在2015年开始在日本件推行新的进口通关模式。

1. 改善进口运输环节

海运到南京的进口货物基本都是经上海口岸，然后转长江内支线驳船到达南京港。

由于近几年上海外高桥和洋山港码头的作业量都基本饱和，对于每个航次的货物码头的配驳时间都较长，日本线的货物在到达上海港后经驳船到达南京港的时间在 8 天左右。受码头作业效率影响，驳船船期增加，这是影响进口周期的一个主要原因。

为解决这个问题，长福马发动机采用陆海结合的方式来缓解上海港口因作业饱和而不能及时运输的情况。货物到达上海港后，直接把集装箱放置于货车上，通过公路运输的方式把货物从上海运往南京。

2. 改善进口清关环节

长福马发动机每一批进口货物申报品名总计约 60 多个，如细分型号，货物种类大约 200 多种。同时，进口的零件中有大量的紧固件，如螺栓、垫片等。根据相关法规，这些货物根据原产国的不同涉及反倾销税，企业在进口环节提供原产地证或通过查验的方式向海关证明货物原产国，所以长福马发动机的货物查验概率较大而且查验过程较繁杂。此外，在进口过程中货物的包装（铁框、塑料盒和塑料托盘等）都是循环使用，在进口环节按照暂时进出口申报，然后返还日本供应商。暂时进出口环节在口岸海关的审批时间 7 天左右，这也是造成企业清关时间较长的主要原因。

为此，长福马发动机把货物的申报和查验地设置在南京海关的保税仓库，利用保税仓库的政策优势，大幅缩短申报清关时间。

五、创新成果的主要创新点

长福马发动机要缩短进口周期，实际上就是在进口货物申报口岸和查验口岸在南京关区的前提下，通过模式的变更，压缩上海到南京运输的时间和进口清关时间。

1. 公路运输替代水运，压缩运输时间

上海港作为重要的口岸，每年的集装箱吞吐量不断上升，寄希望于港口作业条件的改变是不可能的，而且上海港并没有新建码头的计划。所以如果维持原来的水运模式，运输周期是不可能降低的，最好的方法是将运输方式更改为公路运输，将货物的目的港由南京变更为上海，再通过陆运将集装箱运输到南京。通过公路运输替代水运，运输时间将缩短 4 ~5 天。

2. 保税库清关替代口岸清关，缩短清关时间

运输方面公路运输替代了水运，但是如何保证货物在南京海关申报和查验，长福马发动机引入了保税仓库的模式。保税仓库内的货物视同在境外，所以虽然进口货物经上海中转入南京的保税仓库，从海关监管的角度，货物仍然是在境外。因此货物从国外—上海港—南京保税仓库入库的过程中，不会被查验。货物从保税仓库出库，则按照一般贸易进口申报，收货人为长福马发动机。出库查验由保税仓库所在地海关执行。因此，保税仓库的导入保证了货物在申报和查验环节都在企业所在地海关——南

京海关完成。

由于进入保税库的货物都是事先备案，所以从保税库出库的通关效率要高于口岸清关。而且，周转包装从保税库出库申报暂时进出口的审批时间也比口岸清关短，因此清关时间可以节约 10 天。

3. 公路运输和保税仓库的结合，双管齐下“1 +1 >2”

新通关模式对于进口周期的压缩如果简单按照运输和清关两块节省时间的叠加，仅可以节省 14 ~15 天。但是此模式另一个主要的亮点在于运输过程和清关过程大多数情况下是并行，两者互不影响，所以最终达到的是“1 +1 >2”的成效，节省的时间为 18 天。

新通关模式与原通关模式对比如图 1、图 2 所示：

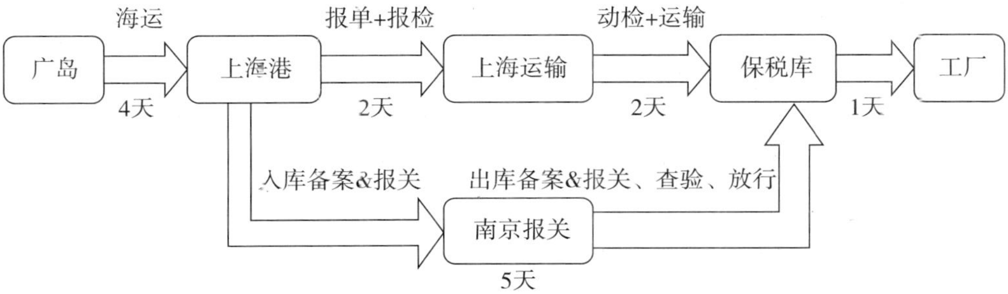

图 1　新通关模式

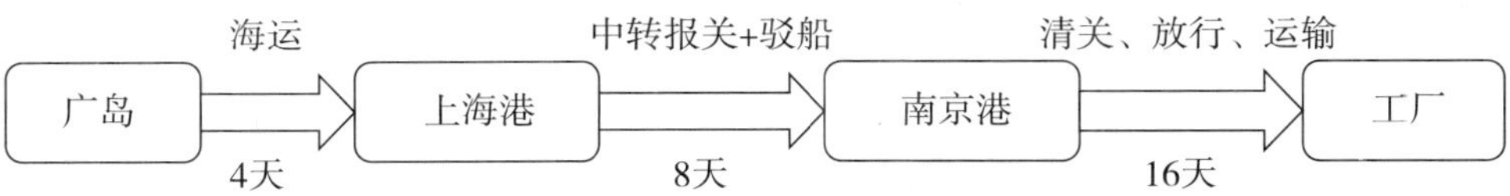

图 2　原通关模式

六、创新成果的应用效果

经过精心规划，长福马发动机日本件进口周期由传统模式下的 28 天，压缩至新模式下的 10 天，足足缩短了 18 天，给企业自身、物流企业、供应链等领域创造了新的经济价值。

（一）企业自身的收益

1. 直接经济收益

减少在途库存，节约在途库存资金占用成本。将进口周期压缩 18 天，意味着可以减少 18 天的在途库存，长福马发动机日平均日本件采购成本为 136 万元，年节约在途库存资金占用成本：136 万元/天 ×18 天 ×5.1% =125 万元（取当前 1 年期贷款利率作为在途库存资金占用成本率）。

降低安全库存水平，节约企业库存持有费。整车厂要求长福马发动机的产品执行顺序交付，且禁止发生延迟交付。为应对客户需求的变动和日本件到货不准时等风险，在传统模式下长福马发动机将安全库存水平设置为7天的平均采购量。在进口周期压缩18天后，适应客户需求变动的能力有大幅的提升，安全库存水平减少2天调整到5天的平均采购量，年节约企业库存持有成本：136万元/天×2天×27%＝73万元（长福马发动机厂内库存平均持有费率为27%）。

缩短订单提前期，提高订单精确程度，避免空运发生。长福马自达发动机日本件订单实行周订单滚动发布模式，在传统模式下，当前周发布的是未来33天后的周订单（日本件供应商备货时间为5天，33天＝28天＋5天），而在新模式下，当前周发布的是未来15天后的周订单（15天＝10天＋5天），可以使订单发布的精确程度提高60%，从而使空运发生的概率相应降低。仅2015年上半年，因该模式的应用长福马发动机日本件空运费节约160万元，预计全年节约300万元。

通关模式优化给企业自身带来上述显著直接经济收益的同时，也给企业带来了直接物流成本的增长。在新通关模式下，上海到南京段用公路运输代替了水运，用保税库清关方式代替了口岸清关方式，平均从日本每进口一个20英尺集装箱物流成本将增加0.4万元，长福马自达发动机年平均日本件进口量为350个20英尺集装箱，年直接增加物流成本：0.4万元×350＝140万元。

综上所述，该模式给长福马发动机年平均创造综合直接经济收益：125万元＋73万元＋300万元－140万元＝358万元，如下表所示。

应用新模式后年收益分析（350个20英尺集装箱/年）

项目	原通关模式	新通关模式	净收益
海运费	2700×350＝94.5万元	1800×350＝63万元	31.5万元
国内运输和清关	3300×350＝115.5万元	8200×350＝287万元	－171.5万元
资金占用成本		降低	125万元
库存持有成本		降低	73万元
空运费		降低	300万元
总计			358万元

2. 间接收益

汽车行业竞争日趋加剧，产品需要不断地推陈出新，注定企业要经常应对工程变更、机型变更打切等特殊事件，且要求应对时间越短越好，呆滞库存发生概率越低越好。压缩零件进口周期，则为应对这些特殊事件提供了一个良策。

（二）物流企业的收益

现代物流企业要想发展，不能仍停留在为生产企业提供运输、报关等传统服务上，而是要与生产企业形成战略联盟，为生产企业提供物流优化方案，挖掘“第三方利润源”。此次，长福马发动机在公司推动物流精益化管理的过程中，牵手第三方物流公司，共同研究如何压缩进口周期，创新性的形成了一套适合自身的通关模式，为公司自身创造了诸多的直接的和间接的收益，与其合作的第三方物流公司也从中收获了年增140万业务收入的大单。

（三）供应链的收益

1. 缓解供应链上的“牛鞭效应”

为应对客户需求的变化，真实需求常会在供应链上逐级被放大，形成“牛鞭效应”。一般来说，订货提前期越短，订单越准确，因此，缩短订货提前期是解决供应链上“牛鞭效应”的一个好办法。长福马发动机通过压缩零件进口周期，将订货提前期缩短18天，提高了订单的精确程度，缓解了供应链上的“牛鞭效应”，特别是使上游企业的库存得到了大幅压缩。

2. 提高供应链上产品的质量，降低产品包装、储存等成本

库存周转速度越快，产品因储存、运输等原因引起的质量损失的风险就越低，相应的就会节约产品的包装、储存等成本。长福马发动机通过利用通关模式优化，使供应链上下游企业的库存得到了有效的控制，加快了供应链上库存的周转速度，从而提高了供应链上产品的质量，降低了产品包装、储存等成本。

七、创新成果的推广价值

现代制造企业在物流管理上，都追求着“零库存”“精益化”。长福马发动机通过改变货物运输模式和报关模式，为企业节省了大量的资金成本，很好地诠释了如何“精益化”库存和运输环节。它主要带来以下三点推广价值。

首先，长福马发动机通过优化通关模式，实现了库存的降低，物流管理的精益化，为广大制造企业创新物流管理模式提供了一个样本。其创新的过程和方法值得制造企业物流管理创新借鉴。

其次，在该模式中，灵活地运用了“保税”清关模式，为物流行业研究如何为生产制造企业提供“保税”等高端物流服务提供了一个参考案例。这个案例也可以供物流企业进行物流服务模式改进创新进行思考。

最后，对于物流企业如何低成本创新也提供了一个有益的启示。降低物流成本并不一定非要引进各种先进的信息技术，引进实力超群的研发团队，而是从自身的业务出发，从流程的事实出发，发现冗余环节或不合理的操作，并借助已有的环境和政策优势进行转变。

新颜物流基于大数据思维的大车队精细化管理创新模式[①]

姚国龙，男，物流工程硕士、高级物流师、浙江省高端人才，企业研究员兼经理，拥有8年运输实操经验，主要从事项目物流标准化研究、物流品牌文化营销、物流技术应用推广等工作。近年来，编写了《新颜物流制造业物流项目管理案例》《新颜物流有机组织架构创新模式剖析》《中小物流企业与其物流基地的协同进化》《新颜物流应收账款有效管控模式》《第三方物流人力资源创新管理助推企业健康和谐发展》《新颜物流——“小而美”的第三方物流企业》《电子商务时代传统物流企业的管理创新》《基于大数据思维的大车队精细化管理模式》等被中国物流与采购联合会、浙江省物流与采购协会、交通部等评为“管理现代化创新成果奖”，部分已出版发行，另有多篇评论在《现代物流报》杂志发表。

【摘要】 浙江新颜物流有限公司，是一家在长三角物流业界具有一定影响力的专业第三方民营物流公司。为了解决大车队管理粗放、货运APP难以推广、车货匹配难度大等问题，新颜物流结合大数据技术的分析优势，依据前期信息系统积累的真实可信大数据信息（如人员车辆证件审核记录、历史成交数据、客户投诉建议等），结合技术分析驾驶员结构主体和行为习惯，教育并引导驾乘人员；通过大数据分析每部车辆车况、运行线路轨迹，分享车辆装卸货物的心得体会和注意事项，找到服务规律，为企业科学决策提供参考依据，并在品牌效益、经济效益、社会效益和环境绿色节能等效益方面取得多丰收。这些创新成果顺应了当前以大数据、云计算为潮流的物流业务

---

① 本成果由浙江新颜物流有限公司提供，成果主要创造人：姚国龙，参与创造人：颜滨、彭建良、邓邵涛，获得2015年度物流行业企业管理现代化创新成果奖二等奖。

信息化再造趋势，值得相关物流企业学习交流。

【关键词】大数据物流模式；大车队管理；车货匹配；物流模式创新

【适用领域】运输配送；O2O 物流服务；公路货运管理

一、企业基本情况

浙江新颜物流有限公司（以下简称“新颜物流”）是一家在长三角物流业界有一定影响力的专业第三方民营物流公司。

新颜物流成立于 1989 年，总部设在萧山传化物流基地，是杭州回程配载元老企业，核心业务是制造业运输总承包，注册资金 1000 万元，是国家 AAAA 级综合型物流企业、杭州市 AAA 级信用企业、萧山区百强企业。经过 20 多年发展，目前已拥有早早物流、第一事业部、第二事业部、第三事业部、成都分公司、杭州子颜供应链公司、重庆分公司、广州办事处及各项目合作公司等 30 多个分支直营网点，各网点设货物周转站和临时配送站等，2014 年营业额近 3 亿元，是一家大型物流连锁公司，拥有覆盖杭州乃至全国的物流配送网络。

二、创新成果的名称

本创新成果的名称是基于大数据思维的大车队系统化管理模式。其成果的主要目的旨在解决大车队管理粗放、货运 APP 难以推广、车货匹配难度大等问题。在该成果中，新颜物流结合大数据技术的分析优势，对货车司机从筛选聘用到货运行驶严格监控，保证需求供给的匹配度，大幅提高客户满意度，同时减少空驶带来的损耗，减少污染和提升运输效率效益，降低物流交易成本。通过大数据找到服务规律，为企业科学决策提供参考依据。

三、创新成果的产生背景

中国有大量货运公司，但 90% 公司平均自有货车不足 10 辆，而且，这其中 40% 都是社会合同车辆。造成这种现状的主要原因是人力成本高、管理车辆难、保养车辆成本高，所以，货运公司一般都采取外包形式，大量采购社会个体车辆运力资源，这给企业带来了大车队管理难的问题。近年来互联网技术的蓬勃发展，尤其是大数据技术的逐渐成熟，为解决大车队管理难的问题提供了较好的解决途径。总体来说，该创新成果有以下两方面背景。

（一）大车队管理模式不适应现代物流发展

据国家统计局提供的《第三次全国经济普查主要数据公报》表明，我国公路货运中小微企业903.3万家，占行业经营单位的97.7%，且发展迅猛。全国货车车辆1400万，卡车司机3000万人，其中90%是个体驾驶员。大量的社会个体车辆可以提供低廉、充足的运力，承担全国货物运输76.6%的货运量，为运输行业做出了巨大贡献；然而，车况堪忧、司机管理难、服务控制力弱、时效保障难、质量稳定性不足等问题，也给货运行业管理带来很多的问题。

大车队管理包括大车队运营管理模式、大车队日常管理和大车队信息化与数据化管理。其中，大车队运营管理模式即个体司机加盟货运平台，通过市场化自由买卖运力资源交易契约和经济杠杆约束机制来发展运营和管理大车队，达到供需双方互利共赢的博弈平衡。大车队日常管理包括车辆维护保养、司机技术培训和车辆运营调度。大车队信息化与数据化管理，包括车队安装的现代科技设备随时产生的位置信息、装载情况、道路情况、运输成本与效益信息数据等反馈信息。

新颜物流是一家物流信息交易型三方企业，作为轻资产平台型企业，使用的并积累的社会个体车辆20多万辆，驾驶员依赖传统交易模式，服务质量参差不齐，车货快速匹配难度大且交易成本高，运输经验分享传递通路不畅通，给企业转型升级带来一定困难。

（二）大数据思维应用管理好社会大车队

在这个信息爆炸的时代，物流企业每天都会涌现出海量的数据。在运输、仓储、搬运、配送、包装和再加工等每个环节中，信息流量都十分巨大，使物流企业很难对这些数据进行及时、准确的处理。随着大数据时代的到来，大数据技术能够通过构建数据中心，挖掘出隐藏在数据背后的信息价值，从而为企业提供有益的帮助，为企业带来利润。针对影响大车队服务质量的主要因素，新颜物流采取专家调查法，听取多位专家意见，并通过大数据思维全面处理车队管理中产生的数据，在复杂数据库中梳理出数据间内在关系，并用模糊综合分析定量思维，验证数据科学性和可行性。

新颜物流在车辆管理、人员管理和车货匹配程度方面仍有很大的发展空间，需要借助现代科技、相关配套设施（如引进车货匹配软件），提高企业信息化水平，从而对常用的社会合同车辆加强管理，提高人员素质和车辆管理。

四、创新成果的主要内容

无论时代如何发展，良好的车货匹配永远是值得不断去优化的物流环节。面对数字化浪潮的侵袭，各种新模式新技术层出不穷，根据市场调研和个人经验来进行决策的传统手段已经不能适应这个时代的节奏，只有真实的、海量的数据才能真正反映市场的需求变化。

依据前期信息系统积累的真实可信大数据信息（如人员车辆证件审核记录、历史成交数据、客户投诉建议等），结合技术分析驾驶员结构主体和行为习惯，教育并引导驾乘人员；通过大数据分析，供给与需求双方可以产生匹配，能提高客户满意度，减少空驶带来的损耗，也能减少污染和提升运输效率效益，降低物流交易成本。通过大数据分析每部车辆车况、运行线路轨迹，分享车辆装卸货物的心得体会和注意事项，找到服务规律，为企业科学决策提供参考依据。

（一）应用大数据寻找优质车辆资源

新颜物流作为物流平台货代型公司，手中拥有大量货源，需要准时、可靠、安全、大规模、服务标准优质、性价比高的大车队运力。

（1）车况优良。3~5 年内的社会车队，具有车辆全生命周期内的维护保养记录。

（2）安全准时。后台实时监控、全程可视化、保险全覆盖、备用车体系、严格规范的管理、中央调度系统。

（3）税务规范。大车队能开具 11% 的增值税专用发票。

（4）规模经济效应。通过采购万辆的超大规模社会车队能使车辆、油料等平均成本不断降低，从而取得最佳的经济效益，也为物流产业链上下游合作伙伴提供优质低价的服务。

（二）应用大数据分析引导司机群体行为向智慧物流转变

通过新颜物流联手传化物流公路港调研司机会员群体大数据，传化物流规划 10 个枢纽、160 个基地全网布局，目前，已在全国 17 个省会城市，51 个枢纽级地市，落实了 68 个项目，数据较真实可靠。从 200 多万卡车司机会员大数据整理分析结果得知，中国司机群体的年龄结构分布如下：

统计显示，“90 后”司机占到总体 0.35% 左右，占比很小，绝对数值庞大。随着“90 后”新生代年满 18 周岁，逐步进入物流行业，这项数据将激增；2010 年，“80 后”进入而立之年，在运输行业已经开始崭露头角。根据数据分析，“80 后”在卡车司机群体中占到 24.14%，将取代“70 后”成为主体；“70 后”占比高达 50.82%，是当前公路运输的主流，他们年龄在 35 岁~44 岁，正是年富力强、驾驶经验丰富的年龄，正是上有老下有小，生活压力大；“60 后”占比 22.52%，以“65 后”为主。这个群体是公路运输宝贵资源；“50 后”是早批卡车司机，仅占 2% 左右，他们将逐步退出历史舞台。

司机群体是物流市场中最大的群体，基于以上的调查分析，可以划分司机群体并引导司机行为，使其尽快融入以移动互联网技术为主导新型运输模式中。

1. “主流货运驾驶人群”依然传统，需要逐步带动培养

司机年龄结构数据显示，“65后”“70后”是卡车司机主流人群，占比将近67%。他们依然去货运市场找货、配货，主要靠老乡驾驶员介绍业务，还有到配货信息部碰运气，希望采取和货代当面谈判、当面成交、回单结算现金等传统方式，很少会相信和使用智能手机APP结算和找货，思维定式很深。要改变这个司机群体的思维习惯、做生意的习惯是一件很难的事情。互联网物流直接进攻这个群体事倍功半，需要逐步带动培养新习惯。

2. “非主流人群”新潮，可以先试点试行

司机群体中，年轻的“80后”“90后”占比达24%，属于货运行业的“非主流人群”。他们知识丰富、个性自由、独立思考，对新潮的事物敏感，会使用智能手机、并且手机装载了多个货运软件，找货配货首选APP方式。这个群体能很快认识到互联网物流产品的价值创造能力，可以先行先试。

所以，通过大数据统计分析，对驾驶员做分类管理，制定切实有效的激励和绩效考核方案，引导驾驶群体行为向提高大车队管理水平转变。

（三）借助大数据解决车货匹配难题

大车队调度包括调度好人员与车辆，并安排好行车路线。线路合理规划，要借助车辆GPS与手机APP定位轨迹，积累的历史数据分析与优化运输线路，同时也要分析任务的时间、大小、流向、货物类型、装卸地点等，与车辆、人员自动匹配，达到智能调度的目标。遇到特殊情况如加减货，要及时人为参与调整修正。

借助大数据对每个驾驶员信息进行分析，包括姓名、驾龄、驾驶技术、维修技术、办事能力、路况熟悉程度及其他情况（是否喝酒、身体情况、家庭情况等）都要进行数据评价。通过驾驶员在智能手机上安装货运APP，将满足以上服务条件的车辆信息及时发布到平台上，通过海量大数据自动匹配货物信息，快速及时解决供需信息不对称的问题。

五、创新成果的主要创新点

浙江新颜物流有限公司借助于大数据技术进行大车队的精细化管理创新成果主要有以下三点：

1. 重视物流精细化管理和标准化建设

由于实际货物的不规则性、运输程序的复杂性、服务要求的非标准性、下单方式的多样性、车辆运力渠道资源分散以及价格多因素影响，物流企业单凭借大数据技术角度，很难解决管理大车队的实际问题。因此，需要注意以下两点

（1）把握借助大数据改造传统物流的时机，推动物流精细化管理，加强物流标准化建设，将货物包装标准化、车辆装载标准化，干线运输推广使用标准集装厢式车辆，便于有效进行车货匹配。

（2）从客户体验、客户情感、个性化服务、客户满意度等多角度出发，将传统服务经验转化为物流标准化服务，提供标准化的服务质量，改变参差不齐的服务现状，并参照实际运营管理经验和大数据技术与分析结果，为客户满意服务。

2. 积极推动物流业与制造业客户的联动发展

物流运输业需紧跟制造业，看清制造业用户市场产品需求“轻、薄、短、小、精、特”的变化趋势、适应生产制造“多批次、小批量、多品种”的模式改变，针对智能制造企业采用更多先进智能化设备，以及机器换人的现状，物流企业也要适应工业4.0创新模式变化，应用高质量的信息系统和先进设备，运用工业制造和供应链物流思维，向智慧物流方向发展。

此外，物流企业应充分借助大数据技术，积极引导社会化大车队的运力资源管理向专业化发展，通过大数据技术的分析、预测，提供个性化、定制化的服务。同时，第三方物流积极参与制造业的采购物流、生产物流、销售物流、回收物流等各环节，不断提升物流企业运营能力水平，提高制造业运输外包程度，相互合作渗透，实现一体化发展。

3. 重视大数据关键技术在大车队管理中的价值应用

真实可靠、规范有序的大数据要与传统线下的物流企业和物流园区合作，将社会闲散的运力资源标准化、集约化管理，通过互联互通的开放信息化平台宏量存储，集中抓取数据并进行有效处理，结合供应链管理理念，综合考虑仓储、运输、配送、装卸等一系列的物流服务需求，实现全程透明运输、可视化管理、智能化调度，将进一步降低社会大车队的交易成本、管理成本、安全成本，提升物流服务效率和服务质量水平。

培育大数据思维，扫除大数据应用面临的重重障碍（如标准化、信息化、互联互通等）。发挥大数据在组织架构变革设计、业务流程优化和提高运输服务增值内容的主导功能，设计开发与客户潜在的供应链需求更匹配的运输服务产品，提高客户满意度和忠诚度。

六、创新成果的应用效果

企业运用大数据在客户满意、业务增长和降低成本等方面提供科学决策，并在品

牌效益、经济效益、社会效益和环境绿色节能等方面取得丰收。

大数据线上线下充分调度社会回程车辆，合理有效配载货物，降低卡车空载率，节约能源，减少环境污染，如下表所示。

应用大数据管理大车队前后效果参考指标　　（单位：万元）

参考指标	2013 年 1 月 1 日	2015 年 1 月 1 日	对比变化
主营业务收入	18000	27000	增长 25%
实现净利润增长	144. 70	172. 58	增长 19%
物流成本节约水平	19531. 90	15897. 66	降低 19%
满足运输订单完成率	75%	97%	提高 22%
运输效率（发货及时率、送货准时率等）	80%	95%	提升 15%
物流信息化水平	TMS 信息系统	OTMS 系统、APP 条码等	功能集成更强
客户满意度	77%	91%	提升 16%
人力资源效率指标（产值/人数：万/人）	人均产值：18000/87 = 207	人均产值：27000/95 = 284	人力产值效率提升 37%

七、创新成果的推广价值

通过对市场数据的收集、分析处理，物流企业可以了解到具体的业务运作情况，能够清楚地判断出哪些业务带来的利润率高、增长速度较快等，把主要精力放在真正能够给企业带来高额利润的业务上，避免无端的浪费。同时，通过对数据的实时掌控，物流企业还可以随时对业务进行调整，确保每个业务都可以带来赢利，从而实现高效的运营。

因此，新颜物流的创新项目对于物流企业来说有三点值得借鉴的地方。首先，善于借助信息技术来解决企业问题。面对大车队管理难的问题，新颜物流通过咨询专家，科学地设立筛选指标，并和传化合作，从数据中发现重要关系，从而优化大车队管理模式，可以为第三方物流企业在优化物流车队资源，提高车队服务质量等方面予以借鉴。

其次，立足于自身优势，做足做精。现在很多物流企业喜欢盲目跟风，在不考虑自身业务优势的情况下开发 O2O 业务，打造全方位的物流平台，最终事倍功半，难以成功。因此，本成果可以供业内从事 O2O 物流业务的企业予以借鉴。

最后，该成果还可以供第三方物流企业或者连锁流通企业，在改进企业标准化管理和提升企业运作效率上提供借鉴。

长春陆顺公司入厂物流干线运输车车型与装载方案优化①

王东林，男，吉林长春人，毕业于长春理工大学。现任一汽物流（长春陆顺）储运有限公司经理助理。自2010年8月参加工作以来的两年时间内，其先后担任一汽物流（长春陆顺）储运有限公司大升基地包装工程师和一汽物流（长春陆顺）储运有限公司无锡分公司经理，对一汽的物流储运业务有着比较深刻的理解和扎实的实践探索经历。2012年10月至今，一汽物流（长春陆顺）储运有限公司经理助理，并提出了关于干线运输车车型和装载标准的创新管理理念。

【摘要】 近年来，一汽物流（长春陆顺）储运有限公司的客户如成都三厂、佛山四厂等相继建厂并提出“完美工厂”理念，零部件入厂物流业务量和业务要求大幅提高，要求长春陆顺公司在取货、仓储、包装、干线运输、现场服务等业务环节达到更高的业绩水平。其中，客户特别针对干线运输车辆提出了“优化车型、提高装载”的要求。因此，长春陆顺公司迅速成立了华东至佛山入厂物流项目组，针对客户的“完美工厂”理念，项目组即时提出“精品物流”目标，在项目正式运行前将车辆改装成满足用户需求的全封闭软拉链干线运输车，通过和供应商积极合作，对供应商到货状态和包装方案进行分析并提出优化建议，降低了供应商出货高度，提高了干线运输满载率。通过努力，项目组实现了干线运输车

① 本成果由一汽物流（长春陆顺）储运有限公司提供，成果主要创造人：王东林，参与创造人：杨怀柱、孙纪週、王建博、张蕴鹏、王莹莹、刘锐，获2015年度物流行业企业管理现代化创新成果奖二等奖。

升级等多项改良目标，既保证了成都三厂的生产物流任务，还在克服人员、车辆及仓储等资源不足条件下完成了佛山新工厂年计划17万辆的入厂物流任务，并且在服务品质上有了质的飞跃。

【关键词】 精品物流；车型优化；装载标准升级；周转器具

【适用领域】 汽车零部件入厂物流；CROSS－DOCK物流模式实践

一、企业基本情况

一汽物流（长春陆顺）储运有限公司（以下简称“陆顺公司”）成立于2003年，隶属一汽物流有限公司，是中国第一汽车集团公司的全资子公司。公司目前有员工615人，下辖6个职能科室、3个分公司、3个办事处和7个生产车间。公司主要为一汽－大众、一汽轿车和一汽解放提供第三方物流服务，主营业务有零部件入厂物流、发传一体化、备品纸箱包装等。

公司总部位于吉林省长春市汽车经济技术开发区，具有5A级物流企业和三标体系认证资质。公司的第三方物流网络辐射东北、华北、华东、华南及西南地区。公司2011—2014年主营业收入累计达到20.49亿元，财务利润累计1.56亿元，上缴税金累计3.51亿元，年均劳动生产率达66万元/人。

公司以提供安全、优质、准时、高效的物流服务为宗旨，不断探索汽车物流新模式，始终向着更好地为客户服务、做国内一流的汽车物流企业而努力！

二、创新成果的名称

本成果名称为“入厂物流项目中干线运输车车型的优化及装载标准的升级”。本成果主要研究改型升级运输车的优越性和可行性。项目组设计改造了一种新的车型：17.5米封闭式运输车，虽然装载体积和重量略低于17.5米高地板运输车，货物装卸操作相对复杂，但满足了封闭式运输车辆标准，而且运输成本低，最重要的是对运输货物起到一定的保护作用。为增加车辆装载率和提升到货质量，项目组又积极推动规范包装标准、推广装转器具、优化包装方案等措施，确保项目顺利成功。改型升级运输车在满足用户需求、提升物流效率方面均有不俗的表现。

三、创新成果的产生背景

为实现产前物流统一管理、全过程控制、器具及车型标准化等目标，一汽－

大众授权长春陆顺公司作为第三方物流商开展华东入厂物流项目。为满足一汽－大众三地四厂的入厂物流需求，长春陆顺公司于2010年开始在华东地区筹备零部件集散中心，并于2011年7月顺利实施华东入厂物流项目零部件供应商的正式切换。

2012年10月，华东入厂物流项目迎来了新市场的加入，一汽－大众佛山工厂在一汽－大众成都工厂顺利切换的基础上参与到华东入厂物流项目中来，并在建厂规划时被定义为“完美工厂”。佛山四厂华东地区零部件入厂物流项目适时地被定义为精品物流项目。该项目从设备设施到管理方式方法都有着更高的标准和要求。其中，干线运输车车型标准的滞后，即运输车辆规格不完全适合多样化物流器具，以至于对满载率和运输质量造成隐患，这一问题极大地阻碍了精品物流理念的实现。

针对这一问题，公司于2012年9月成立问题改善小组。通过调研得知，一汽－大众佛山四厂对入厂物流长途运输车辆的标准升级，要求100%采用全封闭式运输车，而华东—成都入厂物流长途运输车辆95%采用的是17.5米的高低板运输车。倘若这一升级要求不能满足，干线运输的满载率、便利性和经济性都将大打折扣。

为了解决这一问题，项目组一方面针对高低板运输车进行了大胆的、多次的改装尝试，并最终制作出符合用户要求的全封闭式软拉帘运输车；另一方面继续在器具标准化层面进行了大量的工作，最终在新项目正式运行前成功的满足了干线车型优化及装载标准升级的紧迫要求。

四、创新成果的主要内容

基于上述背景，项目在车型改造设计和器具标准统一方面做了大量的尝试，具体如下：

1. 干线运输车辆创新

封闭厢式运输车是一汽－大众对华东地区入厂物流运输车辆的硬性要求，为了满足这个要求，自2011年一汽－大众华东入厂物流项目伊始，长春陆顺公司对干线运输模式先后采用了22.5米多功能封闭式运输车陆路运输、40英尺集装箱水陆联运、17.5米非封闭式运输车陆路运输。在综合之前三种车型的性能特点，并结合客户的要求，项目组设计改造了一种新的车型：17.5米封闭式运输车陆路运输模式。表1是各种干线运输模式参数对比情况。

表 1　　干线运输模式参数对比

运输模式	车型	图片	车辆自重（t）	有效装载重量（t）	有效装载体积（m^3）
陆路运输	22.5 米多功能封闭式运输车		28	27	65
水陆联运	40 尺集装箱		4.5	26	73.6
陆路运输	17.5 米高地板运输车		20	35	165
陆路运输	17.5 米软帘封闭式运输车		22	33	160

上述四种车型的优劣对比分析结果如表 2 所示。

通过对比得知，新设计的 17.5 米软拉帘封闭运输车能够满足一汽－大众的车型优化要求，且该车型在成本控制和运输防护等方面也有较明显的应用优势。

表 2　　四种车型的优劣对比分析

运输模式	车型	优势	劣势
陆路运输	22.5 米多功能封闭式运输车	1. 封闭式满足运输车辆标准； 2. 去程运输零部件，返程运整车，双向对流	1. 自重较沉，有效装载能力低； 2. 内部结构复杂，货物装卸不便； 3. 回程运输整车路线不固定，运输周期长； 4. 车辆超长超宽，运输成本高
水陆联运	40 尺集装箱	1. 封闭式满足运输车辆标准； 2. 水陆联运，运输成本低	1. 水运周期长，拉伸了库存周期； 2. 受气候影响大，物流运输安全性低
陆路运输	17.5 米高地板运输车	1. 运输体积大，满载率高； 2. 运输成本低； 3. 回程可携带器具和返厂件； 4. 货物装卸便捷	1. 非封闭式不符合运输车辆要求； 2. 货物安全系数低
陆路运输	17.5 米软帘封闭式运输车	1. 封闭式满足运输车辆标准； 2. 运输成本低； 3. 回程可携带器具和返厂件； 4. 对运输货物起到一定的保护作用	装载体积和重量略低于 17.5 米高地板运输车，货物装卸操作相对复杂

2. 装载标准的升级

车型标准满足后，供应商包装不满足装载效率和质量要求的问题便开始凸显。由于供应商托盘尺寸及结构不合理，纸箱强度不达标，货物堆垛随意性大，再加上一汽－大众运输包装标准滞后，均导致运输空间浪费，经济性不高，如图 1、图 2 所示。

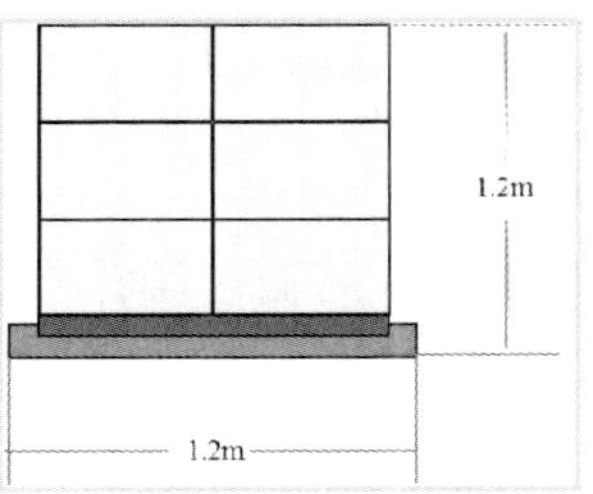

图 1　运输包装标准托（1.2m×1m×1.2m）

图 2　运输车辆空间浪费

针对上述问题，项目组采取了以下措施：

（1）通过和一汽－大众物流规划协作，对供应商运输包装标准进行规范，选定三种标准托盘尺寸 1100mm×1100mm，1200mm×1000mm ，800mm×1200mm；

（2）大力开展和推广周转器具使用，物流标准化提高，装载体积增加。以湖州安达汽车配件有限公司为例：优化前包装形式为纸包装＋木托盘，单箱容量 120 件，单排堆垛数仅有 4 托；而优化后使用周转料箱，单箱容量增加到 150 件，单排堆垛数达到 8 托，单车可以增加装载体积 $26m^3$，如图 3 所示。

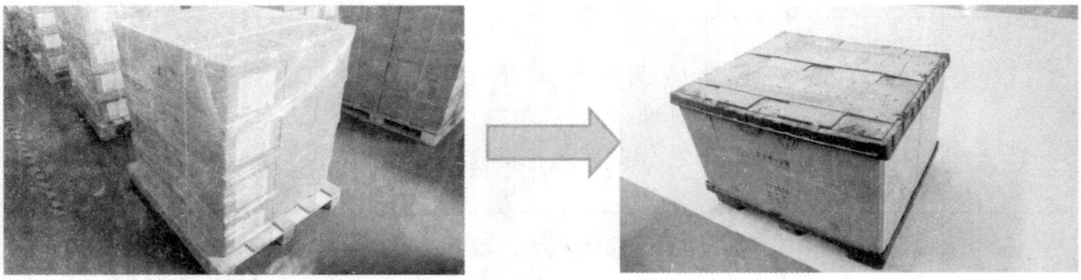

图 3　包装优化示意

（3）通过和供应商积极合作，对供应商到货状态和包装方案进行分析并提出优化建议，降低供应商出货高度，单托高度控制在 90cm 或以下，使运输堆码达到三层，有效地利用了车辆上层浪费的空间，提高了干线运输满载率。

五、创新成果的主要创新点

1. 车型优化

通过综合之前使用车型的优势特征，并以满足客户要求为基础，17.5m 高低板厢式全封闭软拉帘运输车，这种车主要有以下优点：

（1）装车便捷，单车装载时间 2 小时/车；

（2）整车自重 20t，载货可达 35t；

（3）改装简单，投入少，单车运输成本低；

（4）减少开放式 17.5m 车辆苫盖雨布时踩踏货物的风险；

（5）减少外力对装载货物的侧面冲击。

2. 装载标准升级创新点

从简化标准、降低成本为出发点，长春陆顺公司对供应商运输包装标准进行了规范。有效解决了供应商托盘尺寸及结构不合理，纸箱强度不达标，货物堆垛随意性大的问题，使供应商包装满足装载效率，提升运输质量的问题。标准规范的过程中也取得了一汽－大众和供应商对统一托盘规格、制作适应新型运输车的装载需求的包装标准的大力支持。

此外，大力开展和推广周转器具使用，不仅能更好地向物流标准化靠拢，而且增加了装载体积，节约了运输成本。同时解决如包装变形、包装费用过高等一系列问题。

六、创新成果的应用情况

经过努力，改善效果在项目正式运行前已得到有效验证：

1. 通过车辆改装使车辆达到项目要求标准

该运输车自重轻，承载能力强，在货物装/卸载时只需将外围塑料篷布打开就可以，操作便捷。同时又符合一汽－大众佛山新工厂的入厂物流车辆标准。封闭式厢式车对长途到货状态和到货质量都有了有力保证。

封闭式厢车符合一汽－大众入厂物流的技术要求，单车装载体积 130m^3，装载重量 33t。在保证装载效率的同时，解决了开放式车辆货物安全系数低，苫盖雨布操作危险及踩踏货损等一系列问题。

2. 通过完善物流标准，车辆满载率和包装标准率提高，到货质损率降低

（1）车辆满载率提高。优化前的短途满载率为 34.5m^3/车，长途满载率为 115m^3/车；优化后的短途满载率为 43.2m^3/车，长途满载率为 130m^3/车，效率显著提升，比例分别为 25.22% 和 13.04%。

（2）包装标准率提升，到货质损率降低。优化前的包装标准率为 35%，到货质损率为 0.5%。优化后的包装标准率为 85%，到货质损率为 0.3%。在包装标准提升的同时，到货质损的情况得到了很好的控制与预防，质损率显著降低。

七、创新成果的推广价值

一汽物流（长春陆顺）储运有限公司的创新项目对于物流企业优化产品服务，满足客户需求方面具有较好的推广意义。

1. 完善服务质量和产品方法过程具有推广价值

入场物流项目是在遵循一汽－大众佛山四厂“完美工厂”理念的背景下应运而生的。项目组成员能清晰地意识到成都三厂入厂物流现状与佛山四厂入厂物流新需求标准间的差距，找准问题点后能以点带面，举一反三，制定了一系列行之有效的措施，改型车辆在陆顺公司内部已经按照标准改装完毕，并已正式运行，在提高经济效益的同时提升了到货质量，其中如车辆改型、器具包装标准化等，都取得了良好的效果，对其他业务或新项目开发有很好的指导意义。其他物流企业在面对日益个性化的客户需求时，也要结合当前问题的痛点难点，以及所掌握的资源优势，成立专门的项目小组，大胆设计，完善服务品质。

2. 新车型、新标准对于物流市场具有推广价值

由于车型优化及装载标准升级工作关系到一汽－大众未来五地六厂零部件入厂物流整体规划的推动，尤其是随着“完美工厂”和“精品物流”理念逐步的深入人心，这一新车型和装载标准的推广必将带动国内第三方物流企业在兼顾企业效益的前提下，朝着以客户为主导、致力务实操作的方向继续迈进。此外，这些新车型和新标准也可以被同行尤其是汽车物流企业所借鉴，研发更多符合当下市场需求的货运客车和行业标准，共同推动我国物流业的发展。

附 录

关于发布和推广第三届物流行业管理现代化创新成果的通知

物联研字〔2015〕102号

联合会各会员单位、学会会员，各省、自治区、直辖市物流行业协会（学会）有关单位：

近年来，我国物流行业管理创新蓬勃兴起，涌现了一批引领行业发展的典型企业和优秀案例。为总结推广典型企业管理创新成果，促进物流业创新驱动，主动适应经济发展新常态，中国物流与采购联合会、中国物流学会组织开展了第三届物流行业管理现代化创新成果的申报、推荐和审定推广工作。到9月底，共收到各地选送的申报成果102项。

为保证评审工作的公开、公平、公正进行，推出一批高质量的创新成果，我们制定了《物流行业企业管理现代化创新成果申报和审定办法》。通过专家评审和媒体公示，最终确定32项成果为“物流行业管理现代化创新成果”。其中，一等奖11项，二等奖21项（详见附件）。

为做好创新成果的宣传推广工作，我们将在第十四次中国物流学术年会上对获奖成果颁发获奖证书。会后，将进一步修订成果文本，以便汇编出版。同时选择部分获奖成果申报国家级企业管理现代化创新成果奖，向物流工作主管部门推荐介绍，推荐媒体宣传推广，充分发挥创新成果的示范带动作用，促进物流行业管理现代化水平的提高。希望广大物流企业认真学习借鉴他们的创新经验，广大物流院校和研究机构积极参与成果创造，在推进物流行业管理创新驱动中做出新的贡献。

中国物流与采购联合会

中国物流学会

二〇一五年十一月二日

附件：

第三届物流行业管理现代化创新成果名单

（共32项）

一等奖（11项）

1. 申报单位：深圳市易流科技有限公司

成果名称：基于全供应链的物流透明管理系统

主创人：黄滨、全瑞林

参与者：王高利、王军峰、胡景邦、孙敬、刘涛、杨满仓、徐玉霞、刘军飞、石忠佳

2. 申报单位：国网冀北电力有限公司物资分公司

成果名称：大型电力企业面向供应链管理的储备体系构建和实施

主创人：张国英、陈绍鑫

参与者：运晓飞、李玉宏、王倩、薛宏、许永超、陆英、刘勇

3. 申报单位：天津安联程通信息技术有限公司

成果名称：陆路运输管理与交易平台

主创人：陈兴元

参与者：刘斌、孙晓青、李忠、张永强

4. 申报单位：上海先烁信息科技有限公司（oTMS）

成果名称：基于互联网的社区型运输协同平台

主创人：戴若琪（Mirek Dabrowski）、段琰

5. 申报单位：宝供物流企业集团有限公司

成果名称：基于移动互联网的物流订单信息服务

主创人：顾小昱、伍春江

参与者：苏骅、肖雄山、吴川、梁培莲、时丽丽、蔡少林、邱志斌、洪伟静、叶延斌、周菊

6. 申报单位：广东南方物流集团有限公司

成果名称：南方物流集团低碳物流园区建设与运营的创新实践

主创人：官金仙

参与者：傅江、李芳娴、江如钢、郑志荣

7. 申报单位：中铁物资集团东北有限公司

成果名称：高速铁路物资集中采购供应工作的创新解决方案

主创人：王成伟、于宁

参与者：李 博、王阳阳、孙 蕊、王大威

8. 申报单位：远成物流股份有限公司
成果名称：远成集团发展战略及综合物流业务模式创新
主创人：程小昱
参与者：尚璟、唐佳龙

9. 申报单位：湖南华绿生物科技有限公司
成果名称：南方丘陵地区水稻产业集约化生产物流服务模式
主创人：杨卫红
参与者：李晗、万胜勇、陈革明、刘德全

10. 申报单位：惠龙易通国际物流股份有限公司
成果名称：货物运输集中配送电子商务平台
主创人：施文进
参与者：阎九吉、邓林忠

11. 申报单位：中国邮政速递物流股份有限公司连云港市分公司
成果名称：医药冷链物流创新实践
主创人：高维涛
参与者：刘永明、詹兵、相刚、苏昆仑、吴丹

二等奖（21 项）

1. 申报单位：中铁物流集团仓储管理有限公司
成果名称：仓储网络化的先行者——仓网平台
主创人：王志达
参与者：许平、刘少杰、李卫春

2. 申报单位：中国邮政速递物流股份有限公司厦门市分公司
成果名称：跨境电子商务邮件通关便民服务平台
主创人：陈彧任
参与者：宋春树、李铭喜、徐旭、赵旭真、洪波、黄剑峰

3. 申报单位：长春一汽国际物流有限公司
成果名称：长春一汽国际物流基于订单配送模式下转换包装系统管理方案创新
主创人：于洪、韩宏岩
参与者：常丹丹、刘惠玲、李洪凯、王婉聪、马茵

4. 申报单位：一号货车
成果名称：互联网＋物流领域货车司机服务质量的管理创新
主创人：俞松磊

5. 申报单位：上海运钢网络科技有限公司

成果名称：基于大数据技术的运钢网物流交易管理云服务平台

主创人：杨刚、张捍军

参与者：浦啸、张大伟、张铁山

6. 申报单位：苏州普洛斯物流园开发有限公司

成果名称：苏州普洛斯物流园延伸服务的探索

主创人：罗澍、孙潺

参与者：程嘉、王浩俊

7. 申报单位：山东佳怡物流有限公司

成果名称："互联网+"背景下佳怡物流运营管理模式创新

主创人：于东峰、赵金娥

参与者：贺晓轩、缪建国、言彩娟、宦海涛

8. 申报单位：四川安吉物流集团有限公司

成果名称：以卓越绩效模式推进企业快速发展

主创人：徐胜明、付敏

参与者：胡本愚、付治容、洪颖、马丽

9. 申报单位：浙江新颜物流有限公司

成果名称：基于大数据思维的大车队系统化管理模式

主创人：姚国龙

参与者：颜滨、彭建良、邓邵涛

10. 申报单位：长安福特马自达发动机有限公司

成果名称：长福马发动机零部件进口周期优化方案

主创人：陈程、沈明

11. 申报单位：上海点觉信息技术有限公司

成果名称：wTMS－协同型物流 SaaS 管理平台

主创人：卢卫平、龚晓华

参与者：邢松茂、卢卫平、肖凌

12. 申报单位：一汽物流（长春陆顺）储运有限公司

成果名称：水陆联运模式在汽车动力总成运输项目中的应用

主创人：王建博

参与者：杨怀柱、孙纪週、邹晓强、王莹莹、王东林

13. 申报单位：远成物流股份有限公司

成果名称：铁路货运改革与多式联运发展

主创人：吕小琴

参与者：郎定兴、曾明才

14. 申报单位：上海爱姆意机电设备连锁有限公司
 成果名称：制造业全产业链工业互联网平台
 主创人：戴佩华
 参与者：潘敏捷、叶史鹤、梅富华、王佳东、肖军、包国强、朱敏丽、瞿晶、闫萍、王丽娜

15. 申报单位：广州增信信息科技有限公司
 成果名称：基于“互联网+”的全程智慧物流模式
 主创人：柏友文、王海波
 参与者：欧阳铭、陈照林、翁锡逵、刘自建

16. 申报单位：通辽东方利群药品有限公司
 成果名称：通辽市现代医药物流服务标准化试点
 主创人：杨景垣、沙德福
 参与者：廖淑杰、张晓颖、陈冶、刘晓辉、张宏伟、马静、贾晓军、张骁、陈心刚、杨雨欣

17. 申报单位：宁夏北方精工智能仓储设备有限公司
 成果名称：北方精工智能仓储系列产品研发项目
 主创人：武生海
 参与者：司永鹏、张耀飞、查静、马志远

18. 申报单位：一汽物流（长春陆顺）储运有限公司
 成果名称：入厂物流项目中干线运输车车型的优化及装载标准的升级
 主创人：王东林
 参与者：杨怀柱、孙纪週、王建博、张蕴鹏、王莹莹、刘锐

19. 申报单位：中铁物资集团东北有限公司
 成果名称：电子商务物流园区的典型设计模式
 主创人：王建中、刘爱华
 参与者：周柏军、李丹阳、刘诗禹、周亚军

20. 申报单位：丹阳飓风物流股份有限公司
 成果名称：定制化物流 OTO 平台
 主创人：赵国荣、赵惠丹
 参与者：何杰、李渊、姚正发、孙运天、安桂敏、黄楠、俞佳慧、周轶、刘志远

21. 申报单位：宁德市申通快递有限公司
 成果名称：基于信息通道建设与创新管理的城乡物流配送体系构建模式
 主创人：曾耀、林峰
 参与者：陈巧霞、雷建弟、陈挺生、雷兴潘